O OITOCENTOS
sob novas perspectivas

GLADYS SABINA RIBEIRO
ISMÊNIA DE LIMA MARTINS
TÂNIA BESSONE DA CRUZ FERREIRA
[orgs.]

O OITOCENTOS
sob novas perspectivas

Copyright © 2014 Gladys Sabina Ribeiro
Ismênia de Lima Martins
Tânia Maria Tavares Bessone da Cruz Ferreira

Grafia atualizada segundo o Acordo Ortográfico da Língua Portuguesa de 1990,
que entrou em vigor no Brasil em 2009.

PUBLISHERS: Joana Monteleone/Haroldo Ceravolo Sereza/Roberto Cosso
EDIÇÃO: Joana Monteleone
EDITOR ASSISTENTE: João Paulo Putini
PROJETO GRÁFICO, CAPA E DIAGRAMAÇÃO: João Paulo Putini
ASSISTENTE ACADÊMICA: Danuza Vallim
REVISÃO: Zélia H. de Moraes/Barcímio Amaral
IMAGENS DA CAPA: Jean-Baptiste Debret. *Aclamação de D. Pedro I.* Óleo sobre tela; 46 x 69 cm. In:
BANDEIRA, Júlio; LAGO, Pedro Corrêa do. *Debret e o Brasil*: obra completa, 1816-1831. 2ª ed. Rio de
Janeiro: Capivara, 2008, p. 88.

CIP-BRASIL. CATALOGAÇÃO NA PUBLICAÇÃO
SINDICATO NACIONAL DOS EDITORES DE LIVROS, RJ

R84n

O OITOCENTOS SOB NOVAS PERSPECTIVAS
Gladys Sabina Ribeiro, Ismênia de Lima Martins,
Tânia Maria Tavares Bessone da Cruz Ferreira (orgs.) - 1. ed.
São Paulo : Alameda, 2014
364 p. : il. ; 23 cm.

Inclui bibliografia
ISBN 978-85-7939-287-0

1. Século XIX - Brasil - História. I. Ribeiro, Gladys Sabina
II. Ferreira, Tânia Bessone da Cruz.
III. Martins, Ismênia de Lima.

14-10589

CDD: 981.04
CDU: 94(81)

ALAMEDA CASA EDITORIAL
Rua Treze de Maio, 353 – Bela Vista
CEP 01327-000 – São Paulo – SP
Tel. (11) 3012-2403
www.alamedaeditorial.com.br

SUMÁRIO

APRESENTAÇÃO 7

PARTE I – Os mundos dos negócios e do trabalho II

Economia escrava e abastecimento agrícola 13
de uma região da Bahia – século XIX
ALEX ANDRADE COSTA

Os negociantes de grosso trato no Recife: um estudo de caso sobre as 27
trajetórias de João Pinto de Lemos e Manoel Joaquim Ramos e Silva
(Pernambuco, 1830-1877)
BRUNA IGLEZIAS MOTTA DOURADO

Porto, navegação e artigos importados em Belém, 1840-1870 53
MÁBIA ALINE FREITAS SALES

Circuito de integração regional: a Estrada de Ferro 77
Campos-Carangola no século XIX
WALTER LUIZ CARNEIRO DE MATTOS PEREIRA

Forros, escravos e engajamentos no mundo do trabalho marítimo 99
no Atlântico luso: uma agenda historiográfica
JAIME RODRIGUES

PARTE II – O jogo da política e a diplomacia III

O debate parlamentar e a implicação dos tratados de 1825, 1826 e 1828 113
na formulação da política externa do Brasil
ALINE PINTO PEREIRA

Súplicas a Vossa Majestade Imperial: as negociações em tempos de mudanças 139
ELIZABETH SANT'ANNA

Diplomacia a serviço do Império: Duarte da Ponte Ribeiro e o processo 161
de aproximação entre o Brasil e a República do Peru (1829-1832)

CRISTIANE MARIA MARCELO

A ordem ameaçada: linguagens e ideias republicanas 181
na crise da monarquia no Espírito Santo

KARULLINY S. SIQUEIRA VIANNA

PARTE III – Ciências e letras 205

Periódicos, escolas e livros: o cenário das letras na Província 207
de São Pedro do Rio Grande de São Pedro (1820-1855)

CARLA RENATA A. DE SOUZA GOMES

Apontamentos sobre a ilustração científica 231
no mundo luso-brasileiro – c. 1750-1820

IARA LIS SCHIAVINATTO

O princípio da moderação e a condenação de João Soares Lisboa 253
na *bonifácia*: a interpretação de Mello Moraes na obra
A Independência e o Império do Brasil (1877)

PAULA BOTAFOGO CARICCHIO FERREIRA

Surtos epidêmicos na Província do Espírito Santo (1850-1860) 275

SEBASTIÃO PIMENTEL FRANCO

PARTE IV – Culturas e sociabilidades 297

Um *Gavroche* no teatro: sociedade e cultura política na obra de Arthur Azevedo 299

GISELLE PEREIRA NICOLAU

Paradoxos carnavalescos: a presença feminina 321
em carnavais da Primeira República (1889-1910)

ERIC BRASIL

Dos divertimentos apropriados aos perigosos: organização 341
e controle das festas e sociabilidades no Recife (1822-1850)

LÍDIA RAFAELA

APRESENTAÇÃO

O Centro de Estudo do Oitocentos (CEO) foi criado na Universidade Federal Fluminense, em agosto de 2002, com a intenção de constituir-se em espaço de trabalho coletivo e interinstitucional. É direcionado para o estudo da história do longo século XIX, que compreende o período que se estende desde a crise do sistema colonial, em fins do século XVIII, até o final da Primeira República.

A partir de temáticas comuns, ao longo desses anos, o CEO foi impulsionado por três projetos de Pronex (Editais 2003, 2006 e 2009). Reuniu núcleos, laboratórios, linhas de pesquisa, professores e alunos de graduação e de pós-graduação de diferentes instituições, com o intuito de trocar informações, montar bancos de dados, compartilhar experiências e discutir resultados de investigações e bibliografias afins.

Quando o CEO completava 10 anos de Fundação, sistematizou-se a proposta de reunir e organizar os profissionais e especialistas do tema em uma associação. Concebeu-se, então, um seminário que marcasse a efeméride. Tendo acontecido nos dias 13, 14 e 15 de maio de 2013, na Universidade Federal Fluminense, em sessão plenária foi discutido e aprovado o estatuto da nova entidade, denominada *Sociedade Brasileira de Estudos dos Oitocentos (SEO)*, e foi eleita a diretoria do biênio. Nas sessões acadêmicas, apresentaram-se 61 comunicações que reuniram temas variados e pesquisadores de todo o país, reeditando o sucesso do primeiro seminário regional do CEO, acontecido na mesma universidade e em abril de 2003.

O livro que ora se apresenta, *Oitocentos sob Novas Perspectivas,* reúne dezesseis artigos selecionados por pareceristas dentre as vinte e nove comunicações que foram enviadas às organizadoras. Divide-se em quatro partes: *Os Mundos dos Negócios e do Trabalho; O Jogo da Política e a Diplomacia; Ciências e Letras* e *Culturas e Sociabilidades.*

Os Mundos dos Negócios e do Trabalho, primeira parte deste livro é composta por cinco capítulos. Alex Andrade Costa analisa as práticas econômicas desenvolvidas pela população escrava no litoral sul da Bahia, no transcorrer do século XIX, e discute alguns aspectos da economia e organização escrava ao destacar estratégias de sobrevivência que os levasse à liberdade. Bruna Iglezias Motta Dourado analisa a praça comercial do Recife (PE), entre as décadas de 1830 e 1870, por meio das trajetórias de vida dos comendadores João Pinto de Lemos e Manoel Joaquim Ramos e Silva, membros do grupo local de negociantes de *grosso trato*. Já Mábia Aline Freitas Sales estuda o porto de Belém e Walter Luiz Carneiro de Mattos Pereira a Estrada de Ferro Campos – Carangola. A primeira, relaciona os produtos importados de Portugal, Inglaterra, França e Estados Unidos para a Província do Pará, entre o período de 1840 e 1870 e mostra que a sua aquisição revela sintonia com as ideias de civilização e modernidade, tão em voga naquele momento. O segundo, afirma que a mencionada ferrovia, ao ligar o Rio de Janeiro, Minas Gerais e Espírito Santo possibilitando a circulação de múltiplas mercadorias e não apenas o açúcar campista ou café, produzido em áreas de ocupação mais recentes, consagrava um amplo arco de interesses econômicos regionais e espaços de interseção entre as três províncias. Fechando esta seção, Jaime Rodrigues trata das formas do engajamento de escravos e de forros na navegação atlântica entre os portos dos domínios lusos, no período de meados do século XVIII até as primeiras décadas do século XIX.

O Jogo da Política e a Diplomacia constitui a segunda parte, que é composta de quatro capítulos. Aline Pinto Pereira caracteriza a política externa para o Primeiro Reinado, ao tomar como exemplos o Tratado de Paz e Amizade de 1825; a Convenção de 1826 e as discussões sobre os termos que findaram a guerra da Cisplatina em 1828. Seguindo os caminhos da diplomacia, Cristiane Maria Marcelo faz uma análise sobre as contribuições do diplomata Duarte da Ponte Ribeiro (1795-1878) no processo de consolidação do poder do Império do Brasil junto às Repúblicas do Pacífico no contexto do pós-independência, ao analisar a primeira missão diplomática por ele encabeçada junto à República do Peru, entre 1829-1832. Elizabeth Sant'Anna esmiuça as súplicas, escritas pelos súditos de diversas posições sociais, ao imperador D. Pedro II e problematiza as suas condições de vida, estratégias de sobrevivência e negociações em meio as importantes mudanças político-econômico-sociais a partir de 1850. Em seguida, Karulliny Silverol Siqueira Vianna discute a recepção das ideias republicanas na imprensa da província do Espírito Santo, em meados da década de

1870, analisando as linguagens políticas utilizadas pelos periódicos considerados democráticos e portadores de novas ideias.

Ciências e Letras são temas da terceira parte. Periódicos, escolas e livros, no Rio Grande de São Pedro, são analisados por Carla Renata A. de Souza Gomes ao tratar da cultura letrada em ambiente de constituição das primeiras experiências periodísticas no Brasil e ao refletir sobre a capacidade de produzir impressos, a habilidade em cultivar leitores e a necessidade em consumir informação e conhecimento. Iara Lis Schiavinatto estuda a ilustração científica no mundo luso-brasileiro e Paula Botafogo Caricchio Ferreira a trajetória de João Soares Lisboa. Iara analisa imagens vinculadas estritamente, na sua constituição e circulação, a objetos, catálogos, jardins, museus e textos, bem como inventários de seres da natureza, ambos referidos a espaços geopolíticos e a História Natural. Já Paula trata de Soares Lisboa por meio das análises historiográficas feitas por Melo Morais e Varnhagen, que lhe atribuem adjetivos tais como *republicano* e *democrático*. Por último, Sebastião Pimentel Franco estuda os surtos epidêmicos na província do Espírito Santo e verifica como os diferentes agentes (legisladores, administradores, médicos, curandeiros e população em geral) lidaram com a passagem das epidemias, descrevendo suas atitudes e respostas geradas pelas moléstias.

Culturas e sociabilidades quarta parte, possui três capítulos que apresentam pesquisas sobre o teatro, carnaval e festas em regiões distintas do Império. Através do conceito de cultura política, aplicado às revistas de ano e à trajetória de Arthur Azevedo, o trabalho de Giselle Pereira Nicolau, nos convida a revisitar os primeiros anos da República, articulando acontecimentos políticos decisivos do período à vida cultural do Rio de Janeiro. Já a presença das mulheres nos carnavais da capital federal, nas primeiras décadas da República (1889-1910), é o tema artigo de Eric Brasil, que pretende com a análise do carnaval de 1891 compreender melhor as disputas em torno do voto feminino e a participação das mulheres na esfera política institucional e nos espaços públicos da cidade. Lídia Rafaela analisa os divertimentos e festas no Recife, entre 1822 e 1850, mostrando que definir um dia de festa e organizá-la representava muito mais que proporcionar divertimentos: significava organizar, relembrar e instituir valores naquela sociedade.

Finalmente, cabe destacar que esta publicação é o resultado dos trabalhos conjuntos que as organizadoras deste livro desenvolvem há muitos anos e que se inserem tanto nas atividades dos núcleos de pesquisa dos quais participam, quanto dos projetos de Cientista do Nosso Estado/Faperj, que contemplam um novo olhar e perspectiva sobre o Oitocentos em suas várias temáticas e aproximações teórico-metodológicas. Pretendem contribuir para verticalizar discussões suscitadas no evento CEO 10 anos, que expressaram variedade de objetos e contemplaram diversas regiões do país, estimulando novas abordagens e revisões historiográficas.

Rio de Janeiro, 10 de maio de 2014

GLADYS SABINA RIBEIRO

ISMÊNIA DE LIMA MARTINS

TÂNIA MARIA TAVARES BESSONE DA CRUZ FERREIRA

PARTE I Os mundos dos negócios e do trabalho

Economia escrava e abastecimento agrícola de uma região da Bahia – século XIX[1]

ALEX ANDRADE COSTA[2]

Diversos autores já apontaram a importância que as vilas do sul da Província da Bahia tiveram para Salvador e seu abastecimento de alimentos no século XIX.[3] Relatos da época também ajudam essa compreensão. Em suas cartas, o professor de grego Luís dos Santos Vilhena destacou a variedade da fauna e da flora daquelas vilas e como isso era propício para quem quisesse procurar abrigo provisório ou definitivo por ali.[4] A situação não era diferente para as vilas de Camamu, Barra do Rio de Contas e Maraú. Lá se produziam mandioca, leguminosas, como o feijão, e café e até se fabricava aguardente, considerada por Vilhena de melhor qualidade do que a de Paraty, na Província do Rio de Janeiro.[5]

Spix e Martius disseram ter encontrado nas vilas de Maraú e Camamu uma produção agrícola forte, da qual muitos produtos eram levados para a capital.[6] Sobre Camamu, em especial, consideraram a vila como a mais importante de toda a costa da Bahia. Seu porto, de aonde chegavam e de onde partiam embarcações

---

1   Este texto é parte de pesquisa de doutorado desenvolvida na Universidade Federal da Bahia (UFBA) sob orientação da professora Maria de Fátima Novaes Pires.

2   Doutorando em história social pela UFBA. Membro do grupo de pesquisa Escravidão e Invenção da Liberdade.

3   Citamos algumas das pesquisas que discutem o abastecimento de alimentos de Salvador e suas relações com as vilas interioranas: BARICKMAN, 2003; GRAHAM, 2005, 2010; JANCSÓ, 1996; REIS, 2003; SCHWARTZ, 2001.

4   VILHENA, 1969, p. 496.

5   *Ibidem*, p. 497.

6   *Ibidem*, p. 215.

de todos os tipos e portes e para todos os lugares, era o maior e mais movimentado daquelas paragens.[7]

Já o comerciante britânico Thomas Lindley, em 1805, classificou de assombroso o comércio que se dava entre a região e Salvador. Segundo Lindley, dos "confins imediatos da baía, situados em grande parte no interior, (...) nada menos do que oitocentas lanchas de diferentes tamanhos trazem todos os dias seu tributo de comércio para a capital".[8] É claro que nem todas as embarcações avistadas por Lindley eram das vilas do sul, mas certamente havia uma boa quantidade delas.

Desde o século XVIII, mesmo com a intensa participação na economia de subsistência, Camamu era vista, pelas elites e por viajantes, como uma localidade habitada predominantemente por pobres. A mandioca era o principal produto e recebeu a fama de ser "cultura de pobres". Já havia muito tempo que os senhores do Recôncavo açucareiro resistiam às determinações da Coroa para que, além da cana-de-açúcar, plantassem também a raiz, não só com o objetivo de garantir o abastecimento interno das propriedades e comida para os escravos, mas para abastecer as populações urbanas.[9]

O francês Auguste de Saint-Hilaire deixou suas impressões sobre a produção da mandioca:

> Não me é possível deixar de considerar a farinha de mandioca inferior à de milho, empregada da mesma maneira pelos mineiros, mas há luso-brasileiros que preferem a primeira à segunda e acham mesmo que misturada a certas substâncias alimentícias é mais agradável do que o pão de trigo. Seja como for, deve-se desejar aos brasileiros que o consumo da mandioca diminua no seu país, pois parece que essa planta gosta dos terrenos novos e pelo menos em certos distritos ela esgota o solo; por conseguinte, a sua cultura deve acelerar a destruição das florestas. O padre João Daniel mostrou o quanto a cultura da mandioca é prejudicial aos habitantes das margens do Orellana ou Rio das Amazonas e José de Sá Bittencourt disse que, já em 1798, os habitantes do termo da Vila de Camamu, província dos Ilhéus, se achavam reduzidos à miséria extrema.[10]

---

7   MARTIUS; SPIX, 1938, p. 216.

8   LINDLEY, 1805, p. 104.

9   BARICKMAN, 2003.

10   SAINT-HILAIRE, 1936, p. 118.

Em outubro de 1781, período bem próximo ao de Saint-Hilaire, outro relato bastante interessante sobre a região foi feito pelo advogado baiano José da Silva Lisboa e enviado para Domingos Vandelli, diretor do Real Jardim Botânico de Lisboa. Nele pretendia descrever a geografia, a economia e a população da Bahia. Depois de tratar de Salvador, do Recôncavo e de suas "economias principais", centradas na cana-de-açúcar e no tabaco, Silva Lisboa passou a comentar sobreas vilas e a economia do sul da Bahia. Sobre a farinha de mandioca ele disse que "nada aprovisiona mais a cidade de Salvador do que as sumacas[11] que saíam do sul da província e que costumam levar seis mil alqueires[12] do produto".[13]

Desde o século XVIII, o litoral sul da Bahia, longe de ser uma região inexpressiva, ocupou posição de destaque na produção de alimentos, especialmente a farinha de mandioca. De acordo com o ouvidor Baltazar da Silva Lisboa, em 1799 entraram no celeiro público de Salvador 40 mil alqueires de farinha enviados pela vila de Camamu e 30 mil alqueires enviados pela vila de Barra do Rio de Contas.[14] Como naquele ano o volume total de farinha levada ao celeiro foi de 288.611 alqueires, sozinhas as duas vilas do litoral sul foram responsáveis por 25% de toda a farinha que a capital da província recebeu.[15] Esse volume pode ter sido muito maior, pois muitos negócios eram feitos diretamente nos barcos, desviados por outros negociantes, não chegavam ao celeiro e deixavam, portanto, de ser contabilizados.

Em 1798 e 1800, foram enviadas à Coroa duas representações, assinadas por 49 lancheiros das vilas de Camamu e de Barra do Rio de Contas, que solicitavam a extinção da cobrança de alguns impostos pelo transporte da farinha e daqueles que os lancheiros já eram obrigados a pagar para levar a farinha ao celeiro público. Achando-se extorquidos, pediram ao governo uma solução. De acordo com a fonte, cada lancheiro "de barra fora" podia levar até três mil alqueires de farinha, por viagem, o que dificilmente ultrapassava o número de três ao ano, por conta das distâncias e do período de chuvas.[16] Como, além da farinha, os lancheiros levavam outros produtos

---

11   Barco pequeno, de dois mastros.

12   Medida na época de volume de um produto, e não de extensão de terra. Correspondia a um litro (grosso modo, um quilo, mas essa relação varia de acordo com a densidade, e não com o peso), o que significava, nesse caso, seis toneladas.

13   *Anais da Biblioteca Nacional*, 1910, p. 504.

14   *Ibidem*, 1914, p. 115.

15   *Ibidem*.

16   *Anais da Biblioteca Nacional*, 1882–1883, p. 575.

de subsistência e madeira, se cada embarcação tivesse carregado 1.500 alqueires por jornada e feito ao menos duas viagens por ano, o total de farinha enviado a Salvador pelas vilas de Camamu e de Barra do Rio de Contas teria sido de 147mil alqueires. Esse volume espetacular mostra a pujança da produção daquelas vilas.[17]

Entre 1799 e 1822, entradas de embarcações no porto do Rio de Janeiro indicam que o abastecimento de farinha de mandioca, milho e feijão provinha, dentre outras regiões, do sul da Bahia.[18] A administração pública tentava, de todas as formas, coibir essa exportação, por ser essa produção extremamente necessária para o abastecimento de Salvador, sobretudo em épocas de crises econômicas. Entretanto, nem sempre obtinha sucesso.[19]

O comerciante Francisco Teixeira de Carvalho, de Camamu, enviou carta ao governo da província, em 30 de junho de 1843, e solicitou autorização para remeter 850 alqueires de farinha de mandioca para o Rio de Janeiro.[20] Tal solicitação se fazia necessária por conta da exigência de que a farinha fosse vendida exclusivamente dentro dos limites da Bahia e, mais ainda, que todo tipo de negócio que envolvesse alimentos se desse por meio do celeiro público, para onde cada produtor estava obrigado a remeter as suas mercadorias.

Quando eram impedidos de comprar farinha em Salvador, os comerciantes das províncias assoladas pela seca subtraíam-na clandestinamente da cidade ou iam de barco até um dos distritos produtores de mandioca da extensa e mal vigiada costa da Bahia. Ali obtinham facilmente a farinha que não podiam comprar legalmente em Salvador.[21]

Segundo José da Silva Lisboa, a farinha que ali chegava abastecia os habitantes de Salvador e também tinha outros destinos: "Angola e Costa da Mina para sustentação dos escravos, que se vão comprar e da equipagem dos navios; (…) e para Portugal não só para o comércio, mas muito principalmente para a mesma equipagem".[22]

---

17 *Ibidem.*

18 FRAGOSO; FLORENTINO, 1993, p. 62.

19 O mais famoso motim foi o da "Carne sem osso, farinha sem caroço" (REIS; AGUIAR, 1996). É preciso lembrar que embora outros motins tivessem acontecido em Salvador por conta da carestia provocada pelo desabastecimento, o da "carne e da farinha" foi o mais famoso. A Conjuração Baiana de 1798 teve o apoio da parcela mais pobre da população afligida pela carestia dos alimentos de Salvador (JANCSÓ, 1996).

20 Arquivo Público do Estado da Bahia (Apeb). Seção Colonial e Provincial. Maço 4631.

21 BARICKMAN, 2003, p. 149.

22 *Anais da Biblioteca Nacional,* 1910, p. 504.

Essa relação direta do comércio de alimentos entre a baía de Camamu e a África fica mais evidente quando encontramos as diversas notícias e queixas de desembarque de escravos naquela região. Baixa densidade populacional, inúmeros rios e matas, além da grande produção de farinha de mandioca, faziam de Camamu e arredores um espaço propício à prática de desova de escravos, especialmente no contexto da proibição do tráfico, a partir de 1831.

Em outubro de 1835, chegaram notícias de que dois irmãos portugueses, José Francisco da Costa, morador da Baixa dos Sapateiros, e João Pedro Carreirão, morador do Maciel, ambos em Salvador, desembarcavam escravos novos havia cerca de um mês. De acordo com o denunciante, José da Silva Azevedo, esse desembarque era apenas mais um entre tantos outros que frequentemente ocorriam. Os traficantes citados desembarcariam uma nova remessa de africanos de Angola nos dias seguintes, o que fez o denunciante clamar a ação policial para impedir tal fato. Para Azevedo, ali "não há roças nem alambiques que não tenham escravos angolas novos".[23] Essa afirmativa pode ser constatada a partir dos inventários entre 1811 e 1820: os escravos angolas nas propriedades do litoral sul da Bahia correspondiam a 63% do total de africanos, enquanto entre 1821 e 1830 eram 50%.

A relação do litoral sul da Bahia com Angola não era nova. Pelo menos desde meados do século XVII mantinha amplos contatos econômicos com a região africana. Segundo Shawm Miller,[24] um dos primeiros produtos deslocados do sul da Bahia para Angola foram as madeiras de excelente qualidade das densas matas da região, que eram usadas para a construção de casas e navios. Tal negócio foi o precursor de uma relação que passou a envolver o tráfico de escravos e o comércio de alimentos nos séculos seguintes.

O comércio transatlântico feito pelas vilas do litoral sul da Bahia estava, então, fortemente ligado aos produtos de subsistência levados para a África e aos escravos traficados para o Brasile havia certa dependência entre essas duas economias. Em 27 de agosto de 1800, por exemplo, José Marques da Silva, negociante e morador na vila de Camamu, enviou carta à Corte para comunicar a intenção de fazer uma viagem à Costa da Mina. Ao mesmo tempo, solicitava a liberação para que de lá pudesse navegar diretamente para o Pará ou o Maranhão, onde pretendia negociar os escravos

---

23   Apeb, Seção Colonial e Provincial, Escravos: Assuntos diversos, 1835, Maço 2896.

24   MILLER, 2000, p. 79.

trazidos. Desejava "conduzir escravos comprados com o *seu produto*" [grifo nosso],[25] que era a farinha de mandioca.

As informações da existência de pessoas que enriqueciam por meio do comércio de alimentos desestabilizam antigas teses de que a produção de alimentos de subsistência era um negócio feito exclusivamente por pessoas remediadas. Nesse tipo de economia, é óbvio que os pobres eram numericamente superiores aos mais abastados. Porém, os maiores lucros se concentravam nas mãos desses poucos ricos, os quais exploravam de diversas formas os pequenos produtores.

A produção de farinha em Barra do Rio de Contas saltou de 30 mil alqueires em 1799 para entre 100 mil e 150 mil alqueires em 1866. A vila de Camamu igualmente duplicou a sua produção no mesmo período e saiu de 40 mil para 80 mil alqueires. A vila de Valença foi a que teve o maior avanço: partiu de entre 65 mil e 70 mil alqueires em 1844 para 390 mil em 1875.[26] Esses números podem ter sido muito maiores, pois correspondem às remessas destinadas a Salvador e apenas se referem ao que foi contabilizado. Como o comércio feito com negociantes do Rio de Janeiro e de Pernambuco e com os mercados africanos era ilegal – sem falar dos atravessadores locais –, torna-se impossível saber o real quantitativo do que era produzido no litoral sul, especialmente quando o comércio com a África passou a consumir vorazmente a farinha do Brasil.[27]

Mesmo com a participação de grandes negociantes, o maciço da produção de farinha em Camamu e região estava nas mãos de dois grupos: pequenos lavradores e escravos. Ali, os pequenos proprietários – aqueles que tinham as suas fortunas avaliadas em até 1.000$000 – correspondiam a 48,7% dos inventários pesquisados, entre 1800 e 1850. Se forem observadas as fortunas que iam até 500$000, o quantitativo era maior em todos os níveis: 25% dos inventários. Já as fortunas acima de 10.000$000 não chegaram a 4%. Essa era a menor de todas as faixas de riqueza.

A maior parte da população era pobre, o que tinha implicações não apenas para a população livre, mas pesava sobretudo para os escravos, pois o senhor era obrigado a manter o seu plantel alimentado. Por outro lado, tal situação reconfigurou as relações entre senhores e escravos e fez com que esses últimos conquistassem meios próprios

---

25 Apeb, Seção Colonial e Provincial, Ordens Régias, n° 90.

26 BARICKMAN, 2003, p. 155.

27 Desde o início do século XVIII havia uma determinação para os sargentos-mores de Camamu e Cairu de prender todo mestre de sumaca que fosse pego com farinha sendo levada para o Rio de Janeiro (*Anais da Biblioteca Nacional*, 1983, p. 94).

de sobrevivência, nos quais a produção de mandioca e de sua farinha se destacou. Um conjunto de aspectos deu aos escravos brechas para a liberdade. Entre eles podemos citar: a necessidade do mercado externo, a pobreza local, o baixo número de escravos por propriedade entre 1800 e 1850 (em média 5,3)e a facilidade de acesso à terra.

Se o controle de faixas de terras e a posse de plantações por parte de escravos não constituem uma novidade na historiografia da escravidão nas Américas,[28] no litoral sul da Bahia desenvolveu-se uma prática bastante peculiar: escravos fugidos, quilombolas, formaram um grupo muito bem articulado que desenvolveu, em seus mocambos, uma extensa produção de alimentos. Em especial, a farinha de mandioca era negociada com toda a sorte de pessoas, incluindo autoridades, comerciantes locais, libertos e outros escravos.

Entre Barra do Rio de Contas e Camamu havia um complexo de quilombos denominado de Borrachudo, que reunia ao menos sete. Quando da sua invasão e destruição, em agosto de 1835, foram presos 14 escravos, mas as autoridades alegam que um número muito maior havia fugido. O interrogatório dos quilombolas teve como objetivo descobrir, entre outras coisas, com quem eles negociavam. Esse fato não fica evidente nos autos da devassa do quilombo, o que pode ter sido uma estratégia dos interrogadores para poupar pessoas poderosas envolvidas. Somente os quilombolas Lauriano e Manoel Frescal revelaram os seus fregueses, que na verdade era a mesma pessoa. Ambos vendiam parte de suas produções de farinha de mandioca do quilombo do Borrachudo para o sargento-mor de Ilhéus,[29] que era justamente quem devia coibir tais práticas.

A destruição dos quilombos ainda revelou muito mais sobre as suas organizações e estruturas de funcionamento. Em todos foram encontradas casas de farinha com os caros equipamentos necessários ao fabrico do produto e grandes roças de mandioca, além de muita farinha pronta para o consumo. Destaca-se também a existência em grandes quantidades de outros produtos, como a cana-de-açúcar e a aguardente.[30]

Outros grupos de escravos fugidos atuavam fortemente nos assaltos a tropeiros, viajantes e fazendas e saqueavam as produções e destruíam as plantações que não podiam levar. A Câmara de Barra do Rio de Contas citou uma dessas ações, ocorrida em 1834, na qual um grupo de escravos fugidos, provavelmente do quilombo do

---

28 Parte da bibliografia sobre a economia própria dos escravos nas Américas e suas relações com outras economias: BERLIN, MORGAN, 1995; CARNEY, 2001; MINTZ, 1989; PRICE, 1995; TOMICH, 1995.

29 Apeb, Seção Colonial e Provincial, Juízes Barra do Rio de Contas, Maço 2246.

30 *Ibidem.*

Borrachudo, invadiu uma fazenda e roubou a mandioca, as aves, o gado e a aguardente de alambique do proprietário João Pacífico de Jesus.[31]

O roubo podia ser para consumo dos próprios quilombolas, mas outros documentos mostram que essas mercadorias, principalmente os alimentos, eram vendidas com bastante frequência e em grandes volumes a comerciantes locais. Provavelmente, eles usavam a pressa dos quilombolas de se desfazer das mercadorias para obter preços baixos. Assim, a Câmara de Barra do Rio de Contas informava que os quilombolas "nem só fazem os insultos aos moradores do termo como passam até a virem a esta villa terem negócios com alguns que para com eles contratam".[32]

Alguns anos antes, um caso semelhante aconteceu na mesma região de Barra do Rio de Contas. Os quilombolas do Oitizeiro eram acoitados por lavradores livres, que usavam a sua mão de obra enquanto lhes ofereciam proteção. Para João José Reis, "o Oitizeiro seria um quilombo disfarçado de aldeia de lavradores".[33] Não foi à toa que a sua destruição, em 1806, revelou uma impressionante estrutura econômica.

A avaliação dos bens encontrados aponta que mais da metade dos 530$380 correspondiam a 217.500 covas de mandioca que ali havia, sem contar aquela usada pelos cerca de 50 índios cariris, que tinham composto a tropa de ataque, para produzir a farinha que consumiram por cerca de quatro meses. Mesmo assim, as 217.500 covas de mandioca produziriam 6.525 alqueires de farinha, o que no mercado alcançaria um valor superior a dois mil contos de réis.[34]

Chamam ainda atenção os bens encontrados no quilombo: equipamento completo para a fabricação de farinha, que existia em diversas casas, e pequenos barcos e canoas, essenciais para que a produção fosse vendida. A função de barqueiro era desempenhada pelos coiteiros. É narrado nos depoimentos que muitos "clientes" iam ao quilombo comprar a farinha diretamente das mãos dos "coiteiros/lavradores".

Tanto o quilombo do Borrachudo quanto o do Oitizeiro tiveram uma função primordial no abastecimento de farinha destinado aos comerciantes locais, que por sua vez acionavam o mercado externo de alimentos. Assim, foram importantes fontes de abastecimento da farinha que saía das vilas do sul da província.

Apesar de em alguns casos os quilombolas contarem com a proteção de pessoas livres, não estavam imunes às ações das autoridades, tanto pela questão da fuga quanto

---

31 Apeb, Seção Colonial e Provincial, Câmara Barra do Rio de Contas, 1834, Maço 1254.

32 *Ibidem.*

33 REIS; GOMES, 1996, p. 348.

34 Apeb, Seção Colonial e Provincial, Quilombos, Maço 572-2.

pela interferência que tinham na economia local. Em 1831, o juiz da Comarca de Valença solicitou ao presidente da Província da Bahia armas, munição e guardas para combater os escravos fugidos, que roubavam na região e se encontravam refugiados em mais de 50 quilombos.[35] Essa não foi a primeira vez que esse tipo de pleito foi feito. Havia quatro anos, desde 1827, que o pedido era reiterado, ao menos uma vez por ano, o que aponta para uma situação que já se prolongava havia algum tempo. No mesmo ofício, o juiz justificava o pedido como forma de impedir os roubos perpetrados pelos aquilombados. Segundo esse juiz, os fugidos "vagam nas noites de sábado e domingo amedrontando a população", roubando gado e "seduzindo escravos pacíficos".[36]

Antes disso, em 1830, o juiz de paz de Camamu, próximo de Valença, também já havia noticiado ao presidente da Província que ali existiam escravos fugidos, "que se acham aquilombados nas mattas deste termo, roubando e insultando os lavradores".[37] Mais tarde, em 1835, o mesmo juiz mostrou-se insatisfeito com a falta de tomada de posição das autoridades da província e disse que "já tendo levado por duas vezes ao [conhecimento do] antecessor (...) os sucessivos assassínios, roubos e ataques causados pelos escravos fugidos, aquilombados nas matas desta vila (...) motivando que muitos lavradores abandonem suas lavouras a fim de escaparem de tão raivoso bando",[38] havia pedido providências para acabar com os quilombos, "lá onde existe toda sorte de crimes".[39]

Os roubos praticados pelos escravos, fossem de gado ou de outros bens, sugerem práticas organizadas e que estavam destinadas não apenas à sobrevivência dos fugitivos, mas a outras finalidades, como, por exemplo, a venda para pequenos lavradores dos arredores dos quilombos, com quem se relacionavam cotidianamente. O juiz de Valença chegou a dizer que tais práticas se davam de forma preponderante nos fins de semana. Isso decorria do fato de que talvez nos demais dias os escravos estivessem ocupados com suas próprias roças e plantações, o que demonstrava um planejamento de ações por parte dos quilombolas.

Em quilombos ou fora deles, escravos, fugidos e libertos procuraram se apropriar das condições sociais que o local lhes oferecia. Na maioria das vezes, as reconstruíam a partir de seus interesses. A luta pelo acesso a formas diferenciadas de economia própria estava impregnada de um sentido de liberdade, que era dinâmica e multifacetada,

---

35 Apeb, Seção Colonial e Provincial, Maço 2626.

36 *Ibidem.*

37 Apeb, Seção Colonial e Provincial, Maço 2298.

38 *Ibidem.*

39 *Ibidem.*

que rompe com a percepção de que a liberdade que o escravo buscava se obtinha apenas com a alforria.

Além dos quilombolas, escravos que viviam em outras situações de domínio da mesma maneira tinham participação na economia local e favoreciam a agricultura de subsistência que abastecia Salvador e alhures. Esses escravos cultivavam pequenas faixas de terra em locais que fossem a um só tempo seguros e de fácil acesso. As terras ou eram dos senhores – e nesse ponto a exploração poderia ser feita com ou sem o conhecimento dos proprietários –, ou estavam na beira das estradas, ou ainda no interior das matas da região.

Para os escravos, negociar a sua produção de forma independente e com a população das redondezas era a maneira mais fácil e eficiente de vendê-la, pois passava quase que despercebida das autoridades ou de outros senhores que tentavam coibir tais práticas. Pese o fato de que muitas autoridades – e a grande maioria da população– se beneficiavam de alguma forma dessas práticas econômicas dos escravos. Quer dizer que esse tipo de negócio era vantajoso tanto para os escravos, que precisavam negociar os produtos com pessoas de confiança e que não os denunciassem, quanto para os compradores, que encontravam entre os escravos preços e condições mais vantajosas por conta da pressa que tinham e da ilegalidade da transação. A maioria da população livre das vilas do litoral sul da Bahia, na primeira metade do século XIX, era formada maciçamente por pessoas consideradas remediadas e que dependiam de uma série de fatores para obter melhorias econômicas. Sendo senhora de poucos escravos e com pequenas parcelas de terra, essa população livre do litoral sul da Bahia manteve uma estreita relação econômica com os escravos de sua própria posse ou de outrem. Diante das vicissitudes da vida, muitos desses senhores recorreram aos escravos para obter empréstimos, o que reforça a importância que essa economia dos escravos teve na sociedade local. O que queremos dizer é que a sua produção agrícola e os seus pecúlios colaboravam em alguma medida com o circuito de venda de alimentos para fora dos limites da baía de Camamu.

O pequeno proprietário Francisco Antônio Pereira, por exemplo, tinha dívidas de 81$080 com Roza, escrava de José Silveira. Mesmo possuindo dois escravos adultos e um "moleque", todos homens do serviço da roça, Francisco Antônio adquiria com relativa frequência farinha da produção independente da escrava Roza e a usava para complementar a própria produção.[40] Roza foi uma das várias pessoas com as

---

40   Apeb, Seção Judiciária, Inventários de Camamu, 04/1757/2227/01.

quais Francisco Antônio negociou. Comprando suas pequenas produções para posteriormente revendê-las para negociantes de fora de Camamu.

Para efeito de comparação, tomaremos como parâmetro o preço do litro da farinha quando ele já apresentava um sensível aumento –$304– e usaremos uma perspectiva conservadora na Salvador de 1845. Se o consumo semanal para uma família de cinco pessoas, conforme estipulou Katia Mattoso, fosse de 251 litros, a despesa anual seria em torno de 48$620.[41] A escrava Roza obteve da venda a Francisco Antônio 81$080, o que demonstra ter sido uma produção razoavelmente grande. O volume de farinha produzido por Roza certamente não era para o consumo próprio, nem mesmo estava destinado à venda esporádica. Uma escrava não faria tanta farinha para uma venda incerta. É muito provável que a sua produção fosse encomendada, se destinasse a atender a "clientes".

A viúva Maria do Carmo do Sacramento, com bens avaliados em pouco mais de 2.000$000, tinha dívidas de 1.589$899, o que consumiria mais de 75% da sua fortuna. A sua produção era grande e diversificada. Nela trabalhavam 25 escravos em um "engenho de mandioca" e nas roças de arroz, café e mandioca, tudo produzido em "grande quantidade". Dos escravos que possuía, dois eram empregados ao ganho: Jacinto era sapateiro e Caetano trabalhava como alfaiate. Para os padrões da localidade, mesmo sendo uma grande proprietária, Maria do Carmo ainda complementava a sua produção agrícola comprando a farinha produzida por escravos da vizinhança, como Faustina, que era escrava de Caetano Correa da Silva e tinha a receber 10$640 de Maria do Carmo, referentes ao que lhe fora vendido.[42]

Outros senhores, como, por exemplo, Manoel Corrêa da Costa, se endividaram com escravos do próprio domínio, o que atesta outra faceta da escravidão rural no litoral sul da Bahia. Proprietário de Ana Crioula, na sua pequena propriedade, na vila de Camamu, Corrêa da Costa era senhor demais três escravos adultos. Além de dever a outros pequenos proprietários das imediações, devia 53$110 a Ana Crioula, o que pode ser resultado tanto da compra de alguma produção agrícola como de empréstimo tomado em espécie.[43]

Os ganhos que os escravos obtinham iam além das questões puramente econômicas. Consistiam em estratégias de reposicionamento social, com amplas repercussões culturais e políticas em suas vidas. Por essas vias, alguns escravos encontraram a

---

41 MATTOSO, 1978, p. 368.

42 Apeb, Seção Judiciária, Inventários de Camamu, 07/3261/01.

43 *Ibidem*, 04/1939/2411/14.

oportunidade de alterar o jogo de poderes e adquirir lugares menos desconfortáveis naquela estrutura social. Para eles, negociar com pessoas da própria localidade pode ter sido a única opção para obter ganhos e correr riscos menores, uma vez que o comprador também infringia as leis. Também pode ter servido como elemento de afirmação e de demarcação de espaços dentro daquela sociedade.

Em uma região marcada pela presença de uma maioria de lavradores livres pobres, a produção independente dos escravos teve um papel essencial na complementação dos gêneros alimentícios que negociava com outras localidades. A grande extensão de terras desocupadas entre labirintos de rios e o aumento da demanda por farinha – uma vez que a região já era reconhecida como grande produtora desde o século XVIII –, somados às baixas condições econômicas de boa parte dos proprietários daquela região, favoreceram escravos e quilombolas, que angariaram espaços importantes que influenciavam diretamente os rumos da economia local, ainda que bastante restritos e instáveis. A renda que obtinham dos negócios que faziam, fossem eles "lícitos" ou não, passou a ser vista por lavradores livres como uma importante e acessível fonte financiadora que podia socorrê-los nas necessidades por meio do recebimento de empréstimos financeiros.

Embora em menor número, as concessões de empréstimos financeiros para escravos, incluindo os do próprio domínio, seguiam duas tendências: a formação de uma rede de dependência à qual os escravos se prendiam e que dificultava a aquisição da alforria; e o estímulo ao aumento da produção agrícola dos escravos, que facilitava a aquisição pela população livre.

Referências

BARICKMAN, Bert. *Um contraponto baiano*: açúcar, fumo, mandioca e escravidão no Recôncavo, 1780-1860. Rio de Janeiro: Civilização Brasileira, 2003.

BERLIN, Ira; MORGAN, Philip D. "Introduction". In: *The slave's economy*: independent production by slaves in the Americas. Londres: Frank Cass & Co. Ltd., 1995, p. 1-30.

CARNEY, Judith A. *Black rice*: the african origins of rice cultivation in the Americas. Londres: Harvard University Press, 2001.

FRAGOSO, João; FLORENTINO, Manolo. *O Arcaísmo como projeto*: mercado atlântico, sociedade agrária e elite mercantil no Rio de Janeiro, 1790-1840. Rio de Janeiro: Diadorim, 1993.

GRAHAM, Richard. "Ao mesmo tempo sitiantes e sitiados. A luta pela subsistência em Salvador (1822-1823)". In: JANCSÓ, István (org.). *Independência*: história e historiografia. São Paulo: Hucitec/Fapes, 2005, p. 411-445.

GRAHAM, Richard. *Feeding the City*: from Street Market to Liberal Reform in Salvador, Brazil. 1780-1860. Austin: University of Texas Press, 2010.

JANCSÓ, István. *Na Bahia, contra o Império*: história do ensaio de sedição de 1798. São Paulo: Hucitec/Salvador: Universidade Federal da Bahia, 1996.

LINDLEY, Thomas. *Narrative of a Voyage to Brazil*. Londres: J. Johnson, 1805.

MARTIUS, Carl F. P.; SPIX, J. B. *Através da Bahia*. Excertos da obra Reise. In Brasilien. São Paulo: Companhia Editora Nacional, 1938.

MATTOSO, Kátia. *Bahia, a cidade de Salvador e seu mercado no século XIX*. São Paulo: Hucitec/Salvador: Prefeitura Municipal de Salvador, 1978.

MILLER, Shawn. *Fruitless trees*: portuguese conservation and Brazil's Colonial Timber. Stanford: Stanford University Press, 2000.

MINTZ, Sidney W. *Caribbean transformations*. Nova York: Columbia University Press, 1989.

PRICE, Richard. "Subsistence on the Plantation Periphery: Crops, Cooking, and Labour Among Eighteeth-Century Suriname Maroons." In: BERLIN, Ira; MORGAN, Philip D. *The Slave's Economy*: Independent Production by Slaves in the Americas. Londres: Frank Cass & Co. Ltd., 1995, p. 107-130.

REIS, João José; AGUIAR, Márcia Gabriela D. de. "Carne sem osso e farinha sem caroço: o motim de 1858 contra a carestia na Bahia". *Revista de História*, São Paulo (USP), n° 135, 1996.

REIS, João José; GOMES, Flavio dos Santos. *Liberdade por um fio*: histórias dos quilombos no Brasil. São Paulo: Companhia das Letras, 1996, p. 332-372.

REIS, João José. *Rebelião escrava no Brasil*: a história do levante dos malês em 1835. Edição revista e ampliada. São Paulo: Companhia das Letras, 2003.

SAINT-HILAIRE, Auguste de. *Segunda viagem ao interior do Brasil* (Espírito Santo). São Paulo: Companhia Editora Nacional, 1936.

SCHWARTZ, Stuart. *Escravos, roceiros e rebeldes*. Bauru: Edusc, 2001.

TOMICH, Dale. "Une petite Guinée: provision ground and plantation in Martinique, 1830-1848." In: BERLIN, Ira; MORGAN, Philip D. *The slave's economy*: independent production by slaves in the Americas. Londres: Frank Cass & Co. Ltd., 1995.

VILHENA, Luís dos Santos. *A Bahia do século XVIII*. Vol. 2. Salvador: Itapuã, 1969.

Os negociantes de grosso trato no Recife: um estudo de caso sobre as trajetórias de João Pinto de Lemos e Manoel Joaquim Ramos e Silva (Pernambuco, 1830-1877)

BRUNA IGLEZIAS MOTTA DOURADO[1]

O presente artigo busca analisar a praça comercial do Recife (PE), entre as décadas de 30 e 70 do século XIX, por meio de uma abordagem das trajetórias de vida dos comendadores João Pinto de Lemos e Manoel Joaquim Ramos e Silva. Mencionados nas fontes como negociantes de grosso trato, estiveram simultaneamente envolvidos na economia atlântica e no abastecimento interno. A posição privilegiada desses homens de negócios na hierarquia mercantil possibilitou-lhes o exercício de múltiplas atividades comerciais, permitiu-lhes assumir a direção de casas bancárias e outras corporações mercantis e estabelecer, assim, uma participação econômica e política mais dinâmica que a do simples comerciante. Nosso estudo vislumbra compreender *quem foram os atores*, por meio de suas trajetórias individuais, para então ampliar a explicação do funcionamento da instância social a que eles pertenceram. Desse modo, o esforço de resgatar essas trajetórias coincide também com a busca pela apreensão das práticas sociais, culturais e comerciais do século XIX.

O comércio "em grosso" e "a retalho"

O comerciante de grosso trato – ou "em grosso", denominação típica do século XIX – era, antes de tudo, o homem que diversificava suas atividades e se dedicava aos vários segmentos do comércio. Entretanto, essa categoria de ocupação já existia no vocábulo social para identificar as distinções que permeavam as práticas econômicas relacionadas ao comércio atacadista, ou "de grosso trato", e as práticas do comércio varejista, ou "a retalho".

---

1   Mestranda em história pela Universidade Federal Fluminense (UFF).

Um bom exemplo do que caracteriza as particularidades de cada uma dessas práticas comercias pode ser lido no dicionário de comércio de Jacques Savary des Bruslons, editado pela primeira vez no início do século XVIII e traduzido para o português em 1813. O *Dictionnaire universel du commerce*, em seu verbete *commercio*, distinguia assim os modos como podiam ocupar-se os indivíduos no comércio:

> O primeiro objeto do comércio é comprar as produções da terra e da indústria, para tornar a vendê-las por pequenas parcelas aos outros indivíduos. As pessoas que exercitam essa profissão se chamam *mercadores de retalho*. Essa ocupação mais cômoda do que necessária para a sociedade concorre, contudo, para a circulação interior (…) outro objeto do comércio compreende a ocupação de um membro que remete para os países estrangeiros a produção de sua pátria, ou seja, com fim de trocá-las por outras necessárias, ou por dinheiro, esse comércio feito por terra ou por mar, na Europa, ou em outras partes do mundo, tem o distinto nome de *comércio em grosso*; e os que se ocupam nele são chamados *homens de negócio*. Essa profissão é muito necessária porque é a alma da navegação e aumenta as riquezas relativas do Estado.[2]

Notamos que a definição do dicionário proclama o comércio em grosso protagonista das práticas mercantis atacadistas nas relações exteriores, além de vincular a alcunha de "homens de negócio" a seus empreendedores. Já o comércio varejista ficaria a cargo dos "mercadores de retalho", responsáveis pelo fomento da circulação interior das produções da terra e da indústria de um Estado. Ora, mesmo não sendo tarefa simples, a definição precisa de tais categorias comerciais, as distinções sociais que as acompanhavam clareiam-nos um pouco mais sobre a amplitude da atuação mercantil das respectivas categorias de ocupação.

Para Jorge Pedreira, em seu estudo sobre os padrões de recrutamento e percursos sociais dos negociantes de Lisboa no século XVIII, a criação da Junta de Comércio, em 1755, constituiu-se como um momento crucial para a distinção dos "homens de negócio" de grosso trato em relação aos comerciantes de varejo. O surgimento de tal instituição não inaugurou a distinção social, já existente, mas foi a sua primeira expressão institucional, "funcionando como um instrumento de intervenção do poder na classificação dos agrupamentos e dos agentes sociais na esfera comercial".[3]

---

2 SALES, 1813, p. 154.

3 PEDREIRA, 1992, p. 417.

Em Portugal, o Alvará de 16 de Dezembro de 1757 repartiu os mercadores em cinco classes ou corporações:"mercadores de lã e seda; mercadores de lençaria; mercadores de meias e fitas de seda, chamados de capela; mercadores de meias de lã e quinquilharias, chamados de Porta da Misericórdia e Arcos do Rócio e Campainha; e mercadores de retroz".[4]

A criação dessas categorias de distinção mercantil teve como função tanto determinar os espaços públicos que deveriam ser ocupados por cada uma dessas classes quanto derivar de si mesma "a lógica de honorificação da atividade dos 'homens de negócio', por meio da concessão de privilégios e títulos".[5]

As distinções entre as vertentes atacadista e varejista do comércio emergem da análise de Max Weber acerca da gênese do capitalismo moderno como produtos da penetração do princípio mercantil na economia, cujo cálculo de rentabilidade norteava-se pelas oportunidades de mercado. O autor explica que no curso do século XVIII o comércio atacadista separa-se definitivamente do varejista e forma uma camada específica do estamento mercantil. Ademais, o comércio atacadista decompõe-se em outras duas formas: o de importação e o de exportação. Na forma atacadista de importação prevalece a transmissão do produto na venda em leilão, modo mais dinâmico de escoar a mercadoria importada e repassar os dividendos dessa transação ao exterior. Já o comércio atacadista de exportação é "o da consignação, habitualmente o ultramarino", e "domina em lugares em que o comerciante não tem relação com o varejista".[6]

A temática da caracterização das categorias de ocupação comercial é abordada em *Civilização material,* de Fernand Braudel, sob a proposta de que a partir das desigualdades percebidas na economia de trocas, estabelecidas em amplitude crescente no mercado, foi definida a existência de uma hierarquia na sociedade mercantil: a especialização social – composta pelas mais diversas profissões engendradas pelo mundo comercial (aquelas dependendo desse) – se teria instalado primeiro na base da hierarquia, mediante a distinção das tarefas e a fragmentação das funções.

Segundo o autor – cujas formulações estabelecidas sobre a sociedade capitalista e suas categorias comerciais são em grande parte inspiradas dos argumentos lançados por Max Weber e Savary des Bruslons – os grandes comerciantes, ou *capitalistas*, estariam no topo dessa sociedade, numa esfera da circulação que lhes concederia o privilégio da polivalência e da não especialização; esfera na qual ser negociante implicava

---

4   CHAVES, 2006, p. 174.

5   *Ibidem*, p. 154.

6   WEBER, 2006, p. 34.

a adaptação aos mais diversos tipos de ofertas e demandas estabelecidas pelo mercado. Seriam ainda eles "detentores do controle do comércio de longa distância, do privilégio da informação, da cumplicidade do Estado e da sociedade".[7]

A participação econômica do comércio de grosso trato no contexto da formação do Estado Imperial brasileiro

O controle exercido pelos negociantes de grosso trato sobre o comércio Atlântico – por meio do monopólio da atividade negreira, bem como do privilégio de suas posições no campo do abastecimento interno – é o profundo traço da entrada desses representantes da elite mercantil, entre 1790 e 1830, em uma economia colonial tardia, marcada por mudanças nas formas de acumulação, que deram novas feições às elites coloniais. Em outros termos, a partir de então a economia colonial terá estado estreitamente vinculada a esses negociantes de grosso trato.

Uma abordagem da economia colonial brasileira entre a última década do século XVIII e as três primeiras do XIX, com base na acumulação e na hierarquia na praça mercantil do Rio de Janeiro, é desenvolvida por João Fragoso. O comportamento da praça comercial do Rio de Janeiro e a estruturação de sua hierarquia mercantil são analisados e percebe-se que ali, assim como o teria dito Braudel, o grande mercador está no patamar mais alto. A elite mercantil, como categoria comercial, dividia-se, grosso modo, em função de duas práticas, as comerciais especulativas e as monopolistas, ambas voltadas para a atuação comercial dos indivíduos nos diversos setores do mercado e para seu tempo de permanência em cada um deles. A dominação do comércio de longa distância, "posição estratégica e representativa, seria ainda outra prerrogativa comum a todos os membros dessa elite".[8]

Por meio de uma costura das considerações levantadas pelos autores, dir-se-ia que o segmento mercantil da elite colonial tardia demonstrava uma tendência à esterilização de seus capitais, uma vez que esses eram retirados da esfera da circulação e reinvestidos em atividades agrícolas (voltadas para a agroexportação) e rentistas (vinculadas à aquisição de bens imóveis). Demais, poder-se-ia afirmar que o ideal aristocrático, presente na sociedade colonial tardia do princípio do século XIX, imprime-se a partir de uma "transformação da acumulação gerada pela circulação de bens, em terras, homens e sobrados".[9]

---

7   BRAUDEL, 2009, p. 353.

8   FRAGOSO, 1998, p. 44-45.

9   *Idem*, 2001, p. 24.

Entremementes, é importante ressaltar que o período em questão – às vistas de uma perspectiva econômica global – refere-se ao momento da passagem da prevalência do capital industrial sobre o capital mercantil. Essa constatação não implica, todavia, uma negação do papel dominante que o capital mercantil continuou a exercer na economia do Império brasileiro. No caso da economia brasileira, é fundamental salientar que

> a reintegração da região de agricultura mercantil-escravista que possibilitava um monopólio virtual não se processava "nas correntes em expansão de um comércio mundial" qualquer, e sim em um mercado mundial que era reordenado de acordo com os interesses do capitalismo concorrencial e cuja lógica não era mais dada pela acumulação primitiva de capital, mas pela acumulação capitalista propriamente dita.[10]

A monarquia brasileira se havia esforçado por manter o monopólio da responsabilidade política, em relação ao *mundo do governo*.[11] O imperador, por meio do poder Executivo, tinha como dever o de promover a perpetuação da centralização política e estabelecer uma espécie de ordem ou efeito coesivo sobre as gestões política e administrativa, uma adjunta à outra. Por conseguinte, a esfera administrativa da gestão do Estado Imperial brasileiro figurava como articuladora do poder Moderador: esse percebia naquela um elemento de equilíbrio para as possíveis alterações de sua autoridade. Forjava-se assim a necessidade de uma aliança entre empreendedores e detentores de capitais e líderes do governo.

O processo político de consolidação do Estado Imperial brasileiro, mais do que um embate entre as elites hegemônicas ou entre as forças de centralização e descentralização do poder estatal, representa o somatório das reivindicações presentes nas disputas entre as frações da classe senhorial,[12] dentro de suas especificidades regionais. O fracionamento da classe contenedora dos capitais do grande comércio brasileiro se fazia em meio a disputas: políticas, econômicas, sociais e locais. Tais disputas

---

10 MATTOS, 1987, p. 63.

11 A expressão mundo do governo é empregada por Ilmar Mattos em O *tempo saquarema* para designar o ato conjunto de governo da Casa (poder privado) e do Estado (poder público). O mundo do governo estaria ainda em oposição ao mundo do trabalho (noção empregada em relação ao trabalho escravo).

12 Os negociantes constituíram uma fração da classe senhorial, a classe dominante e dirigente do projeto saquarema do Estado Imperial brasileiro, e pode ser usado o "estilo de vida" como o que define o comportamento senhorial, e não razões meramente econômicas (MATTOS, 1987).

caracterizam a consolidação do Estado Imperial brasileiro e denotam a ansiedade pela formalização do aparato administrativo e financeiro desse Estado.

Após a regulamentação da lei de criação do Banco do Brasil, por meio da fusão do Banco Comercial do Rio de Janeiro e do Banco do Comércio e da Indústria do Brasil (Banco do Brasil, de Mauá),[13] disputas travadas pelos grandes comerciantes do Rio de Janeiro pela ocupação dos cargos de diretoria na instituição demonstram que essa não era simplesmente uma empresa, e sim "um lugar de acomodação de interesses e de construção de [suas] estratégias capitalistas, ligadas ao controle do financiamento às demais atividades econômicas".[14]

Sobre a configuração dos grupos de interesses econômicos durante o século XIX pode-se dizer, em outros termos, que as associações comerciais e industriais e outras organizações coorporativas tornaram-se espaços sociais que congregavam grande parte dos interesses da iniciativa privada no país, por meio das quais os grupos de interesses econômicos efetivaram o sentido de sua atuação política. Vale salientar de passagem que a forte influência estrangeira pode ser demonstrada mediante verificação da nacionalidade dos membros da direção de tais associações.[15]

As iniciativas governamentais para a promoção de uma reforma monetária e bancária durante o Brasil Império acabaram por reforçar os mecanismos centralizadores da circulação de crédito e moeda. A lei bancária de 1853 restringiu a emissão da moeda ao Banco do Brasil do Rio de Janeiro e promoveu a criação de um "sistema de moeda e de crédito, assente na massa de capitais até então investidos no tráfico africano".[16] A tentativa de pluralismo bancário presente na Lei Souza Franco (1857), que concedeu a emissão monetária a um número limitado de estabelecimentos nas principais províncias, foi interrompida pela Lei dos Entraves e pelo retorno definitivo à unidade de emissão, em 1860.

A praça comercial do Recife

A segunda metade do século XIX é o período no qual o Estado Imperial brasileiro consolida-se mediante uma organização das bases do aparato político-administrativo do Império. A partir da aprovação de legislações como a Lei Eusébio de Queiroz, a Lei de Terras — ambas de 1850 — e o Código Comercial, o Brasil vivenciou um momento de

---

13 *Leis do Império*, Decreto 1.223, de 31/8/1853.

14 PIÑERO, 2002, p. 97.

15 RIDINGS, 1994.

16 MELLO, 1999, p. 104.

notórias transformações na sua estrutura econômica. O decênio 1850-60 abre alas "com a fundação de 62 empresas industriais, 14 bancos, três caixas econômicas, 20 companhias de navegação a vapor, 23 de seguros, quatro de colonização, oito de mineração, três de transportes urbanos, duas de gás e, finalmente, oito de estradas de ferro".[17]

Tal estímulo às atividades econômicas urbanas parece não ter circunscrito somente o centro-sul do país, de modo que "não só a nova capital do Império pulsa e chama a atenção do mundo, como os antigos centros, Salvador e Recife, ganham nova respiração".[18] A praça comercial do Recife foi um "dos pontos privilegiados do circuito econômico vinculado ao Mundo Atlântico desde o século XVII".[19]

No início do século XIX o Recife consta como um dos setores mercantis mais atuantes no esquema de fluxo monetário, de distribuição e abastecimento regional do Brasil Império. Em 1857, a cidade contava com uma companhia de seguros de escravos, duas de seguros contra fogo e quatro de seguros marítimos, além de uma companhia de vapores, a Companhia Pernambucana de Navegação a Vapor (1854), e a Companhia do Beberibe (1838), essa responsável pelo abastecimento e saneamento das águas da cidade.[20]

Uma das particularidades do setor regional financeiro liderado por Recife, em comparação com os setores das praças mercantis de Rio de Janeiro e Salvador, está no atraso que demonstrou a cidade no processo de instalação dos bancos comerciais. Até por volta de 1850 nenhuma sociedade havia entrado em atividade em Pernambuco, diferentemente da Corte e da Bahia, onde já era intensa a incorporação de bancos. Segundo Levy e Andrade, tal fenômeno se justifica pelo fato de as casas comerciais e bancárias (entre elas as comissárias, as de descontos e as de importação-exportação) permanecerem exercendo satisfatoriamente as funções de bancos. O capital usurário permaneceu, como assinalaram as autoras ainda, garantindo a hegemonia nas relações de financiamento da economia pernambucana.[21]

Dentro das especificidades da praça comercial do Recife, desde o século XVIII, percebe-se que seu aspecto centralizador – no que tangia não só à exportação dos produtos pernambucanos como também à importação de mercadorias europeias, que satisfaziam a demanda de toda a região – restringia para si os ativos de comércio e, por

---

17 PRADO JR., 1969, p. 128; IANNI, 1976, p. 300.

18 MOTA, 2000, p. 216.

19 ALENCASTRO, 2000.

20 Apeje, 1857, p. 321-322.

21 LEVY, 1985, p. 29.

conseguinte, boa parte das atividades comerciais internas, isto é, o comércio entre o porto do Recife e o interior e as outras capitanias, como ressaltou George de Souza:

> la comunidad mercantil recifense, que estuvo fuertemente, extendía su red de negocios por una amplía área geográfica que incluía las capitanías anexas al norte (Paraíba, Rio Grande do Norte y Ceará) y los puertos suministradores de esclavos en África, especialmente Angola, o incluso el extremo sur de la colônia.[22]

As unidades agrícolas (e seus proprietários), ligadas ou não às produções da cana-de-açúcar e do algodão – os dois produtos de maior valor comercial exportados por Pernambuco durante boa parte do século XIX –, tornavam-se "reféns" do predomínio do sistema de adiantamento de provisões ou da troca simples de mercadorias. Por esses meios, lavradores e senhores de engenho mantinham um sistema de conta corrente com os comissários: os intermediários. Um processo que trazia altos lucros aos bolsos desses últimos, sem que houvesse, para tanto, um direto comprometimento seu com o sistema produtivo, uma vez que controlavam o capital-dinheiro do produtor e até determinavam a expansão ou a retração de seus negócios.

> O antigo fazendeiro ou o senhor de engenho trabalhava para o traficante que lhe fornecia escravos como o atual trabalha para o correspondente ou para o banco, outra instituição da cidade que com a chegada de D. João VI se levantou no Brasil, modificando-lhe a paisagem social no sentido da urbanização; no sentido do domínio dos campos pelas cidades. Acentuando a gravitação de riqueza e de energia para as capitais (...) e para os capitalistas, pode-se dizer, sem receio de prejudicar a verdade com o trocadilho fácil.[23]

O sistema de crédito ao produtor não era uma particularidade da praça comercial do Recife. A concatenação "fazendeiro/comissário/comerciante" era uma característica comum a todas as economias regionais do Império. Entretanto, a concentração de casas comerciais a um só tempo exportadoras e importadoras gerou na praça do Recife uma espécie de coincidência entre os sacadores e tomadores de câmbio. Fato que, por sua vez, remete a outro aspecto da economia monetária pernambucana:

---

22 SOUZA, 2008, p. 72.

23 NABUCO *apud* FREYRE, 2004, p. 118.

a particularidade de suas taxas de câmbio frente aos demais portos brasileiros. Se comparadas as operações comerciais entre Recife e Londres com as estabelecidas entre o Rio de Janeiro e aquela mesma praça no exterior, sobressai a maior valorização do mil-réis em relação à libra na praça nortista. Destarte, constata-se que em Pernambuco a moeda nacional permaneceu, com eventuais exceções, até meados do século XIX, mais valorizada do que no Rio de Janeiro ou na Bahia.[24]

A questão da concentração de casas comerciais ao mesmo tempo exportadoras e importadoras na praça comercial do Recife é justificada também pela proeminência de elementos estrangeiros nesse ramo comercial. Entre os negociantes que atuavam no Recife de 1850 a 1860, a grande maioria era composta por estrangeiros. De acordo com as fontes, em 1850 foram listados 73 negociantes: 26 brasileiros, seis portugueses, 21 ingleses, dois americanos, oito franceses, sete alemães, um holandês e dois suíços;[25] já em 1860 contam-se 158 negociantes listados: 66 brasileiros, 66 portugueses, 12 ingleses, dois americanos, quatro franceses, três alemães, um holandês, dois suíços e dois sardos.[26]

O quantitativo acima demonstra que, para 1860, aproximadamente 42% dos negociantes listados eram de origem lusitana. Esse percentual sofreria um aumento significativo se considerássemos que boa parte dos negociantes de grosso trato declarados brasileiros, como também de indivíduos presentes em outras categorias mercantis, era composta pelos chamados "brasileiros adotivos",[27] ou seja, estrangeiros que passaram por processo de redefinição de sua nacionalidade.

Os interesses do grupo de comerciantes portugueses eram muitos e da opção pela "causa do Brasil" dependia, entre outras coisas, a manutenção do patrimônio econômico constituído no país. Vale mencionar, para além, que a adoção da nova cidadania garantia ao forasteiro tanto o pleno gozo dos direitos políticos brasileiros quanto a sua admissão nas instituições nacionais recém-estabelecidas.

A forte presença da comunidade lusitana em Pernambuco, que atuava principalmente nas atividades mercantis da praça comercial do Recife, explica parcialmente a intensidade dos movimentos antilusitanos que assolaram a província durante a

---

24 BRASIL, 1859, p. 23.

25 Apeje, 1850, p. 303-304.

26 *Idem*, 1860, p. 288-293.

27 Termo usado para designar os indivíduos estrangeiros que haviam passado por processos de redefinição da sua nacionalidade que ocorreram, principalmente, no momento da Independência do Brasil (1822). Existiram até perto da Maioridade (1840) registros de adoções da nacionalidade brasileira feitos na Câmara Municipal do Recife. Ver: CÂMARA, 2012, p. 48.

primeira metade do século XIX, dos quais temos como exemplo os "mata-marinheiros" presentes na década de 1840, inclusive na Insurreição Praieira (1848).[28]

Uma análise mais aguda mostra também em que medida as reformas políticas e econômicas promovidas nas décadas de 1840 e 1850 alicerçaram a montagem do aparato administrativo e financeiro do Estado Imperial brasileiro. Podemos citar, à guisa de exemplo, a Reforma Tributária de 1844, a Reforma Monetária de 1846, a Lei de Sociedades Anônimas de 1849 e o Código Comercial e a Lei de Terras, ambos de 1850. É nesse contexto que o Banco Comercial de Pernambuco[29] teria sido fundado pela iniciativa de comerciantes do Recife.[30]

Além do estímulo que a fundação de um banco representava para a fluidez da circulação dos capitais na econômica local pernambucana, a instituição financeira foi de aprazível serventia para alguns membros do partido conservador, que sempre estiveram envolvidos em negócios, uma vez que tinham "empenhado nos seus cofres suas próprias economias e capitais".[31] O banco teria sido fundado com o auxílio de um administrador conservador da província, Vitor de Oliveira, e sua presidência entregue ao também conservador Pedro Francisco de Paula Cavalcanti de Albuquerque, visconde de Camaragibe. Foi ainda membro daquela diretoria o negociante João Pinto de Lemos.[32]

O processo de modernização da indústria açucareira promovido em Pernambuco durante o século XIX não foi estabelecido, todavia, sem certa dificuldade de mobilização de capitais pelo produtor agrícola junto às instituições bancárias. As incertezas no cumprimento dos compromissos financeiros adquiridos – tanto pelo fato de o setor agrário demonstrar certa vulnerabilidade em relação às vicissitudes do mercado mundial quanto por razões que remetem à falta de regulamentação das hipotecas – foram equacionadas pelo fato de que os entraves do recente modelo dificultavam a reversão dos bens imóveis do produtor em garantias de crédito. Donde se conclui que a influência do setor de fornecimento de capitais privados, muitas vezes "personificado na figura do grande comerciante e do comissário de açúcar, era considerável para o equilíbrio da estrutura agroexportadora da economia local".[33]

---

28   A respeito do movimento antilusitano em Pernambuco durante o século XIX, ver CARVALHO, 2003; CARVALHO e CÂMARA, 2008.

29   *Leis do Império*, Decreto 888, de 22/12/1851.

30   ROSAS, 1999; RIDINGS, 1994; LEVY; ANDRADE, 1985, p. 17-41.

31   ROSAS, 1999, p. 97.

32   Apeje, 1851, p. 144.

33   MELLO, 1999.

A migração de capitais outrora aplicados no tráfico internacional de escravos verificada também em Pernambuco engendrou possivelmente um reinvestimento, após a legislação de 1850,[34] em setores estratégicos da economia, como os da infraestrutura e da indústria – caberia dizer também que "o surto de algodão dos anos 1860-70 atraiu, sem dúvida, tais fundos".[35] Em relação ao provável destino dos capitais negreiros há então a possibilidade de sua transferência para a esfera da circulação, via instituições bancárias, em virtude da existência de "emissões crescentes lançadas por bancos fundados com capitais oriundos do tráfico de escravos".[36]

A promulgação do Código Comercial Brasileiro (1850) foi providencial para o desenvolvimento das atividades mercantis na medida em que especificou as distinções entre os comerciantes e os auxiliares do comércio e consolidou-se como uma conquista, uma resposta aos anseios de representatividade dos grandes. Por conseguinte, a imagem do grande comércio distinguiu-se nitidamente, tanto no plano social quanto no econômico.

Analisaremos doravante a inserção econômica de João Pinto de Lemos e Manoel Joaquim Ramos e Silva, notórios comerciantes locais, em função de suas redes de interesses mercantis na praça comercial do Recife e das ligações que mantinham com o mercado de abastecimento interno e o comércio atlântico. Análoga a esse objetivo, e também dele decorrente, será a análise das redes sociais desses comerciantes no que se refere às relações familiares e de prestígio evidenciadas em suas trajetórias.

Os negociantes de grosso trato e suas trajetórias de vida

A intencionalidade do tema contido no presente artigo não vislumbra um estudo regido sob a tendência de supervalorizar os exemplos individuais aqui tratados. São exemplos decorrentes da asserção que declararia que para avançar na explicação do funcionamento de uma instância social devemos, como premissa, conhecer-lhe os atores. De acordo com um de seus textos fundamentais, a vertente posopográfica indica que seu método deve "combinar a habilidade humana na reconstrução histórica, por meio da concentração meticulosa nos detalhes significativos e nos exemplos

---

34 A abolição efetiva do tráfico internacional de escravos só se tornou viável após a aprovação do Decreto 581, de 4/9/1850, também conhecido como Lei Eusébio de Queiroz, a lei antitráfico. Ver RODRIGUES, 2000, p. 96.

35 EISENBERG, 1977, p. 100.

36 *Ibidem*, p. 174.

particulares, com as preocupações teóricas".[37] Mediante essa inclinação metodológica, pretende-se aqui, também, revelar os objetivos por trás dos fluxos das trajetórias de vida dos negociantes de grosso trato no pós-1830.

João Pinto de Lemos (1796-1871) e Manoel Joaquim Ramos e Silva (1792-1877), negociantes de grosso trato, figuram entre os maiores consignatários de embarcações comerciais das mais diversas origens – ancoradas e despachadas no porto do Recife – a partir dos meados da década de 1830 e pelo menos até aos derradeiros anos da década de 1850.[38] A multiplicidade das atividades mercantis desses indivíduos e o prestígio social por eles experimentado são aspectos que devem ser levados em conta na análise de suas carreiras mercantis e podemser entendidos, também, como uma condição comum do grupo a que pertenciam.

Tentaremos trazer algumas questões sobre o agrupamento social do qual faziam parte Pinto de Lemos e Ramos e Silva. Ambos nasceram em Portugal e chegaram ao Brasil nas duas primeiras décadas do século XIX. Sabe-se que a presença de estrangeiros, assim como sua dominação sobre as atividades comerciais no país, remonta ao período colonial.[39] Porém, tanto Pinto de Lemos quanto Ramos e Silva figuraram nas listagens produzidas em Pernambuco como negociantes brasileiros.[40]

Nesse sentido, é particularmente interessante o caso de Pinto de Lemos. Nos registros de seu testamento consta ser ele cidadão brasileiro, natural do Porto.[41] De acordo com essa fonte, ele emigrou para a Província de Pernambuco em 1806, com apenas dez anos. Lê-se ainda:

> Sua adesão à "causa do Brasil" era no mínimo antiga (…) em 1822 esteve presente na sessão extraordinária convocada pelo Conselho do Governo, presidida por Gervásio Pires Ferreira, para votar a respeito de uma representação assinada "por inumeráveis pessoas de todas as classes do povo" que pedia ao Conselho o embarque imediato do

---

37 STONE, 2011, p. 134.

38 Informação extraída de levantamento feito, e publicado no *Diário de Pernambuco,* por meio de uma amostragem produzida com base nos anúncios das entradas e saídas de embarcações do porto do Recife veiculados nas colunas Notícias Marítimas e Movimento do Porto para 1835, 1836, 1837, 1839, 1843, 1850, 1851, 1856 e 1857.

39 RIDINGS, 1994, p. 35.

40 Na lista dos negociantes de grosso trato publicada em um dos almanaques locais em 1848 João Pinto de Lemos e Manoel Joaquim Ramos e Silva são referidos como brasileiros (Apeje, 1848, p. 198).

41 IHGPE, "Inventário do Comendador João Pinto de Lemos, com testamento, 1871", caixa 206, fl. 8.

Batalhão de Infantaria que tinha chegado a [*sic*] pouco tempo em Pernambuco de Portugal. (...) Meses depois, com a proclamação da Independência, Lemos se tornava, por escolha, "cidadão brasileiro". Assim como ele, muita gente nascida em Portugal se tornou agente ativo da descolonização.[42]

Ora, como já mencionado atrás, os interesses do grupo de comerciantes portugueses eram os mais diversos e da opção pela "causa do Brasil" dependia também a manutenção do patrimônio econômico constituído no país. Adotar a nova cidadania significava garantir direitos políticos e presença nas instituições. Muitos membros do grupo optaram, assim, por "aderir" à causa e fixar residência no país, sobretudo por conta de suas atividades no comércio e dos laços matrimoniais construídos.

Nas trajetórias de Pinto de Lemos e Ramos e Silva foi verificada a ocorrência de matrimônios com mulheres brasileiras, naturais de Pernambuco. Pinto de Lemos casou-se duas vezes, primeiro com Maria Libânea de Lemos, com quem teve nove filhos,[43] e, em 1847, com Adelaide Gil de Moura Mattos Lemos, com quem teve cinco filhos.[44] Já Ramos e Silva casou-se uma única vez, com Natália Maria Benedita da Silva, e teve 15 filhos.[45] Diferentemente de Pinto de Lemos, Ramos e Silva confirmou, em testamento, sua nacionalidade portuguesa e mencionou ter nascido e sido batizado no Porto.[46]

A partir da década de 1830 as atividades comerciais de Pinto de Lemos e Ramos e Silva se tornaram mais evidentes em Pernambuco. E a composição do capital característico do grupo de negociantes de grosso trato, apesar de ser proveniente do comércio, era variada.

Em 1833, Pinto de Lemos estabeleceu na rua dos Barbeiros, no Recife, escritório relacionado a um ponto de venda de escravos para fora da província.[47] Já em 1837 anunciou o arrendamento do Engenho Manima, na Vila de Goiana, Pernambuco.[48] Ainda na década de 1830 Pinto de Lemos surgiu associado a outros comerciantes em

---

42 CÂMARA, 2012, p. 167.

43 IHGPE, 1871, caixa 206, fl. 12v.

44 *Ibidem*, fl. 13.

45 *Idem*, 1877, caixa 245, fl. 4.

46 *Ibidem*, fl. 6.

47 Lapeh, 1833, nº 201.

48 *Idem*, 1837, nº 10.

uma notícia que anunciava a organização da Associação Comercial de Pernambuco e a convocação de um comitê para a elaboração do estatuto da entidade.[49]

Tanto Ramos da Silva como Pinto de Lemos foram membros da Associação Comercial de Pernambuco (1839) – presidida por Pinto de Lemos em 1848.[50] Tal instituição congregou boa parte dos interesses mercantis da província. De modo geral, as associações comerciais brasileiras contribuíam para os negócios da iniciativa privada atuante no país e acordavam a seus membros um *notável potencial de influência junto ao governo imperial e sobre outros grupos de interesses econômicos no século XIX. Fenômeno que provinha da relativa escassez desses demais grupos organizados no Brasil e estabelecia uma competição por atenção e favores do governo. Poder-se-ia salientar ademais que os membros das associações comerciais eram também definidores da elite econômica de cada comunidade, sobretudo aqueles que compunham as diretorias, amplamente ocupadas por comerciantes estrangeiros.*[51]

Ramos e Silva aparece nas fontes como consignatário de embarcações ancoradas no porto do Recife. Em 1839, somente em março, são três: o patacho Leal Constante, proveniente da Bahia;[52] a barca São Manoel, oriunda de Portugal;[53] e a barca portuguesa Josefa, vinda de Luanda,[54] na África. As duas primeiras declaravam trazer gêneros da terra, já a última declarava estar "em lastro", denominação característica de embarcações empregadas no comércio transatlântico de escravos. Outro indício que relaciona a participação de Ramos e Silva no tráfico de escravos é uma notícia de 1835, na qual Gabriel Antônio, conhecido traficante de escravos que atuava em Pernambuco,[55] anunciou uma viagem ao Rio de Janeiro "deixando os negócios de sua casa ao cargo de Manoel Joaquim Ramos e Silva, única pessoa autorizada a realizar todas as suas transações", e adicionou que "só a ele podem pagar os seus devedores".[56] Não é demais lembrar que um dos negócios era o tráfico de escravos.

A atuação dos indivíduos ligados aos grupos de interesses econômicos, além de ter importância nos empreendimentos comerciais nacionais, pode ser relacionada ao desenvolvimento da infraestrutura nas áreas urbanas, pois, em alguns casos, a iniciativa privada interferiu em esferas restritas à iniciativa pública. As fontes

---

49   *Idem*, 1839, n° 183.

50   Apeje, 1848, p. 198.

51   RIDINGS, 1994, p. 48.

52   Lapeh, 1839, n° 90.

53   *Idem*, n° 99.

54   *Idem*, n° 105.

55   CARVALHO, 2005, p. 205.

56   Lapeh, 1835, n° 27.

comunicam um caso exemplar desse tipo de interferência. No Recife, a chamada rua do Comércio, que antes de 1870 era conhecida com rua do Trapiche, ou rua do Trapiche da Alfândega, foi reformada em toda sua extensão por iniciativa "dos capitalistas desta praça João Pinto de Lemos, Elias Baptista da Silva e Ângelo Francisco Carneiro".[57] Durante o século XIX, essa rua foi caminho obrigatório para carga e descarga das mercadorias que passavam pelo porto do Recife.

Os membros da iniciativa privada e dos grupos ligados aos interesses mercantis estiveram ainda relacionados à fundação de bancos e companhias de seguros, de navegação a vapor e ferroviárias, entre outras, "ajudando a criar as bases da infraestrutura de comunicação durante boa parte do período imperial brasileiro".[58]

Em mais um caso exemplar da tutela da iniciativa privada sobre as esferas de atuação da iniciativa pública no Brasil Imperial, é relacionado o nome de Ramos e Silva pela Assembleia Legislativa Provincial de Pernambuco para organizar uma caixa econômica no Recife. Em 20 de abril de 1847 foi então autorizada uma lei provincial para a criação da Caixa Econômica, ou de Socorro, em Recife, com o fim de preencher a função de banco de depósito e emissão, que prescreveu que o presidente da província nomeasse uma comissão de cinco cidadãos brasileiros abastados e de bem que quisessem ser acionistas para dar o primeiro andamento, instalar a Caixa e organizar uma assembleia geral. Foram nomeados para tal encargo Manoel de Sousa Teixeira, Tomás de Aquino Fonseca, Manoel Joaquim Ramos e Silva, Antonio da Costa Rêgo Monteiro e Manoel Gonçalves da Silva.[59]

Entretanto, é a partir da década de 1830 que a atuação econômica dos referidos negociantes se tornou mais evidente e torna possível a elaboração de uma periodização que divide o recorte temporal da análise de suas carreiras em duas partes. A primeira corresponde a 1830 a 1860, no qual foi verificada uma maior incidência de suas atividades mercantis. O período seguinte tem início em 1860, ano em que entra em vigor a legislação conhecida como Lei dos Entraves,[60] passa pelo momento da eclosão da primeira grande crise econômica do Brasil Império, denominada Crise

---

57 COSTA, 1965, p. 159.

58 RIDINGS, 1994, p. 90.

59 COSTA, 1965, p. 491.

60 O Decreto 1.083, de 22/08/1860, conhecido como Lei dos Entraves, fez parte de uma política do governo imperial no sentido de impor restrições à emissão de letras de crédito e de moeda por bancos provinciais, além de condicionar a abertura de companhias de natureza limitada à autorização do Conselho de Estado. Ver: GUIMARÃES, 2012, p. 199.

do Souto,[61] e segue até 1877, fase que coincide com a etapa de declínio das atividades mercantis de Ramos e Silva e Pinto de Lemos.

A criação dos Tribunais do Comércio da Corte e das províncias agraciadas com a concessão de uma instância jurídica própria para o julgamento de suas causas comerciais propiciou o processo de montagem do aparato burocrático para a administração da justiça comercial. O Código Comercial Brasileiro (1850) previu a criação de um Tribunal do Comércio em Pernambuco.[62]

O Tribunal do Comércio de Pernambuco, de acordo com o Código Comercial, contaria com os cargos de: presidente; deputados comerciantes, sendo um secretário e dois suplentes também comerciantes; e um fiscal, que seria sempre um desembargador com exercício efetivo no Tribunal da Relação da província. Os cargos de deputados comerciantes seriam eletivos e podiam concorrer para eles os comerciantes matriculados na dita instituição. Os pré-requisitos para a candidatura eram contar com idade superior a 30 anos e mais de cinco anos de atuação profissional. As primeiras nomeações para esses cargos foram feitas por indicação do imperador, como também previa o Código. Na ata da sessão de instalação do Tribunal do Comércio de Pernambuco Pinto de Lemos é listado como deputado comerciante, cujo suplente foi Elias Batista da Silva.[63] Pinto de Lemos ainda seria eleito deputado comerciante[64] de forma direta pelos matriculados no Tribunal em 1852[65] e Ramos e Silva ocupou o cargo de suplente de deputado comerciante em 1858.[66]

Importante é saber que tipos de interesse conduziam os negociantes a ingressar no aparato burocrático representado pelo Tribunal do Comércio. As motivações teriam sido as mais diversas, dentre as quais se poderiam sublinhar os denotativos de

---

61 O processo de falência da importante casa de comércio A. J. A. Souto & Cia, deflagrado em setembro de 1864, evidenciou, entre outras questões, a falta de liquidez do mercado brasileiro e as falhas na estrutura de financiamento e circulação existentes na economia do país. Ver: GUIMARÃES, 2012, p. 209.

62 MACHADO, 1982.

63 Jucepe, DVD 8, P-LV1I002.

64 O cargo de deputado comerciante foi criado pelo Decreto 556, de 25/6/1850, que estabeleceu a eleição de quatro deputados e dois suplentes entre os comerciantes matriculados nos Tribunais do Comércio de cada província para o período de quatro anos. A esses cargos, assim como aos de presidente do tribunal e fiscal adjunto (cargos de nomeação do imperador), eram delegadas as principais funções administrativas e jurídicas da instituição.

65 Jucepe, DVD 8, P-LV2I050.

66 Idem, P-LV2I101.

prestígio endossados por tais cargos: próximos da magistratura mercantil, em algumas situações indicavam uma situação comercial e jurídica privilegiada.

Dentre os deputados comerciantes, o Tribunal do Comércio designava membros para servirem de juiz comissário, ou de instrução, dos processos de quebra e falência. Esses juízes comissários estariam presentes em vários momentos dos processos de falência, inclusive na abertura da sentença de quebra e fixação de selos no livro caixa do comerciante em processo de quebra; eram ainda responsáveis, juntamente com o curador fiscal da falência, pela feitura do inventário da massa falida e pela nomeação de avaliadores dos bens em questão, além de deverem proceder à venda em leilão dos gêneros e das mercadorias das massas falidas que fossem suscetíveis de deterioração.[67] Durante a década de 1850 Pinto de Lemos atuou como juiz comissário em pelo menos dez processos de quebra.[68] A prevalência dos chamados "brasileiros adotivos", como Pinto de Lemos, Ramos e Silva e outros, nos cargos do Tribunal do Comércio de Pernambuco gerou algumas críticas, na imprensa pernambucana, decorrentes do sentimento antilusitano que pairava sobre a província sempre que era colocada a questão da nacionalização do comércio a retalho. Dizia um dos jornais da cidade, acerca de uma sentença dada a um processo de quebra que envolvia comerciantes de nacionalidade portuguesa, que "o Tribunal do Comércio é português e traíra não come parente".[69]

Outra questão de destaque é a do envolvimento de Pinto de Lemos e Ramos e Silva em companhias comerciais e instituições bancárias. Ramos e Silva compôs o quadro da companhia de seguros marítimos Utilidade Pública, com sede no Recife. De acordo com o estatuto, aprovado em 1853,[70] o cargo de diretor implicava, entre outras funções, o estabelecimento de prêmio pelos riscos que se apregoavam sobre as embarcações em viagens marítimas. Ramos e Silva foi diretor entre 1853 e 1861[71] e ocupou também, em 1855, a vice-presidência do Banco de Pernambuco.[72] No mesmo banco esteve Pinto de Lemos em 1855, quando ocupou um cargo de diretoria.[73]

---

67 As funções do juiz comissário em processos de quebra estão em vários artigos do Código Comercial, mas principalmente concentradas em sua Parte Terceira – das Quebras.

68 Jucepe, DVD 9, SG-RCIV09: I030-I045; SG-RCIV10: I055-I072.

69 *Echo Pernambucano*, 12/2/1852, n° 33.

70 *Leis do Império*, Decreto 1.185, de 4/6/1853.

71 Apeje, 1853, p. 303; 1854, p. 301; 1855, p. 298; 1857, p. 305; e 1861, p. 308.

72 Apeje, 1855, p. 234.

73 *Ibidem*.

As relações pessoais estabelecidas entre os membros eram a maior fonte para uma influência geral dos grupos de interesses econômicos. Um fato que é indicativo dessa afirmação aparece no decreto imperial que concedia a Francisco de Paula Cavalcanti de Albuquerque, e a outros, o privilégio exclusivo por 20 anos para a implantação de um sistema de navegação a vapor nos portos de Recife, Maceió e Fortaleza. Nesse consórcio estavam Pinto de Lemos e Ramos e Silva.[74] Esse acontecimento tem relação estreita com a grande incidência dos nomes de Pinto de Lemos e Ramos e Silva como consignatários de embarcações ancoradas no porto do Recife a partir de 1853. Após o início das operações, os empresários da dita companhia foram obrigados a manter viagens marítimas regulares do porto do Recife

> até Maceió ao Sul, com escala pelos portos de Tamandaré, Barra Grande, Porto das Pedras, e quaesquer outros que se prestem á mesma navegação; e até ao porto da cidade da Fortaleza ao Norte, tocando nos portos da Parahyba, Assú, Aracaty, e quaesquer outros intermedios que offereçam proporções e agua sufficiente para a entrada dos vapores. As escalas designadas neste artigo poderão ser alteradas pelo Governo, sob representação da companhia, ouvidos os respectivos presidentes, conforme o indicar a experiência.[75]

O Decreto 1.113, de 31/1/1853, foi produzido a partir da promulgação da Lei Imperial 632, de 18/9/1851, que autorizava o governo a criar companhias de navegação a vapor em todo o país para o transporte de passageiros, mercadorias e cargas.

A autorização concedida pelo governo imperial ainda previa que a referida companhia recebesse uma subvenção anual de 60.000$000 nos dez primeiros anos de operação. Nos dez anos seguintes passaria a receber 40.000$000 anuais para seus gastos operacionais.[76] O valor dessa subvenção foi aumentado por outro decreto imperial:

> A subvenção de sessenta contos de réis, concedida pelo Governo Imperial á Companhia Pernambucana de navegação a vapor entre o porto da Cidade do Recife e os de Maceyó ao Sul, e da Fortaleza ao Norte por Decreto n° 1.113 de 31 de Janeiro de 1853, será augmentada com a quantia annual de vinte e quatro contos de réis.[77]

---

74 *Leis do Império*, Decreto 1.113, de 31/1/1853.

75 *Ibidem*; Condição 1ª.

76 *Leis do Império*, Decreto 1.113, de 31/1/1853, Condição 9ª, Tit. II.

77 *Idem*, Decreto 1.478, de 22/11/1854.

Em 1854 a companhia da qual participavam Pinto de Lemos e Ramos e Silva ganhou nome e estatuto. A Companhia Pernambucana de Navegação Costeira teve um fundo inicial de 600.000$000, divididos em seis mil ações de 100$000, de acordo com seu estatuto.[78] Esse sofrera certa alteração em 1858:

> Attendendo ao que Me representou a Companhia – Pernambucana de navegação costeira: – Hei por bem Alterar o art. 2° dos Estatutos que baixárão com o Decreto n° 1.413 de 15 de Julho de 1854, elevando a mil e duzentos contos de réis o fundo social de seiscentos contos de réis, de que trata o mesmo artigo.[79]

Em 1853, ano da concessão inicial que autorizou a criação da Companhia Pernambucana de Navegação Costeira, no texto que formaliza essa autorização João Pinto de Lemos Júnior,[80] primogênito de Pinto de Lemos, é mencionado como procurador dos negociantes que pretendiam compor a referida companhia. Uma prática constante observada entre os negociantes de grosso trato, e outros indivíduos que exerciam atividades comerciais, era a transmissão do legado comercial por vias hereditárias. Filhos de comerciantes teriam, segundo a ideia-motivo de tal prática, uma tendência a exercer a profissão de seus genitores. Não excluindo, em aditamento, que tal dinâmica não é simplesmente uma característica, exclusiva, de indivíduos relacionados a categorias comerciais de uma época: é ela, *grosso modo*, quase regra nas sucessões de parentela vivenciadas nas sociedades chamadas "patriarcais":

> Tamanho é o prestígio da idade grande, avançada, provecta, naquelas sociedades, que o rapaz imita o velho desde a adolescência. E trata de esconder por trás de barbas de mouro, de óculos de velho, ou simplesmente, de uma fisionomia sempre severa, todo o brilho da mocidade (...) todo o resto de meninice que lhe fique dançando nos olhos ou animando-lhe os gestos.[81]

A tendência da transmissão do legado comercial em âmbito familiar é demonstrada na legislação comercial portuguesa do século XVIII. O Alvará de 16 de Dezembro

---

78   *Idem*, Decreto 1.413, de 15/7/1854, Estatuto da Companhia Pernambucana.

79   *Idem*, Decreto 2.129, de 20/3/1858.

80   IHGPE, 1871, caixa 206, fl. 12v.

81   FREYRE, 2004, p. 178.

de 1757 – na parte que estabelece o Estatuto do Tribunal da Junta do Comércio deste Reino e seus Domínios, sobre a possibilidade de ascensão comercial dos indivíduos que pretendessem atuar em tal ramo – isenta os filhos de comerciantes da obrigação, comum aos caixeiros que quisessem abrir lojas, de comprovar experiência na atividade mercantil (confirmação dada normalmente por um mercador ou dois deputados do Tribunal da Junta do Comércio: exigia-se, em casos ordinários, pelo menos seis anos de exercício de caixeiro para que se fosse permitido abrir loja por conta própria).[82]

Não se trata tal tendência somente de uma ideia recebida ou discurso repetido, dinamizado na costura das relações: tem cunho legislativo, haja vista a existência de um alvará a ela exclusivo.

Os descendentes de Pinto de Lemos e Ramos e Silva são mencionados nas fontes como sucessores do legado comercial de seus pais e desenvolvem suas atividades justamente na fase que coincide com a etapa do declínio mercantil de seus genitores.[83]

Os cargos ocupados por Pinto de Lemos e Ramos e Silva em esferas privilegiadas das categorias mercantis renderam-lhes, com efeito, certo prestígio e os distinguiram de outros negociantes da praça comercial do Recife. Bom exemplo que daí decorre lê-se nos elogios feitos a Pinto de Lemos em seu necrológio:

> Morre aos 75 anos, dos quais, passados 65 em PE, para onde veio do Porto de onde era natural, naturalizado brasileiro (...) O finado gozou sempre do melhor conceito quer como comerciante, quer como particular, e ocupou os mais importantes cargos na sua classe bem como foi distinguido pelo governo com nomeações de membro de commissôes honrosas merecendo encomios pelo seu zelo e abnegação, e pelo seu extremo amor ao país a que habitava. Deixou 14 filhos sendo 9 do seu primeiro consórcio e 5 do segundo, aos quais legou pouca fortuna em proporção da que teve outrora, mas um nome honrado a toda prova, como a ainda poucos anos o julgaram forte casas de Londres que puseram a sua disposição toda a quantia que precisou na sua emergência comercial que sofreu por culpa de outros, sem lhe pedirem garantia alguma mais que a sua firma.[84]

---

82 SALES, 1813, p. 226.

83 Foram encontrados na documentação da Junta Comercial de Pernambuco alguns registros das companhias e associações comerciais da Província, entre eles os das firmas João Pinto de Lemos & Filhos (1866) e Manoel Joaquim Ramos e Silva & Genros (1868). Jucepe, DVD 9, SG-RC1V15: I078 e DVD 10, SG-RC1V18: I056.

84 Lapeh, 1871, n° 19.

Ramos e Silva e Pinto de Lemos diferenciavam-se também por seu pertencimento a um grupo de comerciantes – e de outras categorias profissionais – que compunham uma comunidade de origem portuguesa, segmento esse mais vulnerável aos ataques antilusitanos pela questão da nacionalização do comércio. Muitos dos lusitanos que viveram em Pernambuco durante o século XIX atuaram em atividades mercantis, inclusive como caixeiros, e em outras atividades comerciais que não a de negociante de grosso trato. De qualquer maneira, alguns desses indivíduos experimentaram uma trajetória singular de ascensão profissional, riqueza e prestígio social, que os conduziu, em grupo mais reduzido, ao acúmulo, ao longo da vida, de verdadeiras fortunas. Eles compunham o grupo capitalista de maior importância na cidade.

Seja como membros da Associação Comercial de Pernambuco, seja como diretores de banco e companhias de comércio e outros tipos de sociedades mercantis, os negociantes de grosso trato intuíram exercer variadas atividades com o objetivo de promover e manter sua própria relevância na sociedade local; estratégias de promoção situadas, aliás, numa esfera de obtenção de lucros tanto maiores quanto possíveis.

★★★

A consolidação do Estado Imperial brasileiro remonta ao momento histórico, em meados do século XIX, no qual era concluída a tarefa de construção de um Estado soberano. Para que esse projeto fosse consolidado fazia-se necessário o estabelecimento de uma aliança "não apenas entre os plantadores escravistas, mas também com os comerciantes que os viabilizavam, tornando possível a necessária articulação entre política e negócios".[85]

No novo quadro definido pela constituição de um mercado mundial, animado pelo capitalismo em sua face concorrencial, e no qual "cada vez mais o comércio e a economia envolvem as nações entrelaçando-as a uma política mundial",[86] a ação do Estado Imperial brasileiro orienta-se no sentido de dar maior coesão e ordenamento a seu aparato administrativo e financeiro.

Por meio da caracterização da praça comercial do Recife e da investigação dos sentidos atribuídos às categorias comerciais, da análise de suas práticas econômicas e das dimensões dos negócios locais, pretende-se resgatar alguns aspectos referentes à distinção social da categoria comercial dos negociantes de grosso trato. Observar,

---

85 MATTOS, 1987, p. 57.

86 *Ibidem*, p. 80.

em outros termos, essa ocupação mercantil e a sua relevância no contexto da consolidação do Estado Imperial brasileiro e coincidir a análise com a busca pela apreensão de práticas sociais e comerciais presentes, de modo geral, na sociedade brasileira do século XIX.

Apesar de todas as suas mudanças e da dinamização experimentada pela economia brasileira na primeira década do século XIX, a partir de leis promulgadas nas décadas de 1840 e 1850 – como, por exemplo, a Reforma Monetária (1846), a Lei de Sociedades Anônimas (1849) e o Código Comercial (1850) –, a análise da atuação dos negociantes de grosso trato da praça comercial do Recife e de outros espaços econômicos regionais pode suscitar insinuações sobre o caráter da permanência dos grupos de interesses mercantis no esquema de financiamento das atividades econômicas e sobre a sua autonomia frente ao poder central; assim como pode, também, levantar indícios sobre os destinos dos capitais que outrora eram investidos no comércio atlântico no pós-1850.

Referências

Fontes manuscritas

Instituto Histórico e Geográfico de Pernambuco (IHGPE), Coleção Inventários. "Inventário do Comendador João Pinto de Lemos, com testamento, 1871", caixa 206. "Inventário do Comendador Manoel Joaquim Ramos e Silva, com testamento, 1877", caixa 250.

Junta Comercial do Estado de Pernambuco (Jucepe). "Presidência – Leis, Decretos, Portarias e Resoluções": DVD 8: P-LV1I002, P LV2I050 e P-LV2I101. "Secretaria Geral – Registro de Comércio: contratos, distratos, falências, escrituras, hipotecas e embarcações": DVD 9: SG-RC1V15 I078, SG-RC1V09 I030-I045 e SG-RC1V10 I055- I072; DVD 10: SG-RC1V18 I056.

Fontes impressas

Arquivo Público Estadual João Emerenciano (Apeje). Seção de Obras Raras. *Folhinha de Algibeira* ou *Diario Ecclesiastico e civil para as provincias de Pernambuco, Parahiba, Rio Grande do Norte, Ceará e Alagoas*, Typografia M. F. de Farias, Praça da Independência, Recife-PE (1848, 1850, 1851, 1853, 1854, 1855, 1857, 1860 e 1861).

Arquivo Público Estadual João Emerenciano (Apeje). Seção de Jornais Diversos. *Echo Pernambucano*, 12/2/1852, n° 33.

Laboratório de Pesquisa e Ensino de História (Lapeh). *Diário de Pernambuco*: 1/7/1833, n° 201; 30/1/1835, n° 27; 11/1/1837, n° 10; 14/3/1839, n° 90; 24/3/1839, n° 99; 30/3/1839, n° 105; 22/6/1839, n° 183; 21/1/1871, n° 19.

Documentos e livros raros consultados na Internet

SALES, Alberto Jaqueri de. "Dicionario Universal de Commercio". Trad. e adaptação manuscrita do *Dictionnaire Universel de Commerce*, de Jaques Savary des Bruslons, 4 vols., 1813. Disponível em: <http://purl.pt/13945/1/>. Acesso em: 20 maio 2012.

BRASIL. "Commissão de Inquérito Sobre o Meio Circulante". Relatório da Comisão de Inquérito nomeada por aviso do Ministro da Fazenda de 10 de outubro de 1859. Disponível em: <https://www1.fazenda.gov.br/biblioteca>. Acesso em: 10 fev. 2013.

BRASIL. *Coleção das Leis do Império do Brasil*: Câmara dos Deputados. Disponível em: <http://www2.camara.gov.br/atividadelegislativa/legislacao/publicacoes/doimperio/colecao5.html>.

Decreto 888, de 22/12/1851. Disponível em: <http://www2.camara.leg.br/legin/fed/decret/1824-1899/decreto-888-22-dezembro-1851-559661-publicacaooriginal-81985-pe.html>. Acesso em: 20 out. 2012.

Decreto 1.113, de 31/1/1853. Disponível em: <http://www2.camara.leg.br/legin/fed/decret/1824-1899/decreto-1113-31-janeiro-1853-558735-publicacaooriginal-80278-pe.html>. Acesso em: 12 out. 2012.

Decreto 1.223, de 31/8/1853. Disponível em: <http://www.camara.gov.br/Internet/InfDoc/conteudo/colecoes/Legislacao/1853%20pronto/leis1853_35.pdf>. Acesso em: 19 out. 2012.

Decreto 1.478. de 22/11/1854. Disponível em: <http://www2.camara.leg.br/legin/fed/decret/1824-1899/decreto-1478-22-novembro-1854-590536-norma-pe.html>. Acesso em: 15 out. de 2012.

Decreto 2.129, de 20/3/1858. Disponível em: <http://www2.camara.leg.br/legin/fed/decret/1824-1899/decreto-2129-20-marco-1858-556918-publicacaooriginal-77115-pe.html>. Acesso em: 21 out. de 2012.

Bibliografia

ALENCASTRO, Luis F. de. *O trato dos viventes*: formação do Brasil no Atlântico Sul (séculos XVI e XVII). São Paulo: Companhia das Letras, 2000.

BRAUDEL, Fernand. *Civilização material, economia e capitalismo*: século XV-XVIII.Vol. 2 – *Os jogos de trocas*. São Paulo: Martins Fontes, 2009.

CÂMARA, Bruno A. D. *O "retalho" do comércio*: a política partidária, a comunidade portuguesa e a nacionalização do comércio a retalho, Pernambuco 1830-1870. Tese (doutorado) – UFPE, Recife, 2012.

CARVALHO, Marcus Joaquim M. de."Os nomes da Revolução: lideranças populares na Insurreição Praieira, Recife, 1848-1849". *Revista Brasileira de História*, vol. 23, n° 45, 2003.

_____."O'galego atrevido' e malcriado, a mulher honesta e o seu marido, ou política provincial, violência doméstica e a Justiça no Brasil escravista". In: SOIHET, Rachel; BICALHO, Maria Fernanda; GOUVÊA, Maria de Fátima (orgs.). *Culturas políticas*: ensaios de história cultural. 1ª ed. Rio de Janeiro: Faperj/Mauad, 2005.

_____; CÂMARA, Bruno A. D."A Insurreição Praieira". *Almanack Braziliense*, n° 8, 2008.

CHAVES, Cláudia Maria das G."O outro lado do Império: as disputas mercantis e os conflitos de jurisdição no Império Luso-Brasileiro". *Topoi*, vol. 7, n° 12, Rio de Janeiro, jan./jun. 2006, p. 147-177.

COSTA, F. A. Pereira da. *Anais Pernambucanos*. Recife: Arquivo Público Estadual, 1965.

EISENBERG, Peter L. *Modernização sem mudança*: a indústria açucareira em Pernambuco (1840-1910). 1ª ed. Campinas: Paz e Terra, 1977.

FRAGOSO, João Luís. *Homens de grossa aventura*: acumulação e hierarquia na praça mercantil do Rio de Janeiro, 1790-1830. 2ª ed. Rio de Janeiro: Civilização Brasileira, 1998.

_____; FLORENTINO, M. *O Arcaísmo como projeto*: mercado atlântico, sociedade agrária e elite mercantil em uma economia colonial tardia (c. 1790-c. 1840). Rio de Janeiro: Civilização Brasileira, 2001.

FRANCO, Bernardo de Souza. *Os Bancos do Brasil*. Brasília: Editora UnB, 1984.

FREYRE, Gilberto. *Sobrados e mocambos*: decadência do patriarcado e desenvolvimento do urbano. São Paulo: Global, 2004.

GUIMARÃES, Carlos Gabriel. *A presença inglesa nas finanças e no comércio no Brasil Imperial*: os casos da Sociedade Bancária Mauá, MacGregor & Cia. (1854-1866) e da firma inglesa Samuel Phillips & Cia. (1808-1840). São Paulo: Alameda Casa Editorial, 2012.

IANNI, O. "O progresso econômico e o trabalhador livre". In: HOLANDA, Sérgio Buarque de. *O Brasil monárquico*: reações e transações. 3ª ed. Rio de Janeiro: Difel, 1976 (História Geral da Civilização Brasileira, t. 2, vol. 3), p. 297-319.

LEVY, Maria Bárbara; ANDRADE, Ana Maria. "Fundamento do sistema bancário no Brasil (1834-1860)". *Estudos Econômicos*, nº 15, 1985, p. 17-41.

MACHADO, Ernesto. *Código Comercial Brasileiro*. Atualizado e anotado. Rio de Janeiro: Aurora, 1982.

MATTOS, Ilmar R. *O tempo saquarema*. 1ª ed. São Paulo: Hucitec, 1987.

MELLO, Evaldo Cabral de. *O Norte agrário e o Império (1871-1889)*. 2ª ed. Rio de Janeiro: Toplivros, 1999.

MOTA, Carlos G. "Ideias de Brasil: formação e problemas (1817-1850)". In: *Viagem incompleta*: a experiência brasileira, 1500-2000. São Paulo: Editora Senac, 2000, p. 197-240

PEDREIRA, Jorge. "Negociantes de Lisboa na segunda metade do século XVIII: padrões de recrutamento e percursos sociais". *Análise Social* – Revista do Instituto de Ciências Sociais da Universidade de Lisboa, vol. XXVII, 1992.

PIÑERO, Théo L. "Os simples comissários (negociantes e política no Brasil Império)". Tese (doutorado) – UFF, Niterói, 2002.

PRADO JR, Caio. *Formação do Brasil contemporâneo*. São Paulo: Brasiliense, 1969.

RIDINGS, Eugene. *Business interest groups in nineteenth-century Brazil.* Cambridge: Cambridge University Press, 1994.

RODRIGUES, Jaime. *O infame comércio*: propostas e experiências no final do tráfico de africanos para o Brasil (1808-1850). Campinas: Editora da Unicamp, 2000.

ROSAS, Suzana C. "Os emperrados e os ligeiros: a história da Conciliação em Pernambuco, 1849-1857". Tese (doutorado) – UFPE, Recife, 1999.

SOUZA, George F. Cabral de. "La cámara municipal de Recife (1710-1822): perfil de una elite local en la américa portuguesa". *Boletín Americanista*, Barcelona, ano LVIII, n° 58, 2008, p. 51-76.

STONE, Laurence. "Prosopografia". *Revista de Sociologia e Política*, Curitiba, vol. 19, n° 38, jun. 2011, p. 115-137.

WEBER, Max. *A gênese do capitalismo moderno*. Organização Jessé Souza. Tradução Rainer Domschke. São Paulo: Ática, 2006.

Porto, navegação e artigos importados em Belém, 1840-1870

MÁBIA ALINE FREITAS SALES[1]

Do fim da Cabanagem ao início da Belle-Époque: outros caminhos possíveis

> Para nós, e os outros povos que na mesma época recebiam, em grandes doses, essas lições de cultura e civilização, povos ainda voltados para o modelo reitor de sua formação histórica, nada disso é superficial, fútil ou mundano (…). Recebíamos evidentemente, já prontos para o consumo os pacotes da cultura europeia.[2]

Uma leitura menos atenta da história da Amazônia poderia inferir que a descrição acima se refere ao que a historiografia convencionou chamar de *Belle-Époque*, período compreendido entre o fim do século XIX e o início do século XX,[3] em que o fausto do apogeu da economia da borracha se apresentou na sua forma mais ostentatória. No entanto, Vicente Salles se referia a 1853, quando nas páginas dos jornais de Belém, já naquele ano, eram frequentes os anúncios que retratavam aspectos da vida social e cultural da Província do Pará muito atrelados a sua relação com o exterior.

Os efeitos dessa relação eram sentidos e propalados como essenciais para a província, que a partir de 1840 – quando do momento do restabelecimento do caos decorrente da Cabanagem – pôde desfrutar de um relativo contexto de "reflorescimento"

---

1   Aluna do Programa de Pós-Graduação em História Social da Universidade Federal Fluminense. E-mail: mabia_aline@hotmail.com

2   SALLES, 1980, p. 273.

3   SARGES, 2002.

econômico.[4] Para tanto, um elemento colocou-se como fundamental: o aumento do fluxo das navegações. Essas ligavam a Província do Pará sobretudo com a Europa e com a América do Norte. Nesse contexto, destacam-se pela maior frequência as viagens do porto de Belém para Portugal, Inglaterra, França e Estados Unidos, por meio dos portos de Lisboa, Liverpool, Havre e Salem e Boston.

Os laços com os portos estrangeiros – costumeiramente restritos ao âmbito econômico ou colocados apenas como uma solução para o problema do abastecimento, do qual os presidentes de província tanto se queixavam – são uma via para pensar as navegações como propiciadoras de trocas não somente comerciais, mas culturais, a partir das novas práticas e releituras da realidade para qual a província dava seus primeiros passos.

O transporte marítimo sempre teve crucial importância para o Grão-Pará. Sua necessidade cresceu nos meados do século XVIII. Ainda que a emergência do chamado "ciclo agrícola" (produção de cacau, café, algodão, cana-de-açúcar etc.) não tenha conseguido alavancar a presença desse transporte, com o aumento da expressividade do cacau a sua regularidade tornou-se inevitável.[5] Durante o período do "ciclo," a Capitania permaneceu sem muito contato com o mercado externo e um ou dois navios por ano tocavam o porto de Belém no princípio do século XVIII.[6]

Mas, ainda no século XVII, a regularidade dos transportes no Estado do Maranhão e Grão-Pará era parca. João Lúcio d'Azevedo, ao tratar da vida mesquinha e sem conforto dos colonos nos meados do século XVII, enfatiza a debilidade do comércio exterior e dá conta de que "era tão diminuto que apenas dois navios por ano iam carregar ao Maranhão." Segundo consta em sua narrativa, "ao Pará menos frequentes eram as viagens" e o Conselho Ultramarino justificava tal situação afirmando "não poder obrigar os donos das embarcações a mandá-las onde não encontravam cargas, nem outras comodidades".[7]

Antônio Baena, ao comparar a navegação da Capitania do Pará com a da Bahia em 1695, dá conta de que "desta arte não é de maravilhar que quando dos portos do meio-dia do Brasil se soltavam as frotas, como a da Bahia em 1695 composta de 40 navios grandes," houvesse "apenas três navios ocupados em igual tráfego de Lisboa para o Pará". Porém afirma que é certo que a partir de 1733 é que houve carga para sete navios

---

4   LOPES, 2006, p. 39.

5   SANTOS, 1980, p. 16.

6   ALDEN, 1974, p. 28.

7   AZEVEDO, 1999, p. 135.

e "desse ano em diante o dito número foi tendo paulatino incremento".[8] No decurso das décadas de 1780-1800, ainda recordava Baena, a quantidade de navios dedicados a levar os produtos do Pará para exportação havia aumentado de 12 ou 13 para 25. Com a "separação do Maranhão em 1772 e até pelo menos 1817, a capitania do Grão-Pará cresceu em número populacional e em comércio".[9] Comércio esse que só tenderia a alargar-se com a Carta Régia de 28 de janeiro de 1808, que possibilitou aos portugueses americanos e as outras nações a "comunicação mercantil." Na visão de Baena é a "fonte mais caudal da riqueza e prosperidade, constituindo fácil e pérvio o comércio de seu riquíssimo torrão a todos os povos civilizados." A abertura possibilitou a relação do Pará com outros mercados, agora não mais presos às restrições do exclusivismo, e "começam a vir os ingleses e mercadejar, e a estabelecer-se no Pará".[10]

É possível que a atração de vários comerciantes ingleses que se estabeleceram em Belém e passaram a operar com a Europa –mais tarde foi ampliada a área de comércio para abranger os Estados Unidos e as Antilhas – "tenham comunicado aos contemporâneos uma impressão de boas perspectivas econômicas".[11] Todavia, tal otimismo não iria durar muito, pois

> De 1806 a 1819 passou o Pará por uma grande crise contínua e ininterrupta; mas, em 1820 sete galeras e 53 embarcações de diversas tonelagens trouxeram a esta Província mercadorias francesas, inglesas, portuguesas e africanas, que teriam constituído o início de uma era nova e mais próspera, se as comoções internas e as agitações políticas não tivessem quase extinguido completamente as relações e o movimento comercial (…). A navegação de longo curso se mantém estacionária até 1840-41 com 78 a 100 navios.[12]

Durante o período revolucionário cabano houve sérios problemas concernentes à produção e ao comércio, dificultados ainda mais pelas condições de saúde pública. Não à toa a preocupação expressa em 1838 pelo presidente da província Soares de Andréa, o qual traçava "um quadro sombrio da economia paraense agravado pela

---

8   BAENA, 2004, p. 171.

9   BAENA *apud* RICCI, 2003, p. 169.

10   BAENA, 1969, p. 273.

11   SANTOS, 1980, p. 2.

12   CORDEIRO, 1920, p. 19, 20, 24.

destruição dos ativos (...), o desaparecimento de escravos e, deve-se acrescentar, os surtos epidêmicos e a piora das condições sanitárias".[13]

Já está claro que o aumento da frequência das navegações deu-se concomitantemente ao desenvolvimento do comércio ainda no período colonial e proporcionou um avanço paulatino, embora com algumas interrupções. Há "necessidade de pensar os processos de civilização ou as transformações sociais, recorrendo aos tempos longos, mesmo que descontínuos".[14] Passou o Pará por um período de significativa estagnação entre 1821 e 1836 e só voltou a uma relativa normalidade com o fim da Cabanagem.

> Desde os tempos coloniais havia um ir e vir de ideias, homens, mercadorias e tradições que interligavam a Amazônia a Portugal. No entanto, na sequência dos anos de 1820 os ânimos dos povos exacerbaram-se, acentuando mágoas e rancores que contrastavam com os antigos laços familiares e de solidariedade. As mudanças políticas e sociais em curso entre as décadas de 1820 e 1840 em geral buscavam delimitar os tênues fios de um patriotismo em um Império repleto de heterogeneidades.[15]

Consoante a Ernesto Cruz, "vem exatamente do ano de 1840 a restauração da paz, do comércio e da indústria, proporcionando a todos os habitantes da capital e do interior perspectivas mais acalentadoras",[16] ou, nas palavras de Simeia Lopes, "após a pacificação da população abalada pelas agitações políticas" o Grão-Pará experimentava um "reflorescimento econômico".[17] Ainda em 1835 "o comércio esteve em ponto morto" e "os navios não se aventuravam a entrar num porto dominado pelos rebeldes." Mas de 1836 a 1837 entraram 66 embarcações de procedência estrangeira, ao passo que entraram apenas 34 de portos nacionais.[18]

Os navios de origem estrangeira que chegavam ao porto do Pará eram muito superiores em quantidade em relação aos de origem nacional. Nessa diferença o que interessa aqui são as importações. Os valores em moeda corrente demonstram que de 1838 a 1839 importaram-se dos portos estrangeiros 852.657$625 e 485.587$044

---

13 SANTOS, 1980, p. 35.

14 CHARTIER, 1990, p. 10-11.

15 RICCI, 2003, p. 163.

16 CRUZ, 1996, p. 115.

17 LOPES, 2003, p. 39.

18 CRUZ, 1996, p. 113.

de portos nacionais. Entre 1839 e 1840 dos portos nacionais foram importados 659.761$488 e dos portos estrangeiros 899.577$233.

Se compararmos o número e o peso, em toneladas, de 1837 a 1838 vieram dos portos estrangeiros 54 embarcações com 9.269 toneladas e de cabotagem 24 embarcações com 4.912 toneladas, sendo o número reduzido a menos da metade. Já entre 1838 e 1839 entraram na província do Pará 61 embarcações com 9.336 toneladas, oriundas de portos estrangeiros, e de cabotagem 22 embarcações com 2.679 toneladas. A diferença é ainda maior e aprofunda-se consideravelmente nos anos posteriores, pois de 1839 a 1840 a navegação de cabotagem conta com apenas 16 embarcações e 1.613 toneladas, enquanto que a estrangeira conta com 65 embarcações com 9.639 toneladas.[19] Se deixarmos de lado os valores da importação e compararmos as embarcações nacionais e as estrangeiras até o fim da década de 1860, observaremos que a mesma tendência continua.

Gráfico 1. Embarcações nacionais e estrangeiras entradas na Província do Pará, 1836-1869

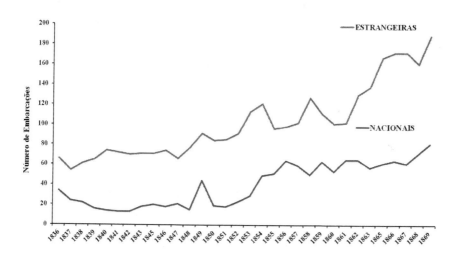

Fonte: Relatórios, discursos e falas dos presidentes da Província do Pará de 1836 a 1871[20]

---

19 *Ibidem*, p. 114.

20 Para todo esse período, apenas 1844 e 1864 não tiveram dados catalogados. Fonte: Relatórios da Presidência da Província, 1836-1871. Disponíveis em: <http://www.crl.edu/brazil/provincial/par%C3%A1>.

O que esses dados têm a dizer? Há uma clara preponderância da navegação estrangeira sobre a nacional. Se detalharmos isso, poderemos verificar que os números ratificam certa continuidade da relação entre a Província do Pará e Portugal mesmo depois da independência. Além disso, há um alargamento das relações comerciais do Pará com outros portos estrangeiros, tendência essa já notada desde 1808. No entanto, é preciso ir além dessas constatações, uma vez que o Pará estabeleceu uma relação com o estrangeiro, por meio das navegações, que começou a se intensificar no pós--Cabanagem e ainda mais depois de 1840 e é mais do que uma simples permuta de produtos ou uma comum troca comercial.

Leituras até recorrentes e já bem consagradas têm tratado as navegações como um aporte necessário para o incremento especialmente das ligações comerciais. Entretanto, é importante pensá-las enquanto um elemento fundante, a partir de onde emanam as possibilidades de invenção de variadas práticas sociais e culturais, quais sejam as proporcionadas pela distribuição de coisas materiais, mas também de ideias, notícias e modismos.

A capital paraense experimentou muitas mudanças no sentido de uma "europeização dos costumes", algumas delas possibilitadas pela presença de um significativo porto desde muito cedo, o que demonstra que a província era privilegiada por sua posição geográfica e pelas relações diretas que estabeleceu com a metrópole desde a Colônia. A partir dos meados do século XIX, as grandes cidades litorâneas do país, a começar por Rio de Janeiro, Recife, Salvador, São Luís e Belém, experimentaram notáveis avanços em serviços e melhoria de infraestrutura: linhas de navegação a vapor, calçamento de ruas, iluminação pública em lampiões a gás[21] e outros.

> Concomitantemente, acompanhando essa evolução, ocorriam profundas transformações no campo cultural e ideológico. O incremento do comércio e o maior contato com o estrangeiro desencadearam um processo de reeuropeização das elites nacionais de acordo com padrões anglo-franceses, o que provocou mudanças em seu estilo de vida e um aburguesamento dos costumes, alterando a velha ordem patriarcal da sociedade agrário-escravista herdada do período colonial e criando novas condições materiais de existência que transformaram a vida e o hábito dos citadinos.[22]

---

21 FREYRE, 1996.

22 BARRETO, 2003, p. 95.

De acordo com os Mapas Estatísticos do Comércio e Navegação do Império do Brasil,[23] durante a década de 1840 20 portos no Império recebiam embarcações que traziam produtos importados de diversos países, principalmente da Europa e dos Estados Unidos. O porto de Belém aparece com o sexto montante de importações estrangeiras (Tabela 1), mas na década de 1860, segundo Tavares Bastos, já ocupara o quarto ou quinto lugar no comércio de importação.[24]

Já na década de 1840, os bens de consumo que constituíram o cenário do conjunto da modernidade nacional, com ênfase no Rio de Janeiro, começaram a entrar de forma mais regular no cais belenense. E muitos produtos que na segunda metade do século XIX só haviam entrado em poucos sobrados de Rio de Janeiro, Recife e Bahia, na década de 1840 já estavam presentes em anúncios de jornais da Província do Pará. Um exemplo desses é o piano, "a mercadoria fetiche dessa fase econômica e cultural".[25]

Os portos, então, possibilitaram no Rio de Janeiro como no Pará a admissão de um mercado de hábitos de consumo e de objetos que, além de significar uma aquisição favorecida pelo comércio de longo curso, propiciou a inserção de elementos simbólicos de uma modernidade endossada pela expansão da civilização. O "padrão de comportamento," para usar o termo de Luiz Felipe de Alencastro, que predominantemente moldou a província não adveio da capital do Império, mas diretamente dos centros civilizacionais europeus.

As navegações permitem que circulem de um lugar para o outro os modos de sentir, de vestir, de conhecer, de pensar e até de se alimentar. Ou seja, o que está em questão, então, não é apenas o que o governo provincial teria de arrecadar ou não com a entrada de embarcações, mas o que o contato aproximado, principalmente com a diminuição das distâncias, sobretudo a partir da navegação a vapor, pode significar para uma província que principiava a sentir o gosto da civilização, no sentido imperial do termo. Se partirmos dessa delimitação temporal, faz sentido analisar os efeitos das navegações sob o prisma das importações estrangeiras a partir de 1840, porque é quando já se pode pensar a província mais incluída ao Império, haja vista a sua inserção tardia, unida a todos os problemas da identidade nacional.

---

23 *Coleção de mapas estatísticos do comércio e navegação do Império do Brasil.* Rio de Janeiro: Typografia Nacional, 1841-1850.

24 BASTOS, 1937, p. 156.

25 ALENCASTRO, 1997, p. 45-46.

É nos rastros dos produtos materiais e não materiais trazidos do além-mar que se pode encontrar um conjunto de práticas imbuídas numa rede de representações que circundaram o imaginário social dos meados do Oitocentos, o que questiona uma prática historiográfica de relacionar o consumo dos pacotes da cultura europeia, para lembrar Vicente Salles, tão somente ao período posterior a 1870. A navegação, principalmente a vapor,[26] promoveu uma revolução cultural e encaminhou para a contínua superação do provincianismo antes do *boom* da borracha. O que diferenciou a *Belle-Époque* foi realmente o cosmopolitismo que adentrou a cidade, mas o discurso da civilização é anterior.

Essa abordagem ainda servirá para repensar o lugar do Pará como uma importante experiência no conjunto da modernidade nacional que viveu as trocas materiais e simbólicas propiciadas pelo comércio marítimo de longo curso. No entanto, para fazê-la é preciso considerar especificidades. A primeira delas é que a distância que liga os mercados europeus e americanos ao Pará, por ser menor, pode levá-lo a obter vantagens em relação à capital do Império.

Segundo Alencastro, "forjou-se no Rio de Janeiro – capital política, econômica e cultural do país – um padrão de comportamento que molda o país pelo século XIX e o século XX adentro." Para ele, com a influência estrangeira ininterruptamente manifestada depois da abertura dos portos, o Rio de Janeiro funciona como uma "grande eclusa" e "o porto fluminense – numa época em que o comércio internacional fazia-se apenas por via marítima – apresentava-se como escala quase obrigatória dos navios que singrassem o Atlântico Norte para os portos americanos do Pacífico".[27] Quiçá o "quase" dê margens para perceber o Pará como um caso diferenciado, uma vez que desde a colônia o Pará ficou conhecido muito mais por sua relação direta com a Europa. Logo, essa conexão geográfica entre os portos do Pará e da capital praticamente inexistia. Não aconteceu o mesmo com o Maranhão, onde as embarcações tinham escalas quase que obrigatórias.

A segunda especificidade serve para entender o afluxo dos importados, a recepção e os usos desses novos produtos culturais. Se no Rio de Janeiro, cessado o tráfico, o que antes era investido na compra de africanos passou a ser redimensionado para o consumo de importados, como bens semiduráveis, duráveis,

---

26 A navegação a vapor teve início nos Estados Unidos, o primeiro país a usar esse tipo de embarcação em viagens transatlânticas. A primeira delas ocorreu em 1819, em uma viagem de Nova York a Liverpool num barco denominado Savannah. Para saber mais sobre navegação a vapor, ver: SAMPAIO, 2006.

27 ALENCASTRO, 1997, p. 23-24.

supérfluos, joias e outros,[28] no Pará o aumento da exportação da borracha, no começo da década de 1850, "está na raiz da disponibilidade financeira de segmentos elitizados da sociedade de Belém para o consumo de produtos e de bens culturais franceses".[29]

Sobre a última afirmativa devem-se alguns acréscimos para que se avance na proposta de trilhar outros caminhos. Embora a borracha tenha aferido as inigualáveis possibilidades para o consumo de produtos europeus com muita intensidade, começa a haver um considerável crescimento desses produtos anteriormente a 1850. O movimento do porto já era bastante intenso a partir de 1840, quando a província, que saía dos efeitos do movimento cabano, pode pensar na reestruturação do comércio. O gráfico abaixo mostra a evolução da renda interna na Província do Pará de 1800 a 1872. Entre 1836 e 1872 a exportação respondeu por entre 50% e 60% da renda total arrecadada.

Gráfico 2. Renda interna da Província do Pará, 1800-1872

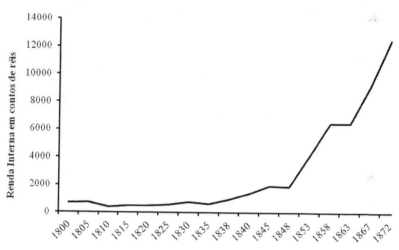

Fonte: SANTOS, 1980, p. 336-337.

Em 1848, quando o comércio exterior do Pará começa sua forte ascensão, os seus principais produtos de exportação eram fumo (31,30%), cacau (21,90%), couro (17,43%), borracha (10,63%) e outros (18,74%). A borracha respondia

---

28 *Ibidem*, p. 37.
29 COELHO, 2005, p. 201.

apenas por um décimo das exportações e ocupava o modesto quarto lugar nas listas de exportações.[30] Assim, relacionar o aumento das navegações e consequentemente do comércio somente ao aumento da exportação da borracha é impossibilitar uma análise mais ampla, como também incorrer no perigo da "sobrecontextualização".[31] A sobrecontextualização acontece "quando um texto está tão imerso no seu tempo e lugar que impede uma compreensão sensível", ou seja, a borracha como contexto é fundamental, mas não pode sobrepujar outras leituras possíveis.

O terceiro aspecto pertinente, que deve ser levado em conta, é a necessidade de larguear a leitura para abranger as outras relações com as quais a Província do Pará se estreitava para ir além do francesismo. Por ser a França um ícone da civilização no mundo ocidental, ela aparece com primazia nas abordagens. Observada a nacionalidade dos navios empregados em 1848 e 1849 entre o porto do Pará e os portos estrangeiros, constata-se que os franceses ocupavam o terceiro lugar em quantidade de embarcações e produtos importados. Os americanos ocupavam o primeiro lugar com 4.693 toneladas, o segundo era dos portugueses somando 4.006 toneladas, o terceiro lugar pertencia aos ingleses com 2.585 toneladas e a França estava em última posição com 2.099 toneladas. Além desses, outros comerciavam com o Pará como é o caso Hamburgueses, Dinamarqueses e Belgas, porém com bem menos frequência (CRUZ, 1996, p. 118). Se tomarmos o número de embarcações saídas de portos nacionais e estrangeiras para Belém, teremos os seguintes dados.

---

30 SANTOS, 1980, p. 53.
31 LACAPRA, 1991, p. 122.

O OITOCENTOS SOB NOVAS PERSPECTIVAS

Tabela 1. Procedência das embarcações entradas no porto de Belém, 1840-1867 (em números absolutos)

ANO	Portos brasileiros (846)	Portos estrangeiros (3.026)			
		Americanos	Portugueses	Ingleses	Franceses
1840	20	14	12	5	3
1841	21	33	21	5	6
1842	13	33	17	7	6
1845	20	31	16	9	6
1846	18	25	15	8	9
1847	21	21	16	9	9
1848	15	28	29	10	14
1849	44	27	20	19	12
1850	19	36	16	14	9
1851	18	25	22	15	13
1852	23	39	21	14	11
1853	29	47	22	19	16
1854	49	36	20	19	16
1855	51	32	19	23	17
1856	64	33	21	14	20
1857	59	30	20	22	22
1858	50	31	18	26	22
1861	65	25	15	18	17
1862	65	23	26	36	23
1863	57	2	26	68	22
1866	64	30	23	63	26
1867	61	29	27	61	26
Total	846	630	442	484	325

Fonte: Relatórios da Presidência da Província.[32]

A Tabela 1 mostra o quão importante era a navegação de longo curso para a Província do Pará. Em escala bem menor, a navegação de cabotagem representa menos da metade da navegação estrangeira. Os Estados Unidos, Portugal, a França e a Inglaterra eram os países que mais comerciavam com o Pará. Todavia, considerando

---

32 O número de embarcações referentes a 1840 e 1854 não estava disponível nos Relatórios da Presidência da Província. Completamos esses dois anos com informações do jornal *Treze de Maio*.

essas três décadas, a França ocupava o último lugar em número de embarcações entradas, o que permite relativizar a explicação que sobrepuja a relação de outras nacionalidades com o Pará, em detrimento de um pretenso domínio comercial francês.

Desses países, em menor ou maior grau, dimanavam "os vinhos, o sal, as fazendas e tapeçarias de toda a espécie, quinquilharias e muitas outras diversas manufaturas e objetos de comodidade ou de luxo".[33] Contudo, essas não eram as únicas bagagens, as viagens transportavam novas ideias e fixavam "modernos" tempos sociais, pois se depreende que os objetos somente adquirem um sentido a partir do valor que lhes é dado pelos homens em diferentes espaços e contextos. Nesse sentido, somente as trocas comerciais não expressam esses outros significados.

> Afinal, capital e capital simbólico, tratando-se de relações capitalistas, como as processadas entre a Europa e o Brasil (…) são como o Deus Jano: duas cabeças e um só corpo! O capital simbólico circula pelas mesmas vias por onde circula o corpo físico do capitalismo, ou seja, a mercadoria, sendo que ambos encarnam uma mesma e complexa realidade, a da ideologia e das visões de mundo dos sujeitos hegemônicos da burguesia oitocentista.[34]

Posto nesses termos, é pertinente o significado da navegação internacional para a assimilação de novos valores e usos e novas práticas e ideias no Pará, haja vista que a província tinha uma posição privilegiada para o acesso a essas mudanças e encarnou-as em um processo de representação da vida social ou pelo menos daquilo que se almejava vir a ser como implicação dos efeitos da "mundialização da cultura",[35] manifestada no século XIX e que na Amazônia não se apresenta tão tardiamente como a primeira vista se possa imaginar. Isso porque há um belle-epoquianismo que nos impede de pensar em processos de modernização fora dos moldes dos últimos anos do século XIX e primeiros do século XX.

Um diálogo com a história cultural

Como já se pode observar, este trabalho serve muito mais para levantar questões do que propriamente para respondê-las. Talvez a história cultural possa ajudar nesse

---

33 CRUZ, 1996, p. 119.

34 COELHO, 2005, p. 200.

35 *Ibidem*, p. 200.

intento, se não para resolver, pelo menos para apontar caminhos. A história cultural, de acordo com a concepção de Chartier, tem por principal objeto "identificar o modo como em diferentes lugares e momentos uma determinada realidade social é construída, pensada, dada a ler".[36]

Nesse sentido, a realidade pode ser analisada por meio das suas representações, que devem ser compreendidas como uma realidade de múltiplos sentidos. Dessa forma, "pode-se pensar em uma história cultural do social, que tome por objeto a compreensão das formas e dos motivos," ou as representações do mundo social que traduzem as posições dos atores sociais, mesmo que à sua revelia, e descrevem a sociedade tal como pensam que ela é ou como almejassem que fosse.[37] A história cultural deve ser compreendida como o estudo dos processos com os quais se constrói um sentido, tendo em vista que as representações podem ser pensadas enquanto "esquemas intelectuais, que criam as figuras graças às quais o presente pode adquirir um sentido, o outro tornar-se inteligível e o espaço decifrado".[38]

A intenção não é alargar o abismo entre história social e cultural, mas buscar aproximá-las na medida do possível. Buscar compreender as classificações e as delimitações que organizam a apreensão do mundo social – como categorias essenciais de percepção e de apreciação do real – não é de modo algum afastar-se do social, muito pelo contrário, "consiste em localizar os pontos de afrontamento tanto mais decisivos quanto menos imediatamente materiais." E, assim, dirimir o debate que separa a "objetividade das estruturas" e a "subjetividade das representações" e, dessa maneira, incorporar "sob a forma de categorias mentais e de representações coletivas demarcações da própria organização social".[39] Com base nessas noções, considera-se que a imprensa, enquanto um veículo disseminador de ideias e produtos a serem consumidos, possa ser um dos instrumentos por meio dos quais é possível elaborar sentidos a partir da apropriação de seus textos. Assim, a história cultural pode usá-la para entender as representações da realidade social, o que põe em causa a visão da fonte enquanto um testemunho fidedigno da realidade, pois é apenas um instrumento de mediação.

Seja como for, os jornais são uma bela demonstração dos aspectos simbólicos que permearam a chegada e a disseminação de produtos estrangeiros para os mais variados fins. Embora a apropriação por parte dos consumidores, com a construção

---

36 CHARTIER, 1990, p. 16–17.

37 *Ibidem*, p. 19.

38 *Ibidem*, p. 17.

39 *Ibidem*, p. 17–18.

de seus significados nessa parte do norte do Brasil, seja essencial para relacionar o cultural com o social, essa não será a abordagem executada aqui. Não que não seja possível, pois mesmo o crescimento da história cultural a partir da década de 1970 não rompeu por completo com a história social, mas sim com o seu "sentido 'duro', do estudo das estruturas como as classes sociais".[40]

Apesar da diversidade da história cultural em suas variadas tradições, parece que um terreno comum dos historiadores culturais pode ser traduzido no interesse pelo simbólico e por suas interpretações.[41] Historiadores que estão na linha de frente da história cultural, como Roger Chartier, Robert Darnton e Carlo Ginzburg, embora tenham propostas diferenciadas, trabalham com a ideia de compreender os sentidos aferidos ao mundo e "que se manifestam em palavras, discursos, imagens, coisas, práticas".[42] Tentemos visualizá-los.

Era 10 de maio de 1840 quando chegou ao porto de Belém o brigue americano *Heber*, vindo de Salem, em 30 dias de viagem. Trazia em sua bagagem produtos com os quais o Pará contaria costumeiramente, dada não somente a presença de produtos de primeira necessidade como também de outros que, pelo menos por um primeiro julgamento, seriam quase dispensáveis. Mas será que a importação serviria apenas para atender às penúrias mais urgentes, como a falta de alimentação? Entre as mercadorias destacavam-se farinha, charuto, bacalhau, cebola, vela, sabão, bolacha e fazendas.[43]

Poucos dias depois aportou o brigue francês *Zenobia*, vindo de Marselha pelo Maranhão. Trazia vinho tinto, licor, vinagre, azeite, queijo, sal, papel, quinquilharias, fazendas, chapéus, calçados, fitas e sedas.[44] Em 25 do mesmo mês ancorava o brigue português *Carlota & Amelia*, vindo de Lisboa em 33 dias de viagem, que trazia vinagre, vinho branco, sal, carne, azeite, calçados, impressos, mobília, violas e miçangas, dentre outros.[45] Em 10 de junho o jornal registrou a entrada do brigue inglês *City of Perth*, que trazia queijos, cerveja, batatas, fazendas de algodão, linho, roupas, louças e panelas de ferro.[46] Parece que muito do que o Pará usava não vinha do sertão e nem mesmo da capital da corte, vinha de portos extranacionais.

---

40 BURKE, 2008, p. 99.

41 *Ibidem*, p. 10.

42 PESAVENTO, 2008, p. 17.

43 *Treze de Maio*, 13/5/1840, n° 1, p. 4.

44 *Ibidem*.

45 *Idem*, 27/5/1840, n° 5, p. 19-20.

46 *Idem*, 10/6/1840, n° 9, p. 43.

Os jornais deixam transparecer que o movimento de entrada de embarcações seria cada vez mais intenso e os manifestos de cargas foram paulatinamente alongados. É habitual nesses impressos a listagem dos produtos que chegavam ao porto. Mas, sobretudo, havia um empenho maciço em valorizar a qualidade e repassar uma imagem de superioridade em relação a outros artigos. Desse modo, construía-se uma imagem não somente de um produto sofisticado, mas também útil e necessário, bem como a origem do produto era sempre um detalhe bem demarcado. O adjetivo "superior" e a demarcação temporal "ultimamente chegado" compunham o apelo publicitário construído em torno dos gêneros europeus e americanos.

Na botica de José Accurcio Cavalleiro de Macedo, na rua dos Mercadores 28, havia para vender remédios chegados ultimamente da América e de Portugal. Podia-se destacar na nota elixir contra lumbrigas ou vermífugo de Swain, específico contra picadas e mordeduras venenosas, como, por exemplo, de arraia, cobra e lacraia. Também havia na mesma botica pomada para aliviar a dor das hemorroidas e os impressos que explicavam os modos de uso e as doses convenientes para as diferentes idades. Esses eram, segundo o anúncio, os preparados químicos em maior uso na medicina.[47] Outro dístico falava dos maravilhosos efeitos do óleo de bacalhau.

> As ultimas experiências na Alemanha, França e já em Portugal tem mostrado uma virtude específica do oleo de bacalháo contra os vicios escrufoloso e rachilico, e contra os enfartes do fígado, baço e gânglios glandulares do ventre. Os praticos que tem feito uzo deste oleo (…), animão facultativos prudentes a ensaia-lo nas moléstias indicadas: a doze marcada He uma colherinha de chá pela manhã, outra pela tarde, por dez a quatorze dias, ficando ao arbitrio do pratico elevar dahi em diante a doze á aquelle número de colherinhas que quizer. Os vômitos, náuseas, e o quadro symptomatico de um medicamento, He o que apparece depois das primeiras dozes, isto não deve atemorizar ao medico; ele verá alguns dias depois tudo desaparecer, e se alegrará de ver progredir a moléstia para uma cura rápida e accelerada.[48]

A referência de que o remédio já havia sido testado em vários lugares da Europa devia ser um considerável atrativo para que se adquirisse o referido óleo como um medicamento que traria os efeitos esperados. Outro dia, o jornal indicava que em casa de Lourenço

---

47 *Treze de Maio*, 7/7/1840, n° 117, p. 660.

48 *Idem*, 11/11/1840, n° 50, p. 273.

da Graça & C.ª havia para vender "as verdadeiras pílulas da família chegadas novamente da cidade do Porto." Elas vinham acompanhadas por certificados, juntamente com um abaixo-assinado de médicos e cirurgiões, que atestavam que para todos os casos em que podia ser empregada julgava-se que se podia usar com toda a segurança.[49]Leopoldino José da Silveira prometia comerciar em sua loja, por preços módicos, pevides de melancia, geleia de marmelo e outros doces de calda em latas, além de muito boa marmelada em bocetas, tudo recentemente vindo de Lisboa no brigue *Delfim*.[50]

Outra comerciante, Marion Daniels, da rua da Paixão, próximo da saída do largo da Misericórdia, oferecia, por preços cômodos, suas mercadorias ultimamente chegadas da Inglaterra, que se destacavam por serem objetos da última moda, como lenços de seda para mãos e pescoço de senhoras e homens, botões, vestidos, rendas de seda, linho, algodão e gaze. Também tinha chapéus e bobinetes (filó) brancos e pretos para senhoras "e muitos outros objectos tentadores ás algibeiras dos tafules [janotas] do grande tom".[51]

No largo do Palácio continuava-se a vender "cortes de vestidos de lanzinha e meio côvados," sapatos franceses, bonés para meninos e homens, volantes amarelo e cor-de-rosa para enfeites de capelinha e mais o que se quizesse.[52]Já Joaquim se distanciou dos alimentos, das vestimentas e dos acessórios para anunciar a possibilidade de variadas leituras. Ele falava de um leilão de um grande sortimento de livros portugueses, latinos, ingleses e franceses que seria feito na rua do Açougue e quem quisesse se antecipar em examinar os ditos livros poderia fazê-lo a qualquer hora do dia.[53]

Por sua vez, Dickenson & Corbett informavam que na segunda-feira próxima seria vendido no seu armazém arreios e cavalo americano pertencentes aos bens do falecido George Handerson.[54]As navegações, então, disponibilizaram artigos de diversas procedências e para muitos fins, num contexto em que não se produzia na província tudo que era preciso ou almejado, de acordo com os princípios da modernidade que aflorava.

Estão há pouco tempo se rompendo as explicações tradicionais acerca do Grão-Pará no século XIX, de que sua economia estava fundamentalmente assentada em atividades extrativas desde o período colonial e que o aumento da exportação da

---

49 *Treze de Maio*, 16/2/1842, n° 182, p. 930.

50 *Idem*, 22/6/1842, n° 217, p. 978.

51 *Idem*, 15/9/1849, n° 21, p. 4.

52 *Idem*, 21/9/1842, n° 243, p. 1082.

53 *Idem*, 27/10/1849, n° 26, p. 4.

54 *Idem*, 3/4/1841, n° 91.

borracha em 1850 teria ocasionado quase que definitivamente o abandono da agricultura. Estudos recentes têm evidenciado que a agricultura nesse período se desenvolveu de forma bastante significativa e que, ao contrário do discurso dos presidentes da província, o Pará produzia muito do que se consumia e ainda exportava em número plausível.[55] De fato, em se tratando de alimentos, por exemplo, os produtos do sertão e de outros recantos do Império tinham um valor incomensurável no abastecimento de Belém.[56] Porém, o que se importava de portos estrangeiros era muito mais amplo do que a província precisava para se alimentar, embora essa também fosse uma dimensão que se coadunava com o aumento da chegada de produtos importados.

Em função de fatores como o crescimento demográfico, especialmente a partir de 1850, as epidemias que causaram mortes e fome, o contrabando de gado e as decorrentes carestias da carne verde, os problemas nos transportes e os fatores climáticos que destruíam plantações, foi inevitável a falta de alimentos. Se na década de 1840 a importação de alimentos já era muito importante, depois de 1850 torna-se essencial.

O naturalista inglês Henry Bates, ao voltar para Belém em 1859, depois de sua longa jornada no interior, ressaltava a carestia que tomara conta da cidade. Os artigos importados, não somente os alimentos como também roupas e móveis, "eram quase sempre mais baratos do que os produtos locais, embora taxados com impostos que variavam de 18 a 80 por cento somados aos altos fretes e aos lucros exagerados." E ainda exemplificava ao asseverar que "o bacalhau salgado era mais barato do que o seu correspondente local, o detestável pirarucu".[57] No entanto, os alimentos são apenas uma parte da pauta dos produtos importados.

A leitura dos anúncios evidencia a variedade das coisas que vinham para Belém, desde produtos de primeira necessidade – como o sal, que era trazido em abundância, principalmente dos Estados Unidos, e o bacalhau, vindo de Portugal – até os cortes de crepe, lã e seda provenientes da França e da Inglaterra. Contudo, essa dicotomia não parece ser o mais importante, mas as representações construídas em torno dos bens importados, seja dos supérfluos ou dos indispensáveis.

As representações são "matrizes geradoras de condutas e práticas sociais, dotadas de uma força integradora e coesiva, bem como explicativa do real",[58] que promovem uma assimilação a partir da leitura dos códigos de interpretação. Mas não significa

---

55   BATISTA, 2004.

56   MACÊDO, 2009.

57   BATES, 1979, p. 297.

58   PESAVENTO, 2008, p. 39.

que a leitura é a mesma que foi prescrita, pois será sempre ressignificada, amparada no que Chartier chama de "processo de construção de sentido." Logo, há que se considerar que as práticas por meio das quais há a apropriação do texto são histórica e socialmente variáveis.[59] Ainda que se tente vincular uma imagem de civilidade, oriunda de uma cultura europeia, os elementos culturais serão sempre recompostos por "uma releitura e uma adaptação locais de um tipo de apetrecho cultural desenraizado e por isso passível de ser apropriado e redesenhado".[60] Alencastro, ao tratar desse mesmo contexto no Rio de Janeiro, diz que lá se engendrou "um mercado de hábitos de consumo relativamente europeizados num ultramar ainda pouco ocupado por essas 'falsas Europas'"[61] (uma expressão de Braudel).

Por outro lado, a representação não é uma invenção. Embora não seja o real, está inserida no campo da verossimilhança e da credibilidade e pautada nos seus elementos simbólicos, que dizem mais do que aquilo que enunciam, carregam sentidos. Ela significa "estar no lugar de, é presentificação de um ausente (…)," e sua ideia central é a "substituição que recoloca uma ausência e torna sensível uma presença".[62] O que promove a sensibilidade no caso aqui elucidado?

Em 1841 divulgava-se a venda de dois pianos fortes, "sendo um muito lindo chegado ultimamente" e outro usado.[63] Pelo teor das palavras não parecia ser o primeiro piano chegado à província, parecia já haver alguma proximidade com esse objeto, ao contrário de outros, como a rabeca e o violão. Esse era um instrumento europeu de pouca circulação e de grande notabilidade e eram raras as províncias que recebiam algum até meados do século XIX. O piano só adentrara alguns raros sobrados do Rio de Janeiro, do Recife e da Bahia e era praticamente desconhecido em outras partes. Não foi o caso do Pará, que não esperou 1850 para se emaranhar na mercadoria-fetiche dessa fase econômica e cultural[64] nem para desfrutar de outras miudezas.

João Ribeiro Arede tinha em seu estabelecimento, na travessa Mercês, de frente para o Tesouro provincial, "relógios americanos, quadrilongos, fabrica de metal, e corda para oito dias a 16$000 réis".[65] Além dos relógios e de outros enfeites, as

---

59 CHARTIER, 1990, p. 25.

60 COELHO, 2005, p. 213.

61 ALENCASTRO, 1997, p. 36.

62 PESAVENTO, 2008, p. 40-41.

63 *Treze de Maio*, 7/4/1841, nº 92, p. 551.

64 ALENCASTRO, 1997, p. 45-46.

65 *Treze de Maio*, 23/6/1849, nº 8, p. 4.

fazendas, oriundas de vários países, tinham um espaço reservado para divulgação. Na casa de Sparhavvk & Pond havia um bom sortimento de fazendas chegadas no pataxo americano *Rattler* e se prometia vender por preços razoáveis.[66]Na loja de Bentes & Alves Irmão havia "fazendas francesas e dos últimos gostos chegadas ultimamente de França, no brigue *Esmeralda*".[67]Mas era comum também que elas viessem da Inglaterra. Antonio José Rodrigues "fará leilão nos dias 31 do corrente mez (...) de um bom sortimento de fazendas vindas ultimamente de Liverpool no navio *George* as quaes seraõ vendidas impreterivelmente, e não se retira lote".[68]Outro anúncio destacava:"Este estabelecimento acaba de receber de França um lindo sortimento de cambraias de cores a Rainha Estephania, fazenda inteiramente nova neste mercado; ninguém deixará de comprar á vista do preço e qualidade."[69]

Desenhava-se a representação de um modelo de consumo de uma sociedade europeia que se apresentava como um paradigma de civilidade para uma sociedade tropical, que na mesma página em que construía a imagem convincente da última moda, colocava o anúncio de venda e compra de escravos e denunciava os que haviam fugido. Dessa maneira, o mesmo anunciante que vendia um preto crioulo oferecia muito boa massa para temperos vinda de Lisboa.[70]O mercado de joias também era bastante fértil, de forma que se avisava constantemente o recebimento de joias de ouro e brilhantes dos gostos mais modernos, bem como relógios de ouro com patente inglesa, que dispunham de bons cronômetros.[71]

Nesse contexto da construção de novas sensibilidades estavam os serviços, como, por exemplo, os oferecidos pelos ourives e relojoeiros. Guilherme Potter fazia conhecidas as suas habilidades de relojoeiro e retratista de pessoas falecidas e de todos os objetos com toda a perfeição. Oferecia ao respeitável público "seus serviços da grande arte de retrato pela Daguerreotypo", método mais moderno da América.[72]

Um dos estabelecimentos, ao mesmo tempo em que dispunha sempre "de um lindo e variado sortimento de joias de ouro, e obras de prata, e pedras preciosas de gostos os mais modernos, vindas diretamente da Europa", prometia trocar obras velhas

---

66 *Treze de Maio*, 21/7/1849, n° 12, p. 4.

67 *Idem*, 17/8/1850, n° 65, p. 6.

68 *Idem*, 28/7/1851, n° 117, p. 4.

69 *Gazeta Oficial*, 8/7/1858, n° 48, p. 4.

70 *Treze de Maio*, 22/1/1842, n° 173, p. 899.

71 *Gazeta Oficial*, 16/6/1858, n° 31, p. 4.

72 *Treze de Maio*, 19/7/1851, n° 116, p. 4.

que não estivessem mais na moda. E ainda se oferecia a consertar grátis por ser o dono profissional e ter juntamente uma oficina onde se podiam reparar obras nacionais e estrangeiras.[73]Nota-se que esses serviços especializados, até para produtos estrangeiros, denotam que havia um mercado em crescimento e que a Província do Pará, e especialmente Belém, tinha seu tempo já marcado pelos cronômetros ditos civilizados.

A alusão à origem do produto ou possível relação com a Europa repassava uma ideia de credibilidade e de superioridade. Observe a narração encontrada no jornal:

> A palavra Rapé é de origem franceza, assim como a qualidade de tabaco que indica. Desde os primeiros tempos da introducção do tabaco na França se começou alli a fazer uso delle para cheirar; porém não se vendia já preparado para esse fim. Cada pessoa fazia a sua provisão de tabaco em rolo, e o raspava ou ralava todas as vezes que queria cheirar huma pitada. Para este efeito usavaõ-se humas caixas ou estojos, a que chamavam rapé: o seu feitio ordinariamente era sobre o comprido, e esta a sua construcção: o interior da caixa tinha dois repartimentos; em hum delles estava o tabaco em rôlo; e o outro era destinado para receber o rapé. A tampa pela parte debaixo estava guarnecida de huma folha delgada de aço picada como huma lima ou groza. Então quando a pessoa queria cheirar, esfregava o rolo de tabaco por quella espécie de ralador até haver muido a porção sufficiente. Ora esta acção de ralar ou raspar em francez diz-se raper, e portanto o seu producto chamava-se tabaco rapé. D'ahi com o uso nos veio o nome desta preparação do tabaco, a qual depois se foi alterando com a mistura de alguns aromas, e então se começou a vender já preparado. Ainda no tempo de Luiz 14.º se usavaõ os rapés, de que algumas se conservaõ de grande luxo e valor.[74]

O rapé era muito difundido na província. Pelas inúmeras vezes em que ele aparece no jornal dá-se a entender que tinha grande aceitabilidade, a partir da força do simbólico que operava. A cultura enquanto produto comercial ensejava de forma proficua nos quadros da modernidade. O simbólico que aparece interligando o rapé à França e ao tempo de Luiz XIV não é de forma alguma desproposital, "é uma estratégia de expressão cultural, inerente ao homem como criador da cultura",[75] como também de suas linguagens.

---

73 *Gazeta Oficial*, 8/7/1858, nº 48, p. 4.

74 *Treze de Maio*, 29/10/1842, nº 254, p. 1125.

75 COELHO, 2005, p. 19.

Por estas linhas, pretendeu-se pensar alguns indicativos dos processos civilizatórios que já era possível serem visualizados bem antes do cosmopolitismo de 1870, os quais Geraldo Coelho denominou de anteato da *Belle-Époque*. Buscou-se exatamente situar esses processos civilizatórios relacionados à difusão dos modismos europeus, no contexto da intensificação das navegações pós-1840, que interligou em um sentido já bastante amplo a Província do Pará a centros hegemônicos da cultura mundial, como Portugal, França, Inglaterra e Estados Unidos.

Esses países se destacaram como os mais importantes em relação à entrada de produtos das mais variadas ordens – como alimentos, utensílios domésticos, vestimentas e adereços dos mais aprimorados gostos – que aqui foram lidos como bens culturais com seus valores simbólicos e por isso representativos. Fazem parte da representação não somente os produtos materiais, mas também as concepções e as ideias de mundo que lhe são peculiares.

A economia que rege esses bens, embora se relacione com os interesses propriamente econômicos, só pode ser compreendida amplamente por meio das representações, e não apenas por meio da lógica da economia mercantil.[76] Consequentemente, inserir o estudo desses bens culturais no campo cultural é situá-lo em um "mundo econômico investido", embora tenha de se considerar que para esse caso o material não deva dissociar-se do imaterial. Para isso, parte-se da concepção de que o consumo dos bens culturais elucidados provavelmente era restrito às condições de classe e hierarquias locais, portanto, às condições materiais de existência. Mas também não é uma regra geral, é preciso relativizar.

Pode-se elaborar isso questionando as distinções primordiais erudito/popular, criação/consumo, realidade/ficção. É preciso romper com esses falsos dualismos a partir da circularidade cultural proposta por Backtin.[77]A problematização pode romper a linha vertical que liga o consumo unicamente às condições de classe social. Enquanto a proeminência do adjetivo "superior" indica o acesso imediatamente para as classes mais abastadas, o "barato" recorrente nos anúncios pode apontar para outros níveis sociais, quanto mais os produtos eram entendidos como essenciais, sobretudo os alimentos. Quando Bates afirma que em 1859 o bacalhau importado era mais barato do que o peixe local, o pirarucu, pode estar indicando que os produtos advindos dos países mencionados não eram tão inacessíveis assim, pelo menos não em sua maioria.

---

76 CHARTIER, 2005.

77 Para saber mais sobre o conceito de circularidade cultural, ver BAKHTIN, 2008.

A história cultural indubitavelmente pode ajudar a encontrar alguns caminhos de cunho teórico e metodológico, alguns dos quais foram discutidos, mesmo com a consciência dos seus limites. Mas muito ainda há que trilhar. Não são respostas prontas e muito menos definitivas, mas possibilidades de captar a cultura como meio de entender a própria sociedade, como construtora de elementos alegóricos imagináveis construídos a partir da realidade possível. O fluxo de bens e ideias importados, em sua maior parte via transatlântica, inaugurou novos tempos, novas formas de pensar o mundo e de se relacionar com o inusitado, para os quais a navegação de longo curso desempenharia um papel fundamental.

A revolução nos transportes em nível internacional e local significou um avanço essencial nessa conjuntura e significou a diminuição das distâncias, mas também do intervalo que separava o Pará das nações ditas superiores. Assim como o desenvolvimento dos transportes foi um aspecto importante para a indústria do divertimento na França,[78] aqui inaugurou novas sensibilidades. Um nativo da Inglaterra dizia que o Pará estava sendo permeado por um sentido mais racional, "parecendo que os paraenses procuravam agora imitar os costumes das nações do norte da Europa, ao invés da mãe-pátria".[79] Parecia mesmo que tudo se encaminhava para uma filiação bastarda.

Referências

ALDEN, Dauril. *O significado da produção de cacau na região da Amazônia no fim do período colonial:* um ensaio da história econômica comparada. Belém: Universidade Federal do Pará, 1974.

ALENCASTRO, Luiz Felipe de. "Vida privada e ordem privada no Império". In: _____ (org.). *História da vida privada no Brasil.* Império: a corte e a modernidade nacional. São Paulo: Companhia das Letras, 1997, p. 11-93.

AZEVEDO, João Lúcio d'. *Os jesuítas no Grão-Pará:* suas missões e a colonização. Belém: Secretaria de Cultura, 1999.

BAENA, Antônio Ladislau Monteiro. *Compêndio das eras da Província do Pará.* 2ª ed. Belém: Universidade Federal do Pará, 1969.

_____. *Ensaio corográfico sobre a província do Pará.* Vol. 30. Brasília: Senado Federal, 2004.

---

78 CORBIN, 2001.

79 BATES, 1979, p. 296.

BAKHTIN, Mikhail. *A cultura popular na Idade Média e no Renascimento:* o contexto de François Rabelais. São Paulo: Hucitec, 2008.

BARRETO, Mauro V. *O romance da vida amazônica:* uma leitura socioantropológica da obra de Inglês de Souza. São Paulo: Letras à Margem, 2003.

BASTOS, Aureliano Cândido Tavares. *O valle do Amazonas.* São Paulo: Companhia Editora Nacional, 1937.

BATES, Henry Walter. *Um naturalista no rio Amazonas.* Belo Horizonte: Itatiaia/São Paulo: Edusp, 1979.

BATISTA, Luciana Marinho. "Muito além dos seringais: elites, fortunas e hierarquias no Grão-Pará, c. 1850-1870". Dissertação (mestrado) – UFRJ, Rio de Janeiro, 2004.

BURKE, Peter. *O que é história cultural?* 2ª ed. Rio de Janeiro: Zahar, 2008.

CHARTIER, Roger. *A história cultural:* entre práticas e representações. Lisboa: Difel, 1990.

_____. "O mundo econômico ao contrário". In: *Trabalhar com Bourdieu.* Rio de Janeiro: Bertrand Brasil, 2005, p. 253-260.

COELHO, Geraldo Mártires. *O violino de Ingres:* leituras de história cultural. Belém: Paka-Tatu, 2005.

_____. "Anteato da *Belle-Époque:* imagens e imaginação de Paris na Amazônia de 1850". *Revista Cultura do Pará,* Belém, n° 2, vol. 16, jul./dez. 2005, p. 199-215.

CORBIN, Alain. "História dos tempos livres". In: _____ (org.). *História dos tempos livres:* o advento do lazer. Lisboa: Teorema, 2001, p. 5-18.

CORDEIRO, Luiz. *O Estado do Pará, seu commercio e indústrias (1719-1920).* Belém: Tavares Cardoso & Cia, 1920.

CRUZ, Ernesto. *História da Associação Comercial do Pará.* 2ª ed. Belém: Universidade Federal do Pará, 1996.

FREYRE, Gilberto. *Sobrados e mocambos.* 9ª ed. Rio de Janeiro: Record, 1996.

LACAPRA, Dominick. "História e romance." *Revista de História,* Campinas, n° 3, vol. 2, set. 1991, p. 107-124.

LOPES, Simeia de Nazaré. "Casas de negócios, tabernas e quintais: o controle social sobre os agentes do comércio no pós-Cabanagem". *Revista Estudos Amazônicos*, Belém, nº 1, vol. 1, jul./dez. 2006, p. 39-54.

MACÊDO, Sidiana da Consolação Ferreira. "Daquilo que se come: uma história do abastecimento e da alimentação em Belém (1500-1900)". Dissertação (mestado) – UFPA, Belém, 2009.

PESAVENTO, Sandra Jatahy. *História e história cultural.* 2ª ed. Belo Horizonte: Autêntica, 2008.

RICCI, Magda. "O fim do Grão-Pará e o nascimento do Brasil: movimentos sociais, levantes e deserções no alvorecer do novo império (1808-1840)". In: PRIORE, Mary Del; GOMES, Flávio dos Santos (orgs.). *Os senhores dos rios.* Rio de Janeiro: Elsevier, 2003.

SALLES, Vicente. *A música e o tempo no Grão-Pará.* Belém: Conselho Estadual de Cultura, 1980.

SAMPAIO, Marcos Guedes Vaz. *Uma contribuição à história dos transportes*: a Companhia Bahiana de Navegação a Vapor (1839-1894). Tese (doutorado) – USP, São Paulo, 2006.

SANTOS, Roberto. *História econômica da Amazônia (1800-1920).* São Paulo: T. A. Queiroz, 1980.

SARGES, Maria de Nazaré. *Belém:* riquezas produzindo a *Belle-Époque* (1870-1912). 2ª ed. Belém: Paka-Tatu, 2002.

Circuito de integração regional: a Estrada de Ferro Campos-Carangola no século XIX[1]

WALTER LUIZ CARNEIRO DE MATTOS PEREIRA[2]

A Estrada de Ferro do Carangola, ou Estrada de Ferro Campos-Carangola (doravante EFCC), teve suas obras iniciadas em 1875. Seus extremos ligavam Campos dos Goytacazes, na Província do Rio de Janeiro, às divisas com as províncias de Minas Gerais e do Espírito Santo e consagravam um amplo arco de interesses econômicos regionais. As boas expectativas em torno da ferrovia de 188 quilômetros, uma das mais extensas da província fluminense, giravam em torno da circulação de múltiplas mercadorias, que não estavam restritas apenas ao açúcar, cuja produção em Campos fora pujante, mas lideradas pelo café produzido em áreas de ocupação mais recente, espaços de interseção entre as três províncias. Campos dos Goytacazes transformou-se, por excelência, em um centro regional de dinamização de ferrovias. A EFCC era parte de um complexo formado por mais três estradas de ferro, que não só integravam as duas margens do rio Paraíba do Sul como cumpriam um papel decisivo para produzir mudanças em uma escala dinâmica na economia brasileira no século XIX.

A propaganda é a alma do negócio! Pelo menos é o que sugeriam as páginas do jornal *Gazeta de Campos*, na edição de 28 de outubro de 1875, pelo entusiasmo demonstrado com o lançamento da EFCC. Autorizada a concessão, em 12 de abril de 1872, e aprovados os estatutos pelo Decreto 5.880, de 20/3/1875, seus empreendedores passaram a captar recursos com remuneração a juros de 7% ao ano, garantido o pagamento pelo Tesouro da Província do Rio de Janeiro, limitado ao capital

---

1   Este artigo é uma versão ampliada de estudos apresentados no VI Congreso de la Asociación Internacional de Historia del Ferrocarril, em Santiago do Chile, em setembro de 2013.

2   Professor adjunto do Departamento de História da Universidade Federal Fluminense em Campos dos Goytacazes, Estado do Rio de Janeiro.

constituído pelo montante de 5.000.000$000, no prazo de 20 anos. Esse era o investimento inicial que seria feito na estrada de ferro que ligaria o Norte Fluminense às províncias vizinhas, mais precisamente de Campos dos Goytacazes às divisas com o sudeste de Minas Gerais, a chamada Zona da Mata mineira, e com o sul da Província do Espírito Santo, do Alto Itabapoana ao Alto Itapemirim.[3] Depois que a ferrovia conseguisse auferir lucros suficientes, deveria indenizar a província fluminense pela quantia despendida com a garantia de juros, que poderiam ser compensados pelo subsídio concedido ao frete até alcançar aquele valor.[4]

Para os investidores locais, seria "rendoso emprego de capital... não há outro no Brasil, tão seguro, tão garantido e tão cômodo". Na condução inicial dos negócios estavam alguns dos mais expressivos "capitalistas" e "empresários" de Campos dos Goytacazes: Francisco Portella, Manuel Rodrigues Peixoto, Chrysanto Leite de Miranda Sá, Francisco Ferreira Saturnino Braga e José Cardoso Moreira, profissionais liberais, proprietários de terras, canaviais e usinas, além de sócios de bancos, seguradoras e indústrias. A peça publicitária lançada no *Monitor Campista* tentava seduzir investidores para apostar seus capitais em ações da companhia, pois se tratava de "investimento tão seguro e até mais vantajoso do que os papéis do governo", os títulos da dívida pública, popularizados em praças com instituições bancárias ativas, nas quais atuavam desde a década de 1860 o Banco de Campos, o Banco Comercial e Hipotecário de Campos e a Caixa Econômica de Campos, em razão da "abundância de capitais", decorrente da "prosperidade do comércio". Esse acúmulo de capitais deveria ser direcionado, em parte, ao investimento em obras de infraestrutura para "cobrir os férteis vales do Paraíba e seus afluentes, até a contígua Minas Gerais".[5]

Por que, então, aplicar em apólices da dívida pública, com ganhos de 6% ao ano, se as ações da estrada de ferro poderiam render 7% ao ano? Não seria mais rentável colocar capitais a prazo fixo nos bancos locais, a juros idênticos aos que remuneravam os títulos do governo, de 6% ao ano? O lastro que assegurava o investimento não deixaria sem sono os investidores interessados, pois da mesma forma que o governo garantia os títulos públicos, afiançava as ações lançadas pela ferrovia. Se os juros das apólices da dívida pública eram pagos com carência semestral, a EFCC aplicaria a

---

3   Posteriormente, o Decreto 6.565, de 9/5/1877, permitiu que a estrada de ferro prolongasse um ramal até as margens do rio Itapemirim, nas proximidades da Vila de Cachoeiro, na Província do Espírito Santo, porém sem garantia de juros.

4   *Monitor Campista*, 21/6/1873.

5   *Idem*, 17/1/1865, p. 2-3.

mesma regra para animar seus futuros acionistas. Portanto, a sustentada solidez desses investimentos, alardeada pelos diretores da empresa, traduzia-se por ganhos imediatos e certos, chancelados pelo governo da província. A remuneração do capital investido, pela subscrição de ações da companhia, contava com o mesmo regalo das apólices da dívida pública, pois passavam a render desde o momento em que fossem adquiridas. Por fim, o anúncio no jornal não se intimidava em apostar que as ações da estrada de ferro eram preferíveis aos papéis da dívida pública. Ainda que pudesse ser tratado como capital especulativo, o investimento em ferrovias contribuía diretamente para a ampliação da infraestrutura regional de transportes. Com esse intento, os controladores da estrada de ferro tentavam convencer os portadores de papéis do governo a inverter seus recursos na EFCC.

Campos dos Goytacazes era solo fértil para esse tipo de capital. Só a Caixa Econômica local apresentava em seus balanços, desde a década de 1870, algo em torno de 4.000.000$000 em títulos da dívida pública. Digamos que para os sócios da EFCC a instituição local exercia uma forte pressão monetária ao recolher valores robustos aos seus cofres, a "juros insignificantes". Nesse aspecto, os principais acionistas da EFCC disputavam capitais privados aplicados em instituições financeiras e em papéis do governo para serem invertidos em obras públicas contratadas a terceiros, com interveniência do Estado. Portanto, o próprio Estado estimulava a concorrência entre ativos financeiros e investimentos em empresas concessionárias com capitais privados garantidos por fundos públicos, o que não deixava de consagrar o caráter especulativo do negócio.

Capitais, garantias e ferrovias

O período mais pródigo da construção de ferrovias na Província do Rio de Janeiro foi entre 1875 e 1885. Segundo Andréa Rabello, até o fim do Império havia 1.344 quilômetros de trilhos fincados em território fluminense. Embora a autora reforce que os corredores do café determinaram a expansão da malha ferroviária, temos de reconhecer que os trilhos que corriam pelas regiões Norte e Noroeste Fluminense transportavam algo mais: os caminhos de ferro prenunciavam um "bom negócio" para sustentar o retorno dos capitais investidos. Esse *plus* fazia parte das cláusulas estabelecidas nas concessões que garantiam, com aval do governo, o retorno do capital investido com juros pagos pela Fazenda provincial e eliminavam os riscos da operação por ônus ao Erário. Andréa Rabello chama a atenção para os tipos de bônus oferecidos pela Província do Rio de Janeiro no processo de contratação de obras para a construção de ferrovias. Um dos mais atraentes era a isenção de impostos de importação sobre máquinas e material rodante, além do privilégio de zona para garantir o monopólio na prestação do serviço. Muitos desses projetos para construção de ferrovias eram iniciativas de fazendeiros locais com capitais próprios, embora isso não significasse abrir mão dos privilégios provinciais.

Além disso, havia o recurso a empréstimos, à emissão de debêntures e ao aumento de capital, desde que satisfeitas as exigências legais. Porém, o maior dos privilégios seria a já mencionada garantia de juros, fixada em 7% ao ano, a serem pagos aos acionistas por um período médio de 30 anos. Esses valores deveriam retornar aos cofres provinciais, desde que o rendimento líquido gerado pela ferrovia ultrapassasse 8% ou 9% do valor do seu capital social, o que raramente acontecia, em face de artifícios contábeis. Para a autora, esse tipo específico de privilégio poderia ser visto como uma artimanha para atrair capitais para empresas constituídas, sem desconsiderar, contudo, a maestria política dos grupos majoritários em captar fundos públicos. Nesse aspecto, é preciso vertebralizar a análise do processo histórico e tentar perceber as injunções políticas nas negociações de tais concessões, algo que o desenvolvimento da pesquisa espera avançar, em etapa posterior.

Não obstante, chamamos a atenção para as observações feitas por Ana Lúcia Nunes Penha sobre o jogo político em torno de obras públicas levadas a cabo na Província do Rio de Janeiro depois de 1850, a partir da atuação de sua Assembleia Legislativa Provincial. Segundo a autora, o esforço para o ordenamento das obras públicas na província fluminense não poderia escapar dos interesses políticos representativos dos principais líderes regionais, em especial dos proprietários de terra, com destaque para o Médio Paraíba e o Norte Fluminense, pela expressiva produção cafeeira e açucareira. Para a historiadora, as obras públicas provinciais privilegiavam novas estradas de rodagem, canais e ferrovias a partir de compromissos e alianças políticas. Destarte, havia no Rio de Janeiro, a partir do entendimento da Ana Lúcia Nunes, um padrão diferenciado no gerenciamento de obras públicas, por satisfazerem terras particulares e o escoamento de mercadorias, melhorias que integravam uma rede de beneficiários e favores entre potentados regionais. Entre as grandes obras desenvolvidas no norte da província estavam o canal Macaé-Campos e as estradas de ferro do Cantagalo, Campos-Macaé e Campos-Carangola. Essa estratégia fazia de Campos dos Goytacazes um importante espaço econômico, entendido como uma escala da economia de mercado que revelava estratégias políticas ambiciosas, como a costura de uma nova província no Império.

No Brasil, guardadas as interseções apresentadas por uma economia de base escravista com práticas capitalistas, o modelo de financiamento e a construção de ferrovias, a partir da segunda metade do século XIX, não seriam tão diferentes do que ocorrera nos principais países capitalistas europeus e nos Estados Unidos, que apresentavam formas semelhantes em regimes de concessões e de intervenção do Estado, mantidos os privilégios. Nos Estados Unidos, havia tanto a garantia de capitais quanto a concessão de terras, partes de um processo cheio de vícios e corrupção que só teria se arrefecido com a intervenção do governo central.[6] Empresas do setor ferroviário, como as transcontinentais Union Pacific e Central Pacific Railroads, tiveram sérios problemas financeiros, sobretudo no pânico de 1873, pela ação dos *robber barons*.[7] O rentismo, que envolvia a garantia de empréstimos pela aplicação de capitais, transformava-se em uma forma destrutiva de empreendedorismo, em função das trapaças que permitiam levantar esses valores. Entretanto, muitos estados e cidades americanos apoiavam o financiamento de obras públicas e privilegiavam as ferrovias em razão dos seus altos custos. Diversas companhias férreas estavam falidas em 1890 e muitas delas seriam reestruturadas com capitais do banco JP Morgan.

Na França, havia, no início dos projetos de concessões de ferrovias, forte obstrução do Parlamento à construção de caminhos de ferro concedidos por longo prazo, com garantias de empréstimo.[8] Apenas depois da criação das sociedades limitadas, em 1867, a restrição a tais empreendimentos foi desfeita. Então, a iniciativa privada francesa, em especial, bancos e empresas, passou a apresentar projetos para a construção de ferrovias, embora o governo ainda tivesse dificuldades de lidar com a garantia com juros e a elasticidade dos prazos. A partir do governo de Luís Napoleão as concessões passariam para 99 anos, além de o governo afrouxar a cessão de garantias de títulos às ferrovias, na tentativa de mobilizar capitais para constituírem sociedades anônimas de responsabilidade limitada, com o objetivo de atrair a poupança de classe média.

Na Alemanha, a maioria das ferrovias estava sob a responsabilidade de iniciativa privada, com algumas garantias estatais.[9] O investimento em ferrovias no país durante o processo de unificação política levou grandes oportunidades ao setor financeiro, assim como ao setor metalúrgico, em função da produção de máquinas e material rodante. A construção de estradas de ferro iniciou-se em 1840 e seu pico ocorreu na

---

6   LAMOREAUX, 2010, p. 421-459.

7   Barões-ladrões: grupo de empresários e banqueiros que dominavam as ferrovias nos EUA no século XIX.

8   HAU, 2010, p. 350-378.

9   WENGENROTH, 2010, p. 314-349.

década de 1870, marco da industrialização alemã. A garantia do Estado de um piso do valor das ações das companhias foi decisiva para vencer a desconfiança dos investidores. Ainda assim, o investimento direto estatal foi irrisório. Entretanto, naquela última década, em face da crescente insatisfação do comércio e da indústria, em virtude de corrupção generalizada, cartelização de tarifas e má administração, as ferrovias privadas eram vistas como obstáculo ao crescimento industrial. Assim, a intervenção estatal era tida como inevitável.

A economia da Inglaterra vitoriana da segunda metade do século XIX tinha um caráter rentista.[10] Diante disso, a partir de 1860 os projetos de construção de ferrovias tomaram outro impulso, depois do primeiro salto, que durou de 1830 a 1860, em que as estradas de ferro eram obrigadas a disputar recursos com outras obras públicas, como canais, por exemplo. A especulação financeira que se instalara na primeira fase de construções de caminhos de ferro, chamada de primeira "ferromania", provocou a derrocada de boa parte das empresas. Na segunda fase, apesar de a Inglaterra já contar com 251 ferrovias em 1865, não foi possível conter uma nova onda de especulações, uma segunda "ferromania". Logo depois, em face do destacado interesse público pelos caminhos de ferro, os projetos passariam a ser aprovados pelo Parlamento inglês, embora a concessão não tratasse de garantir monopólios. As ferrovias inglesas teriam nascido de grandes empreendimentos municipais e foram decisivas nas mudanças estruturais do país, além de agregar expressivos valores ao comércio internacional britânico.

Malhas da integração regional

No Brasil do século XIX a integração entre espaços regionais ultrapassava os limites provinciais. Considerando o processo de expansão da malha ferroviária no país, muitas ferrovias brasileiras aproveitaram-se dos velhos caminhos e das margens dos rios para avançar seus trilhos. As obras de infraestrutura foram significativas no processo de formação do mercado interno capitalista no Brasil.[11] As articulações entre mercados, principalmente no sudeste do país, serviram para quebrar o isolamento geográfico dos mercados regionais, reduzir custos de transportes e comunicações, dinamizar a circulação de pessoas e mercadorias e universalizar a circulação de informações. O Estado teria um papel central na transição para uma economia capitalista de base urbano-industrial. As redes de transportes levavam a economia de um padrão

---

10 CASSON; GODLEY, 2010, p. 242-277.

11 GODOY; BARBOSA, 2008, p. 159-186.

tradicional para um sistema integrado. Apesar de constituir-se como símbolo da modernidade, a ferrovia no Brasil foi marcada pela assimetria, sem suplantar o transporte rodoviário, que lideraria com frequência o rol de obras públicas essenciais requeridas aos governos central, provincial ou municipal.

No caso de Minas Gerais, o objetivo central, além de integrar, era chegar ao mar, o que coincidia com o interesse reverso da Província do Rio de Janeiro, de adentrar terras alterosas. A retomada dos planos de obras públicas apresentada pela província mediterrânea, em 1864, consagrava a integração entre mercados regionais a partir de eixos Mar de Espanha-Leopoldina-Ouro Preto e Porto Novo do Cunha-Barbacena-Rio das Velhas. Os dois pontos de chegada e partida, Mar de Espanha e Porto Novo do Cunha, ambos na Zona da Mata, deveriam integrar-se ao Rio de Janeiro, não mais exclusivamente com a Corte, mas em conexão com Campos dos Goytacazes, aproveitando-se das margens e dos leitos dos rios Pomba, Muriaé e Carangola. Os dois primeiros eram afluentes primários do Paraíba. O terceiro era secundário e seu leito seguia para outra banda da Zona da Mata, onde estavam Carangola e Tombos, e aproximava-se, também, da Província do Espírito Santo. O Carangola juntava-se ao Muriaé, no extremo norte da Província do Rio de Janeiro, em Poço Fundo, próximo a Porto Alegre, atual Itaperuna.

A Lei Provincial mineira 1.762, de 4/4/1871, estabeleceria, portanto, um plano viário para a província, para a construção e integração de estradas de rodagem, concessão de privilégios para a montagem de ferrovias e promoção da navegação fluvial. O programa apresentava duas possibilidades entre caminhos e atalhos para transpor Minas Gerais, chegar à Província do Rio de Janeiro e atingir seu litoral norte. Por exemplo, uma estrada de ferro que unisse São Paulo do Muriaé a Campos dos Goytacazes, via São Fidélis. Outro exemplo seria um ramal que ligasse Mariana-Ponte Nova-Tombos do Carangola-Itabapoana e unisse as divisas das duas províncias com a capixaba. As propostas visavam a atingir portos marítimos distintos e não mais se limitavam à exclusividade do porto do Rio de Janeiro. Ficava nítida, portanto, a intenção dos mineiros de privilegiar espaços meridionais da província para compartilhar interesses comuns com seus vizinhos. Era a natureza mercantil da complexa articulação entre regiões e províncias, com o fito de tratar do abastecimento interno. As obras públicas nas províncias surgem como elemento integrador dos interesses regionais, como fundamento sólido para a expansão de uma economia de mercado.

Em Campos dos Goytacazes eram grandes as expectativas em torno da construção de uma estrada de ferro que ligasse o norte da província às divisas com Minas Gerais e Espírito Santo. O potencial agrícola e extrativo da região do "ubérrimo" Carangola, para referir-se à região divisionária do Noroeste Fluminense com as outras duas províncias, era constituído por ouro, ferro, caulim, mármore, pedra calcária, madeiras, animais, açúcar ecafé, produtos vindos de Lage, Natividade, Bom Jesus, Vargem Grande, Muriaé, Glória, São Francisco, Tombos, Carangola, Santa Luzia, Abre Campos, Cachoeiras do Muriaé, Campos, Itapemirim, Alegre, Benevente e Guarapari. A inexistência de meios modernos de transporte e comunicação limitava o intercâmbio comercial a tropas de mulas e pequenas embarcações fluviais e marítimas. Para a *Gazeta de Campos*, a ferrovia seria de "interesse palpitante e vital" para o futuro de Campos, Carangola, Lage, Espírito Santo e "sul" de Minas. O processo de integração fazia da ferrovia um marco da escala regional. A EFCC seria construída, em sua maior parte, por cabedais campistas e capitais pulverizados, atraídos por garantias provinciais.

Negociantes e negócios em ferrovias

No século XIX, as estradas de ferro que partiam de Campos dos Goytacazes tiveram em Francisco Ferreira Saturnino Braga e José Cardoso Moreira uns dos seus principais empreendedores. A primeira delas alcançava a crescente produtividade dos engenhos e das usinas de açúcar. Tratava-se da Estrada de Ferro Campos-São Sebastião,[12] contratada com a província fluminense, em 4 de setembro de 1869, por João de Sá Vianna e Rodolfo Evaldo Newbern, pelo prazo de 30 anos. As obras foram iniciadas em 2 de outubro de 1871 e entregues ao tráfego em 1873. A ferrovia tinha uma extensão aproximada de 20 quilômetros, ligava o largo do Rocio, no centro da cidade, à freguesia de São Sebastião e passava pela freguesia de São Gonçalo. O capital inicial investido fora de 600.000$000.[13]

A concorrência com o açúcar de beterraba europeu e a melhor produtividade e qualidade do açúcar produzido pelos engenhos a vapor em Cuba seduziram o Império do Brasil a investir na inovação tecnológica dos engenhos e das usinas brasileiras, pelo incentivo ao uso de máquinas a vapor.[14] Os bons ventos para investir levaram os proprietários de usinas e engenhos em Campos a inovar sua produção e substituir as antigas almanjarras.[15] O incentivo, além das máquinas, incluía a

---

12   Autorizada a concessão pela Lei Provincial 1.407, de 24/12/1868.

13   Relatório de presidente da Província do Rio de Janeiro de 1884. Acervo da Biblioteca Estadual de Niterói/Sala da História Fluminense.

14   SUZIGAM, 2000, p. 213-228.

15   Moenda de madeira com tração animal.

construção de ramais ferroviários internos entre os estabelecimentos produtivos e o leito das principais ferrovias. As mudanças seriam estimuladas por subsídios governamentais sob a forma de empréstimos, com oferta de garantias de juros até o limite de 30.000$000, correspondentes a 3.300.000 libras esterlinas. Além disso, o governo imperial ofereceria isenção de impostos e de direitos de importação sobre máquinas e equipamentos para usinas e para montagem de ramais ferroviários auxiliares de bitola estreita, incluído material rodante. Segundo Suzigam, a opção por investimentos em usinas revestia-se do fato de essas terem maior independência em relação aos plantadores, com melhor controle sobre suprimentos e preços da cana, embora não estivessem tão distantes da estrutura do engenho. No lugar dos engenhos centrais, as usinas constituíram-se como centro das atenções, tocadas pela malha ferroviária que as integrava com canaviais e com os principais ramais das demais estradas de ferro que trançavam Campos dos Goytacazes.[16]

A Estrada de Ferro Campos-São Sebastião, um desses trechos ferroviários que ligavam as usinas aos canaviais, a outras ferrovias e a Campos dos Goytacazes, transportou, em 1883, 46 mil usuários, com suas quatro locomotivas e oito vagões de passageiros; 7.879 toneladas de mercadorias; e 1.803 animais. Registrou um resultado positivo de aproximadamente 12$000.[17] A ferrovia havia sido adquirida, antes disso, por Francisco Ferreira Saturnino Braga, com mais quatro sócios, para formarem a Sociedade Comanditária Saturnino Braga & Cia. Na realidade, a Estrada de Ferro Campos-São Sebastião servia como um corredor para o transporte de aguardente, cana, açúcar, escravos, lavradores, fazendeiros e usineiros. Os trilhos avançavam por várias usinas e engenhos, dentre os quais o da Fazenda Velha, propriedade do empresário campista, montado com tecnologia a vapor, com o uso de bateria evaporadora[18] e defecadores a vácuo.[19] Dessa forma, a ferrovia atendia a uma planície de grandes produtores locais que avançavam no processo de ampliar a produtividade da agroindústria açucareira, em face da implantação de equipamentos modernos, em espaços tidos, tradicionalmente, como os que mais produziam cana

---

16 A diferença entre usina e engenho era a dimensão das etapas de produção. A usina cultivava e processava, o engenho só produzia açúcar, por beneficiamento (FARIA, 1985).

17 ALVARENGA, 1884.

18 Última caldeira da fornalha.

19 Grandes tachos metálicos, aquecidos por serpentinas colocadas dentro deles, por onde circulava o calor (FARIA, 1985, p. 163).

e açúcar no município, localizados nas freguesias de São Gonçalo e São Sebastião.[20] A aquisição da "ferrovia do açúcar" por Saturnino Braga foi a primeira investida do empresário na concessão de obras públicas.

O enlaçar de caminhos de ferro em Campos implicava a reunião de três terminais ferroviários distintos e distantes um do outro: dois na margem direita do rio Paraíba, na freguesia central de São Salvador, que serviam à Estrada de Ferro Campos-São Sebastião e à Estrada de Ferro Campos-Macaé, acrescida de seu ramal até Miracema, via São Fidélis. A partir desse último terminal, a ferrovia que ligava Campos a Macaé estaria interligada à Estrada de Ferro do Leste de Minas, com 160 quilômetros. Depois de ultrapassada Miracema, a ferrovia mineira seguiria para cortar os leitos dos rios Pomba, Muriaé e Doce. A primeira seção da ferrovia mineira partiria da estação terminal da EFCC, em Muriaé. O terceiro terminal instalado em Campos dos Goytacazes servia de ponto de partida para a EFCC, ficava na freguesia de Santo Antônio de Guarulhos e transpunha o rio Paraíba do Sul, para fixar-se em sua margem norte. Seus trilhos seguiriam em direção à divisa de Minas Gerais com o Espírito Santo.

A EFCC e seu circuito

A EFCC, ou a "estrada de ferro entre a cidade de Campos e as raias da Província de Minas Gerais", haveria de percorrer os "férteis e já assaz povoados vales dos rios Muriaé e Carangola". A primeira diretoria era composta por Mariano Alves de Vasconcellos, Manoel Rodrigues Peixoto, Chrisanto Leite de Miranda Sá e Francisco Portella.[21] Portella, além de parecer experiente contratador de obras públicas, cultivara uma atuação política destacada na província: fora presidente da Câmara Municipal de Campos, deputado provincial e seria presidente do Estado do Rio de Janeiro, inaugurando a administração republicana. Seu interesse por ferrovias o levou a Londres, no fim do século XIX, para negociar empréstimos e incorporações com banqueiros ingleses. A principal estratégia da EFCC, de levar seus trilhos ao extremo norte da província fluminense e a Minas Gerais, coincidia com o interesse comum dessas duas províncias de melhorar e integrar as redes de transportes e comunicações. Seis anos depois de seu lançamento, a ferrovia contaria com aproximadamente 150 quilômetros, uma das maiores da província. Sua diretoria naquele ano era formada por Francisco Ferreira Saturnino Braga, na presidência; acompanhado dos diretores José

---

20 FARIA, 1985.

21 Relatório do presidente da Província do Rio de Janeiro de 1872, 19ª Legislatura (acervo BEN/SHF).

O OITOCENTOS SOB NOVAS PERSPECTIVAS

Cardoso Moreira e José Alves da Torre, figuras que se destacaram ora na administração da Caixa Econômica de Campos, ora na direção do Banco de Campos, além de outras companhias.[22] Em sua maioria, eram negociantes e proprietários rurais que representavam a renovação das fortunas locais, que não mais se limitavam aos negócios do açúcar e diversificavam seus capitais na agricultura, no comércio, na indústria, em instituições financeiras, investimentos em títulos da dívida pública e imóveis urbanos, como demonstrava o monte-mor apresentado pelo inventário dos bens do casal, após o falecimento da esposa de Francisco Ferreira Saturnino Braga.[23]

As obras da EFCC foram iniciadas em 1875, pela primeira estação, no "lado norte", ou seja, na margem esquerda do rio Paraíba, em frente a Campos dos Goytacazes. A pedra fundamental foi lançada pelo imperador Pedro II. Além da diretoria estavam presentes os engenheiros que traçaram a linha: barão de Holleben, Hermano Naegeli, Barcellos, Crysantho Sá, Sodré e Dutton. Na solenidade, o presidente da empresa, Francisco Portella, dirigiu-se ao imperador e fez a seguinte fala sobre os destinos da EFCC:

> Essa estrada, senhor, internando-se da província de Minas Gerais pelo vale do Muriaé e do Carangola, para por em comunicação com o mar e com a corte e o Império toda essa vasta região, banhada por inúmeros rios. Pelo seu traçado, está delimitada a franquear à imigração espontânea um vasto espaço em que poderá assentar muitíssimos estabelecimentos agrícolas. (...) Não exagero, senhor, dizendo que ela há de transportar, logo que chegar a Tombos, mais de três milhões de arrobas de produtos. (...) São três as províncias, Minas Gerais, Espírito Santo e Rio de Janeiro que recebem um benefício real com a factura dessa estrada.[24]

O primeiro trecho da ferrovia, entre Campos dos Goytacazes e Travessão, cuja construção ocupou de 600 a mil trabalhadores, seria aberto em 19 de fevereiro de 1876. Além disso, as obras estavam adiantadas até a estação de Cachoeiras de Muriaé, fim da primeira seção da EFCC. Os primeiros comboios eram puxados por cinco

---

22 Cardoso Moreira era fazendeiro, proprietário de extensas terras entre Cachoeiras do Muriaé (atual Cardoso Moreira), Monção (Italva) e Porto Alegre (Itaperuna), todas na freguesia de Santo Antônio de Guarulhos, onde produzia cana, aguardente e café.

23 PEREIRA, 2012, p. 212-246.

24 *O Globo*, 22/6/1875. Não confundir com o atual, fundado em 1925.

locomotivas americanas da marca Baldwin, em composições que dispunham de 25 vagões. Até então, a construção da EFCC havia consumido 248.000$000, ou seja, 6.500$000 por quilômetro, "o menor custo até então obtido no país", comparado ao de ferrovias construídas no mesmo período, como Vitória-Minas, Porto Alegre-Uruguaiana e Recife-São Francisco. As obras desse trecho da EFCC foram tocadas pela empresa Bettancourt & Chaves. No fim de 1877, o conjunto da obra em direção ao terminal final da primeira seção havia limpado parte da mata; destocado o leito; removido terras; extraído brita e iniciado a construção de alguns prédios. Para essa primeira etapa chegaram ao porto de São João da Barra, procedentes do Rio de Janeiro, 5.500 toneladas de trilhos.[25] Depois de obter o privilégio da província, o capital foi ampliado para 6.000.000$000, distribuído por 30.000 ações recompensadas com juros de 7% ao ano, afiançados pelo governo provincial por 20 anos e garantia complementar de mais dez anos.[26]

Em 1881, seis anos após iniciadas as obras, a ferrovia chegava à localidade de Porto Alegre. Ficaram para trás as querelas em torno do desvio que a levaria à divisa da Província do Espírito Santo, vetor não previsto no projeto original. Naquele mesmo ano, a EFCC produziu receitas líquidas de 170.000$000. O avanço dos trilhos em direção à província mineira, a partir do entroncamento na estação de Poço Fundo, poucos quilômetros à frente do terminal de Porto Alegre, faria a EFCC bifurcar em dois sentidos: um continuaria a seguir o rastro do rio Muriaé e o outro tomaria as margens do rio Carangola.[27] Os principais produtos transportados pela EFCC eram: café, açúcar, aguardente, madeira em toras e curvas, móveis, lenha, frutas, ovos, milho, feijão, arroz, mandioca, farinha de mandioca, cereais em geral, cal, tijolos, telhas, asfalto, cimento, paralelepípedos, material de construção em geral, máquinas para a lavoura, estrume, capim, animais de todo tipo e encomendas diversas.

---

25 *Monitor Campista*, 14/3/1877, p. 3; *Gazeta de Notícias*, 13/5 e 21/7/1876.

26 Decreto-Lei 6.618, de 9/2/1876, nos termos da Lei 245, de 14/9/1873, concedia a garantia de juros de 7% a.a. ao capital adicional que fosse efetivamente empregado na construção da Estrada de Ferro do Carangola e seus ramais, até o máximo de 1.000.000$000. Assim ficava elevado a 6.000.000$000 o capital fixado pelo Decreto 5.822, de 12/12/1874. Thomaz José Coelho de Almeida, com rubrica do imperador.

27 O mesmo decreto permitiria o prolongamento da Estrada de Ferro do Carangola até São Paulo do Muriaé, em Minas Gerais, a partir do ramal de Patrocínio, extensão da estação de Porto Alegre.

Tabela 1. Movimento das estradas de ferro
que cortavam Campos dos Goytacazes (1886)

	Passageiros	Mercadorias em toneladas	Animais	Receitas contos	Despesas contos	Resultado contos
EF Campos/ Macaé + Ramal Campos/ Miracema 189 km	57.960	Total 61.000 Café 24.000 Açúcar 11.000 Diversos 26.000	–	1.398	820	578
EF Campos/ Carangola 188 km	52.201	Total 32.000 Café 12.000 Açúcar 2.000 Diversos 18.000	2.623	513	330	183
EF São Sebastião 23 km	48.400	Total 4.800	2.154	62	60	2
Total	158.561	97.800	4.777	1.973	1.210	763

Fonte: Relatório dopresidente de Província do Rio de Janeiro.

A ferrovia que unia o Rio de Janeiro a Minas Gerais e ao Espírito Santo gerou, em 1883, receitas de 561.000$000. Desse valor, 90% eram relativos ao transporte de mercadorias e o restante resultado do transporte de passageiros. Portanto, a chegada do trem ao extremo norte fluminense e às províncias triplicou a receita da companhia, comparada com 1881, quando da inauguração da ligação entre Campos e Itaperuna. O lucro apresentado pela EFCC, naquele 1883, chegara a 263.000$000. Três anos depois, em 1886 (ver Tabela 1), já com seus 188 quilômetros concluídos, a ferrovia transportaria 52 mil passageiros, 32 mil toneladas de mercadorias – 12 mil de café, duas mil de açúcar, 18 mil de mercadorias diversas – e 2.620 animais. A receita obtida nesse mesmo ano seria de 513.000$000 e o lucro de 183.000$000.[28] Em três anos, depois de totalmente concluída, a EFCC perdeu 8% em receitas e registrou uma perda maior ainda em seus lucros, de 33%. O açúcar, embora ocupasse posição de destaque entre os produtos embarcados, seria sobreposto pelo café e pela diversidade de mercadorias que circulavam pela estrada de ferro. Dessa maneira, o transporte de gêneros representava aproximadamente 80% das suas receitas em 1886. Assim, quando da sua conclusão, a EFCC chegara a transportar 70% daquilo que havia sido previsto

---

28　Relatório do presidente da Província do Rio de Janeiro de 1886 (acervo BEN/SHF).

por seu presidente, Francisco Portela, ao imperador Pedro II, quando do lançamento da pedra fundamental da ferrovia, ao dimensionar que após sua consolidação a companhia transportaria três milhões de arrobas, ou seja, 45 mil toneladas, previsão que não seria tão absurda consoante os números posteriormente apresentados pela empresa. Portanto, a ampliação dos trilhos em direção ao extremo norte fluminense, a Minas Gerais e ao Espírito Santo proporcionou ganhos objetivos à EFCC. Nota-se, sobremaneira, o papel desempenhado pela Estrada de Ferro Campos-Macaé no transbordo de mercadorias até o porto de Imbetiba, em Macaé, que ampliou as raias da conexão regional.

Os trilhos da EFCC acompanhavam o rápido processo de ocupação da raia norte da província fluminense e forçaram o desmembramento de áreas da freguesia campista de Santo Antônio de Guarulhos, com o consequente surgimento de quatro freguesias em Campos dos Goytacazes: Nossa Senhora de Natividade do Carangola, Nossa Senhora da Piedade da Lage, Senhor Bom Jesus e Varre-Sai, nas divisas com as províncias de Minas Gerais e Espírito Santo. A chegada da estrada de ferro a essas paragens coincidia com o aumento expressivo da população livre, algo em torno de 200%, quando comparada com a de 1850. De forma semelhante, a população escrava residente nas freguesias do Noroeste Fluminense apresentava, sete anos antes da abolição da escravidão, números superiores ao contingente registrado em meados do século XIX. Nas mais novas freguesias campistas no extremo norte da Província do Rio de Janeiro, tardiamente ocupadas, a população escrava cedia em menor escala, em face do impulso econômico tomado naquela região, decorrente da abertura de áreas destinadas à produção de café, na conjuntura posterior ao fim do tráfico de africanos.[29]

O projeto original da EFCC colocava em destaque um tipo de integração modal peculiar, não sem criar arestas entre interesses locais. Para facilitar o acesso ao arremate setentrional das terras fluminenses e a Minas Gerais, o traçado original da ferrovia deveria juntar seus trilhos à cabotagem fluvial. O liame entre Campos dos Goytacazes e os sertões dos rios Muriaé e Carangola se faria da seguinte forma: de Campos até Cachoeiras do Muriaé, a conexão deveria manter-se pelas águas do primeiro rio, afluente do Paraíba do Sul, por tratar-se de um trecho havia muito dotado de condições favoráveis à navegação. Dali, superado o percurso fluvial, a ferrovia partiria em direção a tais sertões. Entretanto, antes de iniciadas as obras, a direção da companhia decidiu redimensionar o percurso original ao projetar uma triangulação da ferrovia entre Campos e Cachoeiras do Muriaé, o que levou os trilhos de Santo Antônio de

---

29 PEREIRA, 2012.

Guarulhos em direção a Morro do Coco, nas cercanias do sertão da Pedra Lisa, na divisa com a Província do Espírito Santo, para depois, então, estendê-los a Cachoeiras do Muriaé. A alteração no traçado, além ampliar o percurso, colocava em debate a eficácia ou não do contorno triangular proposto, que deixava para trás a opção original pela rota de integração modal. No fundo, o que desejava a diretoria da empresa, com o desvio de rota autorizado pelo governo, era levar os trilhos da EFCC em meio a cafezais emergentes na província capixaba. A estirada da planta original enfrentou sérias e contínuas controvérsias, com destaque para aquela que defendia a retomada do projeto seminal que previa a conexão fluvial com Campos dos Goytacazes, desde o terminal de Cachoeiras do Muriaé, por tornar mais barato o transporte de mercadorias. O desvio mantido pela EFCC implicaria um custo adicional na construção da ferrovia, além de produzir acréscimos no valor do frete para os produtores e comerciantes estabelecidos nos sertões fluminenses e na Zona da Mata mineira. Se, por um lado, o vértice com Morro do Coco aproximava a EFCC das cercanias do Espírito Santo, ao mesmo tempo deslocava os trilhos por mais seis léguas daquilo que estava previsto no plano inicial da EFCC. Por fim, a decisão pelo contorno desabilitara a variante fluvial. Reiteramos a hipótese de que para a empresa importava, também, aproximar o leito da ferrovia da região dos altos dos rios Itabapoana e Itapemirim, onde os terminais fluminenses da EFCC seriam fontes de resultados promissores, com receitas obtidas pelo carregamento de café e demais produtos.

Contrariados com a decisão, os acionistas mineiros haviam sido seduzidos para investir na companhia, quando do périplo de José Cardoso Moreira por Muriaé, para convencê-los a aplicar seus capitais na companhia, empreitada que resultaria na negociação de 3.512 ações por parte de investidores daquela região, número que superava 10% do total de ações lançadas pela ferrovia. Do ponto de vista desses acionistas, reunidos naquela cidade, em 18 de novembro de 1874 – o teor do encontro foi transcrito pela *Gazeta de Campos*–, a mudança do trajeto original teria implicações negativas que poderiam impactar as obras. Seria unânime entre eles que a intermodalidade com a navegação fluvial, originalmente proposta pela EFCC, teria custo inferior a um terço daquele que seria gasto com a modificação em curso. Para eles, o transporte de sacas de café, entre Minas e Campos dos Goytacazes, com o uso da conexão trem/embarcação fluvial, tinha o custo previsto de 400$000 por saca. Ao sujeitar-se, integralmente, ao frete ferroviário decorrente do espicho dos trilhos até Morro do Coco, o custo deveria triplicar para se manter entre 1.000$000 e 1.500$000 por saca de café. Ao contrário dos diretores da EFCC, que viam na expansão dos trilhos uma forma de maximizar suas receitas, produtores e comerciantes de Minas Gerais buscavam mesclar antigos canais de circulação de mercadorias que não tornassem os custos de transportes mais oneráveis, embora não se fechassem a opções inovadoras.

Em outro extremo, pairava o conflito de interesses sobre que caminhos tomar a ferrovia em direção ao Espírito Santo. Nesse caso, nos reportamos à série de cartas publicadas por um personagem de nome Dr. O'Reilly, no jornal *O Globo*, a partir de 19 de fevereiro de 1876. A questão debruçava-se sobre o melhor ponto de chegada ou de partida para a variante de um ramal que atingiria as bordas daquela província, a partir da localidade de Murundu, ou seja, qual seria o melhor ponto de contato desse ramal com a EFCC, nas proximidades da divisa com o Espírito Santo. Ou melhor, se o terminal mais apropriado deveria localizar-se em Santo Eduardo ou em Limeira. Entre as duas opções, a questão central seria a ampliação ou não dos gastos com a construção do ramal, uma vez que a opção por Santo Eduardo custaria 1.000.000$000 e por Limeira ficaria limitada a 600.000$000. O objetivo principal dos 75 moradores, entre fazendeiros, negociantes e profissionais liberais que habitavam ou tinham negócios na divisa entre as duas províncias, registrado em um abaixo-assinado redigido em Itabapoana, no Rio de Janeiro, em 25 de novembro de 1875, residia na tentativa de persuadir a direção da EFCC a instalar o terminal em Santo Eduardo, e não em Limeira, como desejava a empresa, em face do custo expressivamente inferior da segunda opção. A justificativa dos que defendiam a escolha de Santo Eduardo seria o alcance com maior rapidez dos estabelecimentos de café em Calçado, Castelo, Muqui e Veado, no sudoeste do Espírito Santo, sem descuidar das outras paragens cravadas nas bordas da província fluminense, algumas delas igualmente na divisa da Província de Minas Gerais, a saber, a freguesia campista de Nossa Senhora de Natividade do Carangola. Tal arranjo, para os demandantes de Itabapoana, garantiria, também, a conexão por estradas de rodagem com outra freguesia campista, a de Senhor Bom Jesus, além da freguesia de Cachoeiro do Itapemirim, no Espírito Santo, o que abrangeria áreas agrícolas mais distantes e potencializaria um amplo mercado para os interesses da EFCC. Logo, ao prevalecer a opção por Santo Eduardo, o ramal seria a "grande artéria" da EFCC e foi viabilizado pelo Decreto 6.364, de 8/8/1876. Ali, o café seria a principal fonte de renda da companhia, um dos motivos pelos quais os que assinaram o documento criticavam a diretoria da empresa pela tentativa de impor a instalação do terminal em Limeira. Um ano depois, outro decreto permitiria à ferrovia avançar até as margens do rio Itapemirim, próximo a Cachoeiro. Mais uma vez, a EFCC teria a oportunidade de ampliar sua malha pela crescente região cafeeira que despontava na interseção entre as três províncias.

O OITOCENTOS SOB NOVAS PERSPECTIVAS **93**

Ponto a ponto, Campos dos Goytacazes tornara-se uma cidade central para as estratégias mercantis do Norte Fluminense, do "sul" de Minas e das regiões capixabas banhadas pelos rios Itabapoana e Itapemirim. Os *altos* capixabas encontravam-se delimitados pelas águas da bacia hidrográfica do sul da província, isto é, "dos sertões mais férteis, mais esperançosos e mais ricos do Brasil". Ufanismos à parte, a cadeia regional formada com Campos dos Goytacazes fazia crescer o fermento daquilo que se consagrava como imperioso para os líderes locais, fazer da cidade, "porto do mar", ancoradouro de espaços abertos à diversidade econômica. Além da malha ferroviária havia a aposta em um plexo intermodal amplo que lançava fichas na melhoria das condições de navegação da barra do rio Paraíba do Sul. A ideia seria torná-la acessível a embarcações de maior calado, incluir o porto local de São João da Barra no roteiro da cabotagem marítima e, por extensão, no contato com outros portos internacionais, como os principais terminais da Europa, dos Estados Unidos e da região do rio da Prata. Os principais produtos a serem exportados por ali seriam: açúcar, aguardente, carne-seca, madeiras, café, doces, licores, fumo, charuto e cigarro. A solução passava pela canalização daquele rio até a localidade de Manguinhos, na baía de Guaxindiba, com a construção de uma foz artificial, além da ligação daquela localidade com Campos dos Goytacazes por um ramal ferroviário. O porto ainda teria uma conexão permanente com o porto fluvial de São Fidélis, vital, como a ferrovia, para o escoamento do café produzido no norte do Rio de Janeiro e nos territórios vizinhos da Zona da Mata mineira.

Essa teia estendida entre meios de transportes a partir de Campos dos Goytacazes poderia viabilizar o estabelecimento de uma alfândega local e de importantes casas comerciais e exportadoras vinculadas à praça do Rio de Janeiro. Além de reclamações contra os preços e serviços oferecidos pela empresa que mantinha o monopólio do transporte em barcos a vela e a vapor, entre Campos e o Rio de Janeiro, a partir do porto de São João da Barra, o volume da produção agrícola e cafeeira na região justificava uma maior e mais bem equipada rede de serviços de navegação. Por Campos dos Goytacazes, notável entreposto comercial emplacado pela ascendente produção de café em terras próximas, circularam na década anterior à conexão ferroviária ali instalada, ou seja, entre dezembro de 1865 e março de 1866, 242.484 arrobas de café, traduzidas por 61 mil sacas do produto, transportadas a partir de São Fidélis, em embarcações a vapor ou a vela, pelo rio Paraíba do Sul.[30] Nesse aspecto, a cidade já despontara como um centro articulador do movimento de mercadorias em escala regional que se sobrepunha aos limites da

---

30 *Monitor Campista*, 13/1/1865 e 5/4/1866.

geografia política. Dez anos depois, em 1886, circularam pelas estradas de ferro que transpunham seu eixo urbano 2,4 milhões de arrobas de café (ver Tabela 1),[31] ou seja, dez vezes mais o montante que circulara nos quatro meses consecutivos entre 1865 e 1866, quando a conexão era feita por estradas de rodagem e rios.

Ao contar com a hipótese de que o volume de café transportado pela EFCC seguia, integralmente, por transbordo, pelos trilhos da Estrada de Ferro Campos-Macaé até o porto de Imbetiba, em Macaé, podemos estimar que a expressiva produção de café e outros itens na extensa região demarcada estaria sendo transportada até aquele porto atlântico pela estrada de ferro que o servia, ou seja, 24 mil toneladas de café, representativas da venda de 1,6 milhão de arrobas de produto cultivado na região, assim como 26 mil toneladas de produtos diversos e 11 mil toneladas de açúcar. Se assim for, essa estimativa da produção cafeeira regional, grosso modo, corresponderia a 40% da produção de café na Zona da Mata, estimada em 4.316.067 arrobas para aquele mesmo ano.[32] Portanto, esses dados afetos aos transportes ferroviários revelam a dimensão da produção e da venda do café na vinculação regional com Minas Gerais e, por extensão, com o Espírito Santo. Vale lembrar, também, que entre as mercadorias que convergiam por Campos dos Goytacazes está agregado o volume transportado pela Estrada de Ferro Campos-Macaé e seu ramal que ligava Campos a Miracema, outro ponto extremo da província, via São Fidélis e Santo Antônio de Pádua, ramal estratégico que se lançava à divisa com Minas Gerais.[33] As receitas com transporte de mercadorias do ramal de Santo Antônio de Pádua equivaliam, aproximadamente, a 20% do total faturado pela Estrada de Ferro Campos-Macaé, em particular pelo transporte de café. Com as estações de Patrocínio, Muriaé e Tombos do Carangola, interligadas pela EFCC, mais o terminal de Santo Eduardo, que encontrava a divisa com a Província do Espírito Santo, fechava-se um circuito ferroviário que encontrava seu ponto de magnetismo em Campos dos Goytacazes. Dali, o trem seguiria para Macaé, em conexão com o porto de Imbetiba, ancoradouro mais robusto e seguro, alfandegado no fim do século XIX, privilégio rapidamente desfeito pela conclusão da ligação ferroviária com o Rio de Janeiro. Por conseguinte, os ganhos obtidos pelas ferrovias que cortavam Campos dos Goytacazes e transportavam múltiplas mercadorias derivavam, em

---

31 Foram 24 mil toneladas transportadas pela Estrada de Ferro Campos-Macaé e 12 mil pela Estrada de Ferro Campos-Carangola. As 36 mil toneladas, considerada a arroba de 15 kg, traduzem-se em 2,4 milhões de arrobas.

32 ALMICO, 2009, p. 65 *apud* PIRES, 1993, p. 90.

33 O trecho entre São Fidélis e Santo Antônio de Pádua deriva da Lei Provincial 1.574, de 31/10/1871, com concessão por 30 anos.

grande parte, da densa e diversificada produção embarcada em regiões contíguas à cidade. Em 1886 foram transportadas 44 mil toneladas de produtos diversos, exceto açúcar e café. Por oportuno, cabe ressaltar o contingente de pessoas transportadas naquele mesmo ano pelas estradas de ferro locais, 160 mil passageiros, com trânsito entre Macaé, Campos, Noroeste Fluminense, Minas Gerais e Espírito Santo.

Na medida em que os trilhos alcançavam maior distância com a extensão da ferrovia de Macaé até o Rio de Janeiro, a expansão até a Corte causava frequentes temores nos líderes locais, que viam no seu prolongamento a perda da posição que Campos dos Goytacazes havia conquistado ao projetar-se como um polo econômico e político, em razão de sua proeminência em escala regional. Nessa perspectiva, era demasiadamente urgente encontrar meios de lançar-se ao mar. A fórmula investia na superação das condições do porto de São João da Barra, de operação difícil, em face das condições naturais impróprias no delta do rio Paraíba do Sul. Assim, ultrapassar tais limites tornara-se fundamental para as ambições políticas de liderança e projeção regional. Era preciso manter esse circuito mercantil para conquistar um lugar na constelação do Império, para tornar-se um mercado regional vigoroso, de longo alcance. Na realidade, podemos pensar que estava em jogo a aposta de reservar para a cidade um papel decisivo na articulação regional como fonte de projeção de poder. Campos chegara "quase" à condição de um posto "exclusivo intermediário na exportação e importação de gêneros de nosso e circunvizinhos municípios".[34] Pensando assim, o xadrez operado pelas ferrovias deveria levar a cidade fluminense à centralidade dos negócios em dimensão regional e destacar sua relevância no cenário econômico e político do Império. Nesse sentido, o "quase" de Alvarenga é uma interrogação contínua que traduz a opacidade da história das regiões Norte e Noroeste Fluminense.

Por concluir

A integração promovida pelas ferrovias alçou Campos à dimensão de um destacado entreposto das trocas regionais, a partir da década de 1870. Havia muito, desde meados do século, seus representantes políticos demonstravam uma pretensão inequívoca de conquistar a autonomia política da região, consubstanciada por seu papel mercantil. O primeiro passo seria juntar em uma só unidade o território que envolvia as regiões ribeirinhas do Paraíba, Pomba, Itabapoana, Muriaé, Carangola e Itapemirim. Entre elas deveriam passar muita água e… trilhos.

---

34 ALVARENGA, 1882.

Este esboço inicial sobre a EFCC projeta o esforço de negociantes e fortunas locais de riscar cada quilômetro que pudesse potencializar um mercado regional integrado. Fica sinalizado, em princípio, que a convergência desses interesses regionais avançava sobre as divisas internas do Brasil no século XIX, com o intuito de ampliar as bases de uma economia de mercado que se articulava por uma malha ferroviária e suas vértebras.

Figura 1. Norte Fluminense (1868), divisa com Minas Gerais e Espírito Santo

Fonte: ALMEIDA, 2000.

Referências

ALMEIDA, Cândido Mendes. *Atlas do Império do Brazil*: os mapas de Cândido Mendes. Rio de Janeiro: Arte & História, 2000.

ALMICO, Rita de Cássia da Silva. "Dívida e obrigação: as relações de crédito em Minas Gerais, séculos XIX e XX". Tese (doutorado) – UFF, Niterói, 2009.

ALVARENGA, João de. *Almanak Mercantil, Administrativo e Agrícola da Cidade e Município de Campos para 1885*. Campos: Typographia do Monitor Campista, 1884.

_____. *Almanak Mercantil, Industrial, Administrativo e Agrícola da Cidade e Município de Campos para 1881*. Campos: Typographia do Monitor Campista, 1882.

CASSON, Marx; GODLEY, Andrew. "Empreendedorismo na Grã-Bretanha: 1830/1900". In: LANDES, David. S.; MOKYR, Joel; BAUMOL, Willian J. (orgs.). *A origem das corporações:* uma visão histórica do empreendedorismo da Mesopotâmia aos nossos dias. Rio de Janeiro: Campus/Elsevier, 2010.

FARIA, Sheila Siqueira Castro de. *Terra e trabalho em Campos dos Goytacazes, 1850/1920*. Dissertação. Universidade Federal Fluminense, Niterói, 1985.

GODOY, Marcelo Magalhães; BARBOSA, Lidiany Silva. "Uma outra modernização: transportes em uma província não exportadora – Minas Gerais, 1850-1870". *Economia e Sociedade*, Campinas, n° 2, vol. 17(33), ago. 2008.

HAU, Michel. "Empreendedorismo na França". In: LANDES, David. S.; MOKYR, Joel; BAUMOL, Willian J. (orgs.). *A origem das corporações:* uma visão histórica do empreendedorismo da Mesopotâmia aos nossos dias. Rio de Janeiro: Campus/Elsevier, 2010.

LAMOREAUX, Naomi R. "O empreendedorismo nos Estados Unidos: 1865-1920". In: LANDES, David. S.; MOKYR, Joel; BAUMOL, Willian J. (orgs.). *A origem das corporações:* uma visão histórica do empreendedorismo da Mesopotâmia aos nossos dias. Rio de Janeiro: Campus/Elsevier, 2010.

PENHA, Ana Lucia Nunes. "Tortuosos caminhos: obras públicas provinciais e o difícil escoamento das mercadorias de Cantagalo, Campos dos Goytacases e Macaé para o Rio de Janeiro (século XIX)". *Anais do XV Encontro Regional de História*, São Gonçalo, 2012. Associação Nacional de História, seção Rio de Janeiro (Anpuh-RJ).

PEREIRA, Walter Luiz Carneiro de Mattos. "Francisco Ferreira Saturnino Braga: negócios e fortuna em Campos dos Goytacazes (séc. XIX)". *Revista História*, São Paulo, vol. 31, n° 2, 2012.

PIRES, Anderson. "Capital agrário, investimento e crise na cafeicultura de Juiz de Fora (1870/1930)". Dissertação (mestrado) – UFF, Niterói, 1993.

RABELLO, Andrea Fernandes Considera Campagnac. *Os caminhos de ferro da província do Rio de Janeiro:* ferrovias e café na segunda metade do XIX. Dissertação (mestrado) – UFF, Niterói, 1996.

WENGENROTH, Ulrich. "História do empreendedorismo na Alemanha, a partir de 1813". In: LANDES, David. S.; MOKYR, Joel; BAUMOL, Willian J. (orgs.). *A origem das corporações:* uma visão histórica do empreendedorismo da Mesopotâmia aos nossos dias. Rio de Janeiro: Campus/Elsevier, 2010.

Forros, escravos e engajamentos no mundo do trabalho marítimo no Atlântico luso: uma agenda historiográfica

JAIME RODRIGUES[1]

Engajados no mundo do trabalho marítimo atlântico, africanos escravizados puderam encontrar oportunidades de fuga, autonomia e liberdade, propalar uma experiência profissional por vezes inexistente, engajar-se como trabalhadores do mar para ganhar o mundo, exercer funções de marinheiros ou desertar em um porto distante quando a ocasião se apresentasse.

O registro dos tripulantes de navios mercantes feito em Portugal a partir de 1761 nos permite um conhecimento mais preciso acerca de quem eram os homens engajados na navegação entre o Reino e seus domínios. A presença de negros trabalhando nas embarcações nesse período é relativamente escassa e foi objeto de um artigo pioneiro de Mariana Candido, que contabilizou 97 navios que levam 230 escravos como tripulantes entre 1767 e 1832, o que totaliza menos de 3% do universo de trabalhadores do mar. Candido aponta hipóteses para explicar esse número aparentemente tão reduzido:

> Havia menos escravos e negros libertos em Portugal do que no Brasil, o que pode explicar o menor número de escravos empregados como tripulação dos navios que saíam de portos portugueses. Embora o número seja pequeno em comparação com a tripulação total, esses 230

---

1 Professor de História do Brasil, Departamento de História, Escola de Filosofia, Letras e Ciências Humanas, Universidade Federal de São Paulo. Investigador do Centro de Estudos Africanos da Universidade do Porto (Ceaup). Agradeço à Coordenação de Aperfeiçoamento de Pessoal de Nível Superior (Capes), à Fundação de Amparo à Pesquisa do Estado de São Paulo (Fapesp) e à Fundação de Apoio à Universidade Federal de São Paulo (FAP/Unifesp) pelo apoio concedidos ao projeto de pesquisa "Cultura marítima no Atlântico (séculos XVIII e XIX): autonomia escrava, ritos a bordo e vida material", do qual este texto resulta.

indivíduos desafiam-nos a reconsiderar a travessia e analisar a escravidão de uma perspectiva diferente.[2]

Apesar de seu número reduzido, negros e mestiços chamavam a atenção de viajantes de passagem por Lisboa no Setecentos e no Oitocentos. Em meados do século XVIII, os escravos representavam algo em torno de 5% da população lisboeta, o equivalente a nove ou 10 mil homens e mulheres, o que não era desprezível. A presença negra na cidade não se alterou nos anos 1820, a julgar por descrições do mundo do trabalho luso após o regresso da Corte.[3]

Nos registros da Junta do Comércio, encontramos matrículas de equipagens cujas embarcações zarparam de portos do Reino de Portugal, onde os capitães e donos de navios dispunham de um número menor de marujos cativos para compor suas tripulações. Todavia, em escalas africanas e sul-americanas, marujos negros poderiam ser incorporados às equipagens de navios zarpados dos portos reinóis, se os capitães assim o desejassem.

Diante desse quadro, é possível sondar a experiência dos trabalhadores forros e escravos no mar e as possibilidades advindas daí. Primeiramente, a maneira pela qual essas listas foram confeccionadas merece alguns comentários. Os registros portugueses da Junta do Comércio a mencionar os tripulantes nominalmente apareceram na década de 1760. Nas matrículas dos membros das equipagens, os indivíduos são identificados por nome, filiação, cargo a bordo, naturalidade, idade, há quanto tempo vinham embarcados, eventualmente pelo lugar onde moravam e pelos sinais físicos (estatura, cicatrizes, cor do cabelo, grosso ou magro de corpo, cor da pele e dos olhos etc.).

Dados seriados como esses permitem estabelecer muitos cruzamentos. Por eles, podemos saber de onde provinham os mareantes portugueses, bem como suas idades nos diferentes graus da hierarquia de bordo, funções e aparências físicas. Assim fazendo, estaremos cumprindo uma agenda historiográfica. Como comentou Russel-Wood, os historiadores têm o dever de buscar indivíduos, grupos e setores sociais que fundamentaram o império português, retirar os homens comuns do esquecimento coletivo e do anonimato e avaliar "a contribuição dessas pessoas para a sociedade dos impérios e dar-lhes o crédito que há tanto lhes é devido".[4]

Todavia, esses mesmos registros dos tripulantes são muito menos detalhados quando se trata de anotar os dados sobre marinheiros escravos ou forros, eles também construtores

---

2   CANDIDO, 2010, p. 399.

3   VENANCIO, 2012, p. 89; SÁ, 1992, p. 9.

4   RUSSEL-WOOD, 2005, p. 44.

e mantenedores do império por meio de seu trabalho a bordo. Nos mesmos navios em que os oficiais brancos foram descritos detalhadamente, obtemos dados mais grosseiros sobre forros e escravos no ato da matrícula. José Gonçalves Rosa, por exemplo, preto forro e cozinheiro no *São José Rei de Portugal*, era natural da Costa da Mina, tinha mais de 40 anos, embarcava havia mais de 20, assinou em cruz e dele não se fez descrição alguma.[5] Se nos satisfizermos com um olhar apressado sobre esses registros pouco minuciosos quando descrevem os marinheiros negros, a ausência dos sinais identificadores pode ser entendida como um modo de ver dos europeus. Mas é difícil crer que um português comum do século XVIII não conseguisse descrever um homem de cor negra, considerando a convivência cotidiana no Reino, as constantes viagens à África e a escravidão nos domínios coloniais, sobretudo na América. Mas viajantes estrangeiros com passagens por Lisboa haviam sido capazes de distinguir Rosa, a preta favorita de dona Maria I, como "beiçuda e de nariz esborrachado".[6] Ao longo do século XIX, os anúncios de fuga de escravos costumavam ser bem mais detalhados e indicavam que os brancos eram capazes de descrever os negros, sobretudo quando se tratava dos *seus* escravos negros.[7]

A ausência de discriminação dos traços físicos nas matrículas de equipagens soa como o cumprimento da vontade dos senhores de escravos. Esses, querendo substituir um cativo por outro nas matrículas quando fosse conveniente, não queriam ver os traços físicos de seus escravos arrolados em um documento oficial, pois isso dificultaria a entrada de outros em viagens futuras desde as restrições impostas pelo Alvará com força de lei de 19 de setembro de 1761, que restringiu o tráfico de escravos para Portugal. Mas essa explicação não dá conta de tudo, pois negros forros também não tiveram os dados referentes à descrição física preenchidos nas matrículas de marinheiros – o que talvez indique a fragilidade da condição deles e a falta de reconhecimento social da liberdade e da alforria.

Forros e escravos arrolados nas listas de matrícula quase nunca tiveram suas peculiaridades físicas descritas nos documentos. Vejamos, primeiramente, o que esses registros informam sobre os forros. A amostragem inclui 62 homens nessa condição.

No caso dos pardos, raramente eram registrados seus estados civis ou os nomes de seus pais. Para apenas um deles há dados de filiação – o português Manoel de Sena Viana, nascido em Viana, 22 anos em 1767 e quatro anos de trabalho marítimo.[8] Doze

---

5 1767 – Matrículas das equipagens dos navios. Arquivo Nacional da Torre do Tombo, Fundo Junta do Comércio (doravante ANTT/JC), livro 1, fl. 30.

6 SANTOS; RODRIGUES; NOGUEIRA, 1992, p. 48.

7 SILVA, 2001, p. 155-156.

8 Matrículas das Equipagens dos Navios, 7/8/1767, navio *São Luís*. ANTT/JC, livro 1, fl. 52v.

pardos forros foram engajados como serventes a bordo, enquanto mais cinco não tiveram suas ocupações discriminadas. Cinco dentre eles eram portugueses (de Lisboa, Porto, Calhandriz e Viana), um de Cabo Verde e três da América portuguesa (dois do Pará e um de São João del Rei, Minas Gerais); oito não tiveram seus locais de nascimento registrados. Sete homens foram descritos fisicamente, enquanto para os demais esse dado não foi preenchido. Os cabelos frisados eram o traço fisionômico mais chamativo para os escreventes,[9] ao que se seguia a cor trigueira e os olhos pardos como a cor de suas peles. As estaturas variavam de ordinária para mais ou para menos. Suas idades concentravam-se na faixa dos 20 anos, exceto por dois de 39 e um de 17. Dois deles eram minimamente letrados ou desenhistas, já que assinaram as respectivas matrículas. Quatro dentre esses homens eram marinheiros inexperientes: três de primeira viagem e um que embarcava pela segunda vez. Os demais tinham entre três e dez anos de vida no mar, o que não lhes valeu para subir na hierarquia, já que nenhum deles foi além de servente. Nos navios portugueses, a cor da pele, confundida com a condição social, funcionava como impedimento para negros e pardos ascenderem na carreira marítima.

Tabela 1. Idades dos forros em navios lusos[10]

Faixa etária	Nº de pretos forros registrados	Faixa etária	Nº de pretos forros registrados
14 anos ou menos	1	De 36 a 40 anos	3
De 15 a 19 anos	5	De 41 a 45 anos	3
De 20 a 25 anos	10	De 46 a 50 anos	2
De 26 a 30 anos	7	De 55 a 60 anos	1
De 31 a 35 anos	3	Mais de 60 anos	1

---

9   Grafo "escrevente" em vez de "escrivão" tendo em mente a distinção apontada entre esses cargos por António Gregório de Freitas, para quem escrivão era o "oficial de fazenda encarregado da receita e despesa dos navios de guerra", enquanto o escrevente trabalhava nos navios mercantes "debaixo da direção da sobrecarga". Entre suas funções estava a de "ter um livro diário (...) no qual deve registrar os aprestos, aparelhos e vitualhas do navio; as fazendas que se carregam e descarregam, os nomes dos passageiros, os fretes, e direitos por eles devidos, o rol da equipagem com as respectivas soldadas, os nomes dos que morrem nas viagens, as compras feitas para o navio, e geralmente quanto respeita à despesas da viagem" (FREITAS, 1855, p. 181).

10   As informações sobre forros e escravos ao longo do texto e em todas as tabelas, salvo indicação em contrário, foram retiradas de documentos contidos em *Relações de equipagens de navios e passageiros*, ANTT/JC, Livros 1 e 2, maço 1, caixas 1, 2, 3, 5, 6, 7 e 8, e cobrem o período de 1767 a 1776.

Vamos contrapor os dados dos forros pardos aos dos negros na mesma condição. Dos 42 pretos forros dos quais pude coletar dados, nenhum teve registrado seu estado civil e apenas um teve assinalado os nomes do pai e da mãe.[11] Cinco deles embarcaram como cozinheiros, cinco eram moços, 23 engajaram-se como serventes e nove não tiveram a função a bordo registrada. Nesse caso, como no dos pardos forros, a falta de registro sobre a ocupação não sugere que esses homens fossem mais graduados do que serventes. Seguramente, eram marinheiros comuns, assim como os que obtiveram o registro de serventes. Os pretos forros haviam nascido sobretudo na África: sete eram de Angola, um de Benguela, outro de Bissau, sete de Cabo Verde, um do Congo e nove da Costa da Mina. Nove eram naturais da América portuguesa (um da Bahia, dois da Paraíba, dois de Pernambuco, três do Rio de Janeiro e um de Santos, São Paulo), enquanto três eram nascidos no Reino (dois em Lisboa e um em Braga). Para quatro homens não há informação acerca da naturalidade. Quando aos traços físicos, sabemos apenas como era João Roiz, de 20 anos e seis de vivência marítima: de "estatura menos de ordinária, rosto comprido, nariz longo, cabelo preto frisado". Para os 41 restantes, não se mencionaram sinais físicos, exceto a cor da pele.

O grau de conhecimento formal da escrita não era diferente do dos pardos forros. O paraibano Antonio Soares, de 20 anos e 3,5 de experiência no mar, ao ler os dados de sua matrícula feitos pelo escrevente, "tudo jurou e assinou". O angolano de 24 anos Christóvão da Silva, Manoel da Luz dos Anjos (natural de Bissau) e o cabo-verdiano Francisco Lopes, os dois últimos de 18 anos e todos embarcados em uma viagem de Lisboa a Bissau em 1767, também assinaram seus registros.[12] Os demais forros assinaram em cruz ou o espaço foi deixado em branco.

As idades dos embarcados nessa categoria mostraram ser bem mais variadas e remeteram a possibilidades que os registros permitem apenas entrever. O preto forro mais jovem que encontrei foi o servente Brás Lopes, caboverdiano de 14 anos que fez sua primeira viagem do Rio de Janeiro a Lisboa em 1776.[13] O mais velho foi o servente paraibano Francisco Pedro, de inacreditáveis 81 anos, 60 deles

---

11   Matrículas das Equipagens dos Navios(1/5/1767, navio *N. S. da Piedade das Chagas*). ANTT/JC, livro 1, fl. 8.

12   Matrículas das Equipagens dos Navios, 3 de julho de 1767, navio *N. S. da Conceição, São José e São João Baptista*; 7/6/1767, corveta *São Pedro Gonçalves*. ANTT/JC, livro 1, fl. 43v e livro 2, fl. 8, respectivamente.

13   "Relação da equipagem da galera *N. S. de Nazaré e Santo Antonio* que segue viagem para Lisboa". ANTT/JC, Relações de equipagens de navios e passageiros, maço 1, caixa 7, 3/6/1776.

engajado em navios de longo curso sem obter qualquer ascensão profissional.[14] Não pude saber desde quando ele era forro, mas Francisco provavelmente viveu grande parte de sua vida como escravo. E escravos não costumavam mudar de função a bordo, exceto indo de moços a serventes, marinheiros ou, quando muito, cozinheiros em navios mercantes.

Em termos etários, a maior concentração de homens pretos forros em navios lusos situa-se na faixa entre 15 e 25 anos (15 homens), seguida pela faixa entre 26 e 35 anos (10 homens). Para outros seis homens, as idades não foram informadas. Com os dados de que disponho, a faixa dos 20 aos 30 anos, tal como entre os pardos forros, era a que concentrava o maior número de trabalhadores e representava quase a metade dos registros (17 homens). O trabalho no mar, ao que tudo indica, era exercido por homens jovens, enquanto eram fortes o bastante para suportar cargas, longas horas de serviço diário e um tempo dilatado de suas vidas a bordo e em condições muitas vezes insalubres, com imensas variações climáticas e pouco alimento e água disponíveis.[15]

De idades variáveis, esses homens também acumulavam tempos diferentes na vida marítima. Três deles eram de primeira viagem, três de segunda, um já tinha feito três viagens e outro embarcara mais de 20 vezes, embora não saibamos em quanto tempo. Os demais acumulavam de um a 60 anos de experiência. O tempo de experiência marítima concentrava-se entre um e dez anos (23 homens) e poucos conseguiam suportar mais do que isso sem comprometer sua saúde (nove homens com tempo de engajamento de seis anos até mais de 20). Esses dados indicam que a vida útil dos trabalhadores nos graus mais baixos da marinhagem, comumente ocupados por forros (e por escravos, como veremos adiante) situava-se em torno de dez anos. Quase 3/4 dos pretos forros tinham esse tempo de experiência de trabalho no mar e poucos conseguiam suportar a faina por mais tempo – o que torna ainda mais incrível a história do velho Francisco Pedro.

Quanto aos escravos, Candido afirma que as listas de matrícula registram 230 homens em um universo de 8.441 tripulantes.[16] Colhi uma amostra de 102 deles, a fim de analisar o perfil desse contingente.

---

14 Relação dos oficiais, e mais equipagem da nau *Princesa do Brasil,* que segueviagem para a cidade de Lisboa. Rio de Janeiro, 29/11/1776. ANTT/JC, Relações de equipagens de navios e passageiros, maço 1, caixa 8.

15 Sobre esse assunto, ver RODRIGUES, 2013, p. 325-350.

16 CANDIDO, 2010.

A julgar pela amostragem, os escreventes não se interessavam pelos dados sobre o estado civil dos marinheiros escravos. Uma hipótese para isso era que, em caso de acidente, morte ou pagamento de seguro, a mulher ou companheira não seria avisada ou beneficiada, mas sim o senhor do escravo. Apenas o escravo português Antonio Franco, casado com Anna Franca, teve o dado sobre o estado civil preenchido. Os demais deveriam compartilhar a experiência comum a pessoas nessa condição social: eram solteiros aos olhos da Igreja, mas nada os impedia de ter companheiras nos locais para onde eventualmente retornavam, entre uma viagem marítima e outra.

No registro dos escravos em Portugal do século XVIII, nenhum mereceu o registro de filiação nas matrículas de equipagens.

A bordo, os escravos cumpriam funções manuais em postos hierarquicamente baixos, tal como ocorria com os forros. Eram calafates (um caso), cozinheiros ou serventes de cozinheiro (três), serventes (45), mancebos (nove) ou grumetes (quatro), independentemente de suas idades e experiência no trabalho.

De acordo com os locais de nascimento, a escravidão marítima era alimentada fortemente pelo tráfico africano. Ainda que esse comércio tenha sido proibido em Portugal em 1761, nos circuitos da navegação com passagens pelo Reino a presença africana continuava ostensiva. A África era o local de nascimento de 43 dos escravos da amostra. Em seguida, o grupo de escravos mais numeroso era o dos nascidos em Portugal, oito homens. Um baiano e um natural de Goa completavam a lista dos escravos negros engajados nas embarcações lusas.

Tabela 2. Naturalidade dos escravos embarcados em navios lusos

Local de nascimento	Nº de tripulantes escravos	Local de nascimento	Nº de tripulantes escravos
África	43		
Angola	19		
Benguela	2	Portugal	8
Congo	1	Lisboa	5
Cabo Verde	7	Setúbal	2
Costa da Mina	9	Viana	1
Guiné	1	Caparica	1
Moçambique	4		
Ásia	1	América Portuguesa	1
Não consta: 49			

À exceção de João Ferreira, "alto e refeito do corpo", sobre o qual não sabemos onde nasceu e que havia 20 anos trabalhava no mar no "exercício de mancebo",[17] todos os outros escravos não foram descritos fisicamente nas matrículas das equipagens dos navios.

Os escravos sequer escreviam seus nomes: a frequência de assinaturas deles é ainda menor do que a verificada entre os forros. Em geral, o campo da assinatura não está preenchido ou a notação informa de que o escravo "assina em cruz". A única exceção é reveladora do ânimo dos escreventes para com a matrícula dos cativos: o pardo Antonio Rodrigues de Faria, de 24 anos, escravo do capitão do *Santa Rosa e Senhor do Bonfim* na rota Lisboa-Luanda, assinou seu nome. Seguindo a rotina, o escrevente anotou que ele assinara em cruz, mas a assinatura logo abaixo desmente essa inscrição.[18]

Que importância teria a alfabetização dos escravos e dos forros? Historiadores têm lidado com a circulação desses homens pelos domínios lusos e a forma pela qual eles podiam espalhar rumores e notícias indesejáveis para os senhores, tais como as leis sobre a escravidão editadas em Portugal na época pombalina, conforme destacou Venancio. Na Paraíba, ao reprimir uma revolta em 1773, as autoridades descobriram que negros livres e alfabetizados com ocupações manuais formaram um grupo para debater, entre outros assuntos, as leis promulgadas naqueles anos.[19] A alfabetização de escravos e forros nos domínios lusos era reduzida, mas os poucos que detinham essa habilidade, se assim o desejassem, tiveram chances de potencializar seu papel de linha de transmissão de informações que não convinham à ordem escravista, sobretudo na condição de marinheiros. Os autores de *Cidades negras* destacaram a forma pela qual os portos marítimos foram articulados culturalmente pela experiência dos marujos: "Navios, conveses e portos constituíram espaços improvisados de comunicações, gestações de culturas étnicas, criação de linguagem e percepções políticas originais". A partir de baías, rios e lagoas das cidades negras, muitos escravos se engajavam em atividades atlânticas e iam parar em lugares distantes. Os autores atentaram ainda para o fato de que, nos anúncios de fugas publicados em jornais durante a primeira metade do século XIX, era comum os senhores alertarem os oficiais "para não receber escravos fugitivos como marinheiros ou embarcados, mas a reiteração desses apelos indica que os mestres dos navios não eram muito sensíveis a esses reclamos".[20] Na capital portuguesa, lugares como o Bairro Alto, a

---

17 *Matrículas das Equipagens dos Navios*, 3/7/1767, navio *S. José Rei de Portugal.* ANTT/JC, livro 1, fl. 26.

18 *Matrículas das Equipagens dos Navios*, 3/6/1767. ANTT/JC, livro 2, fl. 31v.

19 VENANCIO, 2012, p. 11 e 169; SILVA, 2001, p. 136.

20 FARIAS *et al*, 2008, p. 47.

Alfama, a Mouraria e o Cais do Sodré da primeira metade do século XIX eram espaços diferentes da cidade convencional. Ali, havia gírias próprias e era sobretudo de noite que mais se notavam as fronteiras entre a boêmia e a sociedade respeitável. Prostitutas, fadistas, marialvas, toureiros, boleeiros, vagabundos e marinheiros tinham os seus mundos característicos: "Mantinham uma convivência aberta entre si; independentemente das origens sociais de cada um".[21] Muito provavelmente, os marinheiros valiam-se da linguagem escrita ou da oralidade, levavam para locais como esses as notícias dos domínios ultramarinos e as faziam circular nos meios populares.

Forros eram pardos ou pretos e entre os escravos a cor não variava mais do que isso. Dos 102 homens da amostra, 84 tiveram a cor de suas peles assinaladas – os demais 18 podiam ser de qualquer item da gradação pouco variada que encontramos nas matrículas de tripulantes das últimas décadas do século XVIII. Um mulato foi inscrito: o servente Paulo da Silva, de 28 anos e naturalidade não especificada. Dos quatro pardos, sabemos que um era lisboeta e sobre os demais não temos a informação do local do nascimento. Considerada a naturalidade, os 79 marinheiros escravos pretos da amostra eram predominantemente africanos. Havia apenas sete portugueses e um soteropolitano (natural de Salvador, Bahia).

Tabulando-se as informações sobre as idades desses homens, a maior concentração situava-se na faixa entre 15 e 30 anos (61 homens).

Tabela 3. Idades dos escravos em navios lusos

Faixa etária	Nº de escravos registrados	Faixa etária	Nº de escravos registrados
14 anos ou menos	4	De 36 a 40 anos	5
De 15 a 19 anos	10	De 41 a 45 anos	-
De 20 a 25 anos	29	De 46 a 50 anos	2
De 26 a 30 anos	22	De 55 a 60 anos	1
De 31 a 35 anos	4	Mais de 60 anos	-

Assim como ocorria com os forros, os escravos engajados no trabalho marítimo eram jovens, com forte concentração na faixa até os 30 anos (84% dos escravos e 64% dos forros). Quanto ao tempo de embarque, um indicador da experiência marítima, esse se mostrou mais equilibrado: 27 homens tinham entre seis e 15 anos de

---

21   SÁ, 1992, p. 10.

experiência, a faixa na qual se situa a maior concentração. Muitos eram marinheiros de primeira viagem ou com pouca experiência. Os escravos mais experientes eram também menos numerosos.

Tabela 4. Escravos e tempo de engajamento em navios mercantes

Experiência marítima	Nº de escravos registrados
Primeira viagem	11
1 a 5 anos	26
6 a 10 anos	18
11 a 15 anos	9
16 a 20 anos	5
Mais de 20 anos	4

Os dados sobre os escravos demonstram um divisão equitativa, meio a meio, de homens experientes e outros com vivência de embarcados de até cinco anos, muitos dos quais marinheiros de primeira viagem. Em alguns casos, em vez de indicar tempo de engajamento, remete-se à quantidade de viagens feitas pelos marujos com expressões do tipo "três viagens neste navio", "embarca para Lisboa a primeira vez e tem navegado para a colônia" e "já embarcou três vezes para a Bahia". Embora denotem experiência, as expressões impossibilitam uma estimativa mais precisa sobre o tempo de embarque desses trabalhadores, ainda que servissem para a avaliação dos responsáveis por engajar esses homens no trabalho.

Por fim, quero chamar a atenção para as fontes usadas neste texto, ou seja, as matrículas de equipagens de navios, e para as questões que se podem lançar em uma análise. Busquei, aqui, a presença de marinheiros negros, na condição de escravos ou forros, nascidos na África, no Reino de Portugal ou nos domínios portugueses na América. Dessa preocupação inicial, pretendo seguir abordando a caracterização do grupo de marinheiros engajados nas embarcações mercantes, independentemente de sua origem ou condição social, até para poder discutir a presença dos escravos em meio ao conjunto dos trabalhadores nessa atividade.

Pelas matrículas das equipagens, podemos perceber inúmeras questões que permeiam o universo do trabalho no mar e cabe aqui citar algumas delas. 1) Que diferenças havia em relação à nomenclatura dos cargos a bordo (particularmente os ocupados pelos marinheiros comuns); 2) que conteúdos inscritos nos registros indicam a experiência dos embarcados (tempo, número de viagens, pertencimento às companhias de comércio); 3) qual era o tempo médio das viagens conforme cada rota e se havia especialização dos tripulantes em rotas específicas; 4) quais são os registros de letramento, o grau de letramento em cada embarcação e que importância isso teria no andamento das viagens; 5) quais são as diferenças perceptíveis no grau de letramento quando comparamos oficiais e marinheiros comuns e se há alguma relação entre idade e letramento;6) quais eram os locais de habitação mais comuns dos marinheiros em Lisboa; 7) quanto à naturalidade, como se distribuíam os homens do mar, de forma geral e de acordo com o lugar de origem; 8) qual era a idade média no início do engajamento dos homens no mundo do trabalho marítimo; 9) qual foi o impacto da saída de homens jovens engajados no trabalho marítimo nas diferentes regiões do Reino; 10) qual era o grau de mobilidade espacial antes do engajamento no trabalho marítimo, considerando dados como local de nascimento, de casamento e de moradia no momento da matrícula; 11) quantos navios traziam escravos a bordo e quanto esse montante representava no total da navegação; 12) qual é a ordem de inscrição dos tripulantes nas matrículas, conforme a hierarquia e o preenchimento do número de homens necessários às tarefas do navio; 13) o que nos diz a descrição física quanto à diferenciação entre brancos e negros e, na amostragem dos brancos, o que podemos deduzir sobre os efeitos da profissão inscritos no corpo dos trabalhadores (defeitos físicos, comprimento do cabelo, tatuagens etc.);14) de que forma eram transmitidos os nomes familiares, considerando que não havia regra para se adotar o sobrenome do pai ou da mãe; 15) qual era a experiência necessária para galgar as posições mais elevadas na tripulação, ou a ascensão profissional não está ligada à experiência, e sim à formação e ao nascimento; 16) a presença constante de homens da mesma região na mesma tripulação pode ser compreendida como indicador de uma vivência comunitária que interferia no recrutamento das tripulações; 17) possibilidade de quantificar deserções ou fugas de marinheiros depois da matrícula; 18) qual a média etária dos tripulantes e se é possível verificar se há um equilíbrio nas idades dos homens que desempenhavam serviços braçais na mesma embarcação; 19) a "cor morena" ou "trigueira" que aparece na descrição física refere-se ao rosto e, portanto, é um sinal físico da experiência profissional, ou indica algo mais do que isso; 20) qual o significado da expressão "marítimo de profissão"; 21) qual é a paleta de cores usada no campo reservado à descrição física dos homens; 22) qual é o sentido de apresentar testemunhas que corroborem as informações dadas ao escrevente no momento da matrícula; 23) formas de batizar as embarcações e seus significados devotos.

É na busca de respostas a essas indagações que a pesquisa prosseguirá.

Referências

CANDIDO, Mariana P. "Different slave journeys: enslaved african seamen on board of portuguese ships, c. 1760-1820s". *Slavery & Abolition*, Pittsburgh, vol. 31, n° 3, 2010, p. 395-409.

FARIAS, Juliana Barreto *et al*. *Cidades negras:* africanos, crioulos e espaços urbanos no Brasil escravista do século XIX. 2ª ed. São Paulo: Alameda Casa Editorial, 2008.

FREITAS, Antonio Gregório de. *Novo dicionário de marinha de guerra e mercante*. Lisboa: Imprensa Silviana, 1855.

RODRIGUES, Jaime. "Um sepulcro grande, amplo e fundo: saúde alimentar no Atlântico, séculos XVI ao XVIII". *Revista de História*, São Paulo, vol. 168, jun. 2013, p. 325-350.

RUSSELL-WOOD, A. J. R. *Escravos e libertos no Brasil colonial*. Rio de Janeiro: Civilização Brasileira, 2005.

SÁ, Victor de. *Lisboa no liberalismo*. Lisboa: Livros Horizonte, 1992.

SANTOS, Piedade Braga; RODRIGUES, Teresa; NOGUEIRA, Margarida Sá. *Lisboa setecentista vista por estrangeiros*. Lisboa: Livros Horizonte, 1992.

SILVA, Luiz Geraldo. "Esperança de liberdade: interpretações populares da abolição ilustrada (1773-1774)". *Revista de História*, São Paulo, vol. 144, jun. 2001, p. 107-149.

VENANCIO, Renato Pinto. *Cativos do Reino:* a circulação dos escravos entre Portugal e Brasil, séculos 18 e 19. São Paulo: Alameda Casa Editorial/Belo Horizonte: Fapemig, 2012.

PARTE II O jogo da política e a diplomacia

O debate parlamentar e a implicação dos tratados de 1825, 1826 e 1828 na formulação da política externa do Brasil

ALINE PINTO PEREIRA[1]

No Brasil Império, conforme determinado pelo artigo 102 da Constituição de 1824, o único poder capaz de contratar em nome do Estado era o Executivo, que respaldava todas as ações tomadas tanto pelo imperador quanto pelos seus ministros. Ao Executivo competia: convocar as reuniões da Assembleia Geral; nomear bispos, magistrados, embaixadores e agentes diplomáticos; prover empregos civis e políticos; além de conceder benefícios, ordenações honoríficas ou militares. Também lhe era facultado o direito exclusivo de dirigir as negociações políticas com as nações estrangeiras e fazer tratados de alianças e de comércio.

De acordo com o referido artigo constitucional, após concluídos, esses tratados eram levados ao conhecimento da Assembleia Geral. Porém, o mesmo item assegurava que se os "Tratados concluídos em tempo de paz envolvessem cessão ou troca de território do Império, ou de possessões a que este tivesse direito, não seriam ratificados sem a aprovação da Assembleia Geral".[2] O artigo citado ainda garantia ao Executivo o direito de "declarar a guerra e fazer a paz, participando à Assembleia as comunicações compatíveis com os interesses e a segurança do Estado".[3]

Durante os primeiros anos em que a Assembleia Geral recobrou suas funções, houve uma série de críticas aos tratados firmados pelo Executivo. É importante lembrar que entre 1825 e 1829 foram concluídos 14 acordos internacionais, com o Brasil como um dos signatários.[4]

---

1   Doutora em história social pela Universidade Federal Fluminense.

2   BRASIL, 2001, p. 93.

3   *Ibidem.*

4   ALMEIDA, 2001, p. 127–128.

Para demonstrar as críticas do Legislativo aos contratos políticos e econômicos firmados pelo Executivo, tomaremos, de forma breve, três casos como exemplos: o debate acerca do Tratado de Paz e Amizade de 1825, aquele sobre a Convenção de 1826 e as discussões sobre os termos que findaram a guerra da Cisplatina em 1828. Neles, veremos que os deputados explicitaram as tensões em torno da representação, questionaram as prerrogativas do artigo 102 da Constituição e chamaram para si o desejo de interferir nas decisões da política do país. Criticar os tratados significava, então, repreender o Executivo. Essa foi uma estratégia encontrada pelo Legislativo para também clamar por maior espaço nas decisões do país.

Em uma das sessões legislativas, Manoel José de Souza França, deputado pelo Rio de Janeiro, dizia que a "ninguém é oculto, que, nos primeiros tratados, violou-se a Constituição muito positivamente; eles são a sátira do governo que os celebrou".[5] E perguntava: "Como é que nós, representantes da nação brasileira, nos havemos de guardar silenciosos?"[6]

O deputado criticava o Tratado de Paz e Amizade, celebrado em 29 de agosto de 1825, pelo qual o Brasil obteve o reconhecimento da sua autonomia política, após um longo processo de negociações intermediadas pelos ingleses.[7] De acordo com Gladys Ribeiro, em meio às muitas variantes que levaram à ratificação do Tratado de 1825, a soberania e a legitimidade dos governantes foram os "eixos fulcrais" para o Brasil e para Portugal. Surgiam, pois, as seguintes questões: "Seria correto deixar que o rei de outro país usasse o Título de Imperador do Brasil? (…) teria D. Pedro poder/ soberania para ratificá-lo sem Parlamento?"[8]

Essas dúvidas também permearam o debate na Câmara dos Deputados. Naquele período, a soberania estava em disputa. Era preciso delimitar o campo de atuação das instâncias de poder, em um momento de clara instabilidade política.[9] Os debates da Assembleia Geral indicavam que duas concepções de soberania eram conflitantes no Brasil da época, conforme indicaram Lúcia Maria Bastos P. das Neves e Humberto Fernandes Machado:

---

5   *Anais da Câmara dos Deputados*, 12/5/1828.

6   *Ibidem.*

7   PEREIRA, 2007, p. 114-184.

8   RIBEIRO, 2008, p. 33.

9   PEREIRA, 2010, p. 202-224.

De um lado, a concepção de nação em que a soberania era baseada na política tradicional, de uma autoridade herdada por via dinástica; de outro, a visão liberal, de que estabelecia igualdade entre nação e povo, derivando sua autoridade da vontade nacional. Ao longo desses anos, até a Abdicação do Imperador, em 1831, tal conflito ideológico fez-se presente, como um elemento de tensão entre o Imperador e a própria nação, representada pela Assembleia Geral.[10]

Em face das disputas no campo da representação política, o monarca demonstrava não querer perder o controle e, assim sendo, ceder ainda mais espaço na cena pública para opiniões conflitantes acerca de suas ações à frente do Império. Se em 6 de maio de 1826 o imperador exalava confiança diante dos tribunos que tomavam assento na Assembleia Geral, o mesmo sentimento não irá acompanhá-lo ao longo dos trabalhos da Primeira Legislatura, composta por 50 senadores e 102 deputados.[11]

Muitos parlamentares souberam defender seus interesses e seguir as mais diferentes rotas, que muitas vezes divergiam do rumo que o imperador desejava que eles tomassem. As prerrogativas constitucionais que garantiam a inviolabilidade das opiniões dos tribunos, aliadas ao fato de que as sessões eram públicas, fizeram da Assembleia Geral um ambiente de disputas. Era um "lugar de discussão, em que as vozes da oposição podiam se fazer presentes, transformando-se no novo espaço do jogo político, em que a opinião pública podia ser ouvida".[12]

No período em tela, o Parlamento atuou de forma destemida e enfrentou o Executivo no que tange às ações desse. Segundo José Reinaldo de Lima Lopes, uma das primeiras preocupações do Estado constitucional foi estabelecer e delimitar as atribuições dos poderes. Para ele, "legislar não se poderia mais confundir com as outras atividades do Estado, devido à autonomia do sujeito decisório e da forma de deliberar. O povo era o poder soberano".[13] Logo, as assembleias simbolizavam esse povo soberano, uma vez que os parlamentares ocupavam cargos públicos em defesa dos interesses de suas localidades, como o caso dos deputados. Não à toa, em seus discursos, proclamavam-se "representantes da nação".

As competições diárias no campo da política foram uns dos muitos desafios do período em tela, aqui compreendido como o momento em que o edifício

---

10   NEVES; MACHADO, 1999, p. 110.

11   *Ibidem*, p. 109.

12   *Ibidem*.

13   LOPES, 2010, p. 65-66.

116 GLADYS RIBEIRO * ISMÊNIA MARTINS * TÂNIA FERREIRA [ORGS.]

institucional brasileiro foi armado. Como dito por Andrea Slemian, as lutas políticas no Parlamento eram marcadas por discordâncias, consensos e acordos, que contribuíam para a consolidação do espaço "como um canal de representação dos cidadãos diante do poder do imperador como tradicional defensor dos seus 'súditos'".[14]

A disputa entre o Legislativo e o Executivo foi travada em meio à difusão dos princípios do constitucionalismo, entendidos como um dos principais pilares que propiciaram um novo entendimento sobre a soberania e a legitimidade política. Em meio a um ambiente representativo, o significado desses conceitos foi ampliado para além dos atributos do Trono e amparou-se, principalmente, na força simbólica da Constituição. Soberania e legitimidade não têm único sentido e têm como base princípios mais próximos aos da modernidade e da tradição.

Segundo Slemian, é preciso considerar que, no período em tela,

> além da tradicional legitimidade monárquica herdada da tradição portuguesa, encarnada por D. Pedro, existia uma rival, caracterizada pela valorização de uma nova esfera de representação política, e evocada tanto por aqueles que defendiam uma maior participação política dos "cidadãos" ou "povo", como pelos adeptos de projetos mais autonomistas de governo. Posteriormente, constituir-se-ia uma outra leitura extremamente moderada de divinização da esfera da lei, que, a despeito de qualquer discordância deveria ser seguida como igualmente sagrada.[15]

Assim, no alvorecer do Primeiro Reinado, duas visões de soberania estavam em conflito no Parlamento, que não ficou alheio às decisões referentes à política externa do Império. As dissonâncias repercutiram nos discursos e nas disputas políticas travadas no âmbito da instituição e contribuíram para que se repensasse a noção de representação no Brasil.

A seguir, defenderemos a existência de uma política externa para o Primeiro Reinado e discordaremos dos autores que a identificam somente no momento posterior à Abdicação. Para demonstrar nossa afirmação, apresentaremos como exemplos três casos – o Tratado de Paz e Amizade de 1825; aquele sobre a Convenção de 1826; e as discussões sobre os termos que findaram a guerra da Cisplatina em 1828 – e indicaremos como esses documentos foram considerados, pelos parlamentares, como instrumentos de crítica ao Executivo. Em todos eles, veremos que os deputados

---

14 SLEMIAN, 2006, p. 17.

15 *Ibidem*, p. 16.

explicitaram as tensões em torno da representação, questionaram as prerrogativas do artigo 102 da Constituição e chamaram para si o desejo de interferir nas decisões da política externa do país.

O Tratado de 1825

Em meio à disputa pelo exercício da soberania, o Tratado de Paz e Amizade foi mal recebido pela Assembleia Legislativa. Se na Câmara o diploma legal em foco foi alvo de descontentamento, no Senado o assunto não foi tema de discordâncias tão profundas. Na sessão de 4 de julho de 1826, os senadores discutiam a importância e a urgência se de solicitar ao ministro dos Negócios Estrangeiros – que havia comunicado o pagamento de dois milhões esterlinas a Portugal – uma cópia da convenção assinada com a antiga metrópole. O visconde de Barbacena dizia estar muito preocupado com as notícias que se espalhavam pela Corte de que a independência do Brasil havia sido comprada. Três dias depois, os senadores receberam a documentação que explicitava o acordo firmado entre Brasil e Portugal – mas esse não gerou discussões tão acaloradas quanto as que ocorriam na Câmara.

O tratado chegou à Câmara por meio de um ofício do governo. As críticas sobre o assunto apareciam, muitas vezes, de forma fragmentada, entre outros debates. De maneira bastante arguciosa, os deputados explicitavam suas discordâncias com o Tratado de Paz e Amizade. Aproveitavam o ensejo para reforçar o protagonismo da Câmara como um dos vértices do Legislativo.

À medida que as discussões sobre a necessidade de se indenizar os portugueses pelos termos do tratado se avultavam, as críticas cresciam na Câmara. O documento não teria dado conta de garantir – no entendimento de outros deputados, como Vasconcelos, Teixeira de Gouvêa e Custódio Dias – o atendimento aos prejuízos do Brasil. Segundo Vasconcelos, o diploma legal foi uma costura de gabinete e não estava claro em todos os seus termos, sobretudo porque ao concordar em promover a indenização aos portugueses, de certa forma ignorava-se a causa pela qual se lutara contra a metrópole. De acordo com o parlamentar, o Brasil deveria, então, indenizar todo o Velho Continente, pois ele devia sua liberdade ao trono americano. "Fique a Europa feliz e sofra o Brasil; sejamos generosos em todo o sentido",[16] afirmou. Vasconcelos também alegava que os negociadores do reconhecimento da nossa independência foram desleais; era preciso, então, responsabilizá-los pelas suas atitudes. O padre José Custódio

---

16 *Anais da Câmara dos Deputados*, 12/5/1828.

Dias, deputado por Minas Gerais, também desabafou: "Nem posso entender como se fez esse Tratado, reparando-se as perdas dos portugueses e não reparando eles as dos brasileiros. Isso é o que revolta a razão: nós tínhamos forças para resistir."[17]

Os tribunos asseveravam que se o tratado fora engendrado antes de 1826, os parlamentares não deveriam depreender energia para implementá-lo. Afirmavam que o tratado fora feito muito depois de jurada a Constituição do Império e às vésperas de ser instalado o corpo legislativo, sem que o governo tivesse consultado a Assembleia. A oposição alegava que a Câmara não deveria aprovar no orçamento o pagamento do empréstimo ao governo português.[18]Custódio Dias novamente não perdeu a oportunidade de esbravejar:

> Esta mania de fazer tratados (…) tanto mal tem feito ao Brasil. O que nos importa que não fôssemos reconhecidos pelas outras nações? Não temos visto os Estados Unidos passarem muito tempo sem este reconhecimento? Era necessário que mandássemos por ministros, daqui enviados, mendigarem o reconhecimento de nações estrangeiras? O que fizeram eles? Um dispêndio extraordinário sem utilidade alguma! Eu me envergonho de ver como foram mandados daqui homens para negociar o nosso reconhecimento! Não temos negócios que tratar com os absolutistas. Prouvera Deus que não houvesse tratados; talvez fôssemos mais felizes.[19]

Mendigar foi um termo que apareceu inúmeras vezes durante as discussões que envolviam o Tratado de Paz e Amizade, mesmo junto àqueles que achavam ser necessário moderar o discurso. Em meio às discussões que pareciam menores, mas que eram gigantes em significância, a Câmara se reafirmava como o campo do exercício da crítica. A concepção geral era a de que ali era o *locus* de uma opinião intelectualizada e qualificada. Mais do que isso: respaldada pelo dispositivo constitucional. Como observado pelos próprios parlamentares, experimentava-se, principalmente em 1827 e 1828, uma nova prática política. Muitos tribunos agiam como delegados dos poderes da nação e refutavam a noção de legitimidade monárquica em prol do constitucionalismo.

É nesse contexto que compreendemos a disputa entre Legislativo e Executivo como uma estratégia para buscar maior amplitude frente às decisões das políticas de Estado. Os tribunos se viram na necessidade de questionar as ações do governo e

---

17 *Anais da Câmara dos Deputados*, 12/5/1828.

18 *Idem*, 21/8/1827.

19 *Ibidem*.

afirmaram que esse não cumpria as prerrogativas do artigo 102 da Constituição, tal como feito por meio da crítica à assinatura do tratado entre Brasil e Portugal.

O pernambucano Holanda Cavalcanti foi taxativo na crítica ao governo e deixou claro que a função da Câmara também era legislar sobre os acordos internacionais – embora a mesma Carta dissesse que essa prerrogativa pertencia ao Executivo. Para a oposição, se o Legislativo era o *locus* da representação da nação e estava em pé de igualdade com o Executivo, por que não podia fazer tratados que interferiam diretamente nos interesses do país? Como lembrou o tribuno, a Câmara deveria ser consultada antes mesmo que esses tratados fossem ratificados pelo governo, porque deveria discorrer sobre os interesses estatais. Havia, dessa forma, discordâncias em relação ao artigo 102, uma vez que se compreendia que feria o equilíbrio de poderes e as prerrogativas da Câmara.

Assim como Cavalcanti, Manoel de Souza França culpou o Executivo pelo teor do Tratado de 1825. Para ele, os ministros passaram por cima da Câmara porque à época não havia o Parlamento para fiscalizá-los, nem a lei de responsabilidades para puni-los. De acordo com Souza França, os ministros "atacaram a Constituição e assinaram tratados como e quando quiseram. Tratados houve em que impuseram penas aos cidadãos brasileiros".[20] Ele lembrou que era de competência do Legislativo atuar sobre as leis, conhecê-las. O Ministério deveria, nas palavras de Souza França, redimir-se e não estabelecer mais quaisquer tratados sem a anuência da Câmara. Ainda segundo Souza França, os tribunos seriam capazes de garantir todas as medidas para que não houvesse a diminuição de direitos ou ataques à Carta de 1824, até porque, para ele, a Câmara estava "convencida de que nesses tratados antecedentes não se consultaram os interesses do Brasil nem da dignidade nacional: isso é tão claro como a luz do meio dia".[21]

A convenção de 1826

O acordo de 1825 não foi o único que pôs em xeque o referido artigo da Carta Outorgada – que garantia ao Executivo o direito de estabelecer acordos sem a anuência do Parlamento, salvo em caso de raras condições. Existiram críticas no concernente à convenção com os ingleses que previa o fim do tráfico de escravos. Para que a Inglaterra aceitasse a independência do Brasil, o representante do governo britânico condicionou tal reconhecimento ao compromisso de cessar o tráfico de escravos para o novo país.[22]

---

20 *Anais da Câmara dos Deputados*, 21/8/1827.

21 *Ibidem.*

22 BETHELL, 2002, p. 61.

Entre 1826 e 1865, o debate sobre a escravidão esteve relacionado a temas como "soberania, crescimento econômico, raça, cidadania e ordem social".[23] Sobre a primeira legislatura, foco do nosso recorte cronológico, o autor diz que "houve no Parlamento uma *politização do tráfico negreiro*, mas não a formação de uma *política do tráfico*."[24] Interessa-nos o enfoque apresentando por Tâmis Parron, de que descontinuar a escravidão e o tráfico de negros, além de envolver a pressão de grupos econômicos, estava ligado ao debate sobre a soberania política por dois prismas. Um deles era o externo, quando os deputados deixaram claro que o Brasil libertou-se de Portugal para subjugar-se aos interesses dos ingleses, cuja influência determinava até os rumos da política e da economia nacional; o outro se dava no plano interno – por que firmar um tratado de tamanha relevância para o Brasil sem ao menos considerar a opinião do Legislativo?

Essa questão é mais um exemplo de que o artigo 102, conforme os termos da Constituição de 1824, estava na mira dos parlamentares. Iniciava-se, novamente, mais uma pressão da Câmara para que o Legislativo pudesse participar efetivamente das negociações sobre a consumação de tratados entre o Brasil e outros países. Tratava-se, de forma patente, de uma luta pela faculdade de legislar de forma plena e fazer frente ao Executivo.

Antes, é preciso que se diga que os próprios debates, além de refletir mais uma cena do constante esforço da Câmara pela obtenção de maior autonomia em relação ao governo, revelavam o quanto aquela sociedade era contraditória em sua origem e manutenção. O Parlamento era constituído por homens que exortavam, sob o enfoque do liberalismo e do constitucionalismo, discursos sobre os direitos do homem e do cidadão, mas que, ao mesmo tempo, reproduziam preocupações típicas de uma sociedade aristocrática, capaz de naturalizar a escravidão de negros.

As hipóteses contrárias aos termos do tratado firmado em 1826 passavam pela questão do comércio, que, nas palavras dos deputados, ainda estava em fase de florescimento. Os argumentos contra o acordo com a Inglaterra revelavam ainda a defesa dos interesses pessoais dos parlamentares, que, além de tribunos, eram proprietários de terras e de escravos.[25] Os discursos parlamentares indicavam, então, o que

---

23 PARRON, 2011, p. 44.

24 *Ibidem*, p. 79.

25 A afirmação acima pode ser ilustrada, se tomarmos como exemplo o caso de um dos mais ferrenhos opositores aos desmandos do imperador: Lino Coutinho, médico, filósofo e poeta que se destacou pela defesa de ideias liberais. O deputado pela Bahia, que pregava o constitucionalismo de forma aguerrida, era, de acordo com Adriana Dantas Reis, um homem de origem modesta, que galgou melhores condições de vida após o matrimônio com Maria Adelaide Sodré Pereira, filha de um

pensavam os formuladores da política imperial não somente sobre a escravidão, mas principalmente sobre a forma como o governo conduzia os assuntos do país.

A Convenção de 1826 incomodava em muitos aspectos: 1) era considerada uma imposição inglesa, que desrespeitava, portanto, o princípio de igualdade e respeito mútuo entre as nações; 2) atingia os parlamentares no nevrálgico comércio de escravos – preocupação daquela Casa do Legislativo; 3) permitia que os brasileiros fossem julgados pelos tribunais ingleses sob a pena de crime de pirataria, o que constituía, portanto, uma violação da honra nacional, por se admitir a intromissão de outro Estado nos interesses do Império; 4) não havia sido ainda ratificada e assinada pelo ministro inglês e já estava dada como certa pelo governo do Brasil. Nas palavras do marquês de Queluz, então ministro dos Negócios Estrangeiros, o governo imperial havia cedido por bem o que lhe seria tirado à força, mais cedo ou mais tarde.

Não só o conteúdo do tratado anglo-brasileiro servia de mola propulsora das discussões. Os deputados também apresentaram suas opiniões sobre a necessidade de se respeitar (e repensar) o artigo 102 da Constituição do Império.[26]Segundo Augusto May, o imperador foi conivente com a negociação de seu ministro e mesmo teria se precipitado diante da causa em debate. Foi o referido deputado quem primeiro colocou os termos do tratado de abolição da escravatura em franca e explícita correlação com o artigo 102 da Constituição.

A mesma atitude teve Cunha Mattos, para quem aquela negociação entre o Império e a Inglaterra era "derrogatória da honra, dignidade, independência e soberania da nação brasileira.[27] Ele enumerou várias razões para criticá-la. Dentre elas, dizia que a lei era prematura, prejudicial ao comércio nacional e cruel para as rendas do Estado, por ameaçar a

---

coronel que lhe deixou posses, mas também algumas dívidas. Diz a autora que ao morrer, em 24 de julho de 1826, Coutinho deixou "113 escravos e o Engenho Trindade. Em Salvador, tinha mais dez escravos e, pela descrição dos móveis e da arquitetura de sua casa na Rua Quitanda Velha, Freguesia de São Pedro, percebe-se que realmente tratava-se de um rico sobrado da época" (REIS, 2000, p. 138-139). Vale dizer ainda que outro político liberal, José Custódio Dias, produtor em Minas Gerais, estava ligado ao "comércio de abastecimento na Corte". Isso explica por que Dias foi contra a lei de 1826 com os ingleses, combatendo-a com veemência (PARRON, 2011, p. 77). O representante de Goiás também possuía escravos: "Raimundo José da Cunha Mattos serviu como governador das armas em Goiás entre meados de 1823 e início de 1826. Chegou à cidade de Goiás em 15 de julho, depois de pouco mais de dois meses viajando pelos sertões brasileiros na companhia do alferes José Antônio da Fonseca, seu oficial de ordens, de Ângelo José da Silva, de um tropeiro que lhes servia de guia e de alguns de seus escravos pessoais" (RODRIGUES, 2008, p. 158).

26 *Anais da Câmara dos Deputados*, 2/7/1827.

27 *Ibidem*.

agricultura do Brasil. Além disso, ele considerava que o acordo atacava a lei fundamental do Império, porque "se atribui o direito de legislar, direito que só pode ser exercitado pela Assembleia Geral com a sanção do imperador, sujeitando os súditos brasileiros aos tribunais e justiças inglesas."[28] Justificava sua crítica ao acordo anglo-brasileiro dizendo que ele era extemporâneo, porque fora ajustado "em uma época em que a Câmara dos Deputados havia apresentado um projeto para dirimir gradualmente a importação da escravatura para o Brasil",[29] e salientava que desaprovava a convenção feita por um governo que se deixara oprimir pelos britânicos e não respeitara o corpo legislativo.

Ainda dizia que não era contrário ao fim da escravidão no Brasil, porém o comércio de escravos deveria acabar quando a nação brasileira assim o quisesse. "Uma nova ordem de coisas sucedeu a antiga marcha da administração",[30] afirmava o deputado por Goiás, que fazia questão de lembrar aos tribunos que viviam outro momento político. Enfatizava ainda que em tempos de paz não seriam válidos os tratados assinados sob o poder da coação. E, em longo discurso, Cunha Mattos deixou claro que a intenção dos ingleses era apartar o Brasil da costa africana para ali dominarem sozinhos. "O tempo já passou; antigamente fomos nós e no dia de hoje são os ingleses quem tiram toda a vantagem dessas grandes riquezas",[31] avaliou, e também duvidava da filantropia britânica: "Eu bem conheço que entre eles há inumeráveis moralistas, verdadeiros amigos da humanidade, mas também sei que muitos desses que se chamam filantropos são mais políticos do que amigos da humanidade".[32]

O tribuno dizia que não era contra o fim da escravidão, mas que era, sim, declaradamente contrário à convenção de 1826, pois a lei não partira do Legislativo brasileiro. A escravidão, segundo o deputado, ainda era necessária ao desenvolvimento econômico do Brasil, cuja riqueza dependia do trabalho majoritariamente agrário. Por meio de um discurso bastante extenso, Mattos dizia que era primordial manter a escravidão no Brasil pelos próximos anos e chegava a indicar que ela parecia ser uma opção positiva para os negros, que corriam risco de morte durante guerras fratricidas.[33] Defendia a tese de que o Tratado de 1826 fosse considerado nulo.

---

28   *Anais da Câmara dos Deputados*, 2/7/1827.

29   *Ibidem*. O projeto ao qual ele faz menção foi apresentado, em 19 de maio de 1826, por José Clemente Pereira, que propunha abolir o tráfico de africanos em 1840.

30   *Ibidem*.

31   *Ibidem*.

32   *Ibidem*.

33   O deputado fez questão de lembrar sua experiência na ilha de São Tomé e Príncipe, que, como grande produtora de açúcar, logo foi povoada de africanos. O comércio de escravos movimentou

O deputado por Goiás também disse que os escravos iriam diminuir e que faltaria mão de obra para lidar com o trabalho braçal. Para ele, os europeus que aqui chegavam serviam para trabalhar como mascates, mas não estavam acostumados ao cotidiano dos engenhos. Segundo uma suposta superioridade de etnia, Mattos dizia que um europeu imigrante não aguentaria desempenhar as atividades de um africano. Foi o mesmo tribuno que ainda argumentou com veemência que o Brasil não deveria ter cedido às pressões externas, porque a Inglaterra era uma das grandes beneficiárias das relações diplomáticas que estabelecera com a única monarquia reinante na América. Indicou que, desde a abertura dos portos, os britânicos lograram vantagens nas relações que estabeleceram com o Brasil. De acordo com ele, se os representantes brasileiros tivessem se mantido firmes, a Inglaterra nada poderia fazer, pois não interessava a ela bloquear nossos portos ou ainda nos declarar guerra.

Portanto, os deputados deveriam ser coerentes e cobrar do governo uma atitude menos subserviente, vez que todos os ministros, cônsules, embaixadores, negociadores e capelães se portaram, nas palavras de Mattos, como escravos diante da Inglaterra. Irônico, o tribuno argumentava que se seus colegas estavam tão consternados com os malefícios da escravidão no Brasil, deveriam logo libertar todos os negros e não depender de qualquer convenção para fazê-lo.

Fazendo coro ao discurso de Cunha Mattos, o deputado por São Paulo Francisco de Paula Sousa e Melo dizia:

> Esta negociação não é daquelas que pela Constituição tem o governo o poder de fazer, pois os que podem e são eles – de aliança ofensiva e defensiva, comércio e subsídios – e nenhum outros, e num governo representativo constitucional, todos sabem que os poderes constituídos só têm faculdade de fazer tão solenemente aquilo que a constituição prescreve e nada mais; não podem saltar, nem ainda levemente nas suas órbitas, pois, sendo em tal sistema de governo os poderes delegações da nação, não tem sido delegada aquela atribuição, que a lei fundamental expressamente não faculta: tanto mais que no caso presente a

---

a antiga capitania portuguesa, que já estava em decadência no fim do Setecentos e era palco de confronto de elites locais. Foi ele que esteve em missão para apaziguar os conflitos entre a tropa e o governo da região. Logo foi alçado à função de comandante da Artilharia e chegou a ser aquartelado ao ser acusado de ter inflado seus soldados à insubordinação. Sobre a experiência, ver: RODRIGUES, 2008, p. 213-216.

Constituição não quis dar mais amplitude que a expressada, mesmo que o governo não pudesse abusar, sobretudo, fazendo tratados,[34]

Muitos afirmavam que o problema do Tratado de 1826 não estava ligado ao seu teor, mas à forma como os negócios foram conduzidos pelos representantes do Império. Não poderia haver, segundo pensavam, a interferência do governo em questões do Legislativo. "Em um governo representativo, ninguém senão o corpo legislativo pode fazer leis",[35] dizia. A Convenção era, "desgraçadamente, a fatalidade dos negócios do Brasil".[36]

Deputados acusavam o Executivo, especialmente o Ministério, de inabilidade política. Era preciso demonstrar como o governo era, nas palavras dos tribunos, arbitrário e exorbitava suas atribuições para além do que determinava a Constituição.

De acordo com a mesma Carta, depois de concluídos, os tratados deveriam ir à Câmara para conhecimento dos representantes do Legislativo. O ministro ratificou o tratado sem antes tê-lo levado ao Parlamento e, por isso, era crucificado pelos tribunos.

Como apontado por Nicolau Vergueiro (SP), uma coisa era tratado concluído; outra era um documento ratificado, referendado, sacramentado pelo monarca, como chefe do Executivo: "diz-se um tratado concluído logo que é assinado pelos negociadores, porém só se diz ratificado quando posteriormente é aprovado pelo soberano".[37] O ministro, nas palavras do parlamentar, se antecipara ao que determinava a Constituição.

Bernardo Pereira de Vasconcelos — assim como fizeram Vergueiro, Coutinho, Calmon, Paula e Sousa, Cunha Mattos e Augusto May — desejava responsabilizar o ministro dos Negócios Estrangeiros pelo tratado com os ingleses. Não o fazia sem antes criticar a atitude do governo brasileiro, alegava desrespeito aos termos do artigo 102 e retomava as colocações anteriores, que diziam que os representantes do Império não poderiam ter aceitado a punição de brasileiros por meio de tribunais estrangeiros. Vasconcelos defendeu a tese de que a infração ao referido item legal não se deu pelo fato de se firmar o acordo com outra nação. Ocorreu porque se permitira que imputassem pena aos que não andassem de acordo com a nova determinação. Atribuir a penalidade ao infrator seria, segundo o parlamentar por Minas Gerais, uma atribuição do Legislativo.

---

34 *Anais da Câmara dos Deputados*, 2/7/1827.

35 *Ibidem.*

36 *Ibidem.*

37 *Ibidem.*

De fato, esse que era o artigo primeiro do Tratado de 1826 foi tema de muitas discussões parlamentares nas décadas seguintes. Para o governo inglês, era interessante que os desertores fossem acusados de pirataria, pois assim seria mais fácil coibir o tráfico no Atlântico. Por outro lado, o Brasil estabeleceu uma luta para garantir que os cidadãos fossem julgados pelos seus.

E muito se discutiu sobre o assunto, que incomodava tanto aos parlamentares por ferir o que Almeida Albuquerque identificara como "direito de soberania". Era exatamente aí que se manifestavam os deputados para dizer que o governo ultrapassava fronteiras e ocupava o espaço do Legislativo. Usurpavam-se atribuições de outros poderes, nas palavras de Paula Sousa: "Se um ministro pôde por um tratado fazer leis e desfazê-las, fechem-se as portas das salas dos senadores e deputados, é escusada essa forma de governo, e abracemos outra vez os proscritos do absolutismo".[38]

As questões eram quase todas sobre a ratificação, pelo governo, do acordo sem apresentá-lo à Assembleia Geral, o que a tolhia do exercício de um direito constitucional. Para Lino Coutinho, houve violação da lei:

> Para que manda a Constituição que os tratados sejam apresentados ao poder legislativo sem exigir aprovação? Está visto que é para que as câmaras legislativas discutam e falem sobre esses tratados, emitam a sua opinião: e então o poder executivo, à vista das nossas ideias emitidas, ratifique ou não o tratado.[39]

Fica entendido, na fala de Coutinho, que também seria de bom tom que o governo quisesse ouvir as contribuições dos representantes do Estado. Deveria ser estabelecida uma relação colaborativa entre os poderes do Império. Para Lino Coutinho, o governo não entendia que a Câmara era a representação da nação e por isso não lhe enviara um acordo tão sério e que tinha tanta interferência na política de Estado. Ele afirmava que o governo interpretava a Constituição ao seu favor e dispunha das competências do Parlamento. Para os tribunos, cabia ao governo ouvir as opiniões que deliberavam sobre um dado tema. Por que, então, não fazê-lo?

Expor-se-ão, agora, algumas razões. A primeira, um tanto óbvia, conquanto nem por isso menos importante, era a de que o imperador não tinha maioria na Câmara, que, desde que fora restabelecida, já lhe dava indícios da não subserviência

---

38 *Anais da Câmara dos Deputados*, 4/7/1827.

39 *Ibidem.*

aos seus interesses. Quando em negociação pelo reconhecimento da independência, o Parlamento ainda estava fechado. E a Convenção de 1826 fora um desdobramento de conversações anteriores que culminaram com as bênçãos de Portugal e Inglaterra para a legalidade do novo Estado na América. Se tivessem chegado à Câmara, não se poderia dizer que seria aprovado o acordo com os ingleses, em detrimento dos interesses de muitos dos membros do Legislativo.

Outro fator que deve ser considerado nessa contenda – para nós o mais importante deles – é que a mesma Carta Constitucional que nos apresentava as especificidades do poder Executivo (artigo 102) também nos dizia que "o Poder Legislativo é delegado à Assembleia Geral com a Sanção do Imperador" (artigo 13). De acordo com esse artigo, os poderes de Pedro I se estendiam, portanto, aos poderes do Estado. Além de ser o detentor do poder Moderador e do Executivo, era ele quem autorizaria os trabalhos do Legislativo.

Contudo, essa não era a percepção dos opositores ao governo. Eles se valiam do artigo 12 da Carta de 1824 para defender a tese de que não estavam sob a tutela do monarca. Tal artigo dizia que todos os poderes no Império do Brasil eram delegações da nação. Tratava-se, portanto, de uma contradição oriunda da própria lei fundamental do Estado. Para a oposição, o Legislativo não era uma ramificação do poder imperial. A depender da leitura que se fizesse desses dois artigos, os parlamentares saberiam se valer de que lado tomariam partido. A Câmara não era, portanto, um mero corpo consultivo, e sim um órgão da nação.

Segundo Bernardo Pereira de Vasconcelos, o papel da Assembleia Geral era ser mais do que

> conselheira do trono, porque ela é superior ao conselho de Estado; ao menos eu preferirei a honra de ser representante da nação, ao cargo de conselheiro de Estado, ainda que muito brilhante (…). Se passa essa opinião, que não devem os tratados ser apresentados às Câmaras antes de sua ratificação, adeus Constituição, adeus monarquia, porque nesses tratados se podia então convencionar que não houvesse Constituição, que os estrangeiros fossem admitidos nos cargos públicos.[40]

Vasconcelos defendeu a tese de que a lei era o grande baluarte de um sistema monárquico e constitucional. Na interpretação dos deputados, o artigo 102

---

40 *Anais da Câmara dos Deputados*, 2/7/1827.

contrariava o artigo 12 do Título 3º (todos os poderes do Império são delegados da nação). Nunca é demais lembrar que o Título 3º da Constituição determinava "os Poderes e a Representação Nacional", enquanto o artigo 102 explicitava as atribuições do Executivo. Como cada deputado interpretava a Constituição conforme seus interesses, para a oposição a discordância residia no fato de o artigo 12 ser considerado mais importante do que o 102. A retórica se materializava entre as contrariedades e interpretações divergentes sobre a lei: todos se diziam constitucionais.

Se para os tribunos o governo burlou a Constituição em relação aos tratados de 1825 e de 1826, o fez também em relação à Convenção de 1828. O Executivo violou a Carta Constitucional em seu artigo 102 ao firmar uma negociação de paz que cedeu território do Brasil e não passou pelo crivo da Câmara. Novamente, os debates se repetiram com as mesmas acusações. A diferença é que, em 1828, a Lei de Responsabilidade dos Ministros já vigorava a todo o vapor. Os deputados falavam em buscar os culpados e levá-los à Câmara para explicações concernentes.

Na sessão de 16 de maio de 1828, Silva Maia chamou atenção para o fato de que o governo também já havia estabelecido negociações para firmar um tratado, novamente sob a intermediação inglesa, com o objetivo de findar a Guerra da Cisplatina. Vejamos, a seguir, sua repercussão no Parlamento.

O fim da Guerra no Prata: a paz selada em 1828

Brasil e Buenos Aires chegaram a medidas extremas para disputar o controle da Província Cisplatina – havia muito cobiçada pela potencialidade de seu comércio e por favorecer maior mobilidade de integração pela via fluvial. A participação brasileira na cena externa deve ser vinculada à construção do Estado Imperial e às tensões internas no Brasil de então, que precisava ser pacificado no momento em que era imperativo garantir sua coesão territorial e política sob os auspícios da Coroa.

Sustentamos que a Guerra da Cisplatina foi um momento decisivo para a política brasileira, vez que influenciou o debate sobre a ordem constitucional e sobre a implantação do sistema representativo do Brasil. O confronto armado e as suas consequências (a perda da província torna-se oportuna para a oposição) fomentaram o debate sobre a legitimidade dos poderes Executivo e Legislativo e promoveram a discussão acerca dos limites da soberania do imperador no Primeiro Reinado. Tais discussões garantiram que se aprofundasse a cisão política entre o monarca e alguns deputados que o culpavam pelo desfecho contraproducente do Brasil no conflito, bem como o ônus político e econômico para um país em construção.

Compreendemos, assim, que um dos corolários da contenda no Prata foi trazer a noção de soberania para o cerne dos debates na Assembleia Geral, que divergiu sobre o papel do imperador e, por conseguinte, sobre o "lugar" que a soberania deveria ocupar na política brasileira. Destacamos que esse debate acirrou-se após fevereiro de 1827, quando o desempenho negativo na batalha de Ituziangó (ou Passo do Rosário) já indicava o fracasso daquele projeto levado adiante pelo imperador. A perda da Cisplatina e as péssimas condições em que eram feitos os recrutamentos foram usadas como munição por aqueles que desejavam criticar e desgastar o governo.

Os deputados passaram então a questionar a natureza do confronto, no mesmo momento em que debatiam o Voto de Graças à Fala do Trono de 1828. Novamente abria-se espaço para a polêmica, num momento em que os tribunos apreciavam o fato de o imperador ter indicado que as negociações de paz já estavam em curso, sem que houvesse consultado a Câmara.

Se em 1826 falava-se em defesa da honra brasileira, dois anos depois era hora de imputar culpa àqueles que envergonharam o Brasil na condução de uma guerra sofrível, que "estraga a nação brasileira",[41]como dito por Lino Coutinho. Conforme esse, era preciso saber que princípios tinham sido postos em prática para entabular as negociações pela paz, pois dizia ter "visto que um entabulamento desses negócios tem sido feito de maneira extraordinária".[42]

Maia e Coutinho se referiam à Convenção de 1828, que selou a paz entre Brasil e Buenos Aires. O conflito cessou somente quando a Inglaterra interferiu no processo e mediou um tratado que lhe garantiu a livre navegação no Rio da Prata por 15 anos. Até meados do século XIX, a Inglaterra foi a única potência capaz de exercer completa hegemonia mundial, especialmente por saber se apropriar das artimanhas da diplomacia com o objetivo de resolver questões da política internacional a seu favor.[43] Havia muito a Inglaterra demonstrava ter interesse em se envolver com as questões políticas e comerciais na América do Sul.[44]

De acordo com Lino Coutinho, a Câmara merecia saber as razões pelas quais fora feita a guerra e como estavam sendo conduzidos os termos de paz. Ele enfatizou que não era do interesse daquela representação que os acordos fossem desvantajosos para o Brasil, tais como os tratados firmados pelo Executivo anteriormente.

---

41 *Anais da Câmara dos Deputados, 16/5/1828.*

42 *Ibidem.*

43 HOBSBAWN, 1988, p. 46–48.

44 PEREIRA, 2007, p. 184–233.

Para Holanda Cavalcanti, em 1828 o Império deu mostras de que não sabia se fazer respeitar em combate. Afirmava que o Brasil tinha maiores recursos e mais soldados do que Buenos Aires e, no entanto, não soubera conduzir suas ações no *front*. O mesmo tribuno lembrou que, apesar de ter as condições materiais para derrotar Buenos Aires, o Império não o fizera por incompetência do ministro de Guerra.

O Executivo poderia ter imposto, segundo ele, restrições à república opositora, mas, se nada fez, decerto não obteria uma paz vantajosa no fim do confronto. As colocações de Cavalcanti na Câmara indicavam que dom Pedro I empreendera uma guerra que não contara com o crivo do Parlamento. Foi uma atitude encabeçada por ele, sem a anuência da representação da nação. Portanto, cobrava-se do governo que respondesse pelas suas atitudes, lembrava-se que a guerra fora sustentada por ele e que a derrota do Brasil, no Prata, atestava o despreparo do seu Ministério: "É necessário que (...) digamos ao governo que tem abusado inteiramente de todo o poder que se acha depositado nas suas mãos e que só neste caso se achará comprometida a honra nacional".[45]

Outros tribunos queixavam-se e diziam que o Executivo não havia deixado claro quais eram efetivamente as razões da beligerância no Prata. "Mostre o governo a esta Câmara a necessidade de defender a honra da nação e a Câmara o coadjuvará",[46] afirmava Holanda Cavalcanti.

O tratado que entabulava a paz foi, para os deputados, mais uma violação do artigo 102, pois houvera cessão de território sem uma consulta formal à Câmara. O deputado Luís Augusto May declarou aos colegas que se achava coagido em relação a todos os tratados firmados pelo Império. E era papel da Câmara explicitar, sem medo, suas discordâncias com o Executivo.

A Carta de 1824 já havia determinado as prerrogativas do Legislativo. E os parlamentares souberam se valer da letra da lei para se reafirmar como os representantes legítimos do Estado que se forjava. Pela oposição ao governo, Bernardo Pereira de Vasconcelos pedia aos colegas de tribuna que comparassem a situação do país em 1826 com a que viviam dois anos depois. As conjunturas eram, segundo o parlamentar, completamente diferentes. Para ele, estava sendo criado o novo edifício institucional e político, sob as bases constitucionais.

---

45 *Anais da Câmara dos Deputados,* 16/5/1828.

46 *Idem,* 12/8/1828.

Conclusão

A guerra foi uma catástrofe para a política e a economia do Império. Como dito por Théo Piñeiro:

> Se do ponto de vista político, incluindo o prestígio pessoal, a perda da Cisplatina foi um duro golpe para o imperador, economicamente a guerra foi um desastre. Os enormes gastos com a manutenção das forças para o combate, a pressão inglesa e francesa, cobrando prejuízos advindos do bloqueio efetuado pelo governo do Império a Buenos Aires, a grande desvalorização da moeda nacional e o alto custo dos empréstimos ajudaram, ao juntarem-se com a questão do fim do comércio de escravos, a precipitar a queda de Pedro I.[47]

A guerra no Prata foi, assim, um importante ingrediente que, somado a outros, levou ao recrudescimento das críticas à figura do monarca, que havia muito era tratado pela oposição de forma dissociada do governo – ainda que lhe resguardasse o devido decoro. O Trono não tinha maior peso do que os poderes do Estado em um ambiente que gradativamente se consolidava sob o prisma de uma monarquia representativa e constitucional. Era por isso que os deputados se achavam ainda mais à vontade para criticar o Executivo e explicavam também porque o imperador, mesmo diante das duras acusações ao Ministério, não poderia mais dissolver o Parlamento, tal como fizera em 1823. Eram outros tempos, as instituições estavam em processo de adaptação e passavam pelo reordenamento do Judiciário e das forças militares; pela criação do Superior Tribunal de Justiça; pela aprovação do Código Criminal; pela extinção da Mesa de Consciência e Ordens – dentre outras mudanças que limitavam o poder de dom Pedro I e possibilitavam novos rumos à política brasileira.

O conflito foi apenas um dos elementos que impulsionaram a derrocada do monarca em 1831. Com as concessões aos interesses ingleses, sobretudo a partir da ratificação da convenção que previa o fim do tráfico, os negociantes do Império (muitos com assentos na Câmara) viram-se feridos em seus interesses:

> Se, a partir de 6 de maio de 1826, quando abriu a primeira sessão da Assembleia Geral do Brasil, o imperador do Brasil podia sentir a oposição que lhe vinha da Câmara, na qual os proprietários de terra e escravos tinham ampla maioria, a divulgação dos acordos com a Inglaterra

---

47 PIÑEIRO, 2002, p. 152.

faria aumentar a oposição e erodir a sua base política, sendo sustentado apenas pelos cortesãos nos cargos públicos e pela tropa.

A ratificação dos acordos acabou por jogá-los na oposição, mas agora teriam de secundar os proprietários de terras e escravos na política brasileira. (...) À medida que se aproximava a data fixada para o término do comércio negreiro, a oposição ao monarca aumentava e ele ficava cada vez mais isolado politicamente. Quando, em sua Fala do Trono de 1830, lida no dia 3 de maio, D. Pedro anunciou que "o tráfico de escravos acabou", estava também, mesmo que não soubesse, selando a sua sorte no país.[48]

Naquela conjuntura de crise mais aguda, que caracterizou os primeiros momentos de 1828 e se estendeu até 1830, discutiam-se também no Parlamento, além do orçamento, temas como a sucessão ao trono português, o batalhão de estrangeiros e a insubordinação dos irlandeses no Rio de Janeiro e as comissões militares em Pernambuco, dentre outros assuntos, como a liquidação do Banco do Brasil:

Ao iniciar-se o ano de 1829, o grande debate era entre a reforma e a liquidação do Banco. Na proposta apresentada pelo ministério da Fazenda, uma comissão seria nomeada para administrar a instituição, composta por quatro representantes do governo e três indicados pelos acionistas, devendo começar a retirar imediatamente as notas de circulação, além de trocar as que continuassem a circular e examinar a situação das caixas filiais de S. Paulo e Bahia. Os recursos necessários para garantir as operações seriam conseguidos através de empréstimos no exterior, para o que, desde logo, a Assembleia Geral do Brasil estaria autorizando o governo a contrair. A proposta de reforma apresentada não agradou nem aos Negociantes e acionistas do Banco, que sobre ele perderiam o controle, nem aos Proprietários de Terra e Escravos, há muito em briga com o imperador.[49]

O cerco se fechava contra o monarca, que substituiu o Ministério em 1829 e se viu às voltas com a repercussão da eleição para a Legislatura seguinte. Como dito por Lúcia Bastos, a aparente tranquilidade de 1830 não durou muito tempo. As eleições "acrescentaram à Câmara um número ainda maior de deputados oposicionistas.

---

48 *Ibidem*, p. 207.

49 *Ibidem*, p. 166.

Eram indivíduos mais radicais, amplamente favoráveis ao federalismo, e, em alguns casos, até ao republicanismo".[50]

Em 1830, dom Pedro I mais uma vez renovou o seu Gabinete e lidou com as críticas que se avolumavam no Parlamento, na imprensa e nas ruas. A suspeita de que o governante mandara assassinar o jornalista Líbero Badaró, que lhe fazia oposição, e os rumores de que preparava um golpe de Estado com vertentes absolutistas aguçaram ainda mais o furor daqueles que desejavam sua queda. As conspirações contra o monarca aumentavam e as hostilidades à sua figura eram ainda maiores nos primeiros dias de 1831. A Noite das Garrafadas, protagonizada por portugueses e brasileiros nas ruas do Rio de Janeiro, foi um dos mais emblemáticos momentos da crise que encurralava o imperador e os seus.[51]

Em 7 de abriu de 1831, valendo-se da Constituição, o monarca renunciou ao trono em favor do filho Pedro II. Deixou a Coroa no Brasil e ocupou-se dos problemas de Portugal. A abdicação de dom Pedro I pôs fim ao Primeiro Reinado. Foi o somatório de uma série de crises cujas motivações eram, principalmente, de natureza política e econômica. Iniciava-se o Período Regencial (1831-1840), não menos tumultuado no processo de formação do Estado Imperial brasileiro. A Câmara, dominada pelos proprietários de terras e escravos, passou a ter maior preponderância na cena política do que o Senado. Lembra-nos o pesquisador que, durante a Regência,

> o Império passou a ser dirigido por um Conselho de Regentes. Ao contrário do Provisório, composto por dois senadores – Carneiro de Campos e Nicolau de Campos Vergueiro –, acordo precário entre as forças dominantes no primeiro reinado e as que haviam derrotado o imperador, e um militar – brigadeiro Francisco de Lima e Silva –, funcionando como ponto de equilíbrio e para controlar a tropa, a formação do Conselho Permanente, onde era mantido o brigadeiro Lima e Silva, atestando a importância do Exército como garantia da "estabilidade", apontava para um novo equilíbrio do poder: era formado por dois deputados, um do "norte" – João Bráulio Muniz – e outro do sul – José da Costa Carvalho.[52]

---

50 NEVES, 2011, p. 110 e 111.

51 RIBEIRO, 2002, p. 17.

52 PIÑEIRO, 2002, p. 108.

Iniciava-se, portanto, um período identificado como "caótico, desordenado, anárquico, turbulento e outros adjetivos conexos".[53] De acordo com Marco Morel, esse era "o discurso de parte dos grupos dirigentes da época",[54] que prosseguiam com a disputa pelo poder político e muitas vezes difundiam a ideia de que aquele fora um momento de "desordens". Aquele foi um período de definições e rearranjos políticos após a queda do monarca.[55]

Entendemos que a Regência foi um momento de proeminência do Legislativo em relação ao Executivo. Não à toa, Amado Cervo refere-se ao período como o momento em que vigorou a "diplomacia parlamentar".[56] Nomes como os de Lino Coutinho, Bernardo Pereira de Vasconcelos, Holanda Cavalcanti, José Custódio Dias, Cunha Mattos e Luiz Augusto May também encontraram assento na nova legislatura e renovaram sua disposição para as pelejas parlamentares, mesmo que dissonantes entre si.

Um dos primeiros temas em debate durante a Regência foi a necessidade de se reformar a Constituição. Na verdade, interessava ao Legislativo não dar margem para futuras restrições do Executivo à Assembleia Geral. Era preciso buscar o respaldo na lei fundamental do Estado. O assunto foi pautado pela imprensa e pelo Parlamento e foi tarefa do deputado José Cesário de Miranda Ribeiro, representante de Minas Gerais, apresentar a proposta durante a nova Legislatura – o que, como era de se esperar, suscitou muita discussão em várias seções na Câmara.[57]

Não nos cabe, neste trabalho, avançar sobre as bases das propostas de reforma constitucional em toda sua estrutura, tampouco recuperar as reflexões dos tribunos sobre os primeiros anos do governo. Contudo, interessa-nos reafirmar que uma das primeiras medidas empreendidas pelo Legislativo, durante o período regencial, foi apresentar uma lei que limitasse a atuação do Executivo. Essa era uma demanda que refletia os anseios já expostos na Primeira Legislatura, quando o governo, e principalmente a Câmara, protagonizou grandes embates para medir suas forças. Interessava ao Parlamento definir quais seriam as atribuições dos regentes, de forma a garantir que seus poderes não interferissem na atuação da Assembleia Geral, como já acontecera no Primeiro Reinado.

---

53 MOREL, 2003, p. 7.

54 RIBEIRO, 2002, p. 8.

55 BASILE, 2009a, p. 61.

56 CERVO, 1981, p. 39-43.

57 BASILE, 2009b, p. 185-219.

Foi assim que em 14 de junho de 1831 foi aprovada a Forma de Eleição da Regência Permanente e suas Atribuições. No artigo 20 afirmava que o governo não poderia dissolver a Câmara, como também não estava autorizado a ratificar tratados e convenções com outros países – independentemente da natureza deles – sem a aprovação do Parlamento. A Regência também não poderia declarar a guerra, suspender as liberdades individuais, nomear conselheiros, conceder títulos nobiliárquicos e anistiar pessoas sem o consentimento do Parlamento. Com a lei em tela, o Legislativo limitava a atuação do Executivo, de 1831 a 1840, e "invertia a relação de forças vigentes até então, fortalecendo o poder dos deputados, em detrimento dos regentes".[58]

A lei de 14 de junho foi discutida aos poucos, em várias sessões na Câmara. Entretanto, foi em 25 de maio daquele ano que os deputados apresentaram suas considerações sobre os tratados a serem feitos pelo país e votaram e aprovaram o artigo que dizia respeito à ratificação dos acordos internacionais. Era necessário "pôr obstáculos à continuação de tais abusos, sem privar, contudo, o governo da força necessária para promover o bem público."[59]Afinal, eles lembraram que eram "todos os tratados, até certo ponto, medidas legislativas"[60]e apresentavam ainda suas impressões mais particulares para definir as especificidades dos termos: convenções, tratados, armistícios e tréguas.

Reafirmaram a importância da Câmara como um órgão formulador de leis, mas sobretudo como a mais essencial expressão dos desejos da nação. Pregavam a igualdade de poderes entre o Executivo e o Legislativo. Sob os discursos de suposta harmonia, os deputados aprovaram essa lei, que "pôs o governo no bolso". Diziam os tribunos que a Assembleia Geral fora o principal anteparo às medidas arbitrárias do governo anterior. Salientavam que, em uma monarquia constitucional representativa, cabia ao Parlamento ter mais prerrogativas do que o soberano. Segundo o taquígrafo, o padre José Martiniano de Alencar (pai do escritor José de Alencar), deputado pelo Ceará,

> a Câmara dos representantes mais facilmente estava de acordo com os sentimentos da nação do que o chefe da nação, rodeado de guardas dentro do seu palácio: que nenhum receio podia haver de que a Câmara se afaste dos votos da nação, pois que em um sistema representativo como o Brasil, onde a imprensa livre está no seu auge, e onde a imprensa necessariamente influi nos trabalhos e deliberações da administração, principalmente a respeito daqueles que saem do seu seio,

---

58   BASILE, 2009a, p. 73.

59   *Anais da Câmara dos Deputados*, 25/5/1831.

60   *Ibidem.*

a Câmara seguirá sempre a opinião pública, e que em caso de efervescência de paixões na Câmara, não se precisava recorrer a um remédio tão forte [o fechamento da Assembleia Geral], porque havia no regimento um artigo que mandava levantar a sessão quando o presidente julgasse necessário; que não aprovava que se concedesse este direito ao chefe da nação, porque a circunstância de ser hoje um inocente, de ser o primeiro cidadão brasileiro, e a esperança de que seja digno de ocupar o trono, sendo ornado principalmente de virtudes americanas, induziam ele orador a querer livrá-lo do perigo de abusar do referido poder, pois seu pai, por usar dele, tinha incorrido no ódio dos brasileiros, o qual teve sua origem na dissolução da assembleia constituinte.[61]

O trecho acima é bastante elucidativo: aqueles eram novos tempos. Não só a Câmara galgava maior respeito entre os poderes do Estado como não poderia desconsiderar as demandas e os assuntos que nasciam das discussões divulgadas pela imprensa. Além disso, o menino imperador era recebido como um brasileiro nato, que estava longe de ser "um tirano", como seu pai fora pintado pelos opositores ao governo.

Além disso, os próprios parlamentares indicavam que o direito às opiniões públicas era condição *sine qua non* para um governo representativo e constitucional. O fato de haver liberdade para falar o que se pensava não fora exaltado por José Martiniano de Alencar em vão. Afinal, a imprensa também fora uma das principais propagadoras da crise que culminou com a derrocada de um monarca que, sem a aprovação da Câmara, deflagrou uma guerra impopular que onerou os cofres públicos; ratificou um tratado pelo reconhecimento da independência do Brasil que estava vinculado às pretensões inglesas de findar o tráfico de escravos no país; concluiu um acordo de paz com Buenos Aires e abriu mão da Província Cisplatina. Como dito por Raimundo José da Cunha Mattos, ao findar a guerra em 1828, "o Ministério estava distraído com a causa portuguesa"[62] e não tratou com a devida competência a dissolução do Banco do Brasil e o problema da dívida externa.

Pelo discurso de José Martiniano de Alencar, percebe-se que parte dos tribunos depositava a esperança no menino Pedro e nutria a expectativa de que ele fosse mais capaz de entender os anseios do Brasil do que o pai. Reafirmava o seu nascimento em solo americano e, portanto, longe da herança maldita do absolutismo.

---

61 *Anais da Câmara dos Deputados*, 26/5/1831.

62 *Idem*, 7/6/1831.

Se na Constituinte de 1823 os deputados se enfureceram com o fato de dom Pedro I ter dito que só juraria uma constituição que fosse digna dele, em 1831 inverteram a correlação de forças e sentiram-se à vontade para dizer que dom Pedro II deveria ser digno do trono, ser digno do governo, para aí sim ser digno do Brasil. O mesmo imperador que dissolvera a Constituinte em 1823 não encontrou forças para fechar o Parlamento no fim daquela década. E assim o Legislativo sagrava-se vencedor, na luta que travara durante todo o Primeiro Reinado contra o Executivo, "em circunstâncias muito felizes",[63]como dito por Holanda Cavalcanti.

Referências

ALMEIDA, Paulo Roberto de. *Formação da diplomacia econômica no Brasil*. São Paulo: Editora Senac/Funag, 2001.

BASILE, Marcello. "O laboratório da nação: a era regencial (1831-1840)". In: GRINBERG, Keila; SALLES, Ricardo (orgs.). *O Brasil Imperial – 1831 a 1870*. Vol. 2. Rio de Janeiro: Civilização Brasileira, 2009a, p. 53-119.

_____. "O 'negócio mais melindroso': reforma constitucional e composições políticas no Parlamento regencial (1831-1834)". In: NEVES, Lúcia Maria Bastos Pereira das (org.). *Livros e impressos:* retratos do Setecentos e do Oitocentos. Rio de Janeiro: Eduerj, 2009b, p. 185-219.

_____. *O Império em construção:* projetos de Brasil e ação política na Corte regencial. Tese (doutorado) – UFRJ, Rio de Janeiro, 2004.

BETHELL, Leslie. *A abolição do comércio brasileiro de escravos:* a Grã-Bretanha, o Brasil e a questão do comercio de escravos 1807-1869. Brasília: Senado Federal, 2002.

BRASIL. *Coleção de Constituições do Império*. Brasília: Senado Federal, 2001.

CARVALHO, José Murilo (org.). *Bernardo Pereira de Vasconcelos*. São Paulo: Editora 34, 1999, p. 9-34.

CARVALHO, Paulo Pereira de. "A experiência republicana, 1831-1840". In: HOLANDA, Sérgio Buarque de (org.). *História da civilização brasileira*. 10ª ed., t. 2, vol. 4. Rio de Janeiro: Bertrand Brasil, 2010, p. 9-67.

---

63 *Anais da Câmara dos Deputados*, 7/6/1831.

CERVO, Amado Luiz. *O parlamento brasileiro e as relações exteriores (1826-1889)*. Brasília: Editora UnB, 1981.

HOBSBAWN, Eric. *A era dos impérios*. São Paulo: Paz e Terra, 1988.

LOPES, José Reinaldo de Lima. *O oráculo de Delfos*: o Conselho de Estado no Brasil Império. São Paulo: Saraiva, 2010.

MOREL, Marco. *O período das regências (1831-1840)*. Rio de Janeiro: Zahar, 2003.

NEVES, Lúcia Maria Bastos Pereira das; MACHADO, Humberto Fernandes. *O Império do Brasil*. Rio de Janeiro: Nova Fronteira, 1999.

NEVES, Lúcia Maria Bastos Pereira das. "A vida política". In: SILVA, Alberto da Costa e (org.). *Crise colonial e independência: 1808-1830*. Madri/Rio de Janeiro: Fundación Mapfre/Objetiva, 2011, p. 75-113 (Coleção História do Brasil Nação: 1808-2010, vol. 1).

PARRON, Tâmis. *A política da escravidão no Império do Brasil:* 1826-1865. Rio de Janeiro: Civilização Brasileira, 2011.

PEREIRA, Aline Pinto. *Domínios e império*: o Tratado de 1825 e a Guerra da Cisplatina na construção do Estado no Brasil. Dissertação (mestrado) – UFF, Niterói, 2007.

_____. *A monarquia constitucional representativa e o* locus *da soberania no Primeiro Reinado*: Executivo *versus* Legislativo no contexto da Guerra da Cisplatina e da formação do Estado no Brasil. Tese (doutorado) – UFF, Niterói, 2012.

PEREIRA, Vantuil. *Ao soberano congresso:* direitos do cidadão na formação do Estado imperial (1822-1831). São Paulo: Alameda Casa Editorial, 2010.

PIÑEIRO, Théo. *Os simples comissários*: negociantes e política no Brasil Império. Tese (doutorado) – UFF, Niterói, 2002.

REIS, Adriana Sodré. *Cora:* lições de comportamento feminino na Bahia do século XIX. Salvador: Universidade Federal da Bahia, 2000.

RIBEIRO, Gladys S. *A liberdade em construção*: Identidade nacional e conflitos antilusitanos no Primeiro Reinado. Rio de Janeiro: Faperj/Relume Dumará, 2002.

GLADYS RIBEIRO * ISMÊNIA MARTINS * TÂNIA FERREIRA [ORGS.]

_____. "Legalidade, legitimidade e soberania no reconhecimento da independência". In: _____ (org.). *Brasileiros e cidadãos*: modernidade política, 1822-1930. São Paulo: Alameda Casa Editorial, 2008, p. 17-36.

_____. "Nação e cidadania em alguns jornais da época da Abdicação: uma análise dos periódicos *O Republico* e *O Tribuno do Povo*". In: LESSA, Mônica Leite; FONSECA, Silvia Carla Pereira de Brito (orgs.). *Entre a monarquia e a república:* imprensa, pensamento político e historiografia (1822-1889). Rio de Janeiro: Eduerj, 2008, p. 35-60.

RIBEIRO, José Iran. *Quando o serviço nos chama:* os milicianos e os guardas nacionais gaúchos (1825-1845). Santa Maria: Editora da UFSM, 2005.

RODRIGUES, Neuma Brilhante. *Nos caminhos do Império*: a trajetória de Raimundo José da Cunha Mattos. Tese (doutorado) – UnB, Brasília, 2008.

SALGADO, Manoel. "Escrita da História e ensino da História: tensões e paradoxos". In: ROCHA, Helenice; MAGALHÃES, Marcelo; GONTIJO, Rebeca (orgs.). *A escrita da história escolar:* memória e historiografia. Rio de Janeiro: Fundação Getulio Vargas, 2009, p. 35-50.

SLEMIAN, Andréa. *Sob o império das leis*: Constituição e unidade nacional na formação do Brasil (1822-1834). Tese (doutorado) – USP, São Paulo, 2006.

Súplicas a Vossa Majestade Imperial:
as negociações em tempos de mudanças

ELIZABETH SANT'ANNA

A o longo do século XIX, o Brasil passou por mudanças significativas em suas estruturas político-jurídicas. Tais transformações, de modo geral, refletiram-se em alterações dos padrões de investimento da primeira para a segunda metade do Oitocentos e promoveram uma maior mercantilização da economia. O ano de 1850 foi significativo na "crescente institucionalização e burocratização"[1] do Estado Imperial. Nesse sentido, a Lei de Terras, a abolição do tráfico e o Código Comercial assinalaram esse período de transição, de profundos debates e conflitos de interesses entre os diversos grupos sociais, em torno de um "rearranjo na composição econômica interna e uma nova rearticulação com o mercado",[2] no qual se estruturaram novos princípios de direito que interferiram na propriedade e, consequentemente, nas formas de acumulação de capital.

O fim do tráfico de escravos, em um primeiro momento, estimulou a troca interprovincial de cativos, proporcionou uma maior diversificação da economia e revelou novos padrões de investimento de capitais pelos diversos setores da população. "Concomitantemente às transformações econômicas, assistiu-se, em certas regiões, a um fenômeno de urbanização",[3] com a

> implementação de novos serviços urbanos, tais como a iluminação a gás, a limpeza pública, os serviços de esgoto, a criação de companhias de transportes urbanos (ônibus, bondes etc.) e a ampliação das

---

1   LOBO *et al*, 1973, p. 156.

2   LEVY, 1994, p. 44.

3   COSTA, 2010, p. 466.

existentes e o estabelecimento de empresas bancárias, comerciais e manufatureiras de grande porte.[4]

Dessa forma, surgiram perspectivas de novos empreendimentos para além da agricultura e aplicaram-se capitais em imóveis, apólices, cadernetas de poupança bancária e ações de empresas, "como formas de investimento que ofereciam mais segurança para o retorno do capital. Isso impulsionou uma série de mudanças na economia da cidade, que começou a adotar, em maior escala, as práticas capitalistas".[5] Nesse período, segundo Emília Viotti da Costa, os organismos de crédito multiplicaram-se e a promulgação do Código Comercial serviu para legalizar a atividade bancária e tornar possível a organização das sociedades anônimas e comerciais.[6]

Todo esse processo de transformações do período também atingiu "o mais importante e disponível meio de produção",[7] a terra. A Lei 601, de 18/9/1850, conhecida como Lei de Terras, foi a primeira iniciativa no sentido de organizar a propriedade privada no país.[8] Transformou definitivamente a terra em mercadoria regulamentada pelo Estado e o acesso passou a ser exclusivamente pela compra. O controle governamental sobre as terras, em geral, foi uma "tentativa de regularizar a propriedade rural e o fornecimento de trabalho, de acordo com as novas necessidades e possibilidades da época".[9] Segundo Costa, "a lei criaria condições para que o fazendeiro obtivesse trabalho livre para substituir os escravos, cujo fornecimento estava ameaçado pela iminente interrupção do tráfico negreiro".[10] As terras seriam, portanto, vendidas a um preço suficientemente alto para dificultar o acesso aos recém-chegados, de "forma a orientar a mão de obra livre para o trabalho nas grandes propriedades, com a finalidade de vir a substituir o trabalho escravo".[11] Assim, com o dinheiro acumulado pela venda das terras, o governo subsidiaria a imigração europeia.

Em contrapartida, a lei, ao criar entraves à propriedade rural, atingia meeiros e arrendatários, dificultava o acesso ao privilegiado grupo dos proprietários de terra e,

---

4   SOARES, 2007, p. 31.

5   *Ibidem*, p. 80.

6   GUIMARÃES, 2013, p. 1.

7   LEVY, 1994, p. 49.

8   MOTTA, 1998.

9   COSTA, 2010, p. 178.

10   *Ibidem*, p. 181.

11   MARTINS, 1979 *apud* LEVY, 1994, p. 49.

segundo Linhares, "fechava a porta pela qual esses mesmos homens haviam entrado, congelando a hierarquia social do Império".[12] Dessa maneira, a lei transformava a terra em mercadoria, ao mesmo tempo em que garantia a posse aos antigos latifundiários. Contudo, Motta relativiza essa questão ao inferir que pequenos posseiros também se valeram da interpretação das normas legais, que discriminavam as terras públicas das privadas, ao procurar garantir seu acesso à terra, "desejosos por assegurar suas posses em terras devolutas".[13]

A partir dessas considerações, analisaremos a seguir uma amostragem de cinco súplicas dirigidas ao imperador dom Pedro II, a fim de vislumbrar como muitas dessas questões afetaram a vida dos suplicantes e de quais maneiras responderam a elas.

Os relatos das súplicas e suas possíveis análises em tempos de mudanças

> As autodefinições das pessoas, suas narrativas sobre si mesmas e sobre os outros, conquanto significativas, não são suficientes para caracterizá-las nem para relatar a sua experiência, muito menos para caracterizar um acontecimento histórico. O que as pessoas contam tem uma história que suas palavras e ações traem, mas que suas narrativas não relevam imediatamente; uma história que explica porque usam as palavras que usam, dizem o que dizem e agem como agem; uma história que explica os significados específicos por trás da universalidade ilusória sugerida pelas palavras – uma história de que muitas vezes elas próprias não se dão conta. Suas afirmações não são simplesmente declarações sobre a "realidade", mas comentários sobre experiências do momento, lembranças de um passado legado por precursores e antecipações de um futuro que desejam criar.[14]

Os imigrantes

Rio de Janeiro, 13 de agosto de 1845. Um grupo de 133 alemães recém-chegados à Corte, "expedidos pela casa Delrue & Cia., na cidade de Dunquerque, com a nau prussiana *Leopold*, a francesa *Marie* e a inglesa *Agripina*, por custas da Província do Rio de Janeiro", redige uma petição ao imperador dom Pedro II. Nela, se dizem

---

12 LINHARES; SILVA, 1981, p. 32.

13 MOTTA, 1998, p. 289-290.

14 COSTA, 1998, p. 15.

colonos bem destros na cultura do arroz e argumentam que "em nenhum [outro] ramo da indústria [...] podem ficar tão útil neste Império e explicar seus sentimentos de agradecimentos". Em virtude disso, pedem para "ir para a Província do Rio Grande de São Pedro do Sul", lugar onde a "Agricultura está na maior flor e onde eles já têm seus parentes e conhecidos, dos quais eles receberão assistência para o seu estabelecimento econômico". No entanto, se mostram cientes de suas obrigações junto à Província do Rio de Janeiro e pretendem restituir ao Governo da Província as despesas da viagem. E é nesse momento que articulam uma negociação. Cientes da condição financeira do grupo, relatam que "uma parte deles está inteiramente tão pobre, que não tem nada; uma outra parte tem só pouco, assim que para os tais é impossível [restituir as despesas da viagem]", propõem:

> assinar um documento por cuja virtude eles serão obrigados a pagar as suas dívidas na Tesouraria do Império em tempo de três anos, e por certeza do Governo, eles prestarão fiança com todos os seus bens, especialmente com o terreno que eles esperam da benignidade de Vossa Majestade Imperial, com todas as suas benfeitorias; sobre isto prestarão todos juntos fiança por cada um em espécie, assim se um escapar os outros todos pagarão por ele ao Governo a sua dívida, a respeito das despesas de viagem.[15]

E, ao finalizar a petição, tentam negociar ainda a viagem da Província do Rio de Janeiro para a do Rio Grande de São Pedro do Sul:

> Finalmente os Suplicantes dirigem ainda mais esta petição para clemência de Sua Majestade Imperial de *conceder-lhes o benefício, mandá-los para o Rio Grande de São Pedro do Sul com uma Nau do Império e livre das despesas de viagem*. Nunca eles acabarão de oferecer os sacrifícios de seus agradecimentos pela sua diligência e fidelidade na sua esfera da atividade e veneração com que serão de Vossa Majestade Imperial submissos vassalos.[16]

---

15 Arquivo do Museu Imperial de Petrópolis (AMI), maço 108, documento 5302. Nas citações, atualizamos a ortografia, sem, contudo, alterar a pontuação e as letras minúsculas e maiúsculas.

16 *Ibidem*, grifos meus.

A preocupação com a possibilidade do fim do tráfico negreiro já se fazia presente quando, em 1845, imigrantes alemães aportaram na Província do Rio de Janeiro, subsidiados pelo governo. De fato, os debates travados no Conselho de Estado em 1842 e o decorrente projeto de lei formulado e apresentado à Câmara dos Deputados no ano seguinte demonstravam a preocupação com a mão de obra, sua gradual substituição e sua fixação na terra dos proprietários. O referido projeto seria discutido por sete anos e arregimentaria defensores e opositores, até ser aprovado pela Lei 601, de 18/9/1850. "A análise dos argumentos contrários e favoráveis ao projeto de lei revela com grande clareza as diferentes concepções de terra e de trabalho que existiam na época."[17] Entre os defensores, havia a ideia de que a disparidade entre o excesso de terrenos e a escassez de trabalho seria eliminada e se aumentaria o preço do solo para dificultar sua compra pelos homens livres, a fim de orientar a força de trabalho para as fazendas dos proprietários.[18] O investimento em mão de obra partiria da acumulação do dinheiro da venda das terras públicas que subvencionaria a imigração europeia. Um dos interessantes argumentos usados pelos proponentes do projeto era

> que a experiência tinha mostrado que os imigrantes cujas passagens haviam sido pagas pelos fazendeiros frequentemente deixavam a fazenda, seduzidos pela perspectiva da propriedade. Eles necessitavam de capital, eram incapazes de obter trabalho e, o pior de tudo, muitos careciam de experiência necessária para viver no novo ambiente. Nada sabendo a respeito do solo, do clima e da produção para a subsistência, eles estavam morrendo "de pobreza num país de abundância". Assim, o sistema tradicional, que permitia que os imigrantes comprassem as terras a preços baixos, ou a obtivessem por meio de doações, era mau não só para o proprietário rural, mas também para os colonos.[19]

Bem na verdade, segundo Costa, a questão recaía na imigração como um novo tipo de trabalho para substituir o escravo. E em um país "onde a terra era disponível em grandes quantidades o imigrante poderia se tornar proprietário rural em vez de

---

17   COSTA, 2010, p. 179.

18   Quanto a essa questão, Ligia Osório Silva reflete sobre o caráter contraditório do papel da propriedade privada no capitalismo apontado por Marx: "Se, de um lado, constitui-se em elemento fundamental do sistema, de outro o próprio sistema não funciona a não ser através da expropriação contínua e maciça da maioria da população, pois, caso contrário, não haveria trabalhadores para o capital" (SILVA, 1997, p. 24).

19   COSTA, 2010, p. 180.

trabalhar numa fazenda". Assim, justificava-se "tornar mais difícil o acesso à terra, a fim de forçar os imigrantes a trabalharem nas fazendas".[20]

Os imigrantes alemães se mostravam cientes da situação quando escreveram a súplica ao imperador e disseram-se "amarrados"[21] à Província do Rio de Janeiro, que subsidiara as despesas da viagem. No entanto, ao que parece, vislumbraram a possibilidade de se estabelecer de melhor forma em outra província, onde, segundo eles, já tinham parentes e conhecidos que os ajudariam a se estabilizar economicamente. De fato, Lobo afirma, ao analisar o recenseamento de 1856, que até esse ano o percentual de imigrantes estrangeiros que não ficavam na Corte e preferia migrar para outras áreas era muito alto.[22] Seria provável que esses alemães estivessem motivados pela possibilidade de se tornar proprietários de terras mais facilmente em outra província, dada as condições de pobreza do grupo. Destarte, a proposição negociada pelos estrangeiros iria de encontro às pretensões acerca da necessidade de uma mão de obra que substituísse a cativa na iminência da abolição do tráfico negreiro, cerne dos debates no projeto de lei de 1843, que alertava para o fato de a acessibilidade da terra estimular os imigrantes a se tornarem proprietários, ao invés de preferirem trabalhar para um.

Assim, quando chegaram em 1845, anteriormente à Lei de Terras, pobres, com laços em outra província, a possibilidade de se tornarem proprietários talvez tenha motivado a negociação desses imigrantes com o imperador dom Pedro II, ao proporem restituir à Província do Rio de Janeiro as despesas da viagem no tempo de três anos, dar como garantia seus bens e o trabalho de benfeitoria das terras e comprometer-se coletivamente a pagar por cada um do grupo. Em vista disso, pediram que lhes fosse concedido "o benefício, mandá-los para o Rio Grande de São Pedro do Sul com uma Nau do Império e livre das despesas de viagem".[23]

Como dito anteriormente, o projeto da lei 601, de 18/9/1850, provocou debates entre os seus defensores e opositores e denotaram-se as diferentes concepções acerca da terra e do trabalho. Discorremos um pouco sobre as posições dos proponentes do projeto. Passemos, pois, aos opositores, cujas percepções serão primordiais para

---

20 *Ibidem*, p. 183.

21 Amarrados pela obrigação de terem de prestar serviços à Província do Rio de Janeiro como restituição das despesas da viagem da Alemanha para o Brasil.

22 LOBO *et al*, 1973, p. 158.

23 AMI, maço 108, documento 5.302.

analisarmos o posicionamento do suplicante frei Timotheo de Castelnovo com relação à imigração, que abordaremos na próxima súplica.

De acordo com Costa, os opositores ao projeto representavam os setores arcaicos da economia que acreditavam que a "escravidão era a melhor forma de trabalho numa sociedade de *plantations*"[24] e, portanto, se mostravam pessimistas com relação à substituição dos cativos por imigrantes livres. Entendiam que o projeto servia aos interesses dos fazendeiros de café (Rio de Janeiro, São Paulo e Minas Gerais) e se opunham à crescente interferência do governo central, em favor de garantir a independência das autoridades locais. Nesse sentido, não estavam de acordo com dificultar o acesso à terra, e sim incentivar sua ocupação por meio de doação para os imigrantes, de forma a atraí-los. Argumentavam que a "política de proibir aos estrangeiros adquirir terras era apropriada" principalmente em países como "a Inglaterra, onde a terra disponível era insuficiente para as necessidades da população, mas não para um país no qual a terra era abundante".[25]

Dessa forma, as perspectivas com relação à imigração para os defensores e opositores do projeto se diferenciavam. "Para os oponentes, a questão não era suprir os fazendeiros de trabalho, mas colonizar o país. Eles viam os imigrantes como agentes da civilização. O projeto, conforme era compreendido, parecia obstruir o processo de civilização".[26]

Feita as devidas considerações, passemos à súplica do frei Castelnovo.

O frei

Frei Timóteo de Castelnovo, diretor do aldeamento indígena de São Pedro de Alcântara, das colônias indígenas do Paranapanema e de São Jerônimo e da colônia militar do Jataí, escreve em 26 de setembro de 1872 uma longa e descritiva carta ao "Governo Paternal de Sua Majestade o Imperador". Nela, relata as condições gerais em que se acham os aldeamentos e as colônias sob sua direção. Critica o desvio da finalidade da criação das colônias, que era a catequese dos índios. Anexa o recenseamento de 1872 para provar que o número avultado de indígenas "dos lugares mais remotos dos sertões de aquém e além Paraná" que vieram para os aldeamentos e colônias residir "depende[m] de grandes recursos, que nos lugares não há". Explica que a exportação de açúcar e aguardente se mostra insuficiente

---

24 COSTA, 2010, p. 181.

25 *Ibidem*, p. 181-182.

26 *Ibidem*, p. 182.

tanto pela "imperfeição dos maquinismos existentes, como pela falta de boas estradas, donde resultam dificuldades para exportação, carestia das conduções e pouca ou nenhuma concorrência no lugar" e que "pela mesma razão os demais gêneros não são exportáveis com vantagem". Dessa justificativa, faz uma lista de pedidos, a saber: demarcar um terreno "suficiente para o patrimônio dos índios"; um terreno urbano para a construção de casas; aumento de pessoal e de salário dos moradores (considerava o salário de 20$000 mensais insuficiente, visto que o comércio era diminuto); dinheiro para construção de uma igreja, um engenho de ferro, uma roda d'água; e para a compra de cem machados, foices, enxadas, bigorna, pregos e remédios. Por fim, requeria uma quantia suficiente para transporte (5.000$000 a 6.000$000 a arroba) sem incluir as despesas marítimas.

Relata, ainda, que a "indústria nos índios está suficientemente desenvolvida, mas [...] falta quem os ajuste e lhes dê trabalhos e lhes compre os seus gêneros e produtos", e alega que "o pessoal das colônias [assalariado], além de pobre é insuficiente [...] entre tantos índios." Aponta que no aldeamento também "acham-se [...] nove casais de africanos, além de seis solteiros, que definham de miséria por não acharem quem lhes compre seus gêneros agrícolas ou os ajuste para trabalho honesto". Em termos gerais, analisa as colônias e os aldeamentos como lugares desolados e de estradas intransitáveis, sem fim prático, ao que pede empenho em providenciar desenvolvimento nas colônias em algum ramo de indústria, criar serviços nacionais, como abertura de estradas, "de modo que possa haver serviços e comércio entre eles". Ao mesmo tempo mostra preocupação com a propensão[27]

> [dos índios] para o mal [por] serem naturalmente turbulentos, [pois] neles o espírito dominante é o do interesse material do presente: o amor do belo e da glória é coisa desconhecida entre eles, a não ser o da vingança material e brutal das ofensas recebidas: o espírito da gratidão e reconhecimento aos benefícios, entretanto, não corresponde ao da vingança, coisa esta porque se torna tão custosa a catequese dos índios. Além do interesse material nada os move e os tira da sua natural inércia, indiferença e ociosidade. A experiência tem me mostrado que sem a fusão dos índios com os outros povos, é a catequese, tempo perdido.[28]

---

27 AMI, maço 163, documento 7.560.

28 *Ibidem*.

Expõe, dessa maneira, sua intenção de povoar o "sertão" por meio da miscigenação entre índios e imigrantes e cooperar, assim, para a "civilização dos índios", pois "enquanto o número dos índios for maior e preponderante sobre nós, custosamente se obterá o fim lisonjeiro e próspero que se espera".

> O país muito gosta e suspira pela imigração estrangeira, pois que venha em boa hora e povoe este imenso, belo e sublime sertão, mas aproveite-se também a imigração espontânea dos índios, que se o Aldeamento dos Paranapanema os repele por insalubre, de S. Jerônimo por muito ventoso e frio, não faltam em todo este sertão lugares excelentes e apropriados para neles se criarem núcleos de grandes povoações estrangeiras, nacionais e indígenas.[29]

Frei Timóteo encerra sua carta e espera um despacho favorável "dando-lhes um próspero futuro a fim de que possam emancipar-se o mais depressa possível dos cofres do Estado, d'onde tem vivido até esta data".[30]

Destarte, segundo relatado, a situação de desolação das colônias e dos aldeamentos dificultou a venda dos produtos agrícolas. O comércio ficou prejudicado pelas condições precárias das estradas e dos transportes, que elevaram os custos e criaram barreiras para a exportação. Como medida para solucionar os problemas, o frei, além de pedir ferramentas e maquinários modernos, a fim de aumentar a produtividade, pediu a demarcação de terras indígenas e urbanas, aumento salarial para incrementar o consumo e o comércio e a criação de serviços públicos para o mesmo fim.

---

29 *Ibidem.* Cabe ressaltar que o projeto do frei de civilizar os autóctones por meio da miscigenação guardava semelhanças com as proposições feitas por José Bonifácio de Andrada e Silva em *Apontamentos para a civilização dos índios bravos do Império do Brasil* (1823), que, segundo Vânia Maria L. Moreira, representou "um marco de referência sobre a questão indígena", pelo qual "se desenvolveram a política e o debate indigenista do Império e mesmo da República". Bonifácio, apesar de nutrir certa simpatia pelos indígenas, considerava que eram "inconstantes", "preguiçosos" e "traiçoeiros". Acreditava no processo de mestiçagem biológica como meio de civilizar os nativos, de forma a assimilá-los à ordem social e política do Império. Dessa forma, postulava a necessidade de incentivar "o intercâmbio econômico e matrimonial entre índios e não índios, especialmente com brancos e mulatos", como expressa o 44º item dos *Apontamentos*: "Procurará com o andar do tempo, e nas aldeias já civilizadas, introduzir brancos e mulatos morigerados para misturar as raças, ligar os interesses recíprocos dos índios com a nossa gente, e fazer deles todos um só corpo da nação, mais forte, instruída e empreendedora" (MOREIRA, 2009, não paginado). Sobre esses aspectos, conferir também MOREIRA, 2002, p. 153-169.

30 AMI, maço 163, documento 7.560.

Segundo Lobo, houve nos anos 1870 uma depressão geral dos salários ocasionada, entre outros motivos, pelo crescimento do número de libertos no mercado de trabalho, pela deflação pós-Guerra do Paraguai e pelo abandono de uma política protecionista que prejudicou a produção manufatureira.[31] Fatores esses que poderiam justificar o pedido do religioso por aumento salarial e serviços públicos para dinamizar a economia da região, assim como o subsídio governamental para a manufatura. A presença de africanos, no contexto narrado, pode estar relacionada com a Lei do Ventre Livre, de 1871. A demarcação de terras requerida ao governo e a questão da mão de obra eram permeadas por uma concepção sobre o imigrante como aquele capaz de promover a melhoria e civilização nos índios e nos sertões do país. Esse ideal do frei sobre a imigração era um dos pensamentos possíveis da época desde as discussões acerca do projeto de Lei de Terras, já mencionadas. Assim, quando o religioso escreveu ao monarca e requereu, entre outras coisas, a delimitação dos terrenos autóctones, o artigo 12 da Lei 601, de 18/9/1850, já previa que caberia ao governo reservar terras à "colonização indígena". Além disso, o Decreto 1.368, de 30/1/1854, que regulamentou a lei, fazia referência aos índios e os definia como indivíduos pertencentes às "hordas selvagens". De acordo com Vânia Maria L. Moreira, "a Lei de Terras e seus Regulamentos deram suporte ao Regulamento das Missões, de 1845, que previa a criação de aldeias e missões para assentar os índios 'selvagens'".[32]

Na tentativa de dimensionar os possíveis impactos que gerou a Lei de Terras sobre a sociedade imperial é que vem a próxima súplica.

A provedora

Joana Carlota Pinheiro Paes Leme, em janeiro de 1878, relata que em dezembro de 1876 seu marido, magoado pelos irmãos, seguiu para Goiás e a deixou sem recursos. Apenas "contando com o pagamento dos terrenos por onde passava as zonas das águas de São Pedro", conta que foi ordenada pelo seu consorte a procurar o Sr. Jardim para tratar do assunto. Seis meses depois, sem respostas e "necessitando pagar as despesas feitas", pede "ao Conselheiro Capanema, a quem já devia inúmeros obséquios de amizade, amigo leal e verdadeiro de Vossa Majestade, o favor de saber o que havia". Eis então que o Sr. Jardim responde por carta que por "aqueles dias [...] daria uma decisão". Missiva essa que Joana remeteu "pelo Conde de Iguaçu a Vossa Majestade". No fim de 1877, por ordem do marido, entregou "os negócios ao Conselheiro Octaviano e mandando ele saber do que

---

31 LOBO *et al*, 1973, p. 157.
32 MOREIRA, 2009, não paginado.

havia, respondeu o Sr. Jardim que [Joana] estava debaixo de uma ilusão", pois "o Governo não precisava dos terrenos de S. Pedro senão a parte por onde passava a zona que era inculta e sem benfeitoria e que para este fim ele faria valer a lei que admitia a desapropriação sem indenização". Dizendo-se desenganada, e com a justificativa de poder ajudar na educação de seus netos, pede, então, para "estabelecer um colégio debaixo da proteção de Vossa Majestade, para preparar meninos de sete até doze anos para as academias". Assim, propõe ao imperador "se pode[ria] para este fim dar-[lhe] uma mensalidade que seria restituída à medida que fossem entrando alunos".[33]

O relato de Joana chama atenção em duas questões, que envolvem a Lei de Terras e a instrução de mulheres no Oitocentos. Uma terceira questão é como isso está relacionado à estratégia de Joana de não perder parte de suas terras, alegadas improdutivas.

O debate sobre a Lei 601, de 18/9/1850 – no qual parecia que o único consenso era a extinção do imposto territorial – envolvia a questão do uso racional e produtivo da terra. Havia a necessidade de estimular o uso intenso e efetivo do solo, de forma a diminuir os latifúndios[34] improdutivos, que eram considerados um dos males do país com relação à economia. A crítica contra o tradicional sistema de doar terras (sesmarias[35]) era que a maioria delas não havia sido demarcada e explorada. Assim, "não representava riqueza"[36] produtiva e servia apenas àqueles que "desejavam ostentar a terra que possuíam e não estavam interessados em cultivá-la [e, nesse sentido], não estavam interessados em usá-la racionalmente [...] [d]e acordo com as modernas ideias de lucro e produtividade".[37]

---

33 AMI, maço 179, documento 8.156.

34 Segundo Maria Bárbara Levy (1994, p. 48), havia "uma diferenciação histórica entre os latifúndios: os que tiveram sua origem em antigas sesmarias e aqueles latifúndios em escala muito maior que se originaram [...] [e]ntre 1823 – quando foi abolida a prática de doação de sesmarias – e 1850 – quando foi aprovada a Lei de Terras [...] período que correspondeu exatamente à grande expansão da fronteira agrícola, em função da crescente demanda por produtos tropicais no mercado mundial, especialmente do café. As 'posses' [nesse período] aumentaram incontrolavelmente, chegando a ter vinte ou trinta léguas".

35 Com relação ao sistema de sesmarias, Ligia Osorio Silva (1997, p. 16) observa: "Mesmo sendo um regime que favorecia a constituição da grande propriedade, o sistema sesmaria teve uma preocupação acentuada com a utilização produtiva da terra, expressa na cláusula de condicionalidade da doação, atrelada ao cultivo da terra. Esta cláusula dispunha que o sesmeiro (aquele que recebia a terra) tinha cinco anos para torná-la produtiva, devendo esta retornar ao senhor original (a coroa portuguesa) caso esta exigência não fosse cumprida. Este é o sentido original do termo terras devolutas – terras concedidas e não aproveitadas que retornavam ao doador. Entretanto, no vocabulário jurídico brasileiro este termo passou a ser usado como sinônimo de terra vaga, não apropriada, patrimônio público".

36 COSTA, 2010, p. 180.

37 *Ibidem*, p. 180-182.

Embora a Lei de Terras não tenha "pegado"[38]e tenha servido em grande medida para regularizar a situação dos grandes latifundiários, ela previa a desapropriação das terras improdutivas pelo Estado, conforme previsto em seu artigo 8°:

> Os possuidores que deixarem de proceder à medição nos prazos marcados pelo Governo serão reputados caídos em comisso, e perderão por isso o direito que tenham a serem preenchidos das terras concedidas por seus títulos, ou por favor da presente Lei, *conservando-o somente para serem mantidos na posse do terreno que ocuparem com efetiva cultura, havendo-se por devoluto o que se achar inculto.*[39]

Assim sendo, o Sr. Jardim, quando diz que vai fazer valer a lei que admitia a desapropriação sem indenização da zona inculta e sem benfeitoria de sua terra, está se referindo justamente ao artigo 8° da Lei de Terras. Joana, por sua vez, temerosa, decide dar uma finalidade àquela terra inculta e pede permissão para abrir uma escola para preparar meninos de sete a 12 anos para as academias. Donde se percebe que Joana era uma pessoa instruída e fazia parte de uma minoria que sabia ler e escrever nos fins do século XIX. O censo de 1872 registrara que 80% dos brasileiros eram analfabetos e 20 anos mais tarde esse índice subiria para 85%. Mesmo que a lei do governo imperial de 1823 tenha criado escolas primárias para meninos e meninas (restritas às cidades mais povoadas), a expansão do currículo escolar e o ensino secundário para mulheres sofreram algumas resistências e foram limitados à iniciativa privada e às classes mais abastadas. As escolas normais e o Liceu de Artes e Ofícios eram opções para as mulheres que buscavam se profissionalizar.[40]

---

38 Ligia O. Silva (1997, p. 17) esclarece que "A Lei de 1850 não atingiu um dos seus objetivos básicos, que era a demarcação das terras devolutas, ou, como se dizia na época, a discriminação das terras públicas e privadas, primeiro obstáculo a ser vencido na implementação de uma política de terras. Isto ocorreu principalmente por dois motivos: em primeiro lugar, a regulamentação da lei deixou a cargo dos ocupantes das terras a iniciativa do processo de delimitação e demarcação, sendo que somente depois que os particulares informassem ao Estado os limites das terras que ocupavam é que este poderia deduzir o que lhe restara para promover a colonização; em segundo, a lei não foi suficientemente clara na proibição da posse, pois, embora isto estivesse contido no artigo 1°, outros artigos levavam a supor que a 'cultura efetiva e a morada habitual' garantiriam a permanência de qualquer posseiro, em qualquer época, nas terras ocupadas. A combinação desses dois elementos fez com que a lei servisse, no período da sua vigência e até bem depois, para regularizar a posse, e não para estancá-la".

39 *Collecção das Leis do Imperio do Brasil de 1850*, vol. I, tomo I, p. 307, grifos meus.

40 COSTA, 2010, p. 505-507.

Não sabemos muito mais de Joana, a não ser que abandonada pelo marido, tendo de pagar despesas e correndo o risco de perder parte de suas terras, usou de sua instrução como um artifício para poder manter sua propriedade e rendimentos, ao pedir permissão para estabelecer um colégio sob a proteção de dom Pedro II, restituindo esse com a mensalidade dos próprios alunos.

A súplica a seguir tenta problematizar os pedidos de empréstimos feitos ao imperador dom Pedro II, assim como as condições de negociação.

O funcionário público

Niterói, 19 de julho de 1854. João Carlos Pereira Lago, funcionário público, cargo esse que descreve ser um "[l]ugar a que cheg[ou] unicamente pelo [seu] merecimento e sem a proteção de pessoa alguma", escreve ao imperador por diversas vezes, no intuito de pedir uma audiência. Contudo, vendo suas tentativas arruinadas, insiste:

> Na minha primeira carta falei a V. M. I. como se fala a um verdadeiro amigo, ou a um pai: creio que não procedi mal. Agora só acrescentarei que o tempo corre, e que daqui a treze dias já talvez a magnificência de V. M. não possa ser aproveitada.[41]

Como não consegue uma audiência pública com o imperador, pede em sua carta 6.000$000 para salvar sua honra, ao que se compromete ressarcir o monarca em quantias mensais de 50$000. Entretanto, diz que não pode revelar por escrito qual o motivo de ter contraído tal dívida e que pode fazê-lo apenas pessoalmente. E assim se justifica:

> Recorro a V. M. por julgar o único capaz de fazer-me esse empréstimo *sem que seja preciso em apresentar bens a hipoteca, nem pagar prêmios;* e sobretudo pelo segredo que guardará, e para garantia do qual conta com a honra de V. M. I. Sou honrado, Imperial Senhor; a honra, porém, não nos acalenta de grandes necessidades, pelo contrário nos aproxima mais delas: o tempo mostrara a V. M. I. a meu respeito digno ou não de caridade.[42]

De acordo com Lobo,[43] o período de 1853 a 1859 caracterizou-se pela inflação e pelo baixo poder aquisitivo salarial e, consequentemente, por um maior endividamento de

---

41 AMI, maço 120, documento 5.990.

42 *Ibidem,* grifos meus.

43 LOBO *et al,* 1973, p. 153.

alguns segmentos da população. Muitos procuravam o mercado de crédito bancário ou pessoal para fazer empréstimos, porém as condições creditícias, em geral, eram desfavoráveis pelas altas taxas e pelos curtos prazos. Segundo Marcondes,[44] "não apenas os menos afortunados revelavam-se premidos pela impossibilidade de honrar seus compromissos financeiros". Assim, apesar de o desenvolvimento do mercado de capitais[45] após 1850, somado ao Código Comercial e à legislação hipotecária de 1864/65, ter feito crescer a possibilidade de financiamento por meio de hipotecas e de instituições bancárias, as condições de empréstimo ainda se mostravam desfavoráveis em grande medida.

Devido a essas circunstâncias, ao que tudo indica, João Carlos Pereira Lago achou mais vantajoso negociar diretamente com o imperador.

Por fim, a última súplica se trata de um pedido de empréstimo a uma casa comercial, no qual a questão do subsídio governamental, as altas taxas de importação e a concorrência com estrangeiros são levadas em consideração.

O comerciante

Casa Comercial Maret & Lemos, rua do Rosário 92. Esse é endereço de uma casa especializada na fabricação e venda de chapéus de seda, na corte. A loja leva o nome dos sócios no empreendimento: Pedro Maret e João Inocêncio de Lemos. Esse último, em 3 de janeiro de 1854, escreve a Vossa Majestade para "salvá-lo em ocasião crítica". Relata seu desgosto com o "Corpo Legislativo [...] por não obter da Comissão, ao menos um parecer de alguma maneira favorável". A situação se explica: Lemos pedira que

> concedessem-[lhe] a quantia exigida, produto de quatro loterias, que são quarenta e oito contos, não como donativo, do que [ele] prescindia, mas sim como empréstimo, para cuja garantia [...] dava o [seu] estabelecimento, escravos obreiros, ou um fiador se [lhe] exigissem.[46]

Em uma segunda tentativa, conta que pediu que lhe concedesse "a matéria-prima livre de direitos, ao menos, aquilo que diz relativamente ao fabrico de sedas". E novamente a resposta foi: "nada, e nada!" Inconformado, analisa que "o mesmo não tem acontecido a muitos Estrangeiros, pois que estes têm conseguido com muito mais

---

44 MARCONDES, 2002, p. 167.

45 Com o fim do tráfico houve uma realocação dos recursos investidos nessa atividade para outras que incrementou as transações monetárias e financeiras, tais como a aquisição de ações de companhias (ferroviárias, de transporte urbano, iluminação a gás etc.) e de apólices da dívida pública.

46 AMI, maço 120, documento 5.973.

facilidade outros favores de maior monta para empresas ou fábricas [...] de utilidade ao País, como pode ser a [sua]" (segundo diz confessar o "Ex.mo Senr. Conselheiro Visconde de Olinda"). E continua:

> Sacrifiquei-me, Senhor, meu capital, e o de meu sócio, na formação do estabelecimento pelo qual pedia uma subvenção justa, na firme convicção de que o Governo de V. M. não deixaria de ser menos benigno para com um filho de seu País do que tem sido para com Estrangeiros, em maior escala.[47]

Lemos enfatiza o que chama de "uma verdade incontestável":

> não é possível, pagando os salários que pago, trinta, e quarenta por cento de direitos sobre a matéria prima, que uma fábrica neste pé, possa continuar sem auxílio: a sua manufatura que é igual, ou melhor que a da mesma natureza que se importa da Europa, não pode rivalizar em preço com esta pela sua mão de obra cara, e direitos fortes; acham-se atualmente em meu depósito obras acabadas no valor de dezesseis a vinte contos de réis, por não poder vendê-la em vista dos baixos preços, porque estão se vendendo importados da Europa, e cujos importadores, Senhor, parece-me que votaram o extermínio das nossas fábricas no País, (...) aniquilando as nossas manufaturas: e como não conseguir, Senhor, se o próprio Corpo Legislativo parece coadjuvar no seu fim de molestar-nos, pois que negam proteção à indústria Nacional![48]

Critica, dessa forma, os membros da comissão que compõem o Corpo Legislativo, dos quais cita Almeida e Albuquerque, Viriato Bandeira e Pessoas, e alega que "seu fim único é conseguir um lugar de emprego rendoso, ou um título que os distinga."

Para comprovar a situação da Casa Comercial Maret & Lemos, anexa à sua missiva o balanço comercial descritivo dos ativos e passivos da loja; uma cópia de um ofício que averigua a quantidade de funcionários, sua composição e os salários pagos; os custos com a matéria-prima importada, os direitos da alfândega; a dívida e a necessidade de mais mão de obra para a fábrica prosperar; anexa também uma declaração dos "Negociantes da Praça do Rio de Janeiro", na qual dois negociantes atestam a honradez das diversas transações feitas com Lemos.

---

47 *Ibidem.*

48 *Ibidem.*

Relata que em um memorial enviado um ano anterior, por ordem do próprio monarca, esse prometera proteção à sua fábrica. Ao ver todas as suas esperanças frustradas, recorre ao imperador por um empréstimo de 20.000$000 "para indenizar um usurário que leva-[lhe] o prêmio de quinze por cento ao ano". Desse último comenta:

> O meu credor, Senhor, é Luís José de Aguiar, por uma letra a vencer-se a vinte deste, sacrifico-me a vergonha de incomodar a V. M., por me ter prometido proteção, a ir socorrer um usurário, que o seu Deus é o dinheiro! É o exorbitante prêmio que arruína a muita gente insensata![49]

Garante que tem como restituir à sua majestade em menos de um ano, bastando que ordene a quem deva fazer a hipoteca. Dá a entender que tem dinheiro a receber por suas vendas em longo prazo, enquanto conta com o tempo de quatro meses para quitar as dívidas da compra da matéria-prima, e deixa entrever o modo como faz suas transações: "Vendo para as Províncias com grandes prazos, quando toda a matéria-prima que compro é a dinheiro ou por letras a quatro meses".

As reclamações de Lemos nos aproximam de outra já apontada por Eulália Lobo sobre o conde de Gestas:

> o conde de Gestas criticava a falta de proteção à manufatura por parte do governo, preocupado quase que exclusivamente com os problemas políticos. Segundo ele, o Estado não tomava medidas contra a concorrência estrangeira ou para favorecer a importação de máquinas e matérias-primas.[50]

A autora nos apresenta alguns dados interessantes: "[e]m 1827 já se nota substancial aumento da influência estrangeira, 269 negociantes em lojas registradas nacionais e 84 estrangeiras; em 1842, 71 e 90; em 1850, 322 e 263, respectivamente". Afirma que "[a]pesar da depressão econômica, da crise dos preços do açúcar, o comércio do Rio estava em expansão e, durante o período e fins do século XVIII a meados do XIX, modificava-se com a penetração dos negociantes estrangeiros."[51]

A tarifa Alves Branco, que taxava os importados, fez com que os custos da matéria-prima adquirida por Lemos aumentassem. De fato, muitas lojas de chapéus no

---

49 *Ibidem.*

50 LOBO *et al,* 1973, p. 138-139.

51 *Ibidem,* p. 140-141.

período chegaram a falir.[52] A Maret & Lemos não foi exceção. Faliu dois anos depois.[53] As tentativas frustradas de solucionar os problemas financeiros por meio de loterias, hipotecas e fiador não surtiram o efeito desejado em negociação com o Corpo Legislativo. A leitura feita por Lemos de seus insucessos responsabilizava a política de subsídio governamental, que, a seu ver, favorecia mais os estrangeiros do que os nacionais.[54] Daí, inferir que os imigrantes e os membros da comissão legislativa (mais preocupados com dinheiro e títulos) atravancam a indústria nacional.[55]

Endividou-se com seu credor[56] e como os vencimentos estavam próximos, pediu ao imperador que saldasse sua dívida,[57]e garantiu restituí-lo ao anexar cópia

---

52 Para mais informações sobre a falência de fábricas de chapéus no período, ver LOBO, 1978, p. 180, 189, 197 e 198.

53 O primeiro registro da falência da fábrica aparece no *Jornal do Commercio* em 1856. No ano posterior, era registrada sua concordata, a abertura de leilão e convocação de credores, sendo "tudo na forma prescrita no referido artigo 842 do Código Comercial, e [...] dos artigos 133 e 135 do regulamento n° 738 de 25/12/1850 e decreto [n° 1.368] de 18/4/1854". Cf. *Correio Mercantil*, n° 37, 7/2/1856, fl. 2; n° 174, 26/6/1857, fl. 2; n° 128, 12/7/1857, fl. 2.

54 As queixas presentes nos atos de Lemos foram compartilhadas pelos artistas chapeleiros e fabricantes de chapéus ao longo da segunda metade do século XIX. Dentre os exemplos, podemos citar as representações que artistas e fabricantes submeteram à Sociedade Auxiliadora da Indústria Nacional em 1876 para que a organização defendesse a indústria nacional de chapéus frente à concorrência e ao favorecimento das indústrias e dos produtos estrangeiros. Para mais informações sobre a querela entre nacionais e estrangeiros, ver LOBO, 1978, p. 197-200.

55 Entretanto, não é o que apontava o *Correio Mercantil* de 1853. O periódico traçava um paralelo entre a fábrica de algodão, em Andaraí, de Diogo Harlley e a fábrica de chapéus, na corte, de João Inocêncio de Lemos. O escopo de tal comparação era justificar a concessão do subsídio governamental de 100.000$000 à Harlley e a não concessão dos 48.000$000 requeridos por Lemos. Dessa forma, não apenas ressaltava a pouca expressividade da fábrica de chapéus em relação à de algodão, como também afirmava que seu empreendimento era estrangeiro, e não nacional, como o do Andaraí. Por fim, além de especular que Lemos não seria o verdadeiro proprietário do negócio, acusava-o de empregar muito menos do que relatava em seu requerimento, já que fazia uso de máquinas a vapor que só servia "para poupar braços". Por isso tudo, concluiu o jornal: "para que há o Sr. Innocencio pedir, e o governo dar-lhe a avultada quantia de 48.000$000?" Cf. *Correio Mercantil*, n° 217, 5/8/1853, fl. 2.

56 Sobre a prevalência dos empréstimos pessoais sobre os bancários, Marcondes (2002, p. 148) infere que: "[a] modernização do mercado de capitais no país (bancos, sociedades acionárias etc.) encontrava-se limitada pelas imperfeições de mercado (elevados custos de transação e assimetria de informações, principalmente em regiões distantes dos grandes centros comerciais), as quais asseguravam a dominância do crédito pessoal. Este último, pautado por uma rede de relações de amizade, parentesco e dependência pessoal, facilitava a obtenção de informações sobre o devedor e o monitoramento sobre os pagamentos dos juros e amortizações".

57 Por trás dos problemas apontados por Lemos que causaram prejuízos financeiros à sua fábrica e seu endividamento com credores reside outra razão, de foro íntimo, pelo qual o comerciante apela para a

de seu balanço comercial, do ofício avaliativo da fábrica e da carta aos negociantes da praça do Rio de Janeiro.

Considerações finais

Por meio das súplicas por dinheiro escritas ao imperador dom Pedro II ao longo do Segundo Reinado dimensionamos, em parte, como as significativas mudanças a partir de 1850 (Lei de Terras, abolição do tráfico e Código Comercial) foram marcadas por ambiguidades e contradições em várias questões delicadas a essa sociedade, como a da propriedade. Nesse sentido, os meados do século XIX representaram um período de transformações na estrutura político-econômico-social, em resposta à expansão do mercado internacional, entremeadas por rupturas e resistências das mais diversas ordens.

Essas modificações, na segunda metade do Oitocentos, corroboram "uma mudança nos critérios de atribuição de importância social aos indivíduos [na qual] [...] a situação financeira [...] e sua importância profissional passaram a ser os principais indicadores da sua posição na hierarquia social".[58] Contudo, essas transformações alteraram pouco a concepção sobre o trabalho, no qual o produto "capitalista" era gerado por meio da relação de trabalho ainda marcada pela patronagem e pelo patriarcalismo, típicos da sociedade escravista brasileira.[59] Esses valores e modo de relacionar ainda regiam, em grande medida, o comportamento social nas negociações. Alguns suplicantes, aqui tratados, usaram esse mesmo recurso, ao recorrer por escrito a dom Pedro II, no sentido de persuadir seja pelo merecimento, seja pelo direito que acreditavam possuir.

Se entendermos as súplicas na sua dimensão de petição, essa "já fazia parte da tradição portuguesa desde tempos imemoriais",[60] como também era um instrumento legal garantido por meio da

> alínea 30 do artigo 179 da Constituição de 1824, que estabelecia que todo cidadão poderia apresentar "por escrito, ao Poder Legislativo e ao

---

ajuda do monarca para saldar suas dívidas, recomendando-se a maior discrição: "Rogo mais uma vez a V. M., fiado em sua bondade conhecida, de guardar o maior sigilo disto, pois tenho, talvez, de *desposar em pouco tempo uma filha de família abastada* que tem de fazer a minha felicidade, o *que não aconteceria se deixasse de fazer o pagamento forçado dos vinte contos que peço à V. M.* para indenizar a um usurário" (AMI, maço 120, documento 5.973, grifos meus).

58   SOARES, 2007, p. 80.

59   Cf. MARTINS, 1986.

60   PEREIRA, 2008, p. 104.

Executivo, reclamações, queixas ou petições". O instrumento facultava ainda o direito de expor qualquer infração da Constituição perante a competente autoridade e da efetiva responsabilidade dos seus infratores. [...] Entretanto, os legisladores não clarificaram a definição de quem poderia peticionar, queixar-se ou reclamar. [...] Além disso, não estava claro se as petições deveriam ser assinadas por uma ou mais pessoas.[61]

Ao analisar atentamente as súplicas denotamos certa confusão entre o público e privado, que começa a ganhar contornos no século XIX. Nas súplicas fica evidente o apelo pessoal/institucional a dom Pedro II. A esse, ao mesmo tempo em que se fazem confissões sigilosas como a um pai ou amigo, também se pede/negocia proteção, esmola, empréstimo ou até mesmo se reivindica algo (geralmente, como um último recurso). Nesse sentido, mescla-se também o imaginário coletivo em torno da realeza, da pessoa sagrada e virtuosa do rei, como também daquele que seria o maior representante do governo, capaz de promover justiça em última instância.

Se recorriam ao poder moderador ou se na realidade era mais uma questão de indefinição em torno das relações entre os poderes,[62] ficaremos, por ora, nas indagações. De toda maneira, os suplicantes, ao mesmo tempo em que relatavam suas vivências e dificuldades no sentido de convencer o imperador a agir em suas causas, deixavam a entrever seus posicionamentos em diversas questões, bem como suas estratégias de sobrevivência e modalidades de ação nessa sociedade.

Referências

Manuscritos

Arquivo do Museu Imperial de Petrópolis (AMI): maço 108, documento 5.302; maço 120, documento 5.990; maço 120, documento 5.973; maço 163, documento 7.560; maço 179, documento 8.156.

Impressos

Coleção das Leis do Império do Brasil de 1850.

---

61 *Ibidem.*

62 Sobre a irresponsabilidade e inviolabilidade do Poder Moderador e suas relações com os demais poderes, ver BARBOSA, 2001.

Periódicos

Correio Mercantil, 1853, 1856 e 1857.

Revistas

Revista da Biblioteca Nacional, ano 8, n° 86, nov. 2012.

Livros, artigos, teses e dissertações

BARBOSA, Silvana Mota. A Sphinge Monárquica: o poder moderador e a política imperial". Tese (doutorado) – Unicamp, Campinas, 2001.

COSTA, Emilia Viotti da. Coroas de glória, lágrimas de sangue: a rebelião dos escravos de demerara em 1823. São Paulo: Companhia das Letras, 1998.

_____. Da Monarquia à República: momentos decisivos. 9ª ed. São Paulo: Editora Unesp, 2010.

GIZLENE, Neder. Iluminismo jurídico-penal luso-brasileiro: obediência e submissão. Rio de Janeiro: Freitas Bastos, 2000.

GUIMARÃES, Carlos Gabriel. "O império e o crédito hipotecário: o estudo de caso do Banco Commercial e Agrícola 1858-1861". I° Seminário Interno do Programa de Pós-Graduação em Desenvolvimento Socioeconômico, Universidade Federal do Maranhão, 2013.

LEVY, Maria Bárbara. A indústria do Rio de Janeiro através de suas sociedades anônimas. Rio de Janeiro: Editora UFRJ, 1994.

LINHARES, Maria Yedda; SILVA, Francisco Carlos. História da agricultura brasileira. São Paulo: Brasiliense, 1981.

LOBO, Eulália Maria Lahmeyer. História do Rio de Janeiro (Do capital comercial ao capital industrial e financeiro). Rio de Janeiro: Instituto Brasileiro de Mercado de Capitais, 1978.

LOBO, Eulália Maria et al. "Estudo das categorias socioprofissionais, dos salários e do custo da alimentação no Rio de Janeiro de 1820 a 1930". Revista Brasileira de Economia, Rio de Janeiro, n° 4, vol. XXVII, out./dez. 1973.

MARCONDES, Renato Leite. "O financiamento hipotecário da cafeicultura no Vale do Paraíba paulista (1865-1887)". *Revista Brasileira de Economia*, Rio de Janeiro, n° 1, vol. LVI, jan./mar. 2002, p. 147-170.

MOREIRA, Vania Maria Losada. "Os índios e o Império: história, direitos sociais e agenciamento indígena". *XXV Simpósio Nacional de História*. Simpósio Temático 36: Os índios na História, Unicamp, Campinas, jul. 2009.

_____. "Terras indígenas do Espírito Santo sob o regime territorial de 1850". *Revista Brasileira de História*, São Paulo, n° 43, vol. XXII, 2002.

MARTINS, José de Souza. *O cativeiro da terra*. São Paulo: Hucitec, 1986.

MOTTA, Márcia. *Nas fronteiras do poder*: conflito e direito à terra no Brasil do século XIX. Rio de Janeiro: Vício de Leitura/Arquivo Público do Estado do Rio de Janeiro, 1998.

PEREIRA, Vantuil. "Petições: liberdades civis e políticas na consolidação dos direitos do cidadão no Império do Brasil (1822-1831)". In: RIBEIRO, Gladys Sabina (org.). *Brasileiros e cidadãos*: modernidade política 1822-1930. São Paulo: Alameda Casa Editorial, 2008.

RIBEIRO, Gladys Sabina; FERREIRA, Tânia Maria T. B. da Cruz (orgs.). *Linguagens e práticas da cidadania no século XIX*. São Paulo: Alameda Casa Editorial, 2010.

SILVA, Ligia Osório. "As leis agrárias e o latifúndio improdutivo". *São Paulo em Perspectiva*, São Paulo, n° 2, vol. XI, abr./jun. 1997.

SOARES, Luiz Carlos. *O "povo de Cam" na capital do Brasil*: a escravidão urbana no Rio de Janeiro do século XIX. Rio de Janeiro: Faperj/7Letras, 2007.

Diplomacia a serviço do Império: Duarte da Ponte Ribeiro e o processo de aproximação entre o Brasil e a República do Peru (1829-1832)[1]

CRISTIANE MARIA MARCELO

Buscamos com este artigo fazer uma análise inicial sobre as contribuições do diplomata Duarte da Ponte Ribeiro (1795-1878) no processo de consolidação do poder do Império do Brasil junto às repúblicas do Pacífico (especialmente Peru, Bolívia e Chile) no contexto do pós-independência. Nos limites deste texto, optamos por analisar a primeira missão diplomática por ele encabeçada junto à República do Peru, entre 1829-1832. Era a primeira vez que o Brasil se fazia representar naquela parte do território americano, até aquela época ignorada no campo das relações internacionais do Império. Nesse sentido, caberá uma discussão em torno das intenções do governo brasileiro para tal aproximação. Da mesma maneira, exploraremos alguns temas que estiveram na pauta de discussão do diplomata nos quase três anos de representação e de que maneira tais debates interessavam à Monarquia.

A decisão do Brasil de mandar uma primeira missão diplomática ao Peru, em 1829, relaciona-se, inicialmente, à necessidade de ampliação dos laços de amizade e solidariedade cruciais para o processo de reconhecimento do poder da única Monarquia do continente pelas repúblicas do Pacífico. Essa legitimação era importante para, no futuro, resolverem-se questões que emergiram com o processo de independência, tais como os acordos de limites territoriais e de navegação, além dos tratados de aproximação política e comercial, que eram importantes para promover a maior integração da região.[2]

---

1   O texto é o resultado parcial de uma pesquisa de doutorado desenvolvida no Programa de Pós-Graduação em História da Universidade do Estado do Rio de Janeiro (Uerj) sob orientação da Prof.ª Dr.ª Lúcia Bastos. É financiada pela Fundação de Amparo à Pesquisa do Estado do Rio de Janeiro (Faperj).

2   SANTOS, 2002, p. 19-41.

Importante destacar que, entre 1826 e 1827, a corte brasileira já tinha recebido a visita de dois ministros plenipotenciários, Leandro Palácios, da Grã-Colômbia (que englobava os atuais territórios do Panamá, da Colômbia, da Venezuela e do Equador sob o domínio direto de Simon Bolívar), e José Domingos Cáceres, do Peru, com o intuito de estreitar laços de amizade e estabelecer tratados de limites. Naquela ocasião, o Brasil argumentou que precisava de mais estudos para o estabelecimento de tratados territoriais e recusou as duas propostas. Assim, essa primeira viagem de um representante brasileiro ao Peru pode ser encarada como uma resposta positiva à política de diálogo iniciada por aqueles governos. Naquela mesma oportunidade, Luís de Sousa Dias foi nomeado para representar os interesses da Monarquia junto ao governo da Grã-Colômbia.

Os motivos da escolha inicial de Duarte da Ponte Ribeiro para inaugurar esse diálogo ainda são, para nós, uma incógnita, uma vez que, à época da nomeação, tinha uma carreira médica minimamente consolidada e sua experiência e seu conhecimento em diplomacia eram praticamente nulos. Segundo seus biógrafos, Ponte Ribeiro nasceu a 2 de março 1795 em uma família de médicos-cirurgiões, em Portugal, na freguesia de São Pedro de Pavolide, bispado de Vizeu, e veio para o Brasil com a família real, em 1808, na companhia de seu mestre, Joaquim da Rocha Mazarém, primeiro cirurgião da nau *Príncipe Real*.[3] No Brasil, seguiu os passos do pai, o cirurgião João da Costa Quiroga da Ponte Ribeiro, e deu continuidade aos seus estudos universitários no curso de cirurgia na escola anatômica, cirúrgica e médica do Real Hospital Militar do morro do Castelo. Enquanto estudava, atuou como cirurgião de bordo, visitou vários portos na Europa, Ásia e África e deu diversas provas de sua capacidade profissional. Isso facilitou a obtenção da carta de cirurgião, em 14 de setembro de 1811. Estava ele com apenas 17 anos incompletos e terminou o curso em três anos, quando o normal eram cinco. Em 1819, foi nomeado cirurgião-mor da Câmara da Vila de Praia Grande, atual Niterói. Naquele mesmo ano entrou para a burocracia e assumiu o cargo de tesoureiro do selo, que em 1820 foi acumulado com o de tesoureiro da fazenda dos defuntos e ausentes. Esse último cargo se tornou vitalício pelo alvará de 1 de fevereiro de 1821. Quando do processo de independência, jurou fidelidade à causa brasileira e se naturalizou.[4] O abandono da medicina e a entrada na carreira diplomática ainda são fruto de algumas controvérsias. Joaquim Manuel de Macedo argumenta que o aproveitamento

---

3   SOUZA, 1952, p. 5-7; MACEDO, 1878, p. 487.

4   GUIMARÃES, 1938, p. 394-397; GOYCOCHEA, 1942; MIRANDA, 1996, p. 112.

de Ponte Ribeiro deveu-se a um acidente do cirurgião com uma espingarda, em 1824, que acabou lhe tirando parte da mão e do braço esquerdos.[5] Ficou, portanto, impedido de medicar. José Antonio Soares de Souza, autor do primeiro e, até o momento, único estudo sistematizado sobre a obra do diplomata em questão, contesta essa versão e diz que o braço atingido foi o direito, e não por uma espingarda, mas sim por uma infecção, quando era ministro residente em Buenos Aires, em 1842, que provocou um princípio de gangrena que quase o fez perder o membro e causou-lhe dificuldades na escrita.[6] Para Virgilio Correia Filho, Duarte da Ponte Ribeiro não estava totalmente realizado na profissão e, por isso, abandonou a carreira progressivamente e assumiu postos burocráticos enquanto ainda atuava como médico.[7] Um biógrafo anônimo, por outro lado, aventou a possibilidade de ele ter atendido a um convite do governo que "apelara para o seu patriotismo e para os seus talentos a fim de defender no estrangeiro respeitáveis interesses do Império".[8]

Independentemente de qual(is) tenha(m) sido o(os) motivo(os) dessa reviravolta na trajetória do médico, concordamos com Jacques Le Goff quando ele nos ensina que as descontinuidades fazem parte da vida de qualquer sujeito.[9] Não se pode querer dar conta de ou explicar todas as etapas da vida de um indivíduo, caso contrário incorreremos numa *ilusão biográfica* tão criticada por Pierre Bourdieu.[10] Quentin Skinner, por seu lado, postula que as contradições e divergências no pensamento ou na trajetória de um indivíduo não devem ser tratadas como obstáculos, e sim como objetos de reflexão. Ignorar as contradições, afirma o autor, é dar margem à manipulação de ideias que busca uma coerência interna inexistente.[11]

Considerando que durante o século XIX ainda era forte o valor conferido às graças e mercês, é bem provável que o médico tenha aceitado o convite do governo interessado em alguma forma de promoção social que na carreira médica talvez fosse mais difícil.[12] Por outro lado, no pós-1822, era premente a necessidade de homens

---

5   DISCURSO, 1878, p. 489-496.

6   SOUZA, 1952, p. 238.

7   CORREIA FILHO, 1946.

8   IHGB, lata 560, pasta 21. Traços biográficos de Duarte da Ponte Ribeiro.

9   LE GOFF, 1999, p. 21.

10   BOURDIEU, 1996, p. 183-191.

11   SKINNER, 2002, p. 100-101.

12   Sob pena de incorrer em algum tipo de anacronismo, é preciso salientar que só depois de entrar para a carreira diplomática Ponte Ribeiro foi agraciado com a comenda da Ordem de Cristo, com o foro

de governo dispostos a conseguir o reconhecimento da independência do Brasil nos quatro cantos do mundo. Naquele primeiro momento, a formação moral, a capacidade de lidar com o imprevisível e a destreza do representante de defender os assuntos de interesse do Império eram condições primordiais para sua nomeação, já que até 1846 a carreira diplomática careceu de toda e qualquer regulação.[13]

Ponte Ribeiro recebeu sua primeira missão em 1826, quando foi incumbido de convencer o governo espanhol a reconhecer a independência do Brasil. A ação foi um fracasso, pois o representante brasileiro não conseguiu sequer ser recebido pelo ministro dos Negócios Estrangeiros, dom Manuel Gonzáles Salmon, e ainda foi acusado de entrar ilegalmente no país. Tal comportamento do ministro pode ser entendido como uma estratégia de retaliação pelo fato de o Brasil ter anexado a Província Cisplatina ao seu território.

Depois dessa malfadada experiência, Ponte Ribeiro não mais voltaria à Europa em missão diplomática e a América do Sul tornou-se a sua principal área de atuação. Destacamos em particular as missões nas repúblicas do Pacífico (Peru, Bolívia e Chile), onde esteve em três oportunidades.[14] Embora o objetivo em cada missão diplomática fosse, *a priori*, iniciar discussões para o estabelecimento de acordos comerciais e de limites, Ponte Ribeiro sempre foi além e buscou registrar suas impressões sobre a situação política, cultural, financeira, militar e até mesmo social de cada uma das repúblicas que visitara e das vantagens que o governo brasileiro deveria tirar delas. Como bem destaca o professor Paulo Roberto de Almeida, Ponte Ribeiro foi um verdadeiro "cronista dos lances políticos e guerreiros que se desdobravam nas Repúblicas do Peru, Bolívia e Chile".[15]

O fato de não ter ficado preso à burocracia dos cargos que assumiu ao longo de sua carreira, aliado à sua paixão desenfreada de vasculhar os arquivos por onde

---

de fidalgo cavaleiro da Casa Imperial e com o título de barão, em 1873, como reconhecimento pelos serviços prestados à Monarquia (ADONIAS, 1984).

13 Em 1846, o ministro Aureliano de Sousa e Oliveira Coutinho (visconde de Sepetiba) sugeriu um primeiro Regulamento da Secretaria dos Negócios Estrangeiros, que posteriormente foi reformado por José Maria da Silva Paranhos, futuro visconde do Rio Branco.

14 Entre 1829-1832 esteve no Peru, entre 1836-1841 atuou como encarregado de negócios na Confederação Peru-Boliviana e entre 1851-1852 encabeçou uma missão extraordinária às repúblicas do Pacífico e à Venezuela. Ponte Ribeiro também foi encarregado de negócios no México (1833-1835) e ministro residente em Buenos Aires (1842-1843).

15 ALMEIDA, 2005, p. 16-19.

passava, fez com que, em pouco tempo, o diplomata se tornasse autoridade de referência nas problemáticas que envolviam a América do Sul, a ponto de ser nomeado para presidir, entre 1841-1842, a terceira seção da Secretaria de Estado de Negócios Estrangeiros, dedicada às relações do Brasil com os países fronteiriços. Mesmo depois que foi colocado em disponibilidade, em 1853, continuou com suas pesquisas e atuou como conselheiro dos ministros. Era a ele que os funcionários daquela secretaria geralmente recorriam quando necessitavam esclarecer ou se posicionar diante de alguns questionamentos com as repúblicas vizinhas. Ponte Ribeiro emitia pareceres, redigia instruções, escrevia memórias sobre diversos temas que estavam na agenda externa do governo brasileiro, principalmente no que tange às questões fronteiriças. Não foi à toa que entrou para a história como o *Fronteiro-mor do Império*, a ponto de ser equiparado àquelas mesmas funções desempenhadas por Alexandre de Gusmão, no período colonial, e pelo barão do Rio Branco, durante a República, embora não tenha conquistado o mesmo prestígio e a mesma consideração que seus colegas de profissão.[16] Ponte Ribeiro foi ainda uma das poucas vozes que, durante o século XIX, defenderam um maior envolvimento do Brasil com os temas relacionados à integração do continente americano.

De todo modo, a tarefa assumida pelo inexperiente diplomata quando de sua primeira missão ao Peru entre 1829 e 1832 era um tanto desafiadora. Conforme demonstram as orientações recebidas do ministro dos Negócios Estrangeiros, marquês de Aracati, a 9 de março de 1829, deveria Ponte Ribeiro estreitar laços políticos, afastar a ideia de que a Monarquia representava uma ameaça às repúblicas vizinhas e averiguar possibilidades de estabelecer acordos comerciais sob princípios liberais, "a fim de se animarem cada vez mais as relações de amizade e boa vizinhança entre os dois Estados limítrofes".[17]

Tais orientações iam ao encontro das necessidades da época. A instabilidade política e econômica que caracterizou o Primeiro Reinado dificultou a elaboração de um plano específico de política externa para a região do Pacífico. Naquele contexto, a perda da Província Cisplatina (1828) trouxe sérias consequências à débil economia brasileira; a renovação dos tratados com a Inglaterra, que previam o fim do tráfico de escravos, sem a consulta do Parlamento, que se encontrava fechado até 1826, criou mais um foco de conflito entre os deputados e o imperador; a outorga de uma

---

16   A expressão é de Luis Felippe Goycochêa (1942).

17   "Despacho de 29 de março de 1829. Instruções do Marquês de Aracati para Duarte da Ponte Ribeiro". *Cadernos do CHDD*, n° 12, 2008, p. 107.

constituição (1824) e a Confederação do Equador (1824), em reação ao absolutismo de dom Pedro I, fragilizaram ainda mais a estrutura do país recém-independente. Naquelas condições, seria quase que impossível pensar em propostas de relacionamento externo consistente que não fossem a aproximação política e econômica para o reconhecimento do poder do Império e para desfazer alguns inconvenientes gerados por um sistema político semelhante ao adotado pelos países europeus.

Amado Cervo e Clodoaldo Bueno argumentam que a recorrência aos tratados de comércio para agilizar o processo de reconhecimento de nossa independência foi usada com os países europeus ao longo do Primeiro Reinado e causou profundos danos aos cofres públicos do Brasil. Para os autores, "o reconhecimento a ser obtido a qualquer preço foi um trágico erro do cálculo político", porque havia um medo infundado de perda da integridade do território. Percebe-se, dessa maneira, "uma disposição do governo brasileiro de oferecer privilégios para apressar o reconhecimento", privilégios esses baseados, principalmente, em favores e benefícios econômicos às nações europeias que causariam complicações econômicas à jovem nação brasileira até a década de 1840.[18] Pelas orientações recebidas por Ponte Ribeiro, percebe-se que essa foi a mesma política adotada para os países da América do Sul, embora a maioria dos tratados, até o Segundo Reinado, não tivesse passado da fase de negociação.

A adoção do sistema monárquico constitucional liderado por um herdeiro da casa dos Bragança causava estranhamento aos demais governos sul-americanos adeptos do sistema republicano. Temia-se, certamente, algum objetivo brasileiro de aproveitar-se de sua superioridade territorial e monarquizar a América.

O governo monárquico do Brasil era constantemente associado às antigas metrópoles europeias, já que o rompimento político com Portugal tinha se baseado num resgate financeiro, e não em uma luta revolucionária. Assim, acreditava-se que a nação brasileira em construção seria o elo entre os dois continentes e uma agente da Santa Aliança que se posicionaria contra os movimentos independentistas da América do Sul. Em suma, a sustentação de uma monarquia constitucional num continente rodeado de repúblicas foi um dos principais desafios do Brasil nesse primeiro momento de legitimação.

Simon Bolívar, ao defender uma confederação entre os países independentes, dizia que "este imperador do Brasil e a Santa Aliança são uma unidade e se nós, os povos livres, não formarmos outra, estaremos perdidos". Francisco de Paula Santander, vice-presidente da Grã-Colômbia, por sua vez, via o Império como "a reserva da

---

18 CERVO e BUENO, 2008, p. 26-39.

Santa Aliança, dos Bourbons e dos inimigos de nossa independência, e em tal conceito é do nosso dever evitar por todos os meios que usem essa reserva e a ponham em movimento".[19]

O Incidente de Chiquitos, ocorrido entre abril e maio de 1825, serviu para aflorar esses medos e quase provocou a formação de uma liga antibrasileira entre algumas repúblicas sul-americanas. Chiquitos era uma província boliviana governada por Sebastião Ramos. Desejando resistir às tropas revolucionárias de Antonio José de Sucre e manter-se fiel à Coroa espanhola, Ramos pediu proteção ao governo de Mato Grosso, que, sem consultar a corte no Rio de Janeiro, anexou aquela província ao seu território.

Esse ato foi encarado como uma tentativa de expansionismo brasileiro sobre os governos republicanos e o general Sucre logo tratou de organizar uma força contrarrevolucionária para não só vingar aquela anexação, mas "entrar em Mato Grosso e revolucionar todo o país, proclamando a liberdade, os princípios republicanos e democráticos", pois considerava aquela atitude "a mais escandalosa violação do direito internacional e do direito das gentes, que não podemos suportar com tranquilidade".[20] Sucre ainda buscou o apoio de Simon Bolívar – que lhe recomendou agir com cautela, por acreditar que havia uma proximidade entre o Brasil e a Santa Aliança – e das províncias unidas argentinas, pois sabia dos interesses daquela região sobre a Cisplatina, ocupada pelo governo brasileiro. Sechinger sustenta que a formação da liga antibrasileira só não foi para frente pelo fato de as autoridades de Mato Grosso terem voltado atrás da anexação antes mesmo da desautorização de dom Pedro I.

Da mesma maneira, a resistência brasileira em reconhecer a independência da Província Cisplatina serviu para aumentar a imagem negativa construída pela Monarquia. Luis Cláudio Villafañe Gomes Santos lembra que houve até uma iniciativa diplomática por parte da confederação argentina que visitou Peru, Bolívia e Chile a fim de sugerir uma ação conjunta daquelas repúblicas para obrigar o Brasil a se retirar da antiga província espanhola. No entanto, os conflitos internos pelos quais aqueles governos passavam e a própria desaprovação do governo inglês, que à época tinha bastante peso, impediram a consecução desse projeto.[21]

O desafio, portanto, era grande. Nomeado encarregado de negócios e cônsul-geral no Peru por decreto de 10 de fevereiro de 1829, Ponte Ribeiro só chegou a

---

19   *Apud* SANTOS, 2002, p. 32.

20   SECHINGER, 1976, p. 243.

21   SANTOS, 2002, p. 25.

seu destino em 27 de agosto daquele mesmo ano, porque antes precisou passar por Montevidéu, Buenos Aires[22] e Santiago, onde tentou, a pedido do governo, estreitar alguns laços políticos e comerciais, sem sucesso algum. Em cada uma dessas etapas, Ponte Ribeiro mostrou-se um arguto observador das sociedades americanas que começavam a andar com as próprias pernas e a enfrentar os próprios desafios no processo de construção da nação.

O clima político, econômico, financeiro e militar vivido pelo Peru, no entanto, dificultou qualquer tipo de diálogo entre o encarregado de negócios e o ministro das Relações Exteriores daquela República.[23] Nos quatro primeiros meses em que esteve naquele país (entre agosto e dezembro de 1829), Ponte Ribeiro testemunhou problemas de diversas naturezas. Havia um conflito armado entre o Peru e a Grã-Colômbia pelo domínio do porto de Guayaquil, por ser "único onde há madeira de construção", além de ser o mais seguro do Pacífico. O líder do governo peruano, Agustín Gamarra, que assumira em 25 de novembro de 1829, temia a proximidade política dos departamentos peruanos de Cuzco, Puno e Arequipa com Andrés Santa Cruz, presidente da Bolívia, que tinha objetivos expansionistas e desejava conquistar uma saída para o mar. Havia ainda diversas tentativas de algumas províncias se separarem do governo central e para tanto recebiam o incentivo de alguns líderes políticos inimigas de Gamarra, como Riva Aguero (protegido de Santa Cruz) e o general La Fuente.

Além disso, fazia mais de cinco meses que os funcionários não recebiam seus salários. A defesa do território também passava por dificuldades, pois o Exército contava com quatro mil homens, "duas más convertas, dois brigues e uma escuna". O estado financeiro foi qualificado como "deplorável", porque a falta de braços dificultava o funcionamento das minas e as máquinas se encontravam em verdadeira ruína.[24]

Diante dessa realidade, foi difícil para Ponte Ribeiro encontrar espaço para tratar dos interesses econômicos do Brasil. Em dezembro de 1829, justificava-se ao marquês de Aracati pela ausência de novidades e informava sobre a instabilidade do ministério, o que o tinha "feito abster de falar em tratados de comércio". Acreditava Ponte

---

22 Ponte Ribeiro ficou preso por dois meses nessa capital por conta de movimentos revolucionários provocados pela ascensão de Rosas e a consequente derrocada do Partido Unitário, liderado por Rivadávia e Aguero, que fugiram para a França (SOUZA, 1952, p. 22-24).

23 José Roberto de Andrade Filho nos esclarece que ao longo do XIX "o título de Encarregado de Negócios se referia ao chefe de representações diplomáticas em países com os quais a relação com o Brasil era tênue" (ANDRADE FILHO, 2002, p. 507-513).

24 Ofício de 14/9/1829. *Cadernos do CHDD*, nº 17, 2010, p. 315-317.

Ribeiro que mesmo num clima político conturbado seria possível dar seguimento a essa discussão, desde que entrasse Pando [novo ministro dos Negócios Estrangeiros no Peru], "com quem tenho familiaridade, para privadamente sondar as disposições do governo a este respeito".[25]

Enquanto não tinha abertura para discutir as questões concernentes a um tratado de comércio, o diplomata tratou de consultar as disposições do governo peruano referentes a outras problemáticas que também preocupavam o Império. Nesse sentido, os direitos sobre a navegação do rio Amazonas foram um dos temas que estavam na pauta de discussão. Em uma conversa com alguns ministros peruanos percebeu Ponte Ribeiro que havia por parte do governo o desejo de navegação do Amazonas, pois argumentavam existir um farto comércio entre a república inca e o Brasil. Proibido de iniciar o diálogo sobre questões de limites fluviais, a estratégia do diplomata foi negar a existência desse "farto comércio" e mostrar que as relações econômicas entre os dois países resumiam-se até aquele momento à compra e venda de tabaco.

Na mesma ocasião, Ponte Ribeiro teve conhecimento dos interesses dos proprietários dos departamentos de Tarma, Jauja, Huanesco e Jaen de usar a navegação do Amazonas para extrair os produtos de que necessitavam. Havia também iniciativas de uma companhia inglesa de estabelecer barcos a vapor naquele rio.

Sobre os interesses dos proprietários peruanos Ribeiro acalmou o governo e argumentou que tudo não passava de vontades por uma razão simplíssima, "da impossibilidade por parte daquele governo de mantê-la, ou mesmo, de navegar os afluentes do Amazonas, que dariam acesso a este rio". No entanto, a situação podia se modificar. Quanto às iniciativas inglesas, o diplomata ressaltou que era preciso ficar alerta, pois os marinheiros britânicos já vinham fazendo expedições exploratórias pelo Pará.[26]

É preciso destacar que, durante o século XIX, o Império mostrou-se bastante reticente quanto à liberação da navegação da parte brasileira do rio Amazonas para seus vizinhos. De certo, num primeiro momento, havia o temor de perda de soberania, já que o caráter transnacional daquele rio (corta vários países ao norte da América do Sul) e a parca ocupação da região facilitavam a ingerência de outros países no território, o contrabando e a extração de produtos à revelia do governo brasileiro.

A partir do início da década de 1850, no entanto, a constante pressão dos Estados Unidos e a possibilidade de aliança daquele país com os povos ribeirinhos ao norte

---

25 Ofício de 16/12/1829. *Cadernos do CHDD*, n° 17, 2010, p. 340-343.

26 *Ibidem.*

do continente americano fizeram o Brasil, depois de muitos debates internos, dar início a uma política de acordos e convenções bilaterais para garantir a abertura regulada do Amazonas aos povos que necessitavam navegá-lo para incrementar seu comércio. Paulino José Soares de Souza, o futuro visconde do Uruguai, principal artífice desses acordos, sustentou que assim o Brasil teria argumentos para também defender a navegação do rio da Prata, controlada pelo líder portenho Juan Manuel de Rosas. A abertura do Amazonas à navegação internacional só ocorreu em 1867, durante a Guerra do Paraguai, como resposta a uma possível liga antibrasileira incentivada pelos Estados Unidos.[27]

Juntamente com os limites fluviais, os debates em torno do estabelecimento das fronteiras territoriais foi outro tema que Ponte Ribeiro teve de remediar. Em dezembro de 1829, informou ao marquês de Aracati sobre os interesses de "indivíduos [que] têm falado na necessidade de fixar os limites do Peru com o Brasil". Entretanto, pelas orientações recebidas em março daquele ano, o encarregado de negócios sabia que estava terminantemente proibido de iniciar diálogo sobre aquele assunto. Por outro lado, os próprios peruanos reconheciam que ainda era muito cedo para estabelecer tratado de tamanha envergadura. Dizia ele: "Este governo reconhece as dificuldades de um tratado, e sempre que houve conversação sobre este assunto não me foi difícil convencer que devia deixar-se para mais tarde".[28] Dessa maneira, Ponte Ribeiro seguia à risca a ordem recebida e tratava de afastar qualquer fantasma que colocasse em causa a sua fidelidade aos interesses da Monarquia.

Pelo menos até a década de 1840 os diplomatas brasileiros foram impedidos de sentar-se à mesa para tratar de negócios de fronteiras com as repúblicas vizinhas: o governo ainda carecia de estudos mais aprofundados em arquivos sobre as nossas potencialidades para decidir a melhor estratégia a ser empregada quando fosse o momento de arguir a respeito dessa demanda. Para alguns, dever-se-ia considerar os tratados assinados em 1777 por Portugal e Espanha e para outros, como Ponte Ribeiro, era preciso colocar em prática o princípio do *uti possidetis* que implicava respeitar os territórios realmente ocupados pelos países contratantes à época da independência.

A primeira tentativa para o estabelecimento de um acordo de fronteiras entre Brasil e Peru ocorreu somente em 1841, quando da segunda viagem diplomática de Ponte Ribeiro àquela República. O tratado – firmado em 8 de julho daquele ano com Manuel Ferreyos, ministro das Relações Exteriores do Peru – foi assinado com

---

27 ARIAS NETO, 2008, p. 227-263.

28 Ofício de 26/12/1829. *Cadernos do CHDD*, n° 17, 2010, p. 347.

base no princípio do *uti possidetis*. Também ficou garantida a navegação do Amazonas. Entretanto, para frustração de Ponte Ribeiro, o acordo não foi ratificado pelo governo brasileiro, que não dera anuência ao diplomata para negociar um tratado com base em um princípio sobre o qual ainda não se tinhamos devidos esclarecimentos e as devidas concordâncias.[29] Outro acordo de igual natureza só seria assinado dez anos depois – também com a participação de Ponte Ribeiro – quando o *uti possidetis*, enfim, tornou-se a base doutrinária para a assinatura dos tratados de limites do Brasil com os demais países fronteiriços.[30]

Quando chegou ao Peru, uma das principais tarefas de Ponte Ribeiro era, justamente, averiguar e afastar o temor gerado pelo único governo monárquico do continente. Até onde pôde apurar, naquele primeiro momento, esse temor inexistia. Ponte Ribeiro chegou mesmo a receber várias congratulações pelo exemplo de organização do Império. Ao mesmo tempo percebeu que havia algumas tendências monarquistas no Peru, no Chile e na Colômbia. As desavenças quanto ao melhor projeto político a ser adotado para manter a integridade do território eram uma realidade naquelas nações em construção.

Na opinião de Ponte Ribeiro, o Peru era o país "menos republicano de todos os novos Estados e, por isso, não seria difícil estabelecer aqui o governo monárquico se houvesse um homem de prestígio, virtudes e conhecimentos, mas não se conhece um". Para ele, o general Lamar seria o único capaz de tamanha iniciativa, mas acabou se envolvendo com agentes ligados aos Estados Unidos e a Buenos Aires que buscavam, ao máximo, afastar a possibilidade de instalação de outra monarquia no continente. Havia, no entanto, relatos "pouco infundados" de que o general Gamarra pretendia se autocoroar como uma estratégia para manter as províncias unidas. Ribeiro, por seu turno, não acreditava em tais boatos e defendia a tese de que eles foram propagados para desacreditar o general diante da população, pois era "incapaz de tal empresa".[31]

O acirramento do clima político e os primeiros sinais de desmembramento territorial fizeram o diplomata perceber uma maior recepção aos princípios monárquicos, pois havia até o temor de uma possível recolonização no Chile. Assim, em um ofício de 29 de janeiro de 1830, alertava ele:

---

29 SANTOS, 2002, p. 54-55.

30 O tratado foi assinado em 23 de outubro de 1851.

31 Ofício de 29/10/1829. *Cadernos do CHDD*, nº 17, 2010, p. 346.

> Hoje não se fala em outra coisa senão da necessidade de abandonar o sistema republicano e estabelecer monarquias constitucionais, e pode dizer-se que todos estão de acordo e só diversificam a respeito da pessoa que deverá ocupar o trono. Os mais entendidos, e que antes foram apologistas das Repúblicas e federações, são hoje da opinião que convém chamar um príncipe dos estados pobres da Alemanha (...) ou um dos que se dizem descendentes dos incas (...). O governo do Brasil é apontado por todos como modelo a seguir, e, segundo me diz o enviado de Colômbia, a nossa Constituição vai ser ali adotada. Até os mais acérrimos republicanos de Chile escrevem dizendo que estão desenganados da impossibilidade de levar avante o sistema adotado e que é necessário cuidar em monarquia antes que a Nação se aniquile.[32]

Essa constatação, no entanto, não convenceu o diplomata sobre as reais intenções das nações com as quais o Brasil fazia fronteira, que, para ele, deviam ser tratadas como inimigas. O diplomata partilhava a opinião de que aqueles governos herdaram dos espanhóis o rancor contra todos que falavam o português. No caso do Brasil, essa inveja era ainda maior por conta da permanência da unidade de seu vasto território sob um regime monárquico, de sua posição geográfica no centro da América do Sul e de seu sistema político estável, o que aumentava o temor e as suspeitas de tendências expansionistas. Embora fossem essas suspeitas mais retóricas do que reais, o fato é que elas foram comumente usadas por Ponte Ribeiro e seus contemporâneos para dar conta das razões que justificavam a superioridade do Brasil diante dos demais países da América do Sul.

Considerando, no entanto, que tais temores poderiam dificultar a concretização de acordos duradouros, Ponte Ribeiro defendia a tese de que o processo de aproximação diplomática iniciado pelo governo brasileiro era o melhor remédio para diminuir as desconfianças. Assim, em uma memória publicada em 1862, o já experiente diplomata continuava batendo na tecla de que "quanto mais o governo imperial esmerar-se em dirigir aos dessas Repúblicas demonstrações de urbanidade e consideração, menor será a desconfiança de que tais atos encobrem um fim contrário aos seus interesses e forma de governo".[33] Acreditava, por outro lado, que o medo gerado pela superioridade territorial brasileira não deveria ser desconstruído, para que se mantivesse o respeito e afastasse as intenções de formação de uma liga antibrasileira. A manutenção da unidade era condição necessária para que esse receio continuasse.

---

32 Ofício de 29/10/1830. *Cadernos do* CHDD, n° 17, 2010, p. 354-357.

33 Arquivo Histórico do Itamaraty, lata 291, maço 2. Pró-memória n° 98. RJ, 14 de ago. 1862.

Enquanto esteve no Peru, Ponte Ribeiro não presenciou o clima político tenebroso pelo qual passou o Império brasileiro nos dois últimos anos do governo de dom Pedro I. As desavenças entre o imperador e o Parlamento se asseveraram e o clima cada vez mais tenso resultou no processo de abdicação, em 7 de abril de 1831. Essa instabilidade se estendeu às instituições monárquicas, pois em pouco menos de dois anos três ministros passaram pela pasta de Negócios Estrangeiros: Miguel Calmon Du Pin e Almeida (marquês de Abrantes), Francisco Villela Barbosa (marquês de Paranaguá) e Francisco Carneiro de Campos (visconde de Caravelas).

Na mesma época, a situação das repúblicas próximas ao Peru também não era das mais favoráveis: a Grã-Colômbia havia se desmembrado e Bolívar fugira para Cartagena e desejava seguir para a Europa; o Chile era palco de disputas entre Jose Joaquim Prieto, representante dos grandes proprietários e negociantes, pertencente ao Partido Estanqueiro, e o general Ramon Freire, representante do povo apoiado pelos oficiais franceses; a Bolívia parecia ser a única República em maior clima de estabilidade política, pois o Peru ainda temia as investidas do general Santa Cruz e era palco de rebeliões internas com tendências secessionistas e contrárias à cobrança da capitação, como a que ocorrera em Cuzco, em setembro de 1830, conforme nos informa Ponte Ribeiro. O comportamento autoritário de Gamarra, que desrespeitou a Constituição, suspendeu as eleições locais para prefeito e nomeou pessoas de sua confiança, também aumentou as reações contrárias ao governo.[34]

A realidade da economia peruana também só tendeu a piorar: o pão era comprado do Chile e nos Estados Unidos; a agricultura se encontrava em plena decadência, devido à falta de escravos; e os índios só trabalhavam "para satisfazer as necessidades diárias".[35]

Nesses termos, foi praticamente impossível ao diplomata brasileiro sondar o governo peruano sobre o interesse em estreitar laços comerciais com o Brasil. A conversa que havia prometido ter com Pando, então ministro das Relações Exteriores do Peru, nunca ocorreu, devido ao envolvimento daquele ministro com a tentativa de impedir a desintegração de seu país, que, diuturnamente, apresentava tendências de se esfacelar em diversas províncias. De qualquer maneira, a simples presença de um representante brasileiro naquele território mostrava que havia uma perspectiva de diálogo.

Quando possível, no entanto, Ponte Ribeiro não deixou de se posicionar quando os parcos interesses econômicos do Brasil estavam em jogo. Em ofício enviado ao marquês de Abrantes, em 28 de maio de 1830, o encarregado de negócios informou

---

34 Ofício de 9/9/1830. *Cadernos do CHDD*, n° 17, 2010, p. 382-384.

35 Ofício de 24/4/1830. *Cadernos do CHDD*, n° 17, 2010, p. 361-365.

sobre a assinatura de um possível tratado entre Peru e Chile em que o primeiro se comprometia "a não receber aqui trigo senão de Chile", enquanto o segundo só compraria o açúcar peruano. Os esforços de Ponte Ribeiro para a não ratificação do tratado estavam relacionados, segundo ele, às possibilidades de vantagens comerciais com o Chile, que consumia uma grande quantidade de erva mate vinda do Brasil, tabaco e bastante açúcar. O problema, segundo o diplomata, era a maneira como o açúcar era transportado. Ele alertava que a venda poderia ser maior "quando os especuladores melhorarem a maneira de condução, em barricas ou caixas, em vez de sacos, em que chega úmido, negro e com mau cheiro".[36]

Foi por conta dessa possibilidade de aumento de finanças que o diplomata interveio o quanto pôde para impedir a assinatura desse tratado, pois o Peru ia vender ao Chile as mesmas mercadorias que o Brasil, mas a um preço muito menor, já que não teria tantas dificuldades de transporte. Para alívio de Ponte Ribeiro, os desentendimentos políticos entre aqueles governos acabaram minando a possibilidade do acordo.

Tal como no Brasil, 1831 começou bem instável nas repúblicas setentrionais da América do Sul. Dessa maneira, os ofícios de Ponte Ribeiro remetidos ao ministro de Negócios Estrangeiros naquele ano se referiram, basicamente, ao andamento dos conflitos políticos na região. Assim, por meio de nossa testemunha ocular, sabemos da guerra civil instalada na Colômbia provocada pela morte de Bolívar; das tentativas do Equador de anexar o território do Panamá; das dificuldades de reunião do Congresso peruano; de uma tentativa de sublevação em Arequipa; de um atentado contra o general e vice-presidente La Fuente, que teve de fugir para o Chile; e de outro contra Gamarra, que, apesar do "clima de anarquia", conseguiu manter-se no poder.

Não havia espaço para pensar em outros setores que não fossem a defesa e a manutenção da integridade territorial, por isso dizia em ofício de 8 de janeiro de 1831 que "o projeto de abrir comunicações pelo Pará não se tem posto em prática", pois o governo não ofereceu meios financeiros para iniciar a navegação do rio Chinchamayo até o Ucayli.[37]

O encerramento da missão de Ponte Ribeiro foi assinado por Francisco Carneiro de Campos em 29 de novembro de 1831. Entretanto, a notícia só chegou ao Peru a 2 de abril do ano seguinte. No dia 4, despediu-se do presidente Gamarra e três dias depois deixava Lima em direção a Valparaíso para chegar ao Brasil. Antes de sua partida, contudo, brindou-nos o diplomata com sua primeira *Memória sobre as Repúblicas*

---

36   Ofício de 28/5/1830. *Cadernos do* CHDD, nº 17, 2010, p. 365-367.

37   Ofício de 8/1/1831. *Cadernos do* CHDD, nº 17, 2010, p. 393-394.

do Pacífico. Na memória, o encarregado de negócios levou em consideração os quase três anos que passara na região e procurou resumir suas impressões sobre a situação política, militar, econômica e social do Peru, do Chile, da Bolívia e do Equador e as possibilidades de estreitamento de laços com o Brasil.

Sobre o Peru, concluiu o diplomata que o país encontrava-se em franca decadência "devido ao aumento do uso da violência" gerado pela instabilidade política interna. Apesar disso, a República contava com uma universidade (onde se lecionavam os cursos de direito, medicina e matemática) e quatro colégios preparatórios. Acreditava, por outro lado, que a população podia ser dividida em dois grupos distintos e rivais: os habitantes da costa e dos Andes. Defensor de certo determinismo geográfico no comportamento daqueles habitantes, dizia que na costa havia "bastante civilização, demasiado luxo e extremados vícios", "ali se fala castelhano melhor que em parte nenhuma da América". Nos Andes, por sua vez, "os indígenas não sabem mais do que o quéchua, são menos civilizados, pouco viciosos" e cumprem com bastante dificuldade as obrigações com a Igreja.[38]

O quadro econômico também foi apresentado de maneira bem negativa, já que "produzem basicamente batata e milho" e exportam "açúcar, arroz, aguardente e vinho, todos de excelente qualidade", mas cultivavam bem menos do que seus antepassados. As minas de prata existiam em abundância, mas inundavam com facilidade. A falta de recursos para filtrar a água da chuva obrigou o governo a vender direitos de exploração a particulares.

O sistema financeiro estava em situação deplorável "e não há perspectivas de melhoras". A dívida externa, por exemplo, montava em 1832 a "30 milhões de pesos". A defesa, por sua vez, possuía apenas "três vulneráveis embarcações" e para piorar o sistema político encontrava-se bem desorganizado, pois "cada administração segue diferente marcha, segundo o seu capricho e interesses pessoais".[39]

Constatou que a inexistência de fluxos comerciais entre Brasil e Peru dificultara a assinatura do tratado de comércio solicitado pelo ministro Aracati. Embora o Peru consumisse mercadorias que o Brasil produzia em abundância (como o café, o cacau e o tabaco), eles eram comprados por um preço mais baixo de outras regiões. Por isso, era desnecessário, por enquanto, assinar um acordo com base no princípio de reciprocidade. Além disso, não havia comerciantes brasileiros estabelecidos nas praças peruanas, a ponto de inexistir casas de câmbio para a moeda brasileira. Essa situação,

---

38 RIBEIRO, 2002, p. 141-142.

39 *Ibidem*, p. 142-146.

por vários momentos, colocou-o em apuros financeiros. Portanto, era necessário incentivar a ida de representantes comerciais brasileiros para aquela região a fim de justificar a assinatura de um tratado da envergadura que exigia o governo.

Os bolivianos foram tidos como "robustos e pouco viciosos", com uma indústria familiar pouco desenvolvida devido à distância dos portos marítimos. Os seus "caminhos tortuosos e com várias montanhas" também impediam o desenvolvimento da economia, que quase não vendia para o exterior e limitava a compra de grandes máquinas e objetos estrangeiros. O Exército parcamente organizado era formado por três mil homens, a Marinha era inexistente e a dívida em 1832 já chegava a três milhões. Essa situação econômica devia-se, certamente, às disputas políticas internas e externas protagonizadas desde a época da independência.

A Bolívia, no entanto, era o país com que mais tínhamos de ter cautela, pois a ausência de um tratado de limites deixava o caminho aberto para a anexação do Mato Grosso em caso de algum desentendimento mais grave entre os dois governos e as comunicações do Brasil com aquela província ficariam praticamente nulas.

O Equador, por sua vez, era uma república escassamente povoada, tinha no máximo 500 mil habitantes. O comércio, feito pelo porto de Guayaquil, resumia-se à venda de chapéus ao Peru, Chile, Brasil e rio da Prata. A madeira, por sua vez, era negociada apenas com o Peru. A maior fonte de renda vinha da cobrança de direitos alfandegários, entregues, por contratos, a particulares. A defesa, por seu turno, era bastante desarmada. O clima político parecia tranquilo, já que o presidente Flores não tinha inimigos. Quanto ao Brasil, havia uma queixa de que súditos do Império vinham se estabelecendo em territórios "do outro lado do Amazonas, pouco abaixo do Loreto em terreno pertencente àquele Estado". Para além disso, as relações eram bastante amigáveis.

De todas as repúblicas, o Chile parecia estar em melhores condições e ser o único capaz de alguma articulação política contra os interesses brasileiros na região, não só por possuir os "melhores navios mercantes do Pacífico", mas, principalmente, pela estabilidade política conquistada a duras penas por Diego José Pedro Victor Portales, líder do Partido Estanqueiro, realidade não experimentada nas outras repúblicas. O Chile tinha ainda uma "uma posição geográfica estratégica com muitos rios e portos, o que facilita a comunicação". Sua população era "robusta e laboriosa" e contava com um "terreno variado e fértil em toda qualidade de frutas, particularmente cereais e vinhas", "o sul abunda em madeiras de construção" e o norte "possui ricas minas de ouro e cobre".[40]

---

40   *Ibidem*, p. 148–152.

Ponte Ribeiro apurou ainda que havia uma forte concentração fundiária. As terras eram divididas entre as 300 ou 400 famílias mais ricas do país, que controlavam toda a produção agrícola e formavam uma oligarquia. Por outro lado, era também o Chile que comprava nosso mate e açúcar, preferido ao açúcar peruano. Tinha uma das menores dívidas internas da região e resguardava-se o direito de receber produtos estrangeiros somente se o comerciante se associasse a um chileno.[41]

A estratégia do diplomata, nessa primeira avaliação, foi mostrar e provar ao governo brasileiro que as repúblicas do Pacífico mereciam investimentos e mais atenção. Para tanto, havia a necessidade de incentivar a ida de comerciantes ao Peru, melhorar a forma de condicionamento do açúcar a ser vendido ao Chile e demonstrar interesse pelos acontecimentos políticos da região, principalmente no que tange à Bolívia. Ponte Ribeiro assumia, assim, o papel de interlocutor de primeira grandeza nesse processo de ampliação e estreitamentos dos laços da Monarquia com a região setentrional da América do Sul.

Em resumo, podemos inferir que a forte instabilidade política e econômica experimentada pelo Brasil, pelo Peru e pelas demais repúblicas do Pacífico, nos primeiros anos do pós-independência, dificultou as possibilidades de diálogo comercial. No entanto, aquela primeira missão encabeçada por Ponte Ribeiro serviu para que o Império tomasse ciência das demandas externas e tivesse contato com os lances políticos que ocorriam naqueles países. Essa também era uma estratégia válida para demonstrar que a Monarquia, ao contrário da imagem negativa que carregava, tinha interesse – mesmo que retórico – em estabelecer contatos mais profundos e seguros. A simples presença de Ponte Ribeiro naquelas paragens poderia servir como um elemento aglutinador para tentar desarticular algum perigo de formação de uma coligação antibrasileira temida pelo incidente ocorrido na província de Chiquitos.

Por outro lado, as propostas de Ponte Ribeiro iam ao encontro de uma nova fase da política externa brasileira, que, desde 1830, passou a incentivar o estabelecimento de relações com os demais países do continente, embora a Europa continuasse sendo o foco de preocupação.[42] Nem mesmo a efervescência política que assolou o Brasil durante o período regencial e os primeiros anos do Segundo

---

41 *Ibidem*, p. 153-157.

42 Esse posicionamento é defendido pelo ministro dos Negócios Estrangeiros, Francisco Carneiro de Campos, que, em seu relatório de 1830, propôs fazer algumas economias nas missões europeias "para melhor estabelecer e dotar as da América", pois estava convencido de que era o momento de "estabelecer e apertar com preferência os vínculos que no porvir devem muito estreitamente ligar o sistema político das associações do hemisfério americano" (*Relatório do ano de 1830, apresentado à assembleia geral legislativa na sessão ordinária de 1831 por Francisco Carneiro de Campos*, p. 3-5).

GLADYS RIBEIRO * ISMÊNIA MARTINS * TÂNIA FERREIRA [ORGS.]

Reinado, com possibilidades de desmembramento do território, impediu que o Império desse continuidade à sua política de ampliação dos laços diplomáticos no continente. No que diz respeito às repúblicas do Pacífico, o Brasil permaneceu com uma orientação minimamente atuante e mandou agentes à Bolívia (1831, 1842 e 1846), ao Peru (1836 e 1841), ao Chile (1836) e à Venezuela (1842).

Diante do exposto, discordarmos em parte de uma tendência da historiografia que defende a existência de uma política externa mais ousada somente a partir de 1849, quando José Paulino Soares de Souza assumiu a Secretaria de Negócios Estrangeiros.[43] É fato que a consolidação das instituições monárquicas, a estabilidade política e econômica proporcionadas pela subida de dom Pedro II ao poder e a valorização do café no mercado externo ajudaram o país a entrar nos eixos. No entanto, não podemos menosprezar ou ignorar as primeiras iniciativas de diálogo com as repúblicas do Pacífico, por mais tímidas e preliminares que tenham sido, pois, de qualquer maneira, inauguraram laços de amizade. Além disso, aquelas atitudes de estima e consideração, iniciadas já em 1829, construíram as bases para que, no futuro, os agentes diplomáticos pudessem encaminhar com mais rapidez a resolução de questões que exigiam uma maior proximidade entre as partes, como foram os problemas inerentes às fronteiras fluviais e territoriais.

Referências

Fontes

ADONIAS, Isa. *Acervo de documentos do barão da Ponte Ribeiro*: livros, documentos, manuscritos e mapas. Centenário da sua incorporação aos arquivos do Ministério das Relações Exteriores (1884-1984). Rio de Janeiro: Instituto Histórico e Geográfico Brasileiro, 1984, 91 p.

ARQUIVO do Instituto Histórico e Geográfico Brasileiro (IHGB), lata 560, pasta 21 – Traços biográficos de Duarte da Ponte Ribeiro.

ARQUIVO Histórico do Itamaraty (AHI), lata 291, maço 2 – Pró-memória nº 97 – Colocação e Importância das Legações do Brasil na América do Sul. RJ. 14/8/1862.

Disponível em: http://www.crl.edu/brazil/ministerial/rela%C3%A7oes_exteriores. Acesso em 27 fev. 2014.

43   CERVO e BUENO, 2008, p. 65-69; BETHELL, 2008, p. 131-177.

BIBLIOTECA Nacional do Rio de Janeiro – Seção de Manuscritos – 14, 1, 3.

CORREIA FILHO, Virgilio. "Biografia de Duarte da Ponte Ribeiro". *Revista Brasileira de Geografia*, jul./set. 1946.

"DISCURSO do Orador o Sr. Dr. Joaquim Manuel de Macedo". *Revista do IHGB*, t. XLI, 2ª parte, 1878, p. 471-505.

GOYCOCHÊA, Luis Felipe Castilhos. *O Fronteiro-mor do Império* (Duarte da Ponte Ribeiro). Rio de Janeiro: Imprensa Nacional, 1942.

GUIMARÃES, Argeu. "Duarte da Ponte Ribeiro". In: *Diccionario Bio-Bibliographico Brasileiro de Diplomacia, Política Externa e Direito Internacional, J a Z.* Rio de Janeiro: Ministério das Relações Exteriores, 1938, p. 394-395.

"INSTRUÇÕES do marquês de Aracati, ministro dos Negócios Estrangeiros, para Duarte da Ponte Ribeiro, cônsul-geral e encarregado de negócios no Peru". *Cadernos do CHDD*, ano 7, nº 12. Brasília: Fundação Alexandre Gusmão, 2008, p. 107-109.

MIRANDA, Vitorino Chermont de. "Duarte da Ponte Ribeiro". In: *Dicionário biobibliográfico de historiadores, geógrafos e antropólogos brasileiros. Sócios falecidos entre 1861 e 1900.* Vol. 5. Rio de Janeiro: IHGB, 1996, p. 112-113.

"PRIMEIRA Missão Brasileira ao Peru: Duarte da Ponte Ribeiro (1829-1832)". *Cadernos do CHDD*, ano 9, nº 17. Brasília: Fundação Alexandre Gusmão, 2010, p. 263-433.

RELATÓRIO *do ano de 1830, apresentado à Assembleia Geral Legislativa na sessão ordinária de 1831 por Francisco Carneiro de Campos*, p. 3-5. Disponível em: <http://www.crl.edu/brazil/ministerial/rela%C3%A7oes_exteriores>. Acesso em: 27 fev. 2014.

RIBEIRO, Duarte da Ponte. "Memória sobre as Repúblicas do Pacífico – 7 de abril de 1832". *Cadernos do CHDD*, ano 1, nº 1. Brasília: Fundação Alexandre Gusmão, 2002, p. 140-158.

Bibliografia

ALMEIDA, Paulo Roberto de. "Um diplomata a cavalo: Duarte da Ponte Ribeiro". *Boletim da Associação dos Diplomatas Brasileiros*, ano XII, nº 48, jan./fev./mar. 2005, p. 16-19. Disponível em: <http://www.adb.org.br/boletim/ADB-48.pdf>. Acesso em: 26 jul. 2012.

ANDRADE FILHO, José Roberto de. "Diplomacia no tempo: notas sobre a evolução da carreira diplomática". In: SILVA, Alberto da Costa e (org.). *O Itamaraty na cultura brasileira*. Rio de Janeiro: Francisco Alves, 2002, p. 507-513.

ARIAS NETO, José Miguel. "Entre o Eldorado e o inferno: representações do rio Amazonas na política externa do Império". In: ARRUDA, Gilmar (org.). *A natureza dos rios*: história, memória e territórios. Curitiba: Editora UFPR, 2008, p. 227-263.

BETHELL, Leslie. "O Brasil no Mundo". In: SCHWARCZ, Lilia M. (dir). *História do Brasil Nação:* 1808-2010 [vol. 2 A Construção Nacional 1830-1889]. Rio de Janeiro: Objetiva, 2011, p. 131-177.

BOURDIEU, Pierre. "Ilusão biográfica". In: FERREIRA, M. M.; AMADO, J. (org.). *Usos e abusos da história oral*. Rio de Janeiro: Editora FGV, 1996, p. 183-191.

CERVO, Amado Luiz; BUENO, Clodoaldo. *História da política exterior do Brasil*. 3ª ed. Brasília: Editora UnB, 2008.

LE GOFF, Jacques. "Introdução". In: *São Luís: biografia*. Rio de Janeiro/São Paulo: Record, 1999, p. 19-33.

SANTOS, Luís Claudio V. G. *O Império e as Repúblicas do Pacífico:* as relações do Brasil com o Chile, Bolívia, Peru, Equador e Colômbia (1822-1889). Curitiba: Editora UFPR, 2002.

SECHINGER, Ron L. "O incidente de Chiquitos: uma crise abortada nas relações entre o Brasil e a Bolívia". *Revista do IHGB*, n° 313, out./dez. 1976, p. 232-257.

SKINNER, Quentin. *Significação e compreensão na história das ideias*. Visões da política: questões metodológicas. Lisboa: Difel, 2002, p. 81-126.

SOUZA, Jose Antonio Soares de. *Um diplomata do Império (Duarte da Ponte Ribeiro)*. São Paulo: Companhia Editora Nacional, 1952 (Biblioteca Pedagógica Brasileira, série V, vol. 273).

A ordem ameaçada: linguagens e ideias republicanas na crise da monarquia no Espírito Santo

KARULLINY S. SIQUEIRA VIANNA[1]

Este artigo discute a recepção das ideias republicanas na imprensa da Província do Espírito Santo em meados da década de 1870. São analisadas as linguagens políticas usadas pelos periódicos "democráticos", portadores de novas ideias que discutiam o progresso, a ciência e, sobretudo, propagadores da crítica ao Império. A investigação centra-se também do discurso político monarquista e indica as falas antirrepublicanas em meio aos redatores. Apontam-se, ainda, os principais conceitos explicitados pelos jornais do período e as características da elite intelectual atuante na crítica monárquica.

Introdução

As últimas décadas do Oitocentos foram marcadas por intensa crítica ao regime monárquico e figuraram terreno fértil para a propaganda republicana. A crise do Império foi, sem dúvida, resultado da junção de fatores de ordem social, política e econômica. Naquele momento, tornou-se visível o descrédito das instituições monárquicas, bem como os entraves colocados pela escravidão.

As disputas partidárias da década de 1860 evidenciavam a fragilidade das instituições políticas imperiais e levaram a ala mais extremada do Partido Liberal a criar o Clube Radical, por volta de 1868. Após dois anos de atuação, por meio de conferências e debates, os radicais decidiram formar o Clube Republicano do Rio de Janeiro. Em dezembro de 1870, os mesmos republicanos publicaram o manifesto que denunciou a ausência de democracia do sistema imperial e estampou a bandeira contra a

---

1 Doutoranda em História pela Universidade Federal do Espírito Santo (Ufes), com apoio da Fundação de Amparo à Pesquisa do Espírito Santo (Fapes).

centralização. De acordo com José Murilo de Carvalho, para esse grupo a República era a única possibilidade satisfatória diante dos anseios políticos.[2]

A partir das informações acima, cumpre ressaltar que a dinâmica partidária vista na Corte não se manifestou de forma homogênea em todas as províncias do Império. Portanto, é necessário apontar os principais aspectos da cultura política do Espírito Santo na primeira metade do século, a fim de destacar as peculiaridades que modificaram o cenário político nos últimos anos da monarquia e evidenciar a recepção e a difusão das ideias republicanas.[3]

Os partidos políticos provinciais

A criação dos partidos imperiais, Liberal e Conservador, está diretamente relacionada à dinâmica política que movimentou o Império a partir da década de 1830. De acordo com Carvalho, a descentralização promovida pelo Código de Processo Criminal em 1832, o Ato Adicional de 1834 e as revoltas regenciais deram base para a consolidação dos partidos.[4] Entretanto, a política provincial requer estudo de seus limites específicos e dos limites com relação à formação de seus partidos.

Diferentemente da Corte, a história política do Espírito Santo no século XIX é pautada pelos desdobramentos vivenciados a partir da década de 1860. Somente a partir dessa década as denominações *liberal* e *conservador* se tornaram visíveis na política. O estudo dos partidos provinciais necessitou de atenção direcionada para a documentação e a releitura das grandes obras de memorialistas. Segundo autores como Maria Stella de Novaes e Joaquim Pires de Amorim, a criação de partidos políticos na Província do Espírito Santo teria sido motivada pela animosidade existente entre duas irmandades religiosas.

Os conflitos relatados remontam a 1832, momento no qual as irmandades de São Benedito e do Rosário concorriam pela maior exuberância durante os festejos de seu santo de devoção. Ocorre que em certo dia de procissão em homenagem a São Benedito a imagem foi proibida de sair da igreja para o cortejo com a Irmandade do Rosário a mando do frei Manoel de Santa Úrsula. Assim, para que o evento

---

2 CARVALHO, 2011, p. 145.

3 Os objetivos aqui mencionados fazem parte do projeto de doutorado em desenvolvimento na Universidade Federal do Espírito Santo intitulado "O império das repúblicas: partidos e projetos políticos na crise da monarquia no Espírito Santo, 1870-1908".

4 CARVALHO, 2007, p. 204.

acontecesse, a imagem teria sido roubada pelos irmãos do Rosário durante a madrugada, o que iniciou a grande contenda entre as duas irmandades nos anos posteriores.

A partir de então os grupos começaram a se provocar por meio de nomes pejorativos. Como de costume no século XIX, os nomes de animais eram os mais usados quando o objetivo era denegrir.[5] E assim nomes de peixes da ilha de Vitória foram os escolhidos na famosa briga entre os grupos religiosos: os que roubaram a imagem e criaram a confusão passaram a chamar os inimigos de *caramurus* e, em contrapartida, os irmãos do Convento de São Francisco escolheram o *peroá*, o peixe mais barato da região, para denominar seus adversários.

Contudo, o estudo sobre as divisões partidárias da primeira metade do século não indica que esses grupos, os chamados *caramurus* e *peroás*, tenham sido canalizadores de debate político nas primeiras décadas do Oitocentos. A proposta colocada pela historiografia tradicional[6] parece basear-se nas divisões políticas do Rio de Janeiro no período da Regência. A década de 1830 compreende o momento turbulento de experiências e debates entre vários projetos políticos na Corte, a partir do envolvimento de três grupos: *caramurus*, *exaltados* e *moderados*. Entretanto, a província não demonstrou adesão às facções da Corte.

O conceito de "partido" talvez tenha sido objeto de variadas interpretações, o que levou a considerar as irmandades como núcleos políticos. Observa-se que em outras passagens da obra de Daemon e do padre Antunes de Siqueira o termo partido reaparece com outros significados. Daemon relata a disputa entre dois "partidos" em meio às discussões entre os membros da Irmandade da Boa Morte. Segundo o autor, naquela ocasião, formaram-se dois "partidos" para debater onde seria levantado o mastro da irmandade.[7] Já padre Antunes de Siqueira faz uso do conceito "partidos" em outra situação. De acordo com autor, formaram-se dois partidos em Vitória: o *praieiro* e o *latino*. Os chamados partidos eram, na verdade, dois grupos teatrais que disputavam nas festividades de São Miguel e nada tinham de discussão política.[8]

Desse modo, os "partidos" vistos na província não estavam ligados à política e não se intitulavam *liberais* ou *conservadores*. Não se nega, contudo, que se discutiu política dentro dessas irmandades, já que representavam espaço de sociabilidade dentro

---

5   MOREL, 2005.

6   OLIVEIRA, 1975.

7   DAEMON, 1879.

8   SIQUEIRA, 1999, p. 61.

GLADYS RIBEIRO * ISMÊNIA MARTINS * TÂNIA FERREIRA [ORGS.]

da província. Mas considera-se que *peroás* e *caramurus* não formaram agremiações políticas no período regencial.

Encontra-se uma visão anacrônica por parte dos memorialistas que associaram *caramurus* e *peroás* aos partidos Liberal e Conservador. A relação entre os grupos pode ter ocorrido a partir da constatação de que os *caramurus* da Corte foram maioria na formação posterior do Partido Conservador. Contudo, as obras recorrem aos *caramurus* do Convento de São Francisco como os precursores desse partido também no Espírito Santo.[9]

Diante das lacunas, tornou-se necessário recorrer à análise mais precisa sobre as divisões partidárias locais, a fim de esclarecer o momento exato da fundação das agremiações e quem eram os líderes nas duas regiões. A investigação tomou como base alguns dados existentes nas valorosas obras de memorialistas do período oitocentista, que foram contrastados com informações obtidas em jornais do período e nos debates da Assembleia Legislativa Provincial.

A efervescência política na década de 1860: as linguagens e os jornais

O nascimento da imprensa capixaba ocorreu no fim da década de 1840, com o surgimento de *O Estafeta* e, mais tarde, do *Correio da Vitória*. Contudo, a análise dos periódicos indica que foi somente a partir de 1860 que a imprensa foi usada como veículo de opinião político-partidária na província.[10] A partir desse período, os jornais se tornaram elementos auxiliares na divisão da elite política e promoveram um discurso violento, denunciador e formador de opinião.

A hipótese que aponta a década de 1860 como o momento de delimitação das identidades políticas liberal e conservadora se consolida principalmente com a leitura do jornal *A Liga*, redigido em prol da candidatura de Antônio Pereira Pinto à Câmara dos Deputados. Esse periódico incitou os ânimos locais ao defender a reeleição de

---

9   Além das incoerências encontradas em documentações, como também nos jornais, outro equívoco cometido pelas leituras anteriores foi o de relatar o possível surgimento dos partidos em Vitória e transmiti-los para toda a província, sem atentar para a distinção entre as regiões. Assim, torna-se evidente que a política provincial se canalizou em dois polos políticos: o sul e o centro. No sul a disputa política ocorria entre os chamados *macucos* e *arraias*.

10   O fato torna-se instigante à medida que se percebe a existência dos jornais já em circulação desde a década de 1840, mas que só se tornam *locus* de discussão política 20 anos mais tarde, em 1860. Torna-se bastante evidente que o jornalismo político acompanha o processo de maturidade pelo qual passam os grupos políticos no Espírito Santo oitocentista. A ideia da década de 1860 como nascimento de uma imprensa de opinião política é a hipótese principal do estudo anterior (SIQUEIRA, 2011).

seu candidato e usou para essa empreitada as falácias da vida pessoal e política do coronel Francisco de Almeida Monjardim, sem dúvida o maior expoente da política capixaba no século XIX. Dessa forma, o sucesso do jornal inaugurou a crítica à elite política local e, ao mesmo tempo, desfez laços que existiram na política provincial.

A partir desse periódico as separações entre grupos políticos começaram a ser percebidas e guiaram-nos até a delimitação sobre quem eram os *liberais* e os *conservadores* na província. A imprensa se tornou efervescente e proporcionou a criação de diversos jornais políticos. Esses periódicos levaram denúncias e candidaturas e conduziram a política local de forma bastante peculiar. A inauguração da imprensa como portadora de opinião auxiliou também na formação de uma elite intelectual e política na Província do Espírito Santo.

A década de 1860 iniciou novos debates no cenário político do Império e modificações no sistema partidário. As mudanças já vinham sendo pensadas desde a Conciliação, implementada pelo marquês de Paraná, e culminaram na formação do Partido Progressista. Foi nesse contexto que surgiram os partidos políticos na Província do Espírito Santo. Antes da criação dos partidos, as disputas políticas na província foram pautadas em diversos grupos pessoais, que se posicionavam diante da Corte conforme seus interesses. A diferença entre os referidos grupos e os partidos propriamente ditos se encontra não só na nomenclatura, mas também no próprio discurso da elite política provincial.[11]

As primeiras denominações empregadas para os grupos de caráter político em Vitória entre as décadas de 1840 e 1850 relacionavam-se ao nome dos líderes dos referidos agrupamentos. Nesse período, a disputa na província se deu entre os *bermudistas* e os *dionisianos*. Os primeiros eram chefiados pelo padre Bermudes e os segundos pelo coronel Dionísio Alvaro Resendo. Posteriormente, houve uma cisão no grupo de Bermudes.

O conflito se deu pela disputa entre Monjardim e os demais líderes do grupo em 1856, época de eleições para deputado-geral.[12] Monjardim acreditava que seria o escolhido para representar a facção *dionisiana*, mas não o foi. Após o corrido, acusou seus correligionários de traição, por escolherem outro candidato. Ao mesmo tempo,

---

11 Provavelmente o momento em que os partidos delimitaram seus espaços e se denominaram *liberais* e *conservadores* em meados de 1860 também pode ser vislumbrado na Assembleia Legislativa Provincial. Contudo, o debate político entre os deputados desse período não pode ser objeto de análise, devido à falta de anais, os quais só começaram a ser produzidos em 1868.

12 *Jornal da Victória*, n° 7, 23/4/1864.

há indícios de que Bermudes veio a falecer logo depois, o que fez com que os simpatizantes de seu grupo político passassem a ser liderados por Monjardim e compusessem assim o grupo dos *capichabas* em 1857.[13]

No vocabulário político dos jornais analisados, nenhum dos líderes se intitula *liberal* ou *conservador* e muitas vezes comungam das mesmas ideias. *Capichabas* e *dionisianos* não propagaram no cenário local qualquer ideologia ou linguagem diferenciada que pudesse indicar a existência de projetos políticos específicos, tampouco projetos divergentes. O conflito era travado exatamente no campo dos interesses, no qual cada líder apontava seus aliados e apoiados para as próximas eleições e assim se iniciava a disputa local.

O periódico *A Liga* publicou seu primeiro número em 8 de abril de 1860. A identidade do redator não foi revelada, mas nunca escondeu que o objetivo do jornal era levar Antônio Pereira Pinto, ex-presidente da província, ao cargo de deputado-geral pelo Espírito Santo. Para conseguir o êxito esperado nas eleições, Pereira Pinto percebeu a necessidade de se aliar a um dos grupos políticos que existiam na província. O político, que residia na Corte, optou pelo apoio dos *dionisianos*, mas não por compatibilidade de ideias, e sim pelo fato de que os *bermudistas* já afirmavam que escolheriam o próprio padre Bermudes como candidato. Na verdade, Bermudes era o primeiro da lista de preferência daquele grupo, mas acabou substituído por Monjardim.

Pelos indícios apontados pelo jornal *A Liga*, inicialmente a província capixaba não fez parte da política *progressista* entre liberais e conservadores, como ocorreu na Corte em 1864, mesmo porque não demonstrava distinção entre duas correntes políticas. Além disso, os próprios políticos não podem ser apontados como conservadores ou liberais pelos projetos políticos defendidos, pois transitaram entre os grupos com muita rapidez e facilidade. Na maioria das vezes as cisões ocorreram por brigas pessoais, e não por divergências políticas.[14] A adesão ao *progressismo* ocorreu somente alguns anos depois.

Em suma, a linguagem política empregada naquele jornal não objetivou ligar a candidatura de Pereira Pinto aos *dionisianos* como partidários das mesmas ideias, pois, na verdade, manteve a prioridade de ser veículo de denúncia da "falta de liberdade política" pela qual a província passava desde o início do Império. A referida falta de

---

13 *Ibidem.*

14 O coronel Francisco Monjardim é um claro exemplo desses políticos que transitavam entre os grupos: foi participante dos *dionisianos*, passou pela facção *bermudista* e também pelos *capichabas*. Sobre esse assunto, ver o artigo escrito por seu filho Alfeu Monjadim no *Jornal da Victória*, n° 7, 23/4/1864.

liberdade estava intimamente relacionada, segundo o jornal, ao domínio do grupo de Bermudes e, consequentemente, do próprio Monjardim.

O vocabulário político do início da década de 1860 na província foi marcado pelo conceito de *liberdade*, mas sobretudo a *liberdade de voto*. Foram inúmeras denúncias sobre o candidato que pleiteava as eleições contra Pereira Pinto, inclusive a de que Monjardim teria se aproveitado da morte de Bermudes para se colocar no lugar de líder do grupo. Para o jornal *A Liga* a pessoa mais indicada seria José Marcellino Pereira de Vasconcellos. Monjardim talvez tenha enfrentado nesse momento a primeira manifestação de oposição dentro da província, mas promulgada por um "forasteiro".

Na tentativa de retirar o prestígio de Monjardim e de seu grupo, o jornal atuou de duas formas. A primeira foi denegrir a imagem do candidato rival e a outra, ensinar ao povo como votar. Desse modo, o periódico se baseou na pedagogia do voto como defesa da candidatura de Pereira Pinto. O vocabulário que rebaixava o tão famoso Monjardim foi composto pelos mais variados nomes de animais de aspecto monstruoso, como, por exemplo, "macaco de chifres" e "lobisomem da fonte da Capixaba". Já a situação da província diante da ausência de liberdade de voto foi relacionada aos conceitos de "escravidão" e "feudalismo".[15]

A linguagem política que adentrou a província em inícios de 1860 mostrou-se certamente inovadora diante da situação política vivenciada pelos capixabas, mas, certamente, deu prosseguimento ao aspecto moderado, que foi amplamente demonstrado durante a Regência e na independência. Os jornais do período propagavam a igualdade entre os termos nação, pátria e governo.

Contudo, ao mostrar semelhanças entre os três conceitos, o redator não atribuía ao povo a prerrogativa do poder. Na verdade, o jornal destacava que sua pretensão não seria retirar a *soberania popular*, mas que havia, desse modo, necessidade de se escolher um representante à altura das necessidades do povo. Ou seja, o poder não poderia estar diretamente nas mãos do povo.

O conceito de *revolução* empregado pelo jornal *A Liga* foi usado com teor negativo e de forma pedagógica, pois enfatizava aos capixabas que a revolução não levaria benefícios ao povo. Para exemplificar, o redator lançou mão do episódio da Revolta Praieira, a fim de demonstrar as consequências maléficas de um ato revolucionário. Para o redator, a *revolução* também seria fruto do mau uso da *liberdade*.[16] Ou seja, o sentido de liberdade estaria muito mais ligado a uma questão de limites

---

15 SIQUEIRA, 2011, p. 77.

16 *A Liga*, n° 5, 5/5/1860.

do que propriamente à ampliação de direitos políticos. Dessa forma, era ensinado aos provincianos que a moderação e o limite das paixões eram o melhor comportamento dentro do campo político. Além desses conceitos, encontram-se dois termos recorrentes nos relatórios de presidentes de província sobre o Espírito Santo nesse período: a *moderação* e a *civilidade*.

Outras análises impostas à imprensa do período elucidam o entendimento do conceito de *povo* no cenário local. O jornal advertia que o povo não é um grupo qualquer e por mais simples que fosse a ocupação de indivíduo, ele faria parte da *nação*. O termo *nação* é associado ao *poder*, mas também relacionado ao limite da liberdade, e indica que o povo não era o detentor do poder. De acordo com os escritos do jornal, o *povo* teria apenas o direito da *representação*, que é sua mais nítida forma de poder.[17]

A chegada das novas ideias: a cultura política das décadas de 1870 e 1880

Foi na década de 1870 que o debate sobre a crise do regime imperial tomou fôlego, assim como as questões escravista e religiosa. As chamadas "novas ideias", como destacou Silvio Romero, permearam as discussões na imprensa, nos livros e nos espaços de sociabilidade que se colocaram a pensar uma nova identidade para o Brasil que culminaria no novo regime.[18] A geração de 1870 se concentrou na discussão de temas centrais sobre a reforma da ordem sociopolítica colonial, com foco na escravidão e na monarquia.[19]

Na Corte, a ala mais extremada do Partido Liberal, os chamados *radicais*, passou a desacreditar que as reformas propostas pelo grupo pudessem ser estabelecidas dentro do regime monárquico.[20] Assim, em 1870 já havia chegado ao povo o Manifesto Republicano, que fez várias províncias demonstrarem adesão à causa, e foi criado o Partido Republicano também em São Paulo.

O Clube Radical não teve atuação visível na Província do Espírito Santo. O radicalismo foi uma ideia que não adquiriu muitos adeptos na Assembleia Legislativa Provincial quando propagandeado pelo deputado Clímaco Barbosa, o único dos políticos que se autodenominava um liberal radical. O debate político, tanto no

---

17 *A Liga*, n° 5, 5/5/60.

18 Na opinião de José Murilo de Carvalho, as "novas ideias" da década de 1870 se focaram muito mais em questões econômicas, sociais e filosóficas do que propriamente nas discussões políticas. (CARVALHO, 2007, p. 389).

19 ALONSO, 2002, p. 89.

20 CARVALHO, 2011, p. 145.

Parlamento provincial como na linguagem dos jornais, ainda se vinculava somente aos *liberais* e *conservadores* até 1870. A discussão sobre o republicanismo e o radicalismo era praticamente inexistente.

As décadas finais do Império se situam em período profícuo ao embate entre diversas correntes de pensamento. Durante a década de 1870 a Província do Espírito Santo já não se encontrava à parte do debate político imperial e fazia da imprensa a porta-voz das ideias que chegavam de outras províncias e de outros países. Entretanto, de acordo com a historiografia, a província criou seu primeiro Clube Republicano somente em 1887 e até então nenhum dos jornais estampara a bandeira republicana. Tais informações sugerem o questionamento sobre como as ideias da geração de 1870 foram recebidas no Espírito Santo. A ausência de jornais republicanos e de um partido que congregasse esses ideais teria retirado a província do debate sobre o republicanismo? Quais eram os espaços usados para propagar novas ideias na província capixaba?

Com o objetivo de analisar a circulação de ideias e as discussões sobre a crise da monarquia por meio das diferentes linguagens políticas na província, torna-se necessário destacar o cenário político das últimas décadas do Império no Espírito Santo. Evidenciam-se aqui alguns debates, inseridos nesse contexto, que, por meio de instituições ou da imprensa, tornaram possível a entrada das novas ideias na província. Entre os veículos de divulgação e questionamento do regime monárquico antes da criação do Partido Republicano destaca-se a imprensa política, com a publicação dos jornais "democráticos", e a atuação da maçonaria, como espaço de novos debates. Esses elementos operaram como portadores de ideias como o racionalismo, a liberdade religiosa, a liberdade de pensamento e a abolição da escravidão.

As linguagens e a imprensa

A percepção sobre as mudanças na linguagem política ocorrida nesse período demanda certa comparação entre o vocabulário político da década de 1860 e o que esteve em circulação entre 1870 e 1880. Nesse sentido, a linguagem dos jornais da década de 1860 e dos documentos do Legislativo mostrou-se repleta de conceitos que evidenciavam a tentativa de formulação da identidade partidária. No entanto, os principais vocábulos usados, como, por exemplo, *liberdade* e *povo*, adquiriram cotações muito semelhantes dentro da fala dos jornais liberais e conservadores.

A pesquisa empreendida demonstra que em meados da década de 1870 a província foi invadida por novos conceitos e novas formas de se pensar política. A partir de então foram identificadas modificações na linguagem política dos periódicos. Os jornais políticos passaram a usar termos como república, ciência, liberdade de pensamento e, sobretudo, a liberdade em seu sentido mais debatido naquele contexto, com a defesa da abolição da escravidão.

Os redatores que atuaram durante a década de 1870 tinham tendências políticas diversificadas se comparadas à disputa entre liberais e conservadores da década de 1860. Do universo de 16 periódicos que surgiram nesse período, apenas três estampavam a bandeira liberal e somente dois se denominavam conservadores. A grande maioria levava em seu subtítulo a denominação "jornal democrático".

Dentre os novos termos usados na linguagem política dessas folhas, percebe-se a recorrência dos vocábulos *progresso, democracia, ilustração* e *razão*. O primeiro jornal que iniciou a discussão do conceito *progresso* surgiu em Itapemirim em 1875. Criado em janeiro, *O Operário do Progresso* se colocou como combatente contra o analfabetismo e trouxe ainda um viés moderno, ao tratar de ciências, artes e indústria. Com a epígrafe *"Knowledge is Power –* Ciência é poder*"*, foi publicado aos domingos e teve como redatores principais Augusto Pereira Cesar e José Feliciano Horta de Araújo. Já em 1876 publicou-se o periódico *A Liberdade,* cujo principal objetivo também era o desenvolvimento da ciência. O jornal *O Echo dos Artistas* também introduziu de forma explícita a ideia da *democracia, civilização* e *progresso* na linguagem dos jornais da época. Em seu programa, exposto em 2 de dezembro de 1877, lia-se:

> Sou filho do trabalho, venho do seio da democracia, meu leito é a enxerga da classe que represento, escudo-me na ideia de progresso e tenho por *desideratum* fazer respeitar as leis da civilidade, vigiar no cumprimento das no país, aniquilar o vício e engrandecer as virtudes.[21]

Fomentando também a discussão sobre o progresso, surge na capital da província a *Gazeta da Victória,* criada em janeiro de 1878. Em 1879 é a vez de Itapemirim presenciar o surgimento de mais um jornal, *O Operário,* também exposto como imparcial em termos políticos, mas "guiado pela ideia da *razão* e da *justiça,* e pelo *progresso* por meio da *instrução".*[22]

A mocidade capixaba enaltecida pela possibilidade de crítica política também atuou na imprensa. Em 1878 também foi publicado o primeiro número do jornal *O Sete de Setembro.* A redação estava a cargo de alguns alunos do Atheneu provincial,

---

21   *O Echo dos Artistas,* nº 1, 2/12/1877.

22   PEREIRA, 1922.

que, incentivados pelo professor Joaquim Pessanha Póvoa, iniciaram a folha.[23] O envolvimento dos rapazes e professores com jornal se deu de forma tão intensa que forneceu a base para a formação do Clube Literário Saldanha Marinho, no qual eram discutidas questões políticas. As discussões que mais impulsionavam os estudantes eram a abolição da escravidão e as críticas ao regime monárquico, o que se torna evidente por meio da análise da poesia que estampou o programa do clube.[24]

O fato é que as manifestações do clube literário mostraram-se audaciosas na província. Logo depois de sua criação e da difusão dos temas que eram discutidos no grupo, surgiram denúncias de que os frequentadores do Clube Saldanha Marinho eram propagadores da ideia republicana. A necessidade de crítica ao regime era evidente entre os estudantes, liderados pelos professores do Atheneu. O Clube organizou uma manifestação, uma grande passeata, acompanhada de banda de música, na qual davam "Vivas à República" e distribuíam poesias ao povo.[25] No entanto, a passeata foi interrompida pelo aparato policial da província. O jornal *O Sete de Setembro* não teve vida longa, mas as discussões do clube literário foram de fato importantes na transição das linguagens políticas vistas na província.

Por meio do estudo dos jornais que circulavam no fim da década de 1870 torna-se perceptível também o conflito de projetos políticos durante os momentos de crise do Império. A elite intelectual local apresentava nos jornais um vasto número de doutrinas e correntes filosóficas. A influência da corrente denominada *ecletismo espiritualista*, por exemplo, chegou à província por meio da redação do jornal *A Ideia*. O semanário literário acolheu grandes nomes da literatura capixaba e aglutinou os primeiros ideais de progresso e razão na província. As publicações estavam repletas de conceitos assimétricos, como, por exemplo, *progresso* e *ignorância*; e também de conceitos simétricos, identificados em termos como *civilização e ciências*; ou ainda na difusão de vocábulos como *indústria e maquinismo*.

Entre os pensadores franceses mais prestigiados estavam Georges Cuvier, Buffon e Figuier, todos ligados à história naturalista. Sobre o estudo das letras, o jornal *A Ideia* mencionava os escritos de Rousseu, Voltaire e Robespierre. O periódico também

---

23 Em suas edições os alunos expunham transcrições de notícias do exterior, poemas, produções do Atheneu e até mesmo reivindicações diante das modificações que ocorriam no colégio, como, por exemplo, a manifestação de insatisfação dos alunos com a retirada da cadeira de retórica.

24 Eleva-te, Brasil, os ferros quebra/Dos vis que te prendem escravizar./Encara o teu passado glorioso./Repele quem pensou te avassalar (...)/Salve!... República esperada!/Tu és o horror do verdugo/Vem vingar o Tiradentes/Ouvindo os versos de Hugo! (NOVAES, 1984, p. 275).

25 NOVAES, 1984, p. 275.

exibia influência francesa ao usar citações dos pensadores restauradores da ciência, como Hugues-Félicité Robert de Lamennais[26] e seu discípulo Henri Lacordaire, ambos propagadores da união entre a liberdade e religião.

Outra produção jornalística que merece destaque na introdução de nova cultura política na província é O *Cachoeirano*, do proprietário e redator Luiz de Loyola e Silva, publicado pela primeira vez em 7 de janeiro de 1877. Com o objetivo de dar voz ao *povo*, esse periódico se colocou na arena política como porta-voz de denúncias contra o governo. O jornal se preocupava com os gastos públicos exorbitantes e pedia a construção de estradas e melhorias para a província e, sobretudo, para Cachoeiro do Itapemirim.[27]

A tipografia de O *Cachoeirano* recebia publicações de todo o Império e de fora do Brasil, como era o caso de O *Novo Mundo*, publicado em Nova York. Entretanto, foi por meio das relações com o periódico A *República*, publicado no Rio de Janeiro, que os redatores evidenciaram o posicionamento crítico de O *Cachoeirano* com relação ao governo. O órgão republicano carioca era citado na folha capixaba a partir de notícias sobre o Partido Republicano, exibia argumentos que demonstravam simpatia pela República e afirmava que "ideias nascidas da necessidade do povo contra a opressão dos governantes e o esbanjamento infrutífero do tesouro do Estado estão sendo fraternizadas no espírito brasileiro".[28]

Entre outros elementos que demonstram o jornal de Cachoeiro do Itapemirim como empreendedor de nova semântica política destacam-se seus artigos sobre ciência e, sobretudo, a defesa do povo e da democracia. O ideal de progresso levantado pelo periódico defendia a tese de que "para cada época da evolução progressiva de um povo, a lei também deve ser [...] uma lição que instrua, que eleve e prepare os cidadãos para uma época melhor".

Sendo assim, uma nova constituição deveria acompanhar a marcha dos brasileiros para o progresso. Destaca-se ainda o conceito de democracia exposto pelo redator,

---

26 Lamennais nasceu em Saint-Malo, França, em 1782. Sua concepção religiosa indicava a necessidade de um clero bem instruído, o que permitiu sua influência também na esfera política. Em 1825, publicou a obra *De la religion considérée dans ses rapports avec l'ordre politique et civil*, o que possibilitou algum contato com Auguste Comte nessa mesma época. Para Lamennais, a república na França necessitava de uma religião civil, que seria a base espiritual do regime. Já em 1830 funda o jornal *L'Avenir*, juntamente com Lacordaire, no qual escrevem *Deus e Liberdade* e pregam as liberdades religiosa, de consciência e de imprensa (SERRY, 2004).

27 O *Cachoeirano*, n° 31, 12/8/1877.

28 *Idem*, n° 35, 9/9/1877.

concebido a partir da ideia de igualdade e equilíbrio. Assim, os ideais de progresso e democracia caracterizaram um novo projeto político defendido pelos jornais da província.

Os redatores "democráticos": uma nova elite intelectual

Algumas características específicas precisam ser mencionadas ao analisarmos os redatores que iniciaram a inserção de nova linguagem política e definiram novos conceitos e ideias por meio da imprensa. Observa-se que todos os redatores dos jornais denominados "democráticos" participavam dos mesmos espaços de debate.

Ao cruzar os dados dos redatores com as listas de membros da maçonaria, por exemplo, percebe-se que todos os redatores locais participavam daquela irmandade. Importante salientar que a consolidação da maçonaria na província só ocorreu no momento de crise do Império, fato que requer maior atenção e problematização. A primeira loja maçônica de grande atuação local, denominada União e Progresso, foi criada em solo capixaba em 1872.

O estudo das atas e dos discursos proferidos indica, entre outros temas, a discussão sobre os malefícios da escravidão. Exigia-se que os componentes do grupo não possuíssem escravos, além da concessão de alforrias. Além disso, a questão religiosa ganhou também destaque entre os componentes da maçonaria no Espírito Santo. Tais dados nos possibilitam fortalecer a hipótese da maçonaria como reduto de novas discussões que se desviaram do antigo debate restrito às ideias liberais ou conservadoras.

Além desse fator, destaca-se que a maioria dos redatores, como, por exemplo, Pessanha Póvoa, Aristides Freire e Amâncio Pereira, eram professores na província. Cabe ainda evidenciar a atuação do professor Pessanha Póvoa junto aos alunos do Atheneu e a publicação do jornal já mencionado. Isso indica que o espaço escolar foi usado para debates e fortalecimento da ideia de progresso e futuro, o que culminou na criação do Clube Literário Saldanha Marinho. Além disso, diferentemente da elite política-intelectual presente em 1860, que atuava tanto nas tipografias quanto na Assembleia Legislativa Provincial, poucos redatores "democráticos" da década de 1870 foram eleitos deputados provinciais. A maioria dos redatores não era nascida na província, exceto Afonso Cláudio e Moniz Freire. Sobre a formação intelectual, fator bastante interessante diante das correntes difundidas nos jornais, destaca-se que grande parte tinha formação jurídica. Alguns se formaram na Escola de Recife e outros na de São Paulo. Os indivíduos que fizeram parte da nova elite política capixaba geralmente tinham experiência anterior em redação de jornais e envolvimento político em outras províncias.

As ideias republicanas no Brasil Imperial

Embora este estudo tenha como foco a recepção das ideias republicanas na Província do Espírito Santo nos últimos anos do século XIX, cabe destacar que o pensamento republicano já estava presente em outros contextos, como o momento da independência, o Primeiro Reinado e a Regência. É importante enfatizar que, mesmo tendo sido relembrada pelas discussões dos anos finais do Império, as ideias republicanas do início do Oitocentos não são precursoras do movimento que deslegitimou a monarquia em 1889.[29]

Algumas vertentes historiográficas sobre o pensamento republicano nas décadas de 1820 e 1830 são identificadas pelo Basile. A primeira delas reconhece a existência do debate republicano como oposição à monarquia durante o momento de crise do Primeiro Reinado e do período regencial. Entre os autores desse grupo estão Otávio Tarquínio de Souza e Raymundo Faoro.

Outra vertente analisa o republicanismo nessa quadra a partir da ideia de bem comum, e não relacionada a uma forma de governo específica. Abordagens mais recentes, incluindo a do próprio autor, propõem a análise do conceito de república enquanto projeto e linguagem política, além de se destacar como identidade entre os grupos políticos do período. Essa última abordagem relaciona o pensamento republicano a uma forma específica de governo, eletiva e temporária.[30]

Nos jornais da independência a palavra "república" não era um vocábulo frequentemente usado. Apesar disso, os escritos de frei Caneca são essenciais para o entendimento do republicanismo nesse período. Na visão de Renato Leite,[31] por indicar um sentido pejorativo divulgado pela imprensa da época, a república aparece de forma imprecisa nas obras de frei Caneca. Entretanto, a caracterização mais significativa da ideia republicana em seus escritos refere-se a um "governo o mais livre possível", como destaca o autor.

Como indica Silvia Fonseca, o conceito de república apresentou pelo menos três significados entre a segunda metade do século XVIII e a primeira do século XIX. De acordo com a autora, o primeiro sentido apresenta-se como a definição de um território submetido a uma autoridade comum. Nesse caso, a forma de governo existente não é determinante.

---

29 BASILE, 2011.

30 *Ibidem.*

31 LEITE, 2000, p. 36.

O segundo sentido indica relação com o bem comum e a predominância da lei e da Constituição. Por fim, o conceito apresentou a definição de república como um governo eletivo e temporário. Ao longo do tempo outros conceitos foram agregados à noção de república, como, por exemplo, o progresso e o futuro.[32] Durante o período regencial a linguagem republicana ganhou destaque por meio da imprensa, sobretudo por fazer parte do projeto político dos liberais exaltados. Por meio desse grupo o republicanismo se manifestou também na Câmara dos Deputados e nos movimentos de rua, como indica Marcello Basile. Muitos jornais exaltados defendiam a república, embora existissem sérias restrições à liberdade de expressão, o que dificultava a manifestação a favor da mudança de regime e as críticas ao imperador. Desse modo, os exaltados lançavam mão de artifícios na linguagem de seus jornais em função da defesa do republicanismo.

As cisões políticas ocorridas no fim da década de 1860 e no início da de 1870 fizeram o republicanismo adentrar novamente a imprensa da Corte e as províncias. Após a queda do gabinete de Zacarias em 1868, dissidentes e insatisfeitos com os rumos do Partido Liberal formaram em 1870 o Partido Republicano.

Os radicais também usaram a imprensa e as ruas para a difusão das críticas ao regime monárquico e pediam a extinção do poder Moderador, do Conselho de Estado e da Guarda Nacional. O grupo combatia a tradição ibérica estatal e centralizadora e fazia com que a ideia de República fosse a concretização de todas as reformas exigidas pelo grupo.[33]

Os radicais se tornaram republicanos e criaram o partido em 1870. Os principais pontos que embasavam o republicanismo naquele período eram a falta de democracia e a centralização do regime monárquico. Além disso, uma das maiores defesas do partido era a soberania do povo. Contudo, mesmo nos anos de contestação ao regime monárquico a república assumiu diferentes significados.

Durante a propaganda republicana e após a proclamação da República, pelo menos três correntes estavam em debate para a definição do novo regime.[34] Havia o jacobinismo, que idealizava uma democracia direta; a corrente liberal americana, em busca de autonomia e de menos interferência do governo na vida dos cidadãos; e a positivista, que via a ditadura republicana como parte de um projeto mais amplo e como uma das fases para se chegar ao Estado positivo.

---

32 FONSECA, 2006, p. 331.

33 CARVALHO, 2009, p. 39.

34 *Idem*, 2008, p. 9.

A recepção do republicanismo e a resistência monarquista na Província do Espírito Santo

Durante a década de 1880 ocorreu a consolidação da imprensa política provincial. As tipografias passam a atuar de forma diferenciada e operar como local de encomenda de livros e revistas, nacionais e internacionais. Além disso, passam a contar com os "agentes", indivíduos que moravam em diversas vilas da província, responsáveis por vender a assinatura dos jornais e recolher o pagamento. Com identidades políticas mais definidas, o Espírito Santo viu o início de um jornalismo político bastante efervescente.

Jornais positivistas, como *O Baluarte*, evidenciavam a defesa da soberania popular e da emancipação política. Havia forte crítica também à Igreja Católica, como reduto de ideias retrógradas e fomentadora da "anarquia mental". Em outros periódicos, como *O Horizonte,* publicado em Vitória, a monarquia era relacionada à fase teológico-militar, como uma "aberração":

> Isto é o que nos ensina a História, a grande mestra em Política. O princípio monárquico do governo liga-se essencialmente ao regime teológico-militar, fora do qual não se pode necessariamente concebê-lo. Portanto, como aplaudir aos ataques do partido liberal no Brasil contra a religião do Estado e contra os exércitos numerosos, não podemos menos do que relevar-lhe a sua obstinação em favor da forma monárquica de governo. Isto constitui realmente uma aberração evidente.[35]

O jornal de vertente republicana *O Cachoeirano* evidenciou ideias parecidas com o entendimento dos republicanos do Rio de Janeiro ao entrelaçar os conceitos de progresso, república e democracia e afirmar que a república era "a única forma de governo compatível com o progresso; onde o povo é governado pelo povo e só é feito o que este quer".[36]

O periódico do sul da província destacou em várias passagens a eminência de ideias renovadas que mudariam o Brasil, por meio de novos homens. Na visão do redator republicano, o povo diferia do grupo de homens que ocupavam a política do momento. O povo significava o grupo de cidadãos que lutava pela reforma política, pelo fim dos gastos e, sobretudo, sofria com as ações dos que estavam no poder:

---

35 *O Horizonte*, 8/12/1881.

36 *O Cachoeirano*, n° 29, 15/7/1888.

> Com os homens cairão as armas, com as armas o poder. O povo rir-se
> há dessa, e eles chorarão dizendo: "Fomos pródigos, gastamos o que
> não era nosso, combatemos sem nos fazerem resistência, e venceram-
> -nos sem arma, sem combate! Dessa metamorfose nascerão novos ho-
> mens e novas ideias.[37]

Após a identificação dos principais conceitos empregados na nova cultura política do fim da década de 1870, cabe problematizar se a referida linguagem encontrou entraves "monarquistas" para manifestar na Província do Espírito Santo as críticas às bases do Império. Diferentemente dos jornais democráticos, os debates ocorridos na Assembleia Legislativa Provincial sustentaram a disputa política entre liberais e conservadores e negaram a existência de qualquer outro posicionamento político.

As discussões não lembravam em nada o que era visto nos jornais que estampavam a ausência de democracia e de progresso na província e na Corte. Ao contrário, em uma única vez que o vocábulo "republicano" surgiu em cena, foi denunciado por um deputado como ofensa. Em um documento do Fundo de Polícia do período foi possível identificar uma injúria caracterizada por um indivíduo que afirma ter sido chamado de republicano e se sentiu humilhado e ofendido.[38]

Nos anos 70 do século XIX a propaganda contra a ideia de república no Espírito Santo foi certamente mais intensa do que a necessidade de divulgar o novo regime como a solução dos problemas do Império. Nos jornais a linguagem antirrepublicana surgiu em 1878 no periódico conservador *O Espírito-Santense*, redigido por Basílio de Carvalho Daemon. Para *O Espírito-Santense*, os republicanos eram os "homens sem crença política definida, sectários de uma ideia nova e de uma democracia moderna", vistos de forma pejorativa.[39] A ideia de democracia era motivo de sarcasmo nas publicações da folha conservadora.

O republicanismo e, sobretudo, os republicanos eram apresentados na folha conservadora a partir de uma visão altamente negativa, com o uso para esse fim de alguns fortes argumentos de retórica, como também construção de crônicas nas quais os republicanos apareciam como personagens "apáticos" e, ao mesmo tempo, "ambiciosos": "República! Viva a República! Não há nada como a República – diziam

---

37   *Idem*, n° 34, 2/9/1877.

38   Auto criminal. Fundo de Polícia. Arquivo Público do Espírito Santo. Ano 1873. Caixa 124.

39   *O Espírito-Santense*, n° 85, 22/10/1879.

os homens de um pé no inferno e outro no céu! Feliz achado para os ambiciosos! Grande barca de passagem para um outro partido".[40]

Na visão exposta no periódico, o republicanismo era o movimento dos aventureiros políticos, aqueles que buscavam benefícios para si próprios, sem se importar com crenças políticas duradouras e com a ordem do Império. Daemon enfatizava que os adeptos das novas ideias são os "republicanos sem república",[41] como se o novo regime fosse um projeto inatingível e inconcebível dentro do Brasil. Com objetivo de evidenciar a falibilidade do republicanismo por meio dos próprios republicanos, Daemon afirma que "a República no Brasil, com republicanos brasileiros, é bananeira que ainda não nasceu, quanto mais dar cacho".[42]

O jornal capixaba noticiava quase todos os encontros dos republicanos na Corte e em uma de suas edições destacou o encontro com os correligionários de São Paulo, no qual foi servido um grande banquete presidido por Saldanha Marinho. Na visão de Daemon,

> houveram [sic] discursos mais exaltados do que proferiram Marat e Robespierre!... Uma banda de música acompanhava cada brinde da Marselhesa.[...] Enquanto Bismark procura meios de dar cabo dos socialistas e petroleiros alemães, na capital do Império, nas barbas do governo e por ele talvez protegido, os nossos republicanos procuram por todos os meios minar as nossas instituições, e convulsionar o país! Isto não se comenta. [...] Não me admiro do procedimento destes espertalhões, mas sim dos imbecis que ainda acreditam nos tais republicanos de nosso país.[43]

A renovação conceitual constatada após leitura dos periódicos conservadores entre 1878 e 1879 se concentra no uso de alguns termos principais contra a ideia de república. Para advertir o cidadão da província sobre os males da política republicana, o novo governo foi relacionado à *anarquia* e à *revolução*. Dentro da linguagem política conservadora, *república, republicanos, oligarquia*,[44] *tirania, democracia* e *modernidade* ganharam significados bastante distintos.

---

40   *Idem*, n° 15, 2/2/1878.

41   *Idem*, n° 17, 9/2/1878.

42   *O Espírito-Santense*, n° 65, 27/7/1878.

43   *Idem*, n° 68, 7/8/1878.

44   *Idem*, n° 85, 22/10/1879.

Para os conservadores, os *republicanos* prometiam *reformas* que não poderiam cumprir e ameaçavam a nação por meio da ideia da *revolução*. De acordo com os escritos de Daemon, a atuação dos republicanos feria intensamente o princípio constitucional da monarquia representativa.[45] As revoluções, segundo o redator, nunca foram concebidas ou apoiadas pelos conservadores. Dessa forma, caracterizar os republicanos de forma pejorativa foi, sem dúvida, o modo mais usado pelo redator ao afirmar: "Republicano é para nós sinônimo de especulador, homem enfim que quer viver com ambos partidos militantes, o liberal e o conservador, passando-se para um ou para o outro quando se acha no poder".[46]

Nas afirmações do periódico, as novas ideias formavam a mais concreta ameaça às instituições do Império e, principalmente, à Constituição. Percebe-se pelas exposições do redator o medo do desdobramento político que levaria à República e a fins ainda piores. Na visão do redator: "Esta (a constituinte) pode tornar-se Assembleia Nacional e trazer a república, ou então, por evoluções que se deem na ocasião e que abstém pela maioria aquela conflagração, trazer-nos outro mal e esse será sem dúvida o absolutismo".[47]

Assim, a linguagem antirrepublicana passou a destacar, por meio de conceitos e teóricos, que a república poderia evoluir para a forma absoluta de governo. Mas o que o redator conservador acreditava ser a forma de governo absoluta? Para Daemon "o *poder popular seria propriamente a democracia pura, levando ao poder absoluto,* que por sua vez culminaria em *tirania*".[48] Ou seja, o governo do povo era o medo dos monarquistas.

Para dar fundamento às suas constatações, a linguagem política do jornal se mostrou repleta das concepções aristotélicas sobre a noção de *república*,[49] a partir da visão negativa desse tipo de governo. O conceito de *democracia*, outra ameaça aos monarquistas, se baseou nas teorias clássicas e na própria concepção política e pessoal do redator conservador, que não via com bons olhos um governo da maioria. Ainda guiado por Aristóteles, que caracterizou a democracia como a depravação da República, Daemon concebia a democracia pura e o governo popular como sérios riscos para a nação brasileira. Desse modo, um governo de muitos não significava o

---

45   *Idem*, n° 25, 9/3/1978.

46   *Idem*, n° 30, 27/3/1878.

47   *O Espírito-Santense*, n° 67, 20/8/1879.

48   *Idem*, n° 30, 23/3/1878. [Grifos nossos]

49   O conceito de república adquiriu diversas conotações ao longo do século XIX. O uso do termo e sua aplicação nos jornais políticos da Regência são estudados por FONSECA, 2008, p. 61-81.

melhor governo, pois o perigo residia no fato de que esses "muitos" poderiam não ser aptos à participação política.

> Na Inglaterra, no século XVII [...] a tirania foi resultado da aceitação do poder popular, nessa democracia pura, já reconhecida pelo mesmo Aristóteles, quando disse: "O caráter ético desta forma de governo exerce o despotismo sobre a melhor classe dos cidadãos".

Desse modo, a *república* e seu pior fruto, a *democracia*, eram vistas como formas negativas de governo. O medo das "novas ideias" assombrava os monarquistas, a ordem via-se ameaçada na Província do Espírito Santo. Enquanto a soberania do povo era motivo de alarde entre os conservadores, o mesmo tema foi embasamento para a construção da linguagem política republicana. Em estudo sobre o significado do conceito de democracia na propaganda republicana, José Murilo de Carvalho indica que o Manifesto Republicano exibiu forte relação entre a democracia e a república. Naquele momento, os dois conceitos tinham o mesmo sentido, ambos apontavam para a soberania popular. A democracia significava a soberania exercida pela representação, o governo do povo por si mesmo.[50]

Conclusão

Diferentemente das interpretações tradicionais que veem a Província do Espírito Santo apartada do debate republicano pela ausência de um partido na década de 1870, pode-se afirmar que tal debate foi percebido na imprensa local. Os dados acima demonstram emergência de novos termos na linguagem política vista na imprensa quando comparadacom a dos jornais da década de 1860.

Foi exatamente com a imprensa dita "democrática" que se comprovou uma grande produção de jornais que não se intitularam liberais e nem mesmo conservadores e abriram espaço para o início de críticas ao Império e a entrada de ideias novas vindas por meio da literatura e da ciência. Percebeu-se ainda certa diferença desse período vivido pela imprensa na região sul da província, no qual a linguagem política parece ter sido mais incisiva em prol das críticas e do apoio ao Partido Republicano. O jornal do sul proclamou sem medo algum a necessidade do progresso, da descentralização e da liberdade.

Assim, a Província do Espírito Santo iniciou a década de 1880 exibindo seu descontentamento com as instituições imperiais. Temas como a abolição da escravidão e a

---

50 CARVALHO, 2011.

questão religiosa se tornaram pauta nos jornais do Espírito Santo. Nessa década a província viu a consolidação da imprensa e vivenciou uma dinâmica política diferenciada, com a emergência de novas correntes, como o positivismo. Os jornais positivistas atuaram contra a monarquia, pediram liberdade, abolição e separação entre Igreja e Estado.

Contudo, a província, que por muitos anos resguardou a ordem e a moderação, também impôs resistência às críticas ao imperador e defendeu a monarquia por meio de uma linguagem política que acentuava os malefícios da república e da democracia. Os conservadores atuaram na imprensa combatendo qualquer ideia contrária ao Império.

O silêncio já havia se rompido, os partidos que havia pouco tinham sido definidos já sofriam com as dissidências. Entretanto, a elite da província tentou suportar a todo custo a política baseada em apenas dois partidos, o que pode ser percebido na linguagem usada na Assembleia Legislativa Provincial. Desse modo, observa-se que a ausência de um partido republicano até 1887 não afastou a província do debate republicano, pois os contestadores da ordem passaram a discutir as novas ideias políticas em outros espaços, como a maçonaria, o Atheneu Provincial e, sobretudo, as tipografias.

Referências

Jornais

A Liga

Jornal da Victória

O Baluarte

O Cachoeirano

O Espírito-Santense

O Horizonte

Bibliografia

AMORIM, Joaquim Pires de. "A trajetória dos partidos políticos capixabas até 1930". *Revista do Instituto Jones dos Santos Neves*, nº 1, 1985.

BASILE, Marcello. "O bom exemplo de Washington: o republicanismo no Rio de Janeiro 1830 a 1835". *Varia História*, Belo Horizonte, nº 45, vol. 27, jan./jun. 2011.

CARVALHO, José Murilo de. "República, democracia e federalismo no Brasil, 1870-1891". *Varia História*, Belo Horizonte, n° 45, vol. 27, jan./jun. 2011, p. 145.

_____. *A construção da ordem* – Teatro de sombras. Rio de Janeiro: Civilização Brasileira, 2007.

_____. *A formação das almas*: o imaginário da República no Brasil. São Paulo: Companhia das Letras, 2008.

CARVALHO, José Murilo de; NEVES, Lúcia Maria Bastos P. (orgs.). *Repensando o Brasil do Oitocentos:* cidadania, política e liberdade. Rio de Janeiro: Civilização Brasileira, 2009.

DAEMON, Basílio Carvalho. *Província do Espírito Santo:* sua descoberta, história cronológica, sinopse e estatística. Vitória: Tipografia do Espírito-Santense, 1879.

FAORO, Raymundo. *Os donos do poder:* formação do patronato político brasileiro. Porto Alegre: Globo, 1958.

FONSECA, Silvia Carla Pereira de Brito. "Federação e república na imprensa baiana (1831-1836)". In: FONSECA, Silvia Carla Pereira de Brito; LESSA, Mônica Leite (orgs.). *Entre a monarquia e a república:* imprensa, pensamento político e historiografia (1822-1889). 1ª ed. Rio de Janeiro: Editora UFRJ, 2008, p. 61-81.

LEITE, Renato Lopes. *Republicanos e libertários:* pensadores radicais no Rio de Janeiro (1822). Rio de Janeiro: Civilização Brasileira, 2000.

MOREL, Marco. *As transformações dos espaços públicos:* imprensa, atores políticos e sociabilidades na Cidade Imperial (1820-1840). São Paulo: Hucitec, 2005.

NOVAES, Maria Stella. *História do Espírito Santo.* Vitória: FEES, 1984.

OLIVEIRA, José Teixeira de. *História, descoberta e estatística da Província do Espírito Santo.* Vitória: Tipografia do Espírito-Santense, 1875.

PEREIRA, Heráclito Amâncio. "Historia da imprensa capixaba". *Revista do Instituto Histórico e Geográfico do Espírito Santo*, Vitória, n° 3, 1922.

SERRY, Hervé. "Literatura e catolicismo na França (1880-1914): contribuição a uma sócio-história da crença". *Tempo Social*, São Paulo, n° 1, vol. 16, jun. 2004.

SIQUEIRA, Francisco Antunes de. *Memórias do passado*: a Vitória através de meio século. Vitória: Florecultura Cultural, 1999.

SIQUEIRA, Karulliny. *O império das repúblicas*: partidos e projetos políticos na crise da monarquia no Espírito Santo, 1870-1908. Projeto (doutorado) – Ufes, Vitória, 2012.

_____. *Os apóstolos da liberdade contra os operários da calúnia*: a imprensa política e o Parlamento no embate entre liberais e conservadores na Província do Espírito Santo, 1860-1880. Dissertação (mestrado em História) – UFRRJ, Rio de Janeiro, 2011.

SOUZA, Octavio Tarquinio de. *História dos fundadores do Império do Brasil*. 10 vols. Rio de Janeiro: José Olympio, 1957.

PARTE III Ciências e letras

Periódicos, escolas e livros: o cenário das letras na Província de São Pedro do Rio Grande do Sul (1820-1855)

CARLA RENATA A. DE SOUZA GOMES[1]

D ois pontos, que se tornaram afirmações consagradas na historiografia regional, servirão de base para esta exposição sobre as práticas letradas na capital da Província de São Pedro do Rio Grande do Sul durante a primeira metade do século XIX. O primeiro refere-se ao analfabetismo generalizado dos habitantes do extremo sul e o segundo à estagnação ou à fase de recessão na atividade periodística da província no período pós-guerra civil.

Quanto ao primeiro ponto, um exame cuidadoso sobre a primeira década de produção periodística na capital da província já indica que o propalado analfabetismo entre os sul-riograndenses em geral, ou os porto-alegrenses em particular, não era maior nem mais expressivo do que nas demais capitais brasileiras, inclusive no Rio de Janeiro.[2]

Enquanto o Rio de Janeiro era invadido por uma horda panfletária, disposta a tudo para conquistar a adesão da opinião pública aos argumentos favoráveis ou contrários à manutenção dos laços com Portugal,[3] nas demais províncias, lentamente, começavam

---

1   Doutora em história pela Universidade Federal do Rio Grande do Sul (UFRGS), com a tese "Entre tinteiros e bagadus: memórias feitas de sangue e tinta. A escrita da história em periódicos literários porto-alegrenses do século XIX (1856-1879)". Professora do curso de conservação e restauro da Faculdade Tecnológica da Serra Gaúcha (FTSG).

2   A consagração dessa afirmação sobre o analfabetismo generalizado dos habitantes do extremo sul deve-se, sobretudo, aos registros de José Feliciano Fernandes Pinheiro e dos viajantes europeus que repercutiram em maior ou menor grau na historiografia do Rio Grande do Sul e permitiram que essa ideia permanecesse apoiada, principalmente, nas precárias condições da província sob o influxo das contínuas guerras. Sobre a precariedade do ensino público no Rio de Janeiro e as iniciativas do império, ver MATTOS, 2004, p. 264-291.

3   Para um detalhamento sobre o conteúdo desses periódicos e seus posicionamentos, ver LUSTOSA, 2000; MARTINS e LUCA, 2006, p. 21; MOREL e BARROS, 2003, p. 18.

a aparecer os primeiros periódicos: em 1821, surgiam a *Aurora Pernambucana* e o *Conciliador do Maranhão*; em 1822, *O Paraense*; em 1823, o *Compilador Mineiro*; em 1824, o *Diário do Governo do Ceará*; em 1826, a *Gazeta do Governo da Paraíba do Norte*; em 1827, o *Farol Paulistano* e o *Diário de Porto Alegre*.

Nesse período, a cidade do Rio de Janeiro assistia à duplicação de sua população e ao aumento considerável da quantidade de impressos em circulação, enquanto a Província de São Pedro do Rio Grande do Sul mal começava a receber os primeiros mestres nomeados.

Núcleo urbano tardio, em comparação com as demais cidades que iniciam as atividades jornalísticas, Porto Alegre teve origem às margens do rio Guaíba, num pequeno povoado denominado São Francisco dos Casais, em 1772. No ano seguinte, passaria a ser denominada freguesia e nova capital da Província de São Pedro do Rio Grande do Sul, com o nome de Nossa Senhora da Madre de Deus de Porto Alegre. Em 1809, a partir de alvará régio, se tornaria a vila de Porto Alegre. Em 1822, a população da província era de 106.196 habitantes e Porto Alegre contava com 36.050 (total considerado entre as seis freguesias).[4]

Nesse sentido, a comparação entre as províncias de São Paulo e de São Pedro do Rio Grande do Sul é interessante, já que ambas apresentavam semelhanças com relação às poucas condições de instrução oferecidas à população até 1822, além de compartilhar o ano de criação de seus primeiros jornais – *O Farol Paulistano,* em 7 de fevereiro, e o *Diário de Porto Alegre,* em 1º de junho de 1827. Elas diferenciavam-se, porém, principalmente com relação ao tempo de existência enquanto núcleos urbanos, pois São Paulo era capital da província desde 1683, com uma população aproximada de 24.311 almas, no ano da independência. Sua fundação está associada ao Colégio dos Jesuítas, cuja existência tornou possível a criação da Academia de Direito em 1827, um marco para o desenvolvimento cultural da província paulista.

O que se pretende ressaltar com essa comparação é que, apesar das muitas condições adversas, devido à carência de escolas e professores, às constantes guerras e à ausência de incentivo do governo imperial, Porto Alegre tornou-se uma cidade capaz de produzir uma grande quantidade de impressos e, em alguns períodos, superar a produção paulistana de periódicos e está entre as pioneiras na publicação de livros.

Para a melhor visualização do contexto de surgimento das práticas letradas na província, são apresentados três recortes temporais. O primeiro, de 1827 a 1835, acompanha o início das atividades jornalísticas até o ano de deflagração do movimento

---

4 CHAVES, 1978, p. 109.

farroupilha; o segundo, de 1836 a 1845, focaliza o período da guerra civil; e o terceiro, de 1846 a 1855, aborda a fase posterior ao conflito e o contexto de circulação dos periódicos. Essa breve exposição apresenta o ambiente de formação da cultura letrada cujo pavimento se constitui a partir e por meio dos periódicos.

Porto Alegre torna-se uma cidade capaz de produzir impressos

Em 1827, alguns habitantes de Porto Alegre demonstravam seu apreço pela palavra escrita e esforçavam-se, conforme suas possibilidades, para ampliar, por meio da imprensa, a circulação das ideias e dos negócios na pequena vila, a fim de conquistar progressos e difundir valores morais, leis e o espírito de sociedade, conforme reclamara o digno desembargador Fernandes Pinheiro, em 1819.[5]

Ainda que as condições gerais da instrução pública fossem bastante precárias, principalmente pela falta de professores, e o ensino secundário fosse ministrado em grande parte por professores particulares em aulas avulsas, esse ato coletivo daria início a uma série de publicações periódicas que, no período de nove anos, chegaria a 36 títulos. Além disso, somam-se ao conjunto de produções do período os panfletos ou as folhas avulsas, denominadas *correspondências*. São impressos que expressavam opiniões variadas sobre as questões políticas do momento, os também chamados manifestos ou proclamações, distribuídos, na maioria das vezes, com os exemplares de circulação regular.

Entre 1827 e 1835 foram impressas 63 publicações avulsas. Desse conjunto, 45 foram publicadas por tipografias de Porto Alegre; as demais apareceriam pelas tipografias de Rio Grande. Desse grupo de folhetos porto-alegrenses, 13 eram publicações oficiais da Assembleia Legislativa da Província (que, possivelmente, não foram distribuídas aos assinantes dos jornais, nem colocadas à venda, pois muitas tratavam de propostas e projetos de lei) e quatro eram folhetos sobre temas variados, oferecidos à venda pelas tipografias.

Os demais (28), distribuídos com os exemplares dos jornais, informavam sobre uma capacidade de produção textual e discursiva que indicava como se processava a criação de uma demanda social para esse tipo de publicação, isto é, o cultivo de um público que se familiariza com a leitura, os discursos e os impressos.[6]

Os impressos assumiriam, nesse contexto, a mesma importância demonstrada por Morel na estruturação do espaço público na capital do Império, ou seja, o lugar das práticas literárias e culturais por meio do qual se manifestam os atores sociais sem

---

5   *Ibidem*, p. 216.

6   O público leitor da Corte preferia os impressos periódicos aos livros, cf. SILVA, 2007, p. 194.

que estejam vinculados ao âmbito estrito do Estado.[7] O relevante papel desempenhado pelos impressos avulsos ou periódicos na expansão da leitura e ampliação do público, principalmente no sentido de familiarizá-lo com um repertório discursivo, é endossado por Neves, ao analisar seus efeitos na Corte sob o Vintismo, que destaca a importância das folhas como veículos de apresentação das ideias em comparação com as obras de cunho teórico.[8]

É nesse contexto que a palavra impressa no jornal encontraria a leitura pública em voz alta e configuraria o espaço público que tornaria possível compartilhar informações e ideias: aquele lugar no qual existia alguém que podia ler para aqueles que só sabiam escutar. Tal é a importância desses impressos que, conforme Mollier, "contribuíram fortemente para fazer a política descer às ruas".[9]

Portanto, a expressiva quantidade de títulos publicados nas rudimentares tipografias de Porto Alegre — não obstante a escassez de um público leitor devidamente apto ao seu consumo — revelaria o mesmo ímpeto de ocupação do espaço público e de necessidade de participação na vida política do império indicado por Morel em relação ao movimento dos periódicos no Rio de Janeiro entre 1821 e 1831. Assim, também a distribuição das publicações entre os partidos sinalizaria precisamente o início do acirramento político na província. Afinal, são identificados 36 títulos, embora 12 não tenham existência definida ou confirmada (o que não significa que não tenham existido); dos 24 restantes, um começa farrapo e depois adere ao império, 15 são partidários dos ideais farroupilhas e oito são imperiais.

A distribuição dos periódicos publicados no período também demonstra a evolução do debate político, pois, entre 1827 e 1830, são publicados cinco periódicos (mais dois não tiveram a existência confirmada) que apoiavam o ideário farroupilha ou republicano. Entre 1831 e 1835 aparecem 19 publicações periódicas (de existência confirmada), das quais oito manifestavam-se a favor do Império. Tal configuração fornece com acuidade o panorama da cisão política que se desenvolvia na província.

---

7   O significado da expressão "espaço público" assume, neste trabalho, três possibilidades: "A cena ou esfera pública, onde interagem diferentes atores, e que não se confunde com o Estado; a esfera literária e cultural, que não é isolada do restante da sociedade e resulta da expressão letrada ou oral de agentes históricos diversificados; e os espaços físicos ou locais onde se configuram estas cenas e esferas" (MOREL, 2005, p. 18).

8   NEVES, 2002, p. 39.

9   Sobre o papel do impresso na constituição de um espaço público unificado na França do Antigo Regime, ver MOLLIER, 2006, p. 259-274.

Sobre a capacidade de impressão, é importante destacar que entre 1827 e 1830 duas tipografias eram responsáveis pelos cinco periódicos em circulação. Entre 1831 e 1835 surgem mais duas. Em nove anos, portanto, já existiam pelo menos quatro tipografias identificadas na capital responsáveis pela impressão de 24 periódicos, 28 folhetos e alguns livros.

Tendo em vista que dos 36 periódicos listados 24 foram comprovados e produziram 98 exemplares durante os primeiros nove anos de exercício tipográfico, revela-se uma intensa atividade que envolve material e equipamento de impressão, produtores de texto e uma razoável demanda de leitores. Enquanto a cidade de São Paulo, no mesmo período, apesar de contar com o público acadêmico, estampou nove periódicos de existência definida, que produziram 45 exemplares.

Esses números permitem constatar que, em função das agitações políticas que precipitam os acontecimentos revolucionários, a capital dos rio-grandenses é invadida pelos impressos de cunho político que se posicionam contra ou a favor do império, do mesmo modo que ocorrera no Rio de Janeiro a partir de 1821, pois, de 1831 em diante, há um aumento progressivo tanto da quantidade de títulos publicados quanto da quantidade de exemplares postos em circulação.

Tais números tornam-se ainda mais significativos se considerarmos as estimativas de Rüdiger sobre as tiragens dos seguintes jornais: *O Constitucional Rio-Grandense* (1828-1831), o *Sentinela da Liberdade*(1830-1837) e *O RecopiladorLiberal*(1832-1836), todos partidários das ideias dos republicanos farroupilhas. Conforme o autor, "esses periódicos tinham pequeno formato (28x18) e suas tiragens giravam em torno de 400 exemplares".[10]

Se a informação sobre a tiragem pudesse ser comprovada, a situação seria a seguinte: entre 1828 e 1829, quando havia dois periódicos em circulação na capital, apenas um deles seria responsável por imprimir semanalmente em torno de 800 exemplares. Entre 1830 e 1835, época em que eram produzidos cerca de 20 exemplares semanais pelos 11 periódicos de circulação regular, apenas dois jornais seriam responsáveis pela distribuição de 1.600 exemplares por semana na capital.

---

10   Esse dado foi formulado por Rüdiger com base em informações dispersas, já que o registro sistemático de estatísticas de tiragens foi encontrado apenas a partir de 1884 no *Anuário do Rio Grande do Sul*. A estimativa, portanto, de 400 exemplares deveria ser vista como teto para a época em questão, considerando o analfabetismo vigente. Mas também não eram muito menores os números do piso, pois era usual que jornais financiados por facções e mandões distribuíssem muitas cópias a título de cortesia, com o objetivo de fazer proselitismo e confirmar o status dos responsáveis (RÜDIGER, 1993, p. 14-15).

Tal emergência de impressos parece contraditória com relação às precárias condições de exercício do magistério, que geravam inúmeros obstáculos ao desenvolvimento da instrução pública na província, como um todo, e na capital, em particular. Durante a primeira metade da década de 1830, eram constantes as discussões em torno do problema da instrução pública. No Conselho Geral, os representantes políticos apresentavam propostas para sua melhoria e tomavam algumas medidas para seu desenvolvimento. As dificuldades enfrentadas referiam-se, principalmente, à falta de pessoas capacitadas para o exercício do magistério, já que os habilitados não se candidatavam devido aos baixos salários; havia também a falta de engenheiros, que impedia a construção de prédios escolares.[11] No entanto, essa era apenas uma face da educação em Porto Alegre, pois existiam os professores ou as escolas particulares, que só passariam a figurar nos relatórios dos presidentes da província a partir de 1866. Antes disso, as atividades de alguns deles só podia ser acompanhadas por meio dos anúncios dos jornais.

Porto Alegre, nas primeiras décadas do século XIX, ainda não dispunha de cafés, livrarias ou academias e os impressos eram oferecidos em variadas casas de comércio, além das tipografias (local de reunião dos letrados e simpatizantes de tal ou qual facção política). Apesar desse acanhado cenário cultural, surgiu, em 1829, o primeiro Gabinete de Leitura, com "razoável afluência de leitores", que, em fins de 1830, se transforma em *sociedade secreta*.[12]

Considerando-se o curto período de funcionamento desse Gabinete de Leitura, tende-se a minorar sua importância enquanto instituição cultural. Porém, se a análise for ampliada e incluir as demais províncias do país nesse período, verificar-se-á que eram poucas as iniciativas de "difusão filantrópica do saber", pois "o ritmo de implantação de instituições devotadas à leitura e ao empréstimo de livros era lento e atingiu somente quatro províncias até os anos de 1840".[13]

---

11 SCHNEIDER, 1993, p. 29.

12 Ferreira não apresenta números relativos aos leitores, mas informa sobre os que integravam tal sociedade – "políticos das mais diversas e conflitantes colorações ideológicas: monarquistas conservadores (chamados retrógrados), liberais progressistas, republicanos ardorosos e até carbonários exaltados" (FERREIRA, 1973, p. 10). Para um esclarecimento sobre essas denominações e suas implicações ideológicas nesse contexto, ver especialmente o capítulo II em MOREL, 2005, p. 18.

13 "restringindo-se a um total de oito bibliotecas, sediadas na Bahia (uma), no Rio Grande do Sul (uma), em Pernambuco (duas) e no Rio de Janeiro (quatro)." Schapochnik explica ainda que, na composição dos dados, "foram excluídas as bibliotecas eclesiásticas e algumas bibliotecas laicas que também emergiram nesse contexto". Essa opção deve-se ao aspecto limitado dos seus leitores potenciais e à especialização e ao exclusivismo do acervo. Por sua vez, foram empregados os dados relativos ao conjunto de instituições que denotavam uma tendência de

Neves e Morel defendem a tese de que a formação de uma esfera pública de poder se daria a partir da instalação de novos espaços sociais de discussão e do papel fundamental desempenhado pelas folhas, pelos panfletos e periódicos nessa constituição. Aqui, percebemos a constituição dessa esfera pública de poder a partir do entrecruzamento das atividades exercidas pelos letrados, que possibilitariam a instalação de espaços sociais de discussão em torno dos periódicos, das sociedades secretas e da atuação dos professores como produtores e divulgadores das ideias, sobretudo as liberais. Os professores do ensino público e particular compareceriam, então, de maneira mais explícita na cena literária da província por meio de sua participação na elaboração dos periódicos e também na confecção de livros.

Se, de uma parte, era lento o desenvolvimento do ambiente da instrução pública na capital da província, de outra parte, era grande a quantidade de periódicos e outros textos colocados à disposição dos cidadãos de Porto Alegre, o que evidencia a necessidade de considerar com cuidado tanto as formas de transmissão escritas quanto orais nessa sociedade. Porquanto participariam do contexto de formação das práticas letradas e de leitores, não necessariamente em igualdade de condições, os letrados e os ouvintes dispostos a saber do que se tratava nos jornais.

Nesse sentido, cabe salientar que os leitores almejados não seriam os alunos das primeiras letras, mas aqueles envolvidos na produção, distribuição e divulgação dos impressos. Portanto, estariam incluídos nessa categoria os trabalhadores das tipografias, mesmo os analfabetos, pois formam aquela parcela que ouve, com ou sem interesse, os assuntos que circulam nas ruas; os comerciantes, que leem e colocam à disposição dos fregueses periódicos e demais impressos, entre os produtos oferecidos à venda; os professores públicos e particulares, que são também colaboradores e disseminadores desses periódicos; os funcionários da administração pública, políticos, juízes, médicos, boticários e outros profissionais cuja atividade não possa prescindir de leitura e escrita; e, por fim, os jovens cujo letramento já está adiantado, os quais, com auxílio dos periódicos, podem exercitar essa competência até como leitores para os parentes não alfabetizados.

Nas tipografias, por exemplo, foram apuradas 36 pessoas envolvidas com as publicações, desde tipógrafos até colaboradores e proprietários, pois, nessa época, "o jornalismo [era] um trabalho ainda artesanal, dando margem a uma combinação de funções; um mesmo nome é apontado como redator, proprietário ou editor, não

---

dessacralização e socialização do conhecimento, fenômeno denominado "difusão filantrópica do saber" (SCHAPOCHNICK, 2005, p. 231-233).

sendo improvável que todas as funções fossem exercidas pela mesma pessoa",[14] assim como a participação de uma pessoa em mais de um periódico. Embora as tipografias não fossem um negócio de grande vulto, o trabalho exigia "artesãos especializados, que muitas vezes ascendiam à condição de pequenos empresários urbanos".[15]

Tais "artesãos urbanos", entre 1832 e 1834, seja por iniciativa própria ou pelo investimento financeiro de algum político, contando com a colaboração de alguns professores, traziam a lume, por meio das quatro tipografias, além de 12 periódicos que produziam em torno de 20 exemplares semanalmente, 13 folhetos e os primeiros livros publicados por mulheres na província. *Direitos das mulheres e injustiça dos homens*, escrito pela professora Nísia Floresta Brasileira Augusta, feminista *avant la lettre* que trabalhava no magistério local em 1832, teve sua segunda edição publicada em 1833 pela Tipografia de V. F. de Andrade.[16] No ano seguinte, saía *Poesias offerecidas às senhoras rio-grandenses,* da poetisa Delfina Benigna da Cunha, opúsculo de 148 páginas, editado pela Typographia de Fonseca & Cia. Em 1834, pela mesma tipografia, era impresso o livro para uso escolar *Epítome da grammatica da lingua nacional*, de Manoel dos Passos Figueiroa, que também era editor dos jornais *Correio da Liberdade*(1831) e *Idade de Ouro*(1833/1834). Cabe lembrar que a professora Maria Josefa da Fontoura Barreto foi também a primeira mulher a exercer sua atividade intelectual na imprensa rio-grandense ao colaborar, ao lado de Manoel dos Passos Figueroa, na edição do *Idade de Ouro;* depois, passou a redigir o *Bellona irada contra os sectários de Momo*(1833/1834), ambos partidários dos caramurus.[17]

Essas informações nos ajudam a compreender o contexto inicial de construção das práticas letradas na capital da província, assim como nos permitem uma melhor visualização das possibilidades de acesso às informações, políticas ou não, aos interessados. Essa intensa circulação revela que as ruas de Porto Alegre constituem-se em palco privilegiado para o exercício público das ideias, na qual o posicionamento político torna-se um imperativo social e os periódicos são os protagonistas desse movimento.

---

14   SILVA, 1986, p. 12.

15   RÜDIGER, 1993, p. 16.

16   Nísia Floresta Brasileira Augusta, pseudônimo de Dionísia Gonçalves Pinto, nasceu em 12/10/1810, em Papari, Rio Grande do Norte, e faleceu em 24/4/1885 na França. Escreveu diversas obras, que tratavam particularmente dos direitos das mulheres à educação e ao trabalho. Em 1832 publicou a obra *Direitos das mulheres e injustiça dos homens*, na qual aponta os principais preconceitos existentes contra a mulher na sociedade brasileira. Em decorrência do movimento farroupilha, abandonou a cidade em 1837 (BARRETO, 1986, p. 169). Para outras informações sobre essa autora, vida e obra, ver DUARTE, 2008, e também o interessante artigo de Pallares-Burke (1996).

17   BARRETO, 1986, p. 49-52 e 170-171.

Um público que se familiariza com a leitura, os discursos e os impressos

Aos poucos, portanto, iam se articulando os vários setores letrados da sociedade, que começariam a produzir algumas conquistas; tornavam-se mais frequentes, por exemplo, os anúncios de produtos e serviços ligados às atividades letradas. E no ano que assistiria ao rompimento da Província de São Pedro do Rio Grande do Sul com a nação brasileira, em 20 de setembro de 1835, e decorridos 35 anos desde o aparecimento da primeira escola particular de primeiras letras na capital, surgem, pelo menos, mais 13 estabelecimentos de ensino (cinco aulas públicas de primeiras letras, três de filosofia, uma de francês, uma de aritmética, geometria e matemática e uma escola para meninas, além da escola particular do professor Gomes e ainda outras não registradas). Além disso, as quatro tyipografias, desde 1827, produziram 24 periódicos, que colocaram em circulação cerca de 100 exemplares, 28 folhetos e quatro livros, que impulsionaram ainda mais as atividades letradas.

Durante esse período, crianças tornaram-se homens e mulheres capazes de frequentar o Gabinete de Leitura e as sociedades maçônicas da capital e alguns conseguiriam ser, entre outras atividades, professores, autores e colaboradores de periódicos.

Os anúncios que divulgavam a literatura disponível e onde era vendida estão entre os elementos que nos permitem conhecer um pouco mais sobre o ambiente da nascente cultura letrada da capital. Além disso, comprovam a preocupação do comércio local de ofertar aos estudantes os livros necessários às aulas. Nesse contexto, os livros destinados aos escolares, como o compêndio aritmético elaborado pelo professor Thomaz Ignacio da Silveira e os compêndios de gramática de Manoel dos Passos Figueiroa e do professor Coruja, cumpriam tanto a função de auxiliar as instituições de ensino na construção do aparato cultural nacional, tal como já acontecia na Corte, como o papel de formar o leitor.

O maior propósito dos dirigentes saquaremas era a difusão da instrução entre aqueles que deveriam compor a classe dos cidadãos do império. Nesse sentido, a edição de gramáticas e compêndios que auxiliassem na divulgação do ensino era fundamental.[18]

Portanto, o que nos informam os impressos e seus registros sobre as possibilidades de acesso à cultura letrada em Porto Alegre, desde o surgimento do primeiro jornal em 1827 até o início da insurreição farroupilha, não são apenas números e títulos. Tais publicações dizem muito sobre as condições dessa sociedade para produzir e consumir informações, literatura escolar, escritos políticos, poesias e até textos de mulheres com

---

18 MATTOS, 2004, p. 276.

ideias mais avanças, além de manifestos de todos os tipos, que fizeram parte do cotidiano urbano de uma maneira bem mais intensa do que se poderia supor.

Ao delinear o envolvimento dos letrados porto-alegrenses na construção de espaços para a prática da cultura letrada na cidade, percebe-se que a institucionalização desses espaços não poderia depender apenas das atitudes individuais de alguns professores, mas de ações coletivas e da participação efetiva do Estado, entendida como políticas públicas que incentivassem tais propósitos, como aconteceu em São Paulo e também em Olinda/Recife, com a criação das faculdades de direito. Nesse sentido, as medidas de caráter político-administrativas elaboradas pelos dirigentes saquaremas a partir de 1834 – que tiveram como "laboratório" a Província do Rio de Janeiro e que deveriam ser ampliadas ao conjunto da nação, a fim de conferir a unidade e a ordem necessárias à consolidação do império brasileiro – constituíam as ações de governo destinadas ao que Mattos chamou de "formação do povo".[19]

Tal formação tinha como base promover a instrução pública, que ficava a cargo das províncias. No caso do Rio de Janeiro, sob o governo dos saquaremas. Nesse sentido, para melhor compreender o contexto de constituição das práticas letradas no Rio Grande do Sul em comparação com as demais províncias, recorre-se aos dados apresentados por Mattos, já que eles nos informam sobre a situação da instrução na província que sediava o governo imperial e que, portanto, servia de modelo a todas as outras.[20]

É curioso perceber que as dificuldades da Província de São Pedro do Rio Grande do Sul, tanto para suprir a carência de professores como para criar uma escola normal, eram as mesmas apresentadas pelo presidente da Província do Rio de Janeiro, Joaquim José Rodrigues Torres, em 1835. Esse igualmente ressalta, no relatório apresentado à Assembleia, "a carência de pessoas suficientemente habilitadas para o magistério" e julgava, portanto, urgente e necessária "a criação temporária de uma escola normal, onde se pudessem habilitar convenientemente não só os candidatos às cadeiras vagas,

---

19 Mattos (2004, p. 264-266) define a província fluminense como um laboratório da administração saquarema, porque foi a que teve menor rotatividade de presidentes e isso constituiu uma exceção; além disso, a administração não foi entregue a elementos estranhos à província, como era comum acontecer nas demais.

20 "A instrução cumpria – ou deveria cumprir – papel fundamental, que permitia – ou deveria permitir – que o Império se colocasse ao lado das "nações civilizadas". Instruir "todas as classes" era, pois, o ato de difusão das Luzes que permitia romper as trevas que caracterizavam o passado colonial; a possibilidade de estabelecer o primado da Razão, superando a "barbárie" dos "sertões" e a "desordem" das ruas (MATTOS, 2004, p. 271-272).

mas ainda os atuais professores que disso carecessem". A diferença reside no fato de que, nesse mesmo ano, foi criada uma escola normal na capital da província fluminense, que, não obstante a pequena procura, iniciou as atividades em 1836.

Primeiramente, destaca-se a questão da dificuldade de encontrar pessoas dispostas ao exercício do magistério, em geral, e ao magistério público, em particular, tanto na província que sediava a Corte quanto na longínqua Província de São Pedro do Rio Grande do Sul. Em segundo, dos 14 alunos habilitados pela Escola Normal, entre 1836 e 1840, 11 já trabalhavam como professores, o que indica tanto a necessidade de formação que sentiam os docentes já em atividade quanto informa sobre o pouco interesse despertado pela profissão. Entretanto, a escola estava criada e em funcionamento.

A Província de São Pedro do Rio Grande do Sul, que receberia uma escola normal apenas em 1869, também não dispunha de muitas pessoas habilitadas ao exercício do magistério. Entretanto, o que mais chama a atenção nesses números é que em 1835 existiam na província 44 aulas de primeiras letras (embora poucas estivessem providas), enquanto na Província do Rio de Janeiro, em 1836, havia 24 escolas de primeiras letras e em 1840 apenas 20, com 17 em funcionamento. O município do Rio de Janeiro contava com 137.078 habitantes em 1838. Na Província de São Paulo, em 1836, constam 42 aulas de primeiras letras, com 38 em funcionamento (com uma população livre entre dez e 20 anos de 50.129).[21] Quanto às estatísticas populacionais relativas à Província de São Pedro do Rio Grande do Sul, há somente aquelas compiladas por Gonçalves Chaves, nas quais em 1822 eram estimados 106.196 habitantes na província e 36.050 em Porto Alegre e distritos.[22]

Porém, a relatividade dos dados populacionais não retira sua importância de contraste. É sabido que a Província do Rio de Janeiro era imensamente mais povoada do que a de São Pedro do Rio Grande do Sul. Devemos destacar que, antes da guerra civil, essa província apresentava, segundo os relatórios dos presidentes, quantidade de escolas de primeiras letras equivalentes às de São Paulo e maior número de escolas do que na capital do Império. Mesmo que poucas estivessem em funcionamento, pela insuficiência de letrados dispostos a essa atividade, esses números indicam que a administração da província rio-grandense também demonstrava interesse em instruir

---

21 Segundo o recenseamento de Müller (1978, p. 263-265), havia 1.471 alunos nas aulas públicas e 928 em 44 escolas particulares.

22 CHAVES, 1978, p. 109. Hallewell (2005, p. 128) considera que existiam cerca de nove mil habitantes somente na capital rio-grandense em 1830.

sua população. Entretanto, a ausência de dados como os apresentados por São Paulo dá a dimensão da dificuldade de análise.

Farrapos *versus* caramurus: combates a ferro, fogo, papel e tinta

Bastante curiosa era a situação de São Paulo a essa altura, pois, embora a Academia de Direito já estivesse próxima de completar uma década e a capital aos poucos fosse urbanizada e ocupada por estudantes de várias partes do país, era ainda muito fraca a publicação de livros.

Enquanto isso, os rio-grandenses guerreavam, seja por meio das folhas impressas ou a cavalo nos descampados. Em tempos de grande turbulência política, os periódicos registravam a intensa disputa pelo espaço público e pelo poder de legitimar as ações da guerra e seus motivos. Nesse período, há uma retração na quantidade de impressos na capital rio-grandense, tanto nos títulos publicados quanto nos exemplares em circulação. Embora o decréscimo de publicações periódicas, consideradas as de existência comprovada, não tenha sido tão acentuado, já que passavam de 24 para 21 títulos, outras quedas são mais significativas e alertam sobre os rumos das ações revolucionárias e das reacionárias correlatas. Assim, se por um lado a divisão dos jornais entre os partidos torna-se mais equilibrada, com 12 publicações imperiais e nove farroupilhas, por outro lado, dos 16 títulos novos apenas quatro são republicanos.

A análise da circulação de impressos periódicos nas capitais paulista e rio-grandense no período – em que decorrem os acontecimentos relacionados à guerra civil, que afeta, sobretudo, os rio-grandenses, mas que também compreende as agitações liberais entre os paulistas – mostra uma equiparação nas quantidades de títulos e de exemplares em circulação nas capitais.

São Paulo apresentava 20/26 títulos contra os 21/24 de Porto Alegre. A circulação de exemplares entre os paulistanos cresceu de 45/48 para 69/75; entre os porto-alegrenses houve uma queda acentuada (67/71) em relação ao primeiro período considerado (101/113). Para além da questão da quantidade, chama atenção a ausência de publicação de anúncios nos periódicos de São Paulo, já que apareciam apenas em 1842 n'*O Governista*. Os jornais de Porto Alegre apresentavam tais seções desde o *Diário de Porto Alegre*.[23]

Não foram encontrados, entre as publicações porto-alegrenses, nem nesse período nem no anterior, os periódicos dedicados à literatura. Já entre os paulistanos foram

---

23   BARRETO, 1986, p. 24 e FREITAS, 1915, p. 86-89.

encontrados três títulos relacionados ao tema, *O Amigo das Letras* (1830), a *Revista da Sociedade Filomática* (1833) e a *Minerva Brasiliense* (1844), cuja existência não é confirmada. Os demais estão ligados à Faculdade de Direito.

Os títulos publicados por ano diminuíam significativamente e passaram de nove em 1836 para três a partir de 1838 e dois a partir de 1843; além disso, de 1837 a 1840 circulavam nas ruas da capital dez periódicos, todos simpáticos aos imperiais. A redução na quantidade de exemplares em circulação na cidade chega a 70% (de 98 para 67) e no fim do período restariam um jornal imperial e um republicano, curiosamente intitulado *O Imparcial*.

Porto Alegre passaria a contar com pelo menos cinco oficinas tipográficas identificadas. Em contrapartida, verificou-se uma redução na quantidade de pessoas ligadas aos periódicos, que correspondia proporcionalmente à diminuição do número de títulos publicados. Assim, se entre 1827 e 1835 foram impressos 24 títulos válidos que envolviam 36 pessoas, entre 1836-1845 aproximadamente 20 pessoas estavam diretamente envolvidas com a produção dos 21 periódicos.

Quanto às publicações avulsas, houve 71 na província (27 em Porto Alegre). As demais eram principalmente de Piratini, Caçapava, Bagé e Alegrete, que sediaram o comando dos farroupilhas, e de Rio Grande.

Nesse conjunto de 27 impressos, seis eram publicações oficiais (da Assembleia da Província ou representações enviadas a ela, um ofício e duas circulares publicados pelo presidente da província e distribuídos pelo *O Comércio*); nove eram panfletos (proclamações, comunicados, correspondências ou Ordem do Dia); oito eram livros ou livretos de poesias, coleções de leis e outros temas oferecidos à venda pelas tipografias; e quatro eram folhetos intitulados *Boletim*. Desse conjunto de impressos, apenas nove foram distribuídos com os periódicos de circulação efetiva, 65% menos do que no período anterior (28). Portanto, embora a quantidade geral de publicações avulsas na província tivesse aumentado de 63 para 71, houve uma grande redução dessas publicações em Porto Alegre, de 45 para 27 títulos; a publicação de livros sofre pequena queda (de dez para oito), com diferenças nos temas publicados: se no primeiro período predominavam os compêndios escolares, nesse sobressaíam as coleções de leis e memórias militares.

A queda na publicação e circulação dos impressos em geral (periódicos, folhetos ou livros) na capital, em relação ao período anterior, foi em média de 60%. O período de maior circulação de impressos por semana aconteceu durante o domínio dos republicanos em Porto Alegre, de setembro de 1835 a junho de 1836. Durante esse período, circularam, por semana, cerca de 20 exemplares de periódicos e 27 impressos avulsos foram publicados (quatro distribuídos nos periódicos) apenas em tipografias da capital. Se considerarmos, para fins de estimativa, o parâmetro estabelecido por Rüdiger, de 400 exemplares por edição, chegaremos a quase 10 mil impressos em circulação nas ruas da cidade, isso sem considerar os jornais vindos da Corte ou de outras cidades da província.

Após o período revolucionário, é feito, em 1846, pelo conselheiro Antonio Manuel Corrêa da Câmara, o primeiro levantamento estatístico digno desse nome, segundo o qual a população livre de Porto Alegre totalizava 28.330 pessoas, 13.554 do sexo masculino e 14.776 do feminino, distribuídas por oito distritos e freguesias.

Sobretudo, é importante ponderar que a invasão da cena pública pelos periódicos intensifica o intercâmbio de práticas letradas entre os rio-grandenses, contribui para o letramento dos jovens e cria um hábito de leitura/escuta e escrita/conversa; afinal, até mesmo os analfabetos acabavam sabendo das opiniões políticas que povoavam as páginas impressas. E já que é no cerne de uma sociedade que cultiva a oralidade que a escrita vem angariar seu público, faz-se necessário que essa escrita panfletária torne-se acessível para uma maioria de ouvintes, mesmo sendo poucos os que leem. Mas, além dos insultos impressos dirigidos a tal ou qual facção em disputa, nas páginas acompanhava-se também a vida comum da cidade, nas quais produtos eram oferecidos e serviços anunciados.

Durante o período em que a capital ficou sob o governo republicano, apenas no jornal *O Mensageiro* (1835-1836), cujos responsáveis eram Vicente Xavier de Carvalho e Vicente Ferreira de Andrade (proprietário da tipografia que imprimia mais cinco periódicos), foram encontrados anúncios referentes ao oferecimento de aulas, livros e outros serviços relacionados às práticas letradas.[24]

O ambiente de hostilidades partidárias, agravado pelo longo período de guerra, favoreceu em alguma medida a proliferação das folhas periódicas na capital rio--grandense, cujos escritos políticos insuflavam os ânimos partidários ou contrários ao império. Entretanto, esse mesmo ambiente não contribuiu, de qualquer modo, para o fortalecimento dos outros produtos e serviços ligados às atividades letradas, sobretudo à instrução; ao contrário, ocasionou a retração do ambiente letrado com a prisão e a expulsão de pessoas, como o professor Coruja e outros, que contribuíam para o seu aprimoramento. Em contrapartida, o exercício de escrita e leitura tornou-se constante no cotidiano dos porto-alegrenses, a ponto de alguns jornais manterem-se por até oito

---

24 MOTTIN, 1985, p. 46.

anos, como é o caso d'*O Comércio*(1840-1848) e do *Sentinela da Liberdade*(1830-1837), e outros, como *O Annunciante* (1831-1835), *O Recopilador Liberal* (1832-1836) e *O Imparcial* (1844-1849), persistirem por cinco anos em circulação.

Portanto, se considerarmos apenas os periódicos de maior permanência, eles serão responsáveis por 20 anos ininterruptos de exercício público da escrita. Tal constatação importa na medida em que qualifica o espaço de atuação desses periodistas e ajuda a reforçar a importância da atuação das folhas periódicas na difusão da cultura letrada na sociedade brasileira, em geral, e na rio-grandense, em particular. Assim, se por um lado esse é ainda um ambiente de leitura rarefeita, devido à carência de um amplo e eficiente aparato educacional, por outro é possível vislumbrar o interesse, a vontade e a necessidade daquelas pessoas de desfrutar do mundo contido nos impressos e cujo acesso aos textos poderia dar-se pelo compartilhamento entre os vizinhos, pela leitura em voz alta ou pelo próprio ato individual.[25]

Bendito o que semeia folhas, folhas de mão em mão···

A pacificação da província cumpriu um importante papel político no cenário nacional, pois permitiu ao jovem imperador consolidar a imagem da nação unificada e reforçar o alentado projeto de "ordem e civilização". Verdadeiro dístico imperial, tais princípios constituíram o propósito central desse tempo, denominado por Ilmar Mattos de "tempo saquarema", no qual o núcleo não está exatamente no espaço temporal decorrido, mas no sentido singular que os dirigentes saquaremas imprimiram na administração do império, tendo como base de ação os princípios de ordem e civilização.[26] Nesse contexto, os periódicos adquirem cada vez mais importância na difusão dos modos de pensar e de agir e assumem, definitivamente, a missão de civilizar os costumes.

São Paulo, finalmente, via suas ruas serem invadidas pelo fenômeno do periodismo, assim como o crescimento da clientela estudantil.[27] A Academia de Direito

---

25   Sobre os vários modos de apropriação dos impressos no interior do Brasil no século XIX, ver o interessante relato de Kidder (1972, p. 106 ss).

26   "Tempo saquarema não deve ser tomado como o período de tempo que se estende, em linhas gerais, dos últimos anos do período regencial até o denominado 'renascer liberal' dos anos sessenta", mas como "resultado e condição da ação saquarema" (MATTOS, 2004, p. 14).

27   "Em 1850 já estavam instaladas cerca de 80 repúblicas. Cada casa reunia, em média, quatro ou cinco rapazes. Por essa época, havia cerca de 200 estudantes cursando a Academia e outro tanto nos preparatórios, constituindo-se na classe mais numerosa da cidade. São Paulo era, então, pessimamente calçada, pior iluminada, sem água canalizada e sem esgoto. Havia entre 12 mil e 14 mil habitantes e cerca de

entrava na segunda década de existência e o efeito da reunião desses jovens bacharéis se fazia notar pela quantidade de publicações que envolviam seus estudantes. O ambiente acadêmico produziu romancistas, poetas e críticos literários, além de bacharéis, e os periódicos tornaram-se o lugar privilegiado para o exercício de suas ideias. Os paulistanos acompanhavam não apenas o aumento das publicações, mas também a estabilidade de alguns periódicos, que alcançariam até 12 anos em circulação, como a revista mensal *Ensaios Litterarios do Atheneu Paulistano* (1852-1863).[28]

Em Porto Alegre, os periódicos retornariam ao cotidiano da cidade, em menor quantidade que nos períodos anteriores, com 17 títulos confirmados. Essa diminuição poderia indicar um arrefecimento no consumo de impressos em decorrência de um abrandamento temporário das escaramuças partidárias. Entretanto, conforme já foi avaliado, é importante considerar também o tempo de existência dessas publicações, assim como a persistência dos editores de apresentar opções aos leitores.

Mesmo que não haja pesquisas que determinem a periodicidadedas publicações nessa época, ainda assim o que se verifica é uma intensa circulação de impressos na cidade; afinal, 17 publicações geraram cerca de 100 exemplares, o que corresponderia à média de seis edições semanais de cada periódico. O levantamento que fiz sobre a circulação em São Paulo, nesse período, indicou que 31 títulos produziram 99 exemplares, o que corresponde à metade das edições semanais em Porto Alegre. Embora médias ponderadas sejam arriscadas e bastante inexatas, especialmente nesse caso, em função da precariedade dos dados – já que muitos periódicos paulistanos e porto-alegrenses não apresentam dados suficientes sobre sua periodicidade –, o que se quer aqui ressaltar é que, a despeito do pequeno número de impressos publicados em Porto Alegre, existia uma grande quantidade de exemplares em circulação, reforçada pela estabilidade de alguns periódicos.

Nesse sentido, é possível perceber o estabelecimento de um ambiente favorável ao aparecimento de novos periódicos e também a consolidação da atividade impressora, pois houve uma ampliação significativa no tempo de permanência das publicações que surgem nesse período, como *O Mercantil* (1849-1865) e o *Correio do Sul* (1852-1868). Ambos persistem pelo dobro de tempo dos antecessores mais duradouros, *O Comércio* (1840-1848) e o *Sentinela da Liberdade* (1830/1837), cuja duração

---

2.500 residências" (MACHADO, 2001, p. 161). Segundo Hallewell (2005, p. 301), "em 1855 a cidade de São Paulo contava com 15 mil habitantes (em comparação com um quarto de milhão na Corte e mais de 80 mil em Salvador e no Recife), o número de estudantes chegara a 600".

28　*Ensaios Litterarios do Atheneu Paulistano*, segundo Freitas (1915, p. 111-117), parece ter sido criada para continuar a publicação dos *Ensaios Litterarios,* interrompida em 1851. Sobre essa importante publicação literária, ver a pesquisa feita por Garmes (2006).

foi alcançada pelo *Der Deutsche Einwanderer* (1854-1861).[29] Essa permanência dos periódicos em circulação, que contribuiu para alavancar a quantidade de impressos oferecidos aos leitores porto-alegrenses porque consolida o nome do jornal junto ao público leitor, também informa sobre um conjunto de condições favoráveis à sua existência, ou seja, leitores atentos aos assuntos da província e habilitados a consumir textos impressos sobre temas variados.

Tal encadeamento permite reavaliar a ideia de que o período pós-revolucionário representa uma "fase de recessão" no periodismo, principalmente em Porto Alegre, em função da diminuição da quantidade de títulos publicados,[30] tendo em vista que os números apresentados não confirmam uma "estagnação da atividade periodística", pois a diminuição na quantidade de títulos impressos não significou a correspondente redução dos exemplares em circulação.[31]

Outro indício significativo da qualificação do espaço de atuação da imprensa local é a quantidade de pessoas envolvidas na produção dos periódicos porto-alegrenses: em torno de 23 atuavam nos 17 impressos. No período anterior, aproximadamente 20 pessoas participavam de 21 publicações, ou seja, a comparação indica que existiam mais pessoas colaborando em jornais que permaneciam mais tempo em circulação e produziam mais edições semanais, o que já começa a indicar uma modificação do fazer jornalístico, em consonância com as necessidades cotidianas da sociedade. Isso pode significar até que alguma especialização das atividades começa a acontecer. Embora as tipografias demandem uma pesquisa própria, que permita avaliar melhor as alternâncias de propriedade ou a efetiva criação de estabelecimentos, ao que parece elas também aumentam de cinco para sete.

As publicações episódicas cessariam nesse período e, pelo menos em Porto Alegre, também a edição de obras literárias.[32] Permaneceriam os impressos ligados às atividades da Presidência da Província, como relatórios, balanços e outros documentos da administração pública. Também continuariam aparecendo as publicações de leis. Configura-se, portanto, um período de reestruturação administrativa da província com ênfase nos procedimentos legislativos e nos atos do governo.

---

29 SILVA, 2007, p. 131 e 267-268.

30 A ideia de fase de recessão é sustentada por Silva (2007, p. 94).

31 Rüdiger sustenta a ideia de "relativa estagnação da atividade periodística, após a Guerra Civil de 1835" (RÜDIGER, 1993, p. 16).

32 No levantamento de Barreto, aparecem publicações de textos literários em Rio Grande e em Pelotas é publicado o "primeiro livro impresso, quando não havia ainda jornal na cidade", um livro didático de aritmética para o curso de instrução primária (BARRETO, 1986, p. 187).

Portanto, de 1846 a 1850 são publicados 27 impressos na província e, desses, 22 foram publicados em Porto Alegre.[33] Não foi possível fazer uma análise de conjunto sobre as publicações avulsas com base em metade das informações sobre o período considerado; entretanto, pode-se, ao menos, ponderar a respeito da ausência dos panfletos ou folhetos de conteúdo político distribuídos com os periódicos.

Se, por um lado, desapareceriam os panfletos, de outro, aumentaria consideravelmente a circulação de exemplares das folhas periódicas. Além disso, o que passaria a acontecer então seria o amplo uso dos periódicos pelo governo da província para a publicação dos atos oficiais; assim, os jornais mantinham-se subordinados à administração provincial em razão dos vínculos econômicos e, com isso, conseguiam sobreviver por mais tempo, como é o caso d'*O Comércio*, o *Correio de Porto Alegre*, *O Mercantil, A Tribuna Rio-Grandense* e o *Correio do Sul*, que publicaram as atas da Assembleia Legislativa Provincial entre 1847 e 1864.[34]

Essa aliança entre editores/impressores e o governo da província, na capital, é representativa de um esforço dos líderes locais no sentido da reestruturação e estabilização das ações políticas na sociedade sul-rio-grandense. Afinal, o espaço de manifestação pública das ideias estava consolidado e o movimento, a partir de então, seria para a sua manutenção, seu controle e sua ampliação.

Assim, tomar a movimentação dos periódicos porto-alegrenses como base para a análise dos efeitos da política imperial saquarema – definida a partir do lema "ordem e civilização", ou seja, a partir do cultivo de uma cultura letrada na província associada às manifestações políticas e à criação de espaços públicos que favoreciam o exercício de leitura e escrita – serve como parâmetro desses arranjos na província como um todo.

Nessa década, portanto, estava em curso a adoção de uma série de iniciativas públicas e privadas no sentido de reorganizar a província e alinhá-la ao projeto nacional conduzido pelos dirigentes saquaremas. Embora os relatórios da Presidência apresentem falhas nas informações, ainda assim podem contribuir para montagem das referências desse período. Do mesmo modo, os trabalhos estatísticos, feitos com

---

33 São: seis relatórios do presidente da província e dois relatórios sobre a instrução pública; dois balanços financeiros; seis coleções de leis e resoluções provinciais; um código de posturas policiais; um complemento à obra (de 1844) *Auditor brasileiro*; dois documentos relativos a pontes; uma consideração sobre o sistema de fornecimento do Exército e uma exposição sobre as obras dos faróis da lagoa dos Patos e do canal São Gonçalo, que a liga à lagoa Mirim.

34 Sobre as vinculações entre a Assembleia Legislativa Provincial e os periódicos nesse período, ver PICCOLO, 1998, p. 13.

grande esforço e grandes dificuldades pelas precárias condições da época, auxiliam muito nessa composição. Se, no período anterior, podíamos contar apenas com informações esparsas, veiculadas nos anúncios dos jornais, nesse recorte temporal é a documentação oficial que fornece a maior parte das indicações. São, portanto, fontes históricas que representam esferas diferentes da sociedade.

Os anúncios dos jornais informam sobre o cotidiano de produtos e serviços ligados às práticas letradas, sem qualquer ordem ou sistematização, senão aquelas referentes às aleatórias escolhas dos editores e tipógrafos. Já os relatórios apresentam uma imagem administrativa da província bastante parcial, seja pela ausência de documentação que comprove os números apresentados, seja pela não obrigatoriedade de registrar informações importantes, como a relação das aulas ou escolas particulares, mencionados apenas fortuitamente.

A grande lacuna continua sendo o ensino particular, já que os números relativos a Porto Alegre dão apenas uma pálida ideia dessa atividade, tendo em vista as aulas existentes na cidade, segundo os anúncios encontrados nos jornais do período anterior.

Entretanto, o que importa, para fins de qualificação de um público leitor na capital rio-grandense, é que esses números, mesmo deficitários e incompletos, informam sobre uma demanda de potenciais leitores em formação, que aumentava paulatinamente.[35]

Nesse ponto convém recorrer aos dados sobre a instrução pública na província fluminense. No relatório do presidente Luis Pedreira do Couto Ferraz, de 1853, em decorrência da criação dos conselhos municipais de instrução primária e pelas determinações do Regimento de 1849, a situação mostrava, "de um ponto de vista geral, o rápido aumento da população escolar após quatro anos: 6.425 alunos, distribuídos pelas 177 escolas da província, das quais 134 eram particulares".[36]

Nesse ano, pelo relatório do presidente da província rio-grandense, existiam 6.337 alunos matriculados nas 96 escolas de primeiras letras (60 meninos e 36 meninas) espalhadas pelos incultos campos de São Pedro do Rio Grande do Sul,[37] em contraste com os incompletos dados que indicam a existência de apenas 24 escolas particulares, com uma clientela, certamente, superior aos 406 declarados,

---

35 O Regulamento de Instrução Primária da Província de 15 de março de 1842 prevê o ingresso na escola a partir dos cinco anos (SCHNEIDER, 1993, p. 61).

36 *Apud* MATTOS, 2004, p. 291.

37 No Relatório do Presidente da Província, os dados referentes a 1853 são os seguintes: "O número de escolas da província atualmente é de 96, sendo 60 de meninos e 36 de meninas; providas vitaliciamente 44, interinamente 12, das de meninos; das de meninas: 28 vitalícias e cinco interinas. A frequência dessas escolas atingiu a 3.812 alunos e 2.525 alunas".

encontrados no relatório do diretor de Instrução Primária, Leopoldino Joaquim de Freitas, de 1854.[38] Tais números incompletos e escassos sempre nos indicam a insuficiência do sistema de ensino da província sulina. No entanto, quando comparamos com os dados oferecidos pela província que sediava o governo do Império, constata-se que essa apresentava apenas 88 alunos a mais e 51 escolas públicas de ensino primário a menos do que a rio-grandense. Apesar de "extremamente baixos", esses totais indicavam que o laboratório saquarema cumpria sua função, ou seja, "formar o povo e preservar as diferenças entre os cidadãos".[39] Tal entendimento não parece destoar do que ocorria na Província de São Pedro do Rio Grande do Sul, já que, se acompanharmos a reestruturação política após a guerra civil, a partir de 1848 o Partido Conservador, ou saquarema, é predominante na Assembleia Legislativa até 1851 e, em seguida, há a formação da Liga, que, segundo Piccolo, foi uma decisão "dos líderes dos dois partidos, sob o domínio conservador" até 1855.[40]

Havia, portanto, um conjunto de princípios saquaremas a permear as ações de Estado, no sentido de dotar suas províncias de meios para formar os cidadãos que deveriam integrar os quadros políticos e administrativos da sociedade. Parte dessa tarefa estava reservada a uma educação adequada a esses objetivos, mesmo que ela estivesse ainda muito aquém do desejado.[41]

Todavia, são as tentativas permanentes dos letrados locais de dotar a cidade de "meios para recrear o espírito e instruir-se"[42] o que se visa aqui destacar, pois essas instituições testemunham o esforço de um grupo interessado em construir espaços dedicados às práticas letradas. Mesmo que algumas não tenham alcançado êxito ou tenham tido existência efêmera, essas iniciativas informam sobre capacidades, habilidades e necessidades e indicam a consolidação daquele espaço público que permite o encontro e a reunião dos letrados.

É, portanto, o conjunto dessas práticas e instituições que cria a demanda social que as sustenta: o público leitor efetivo e potencial. Nesse sentido, conforme os dados de 1847 pode-se estimar a quantidade de potenciais leitores (e/ou ouvintes) dos periódicos, situados entre a população dos 11 aos 60 anos, ou seja, 6.830 mulheres e

---

38 *Apud* SCHNEIDER, 1993, p. 122-123.

39 MATTOS, 2004, p. 291.

40 PICCOLO, 1998, p. 13.

41 MATTOS, 2004, p. 287.

42 CESAR, 1971, p. 20.

5.456 homens. Se mantivermos o percentual de 20% de pessoas alfabetizadas, haveria cerca de 2.500 potenciais leitores para os quatro periódicos existentes em 1849, que publicavam oito exemplares por semana. Assim, talvez o Gabinete de Leitura de Wanzuller & Cia. não tenha fechado apenas por falta de leitores, conforme supôs Guilhermino Cesar.

De outra parte, entre 1853 e 1854, quando aqueles gabinetes de leitura foram organizados e colocaram à disposição dos subscritores 80 volumes o primeiro e mais de 17 mil o segundo, que durou um ano, Porto Alegre, por meio de suas sete tipografias, colocava em circulação regular e periódica de 14 a 16 exemplares por semana, correspondentes aos oito periódicos existentes nesse período. Dois eram escritos em alemão e envolviam 19 colaboradores. São, portanto, números significativos que indicam um público capaz de leitura e incentivado a essa prática, ainda mais se consideramos que não havia muitos outros meios disponíveis para buscar informações ou "recrear o espírito" além de missas, retretas, bailes ou, eventualmente, circo. Em Porto Alegre, os cafés ainda não existiam; no entanto, as tipografias, a livraria de Wanzuller & Cia. e o Gabinete de Leitura cumpriam essa função.

Apesar de insuficientes ou imprecisos, esses dados nos ajudam a compreender o contexto de letramento na capital dos rio-grandenses, para que se possa melhor avaliar as capacidades de fruição dos textos impressos dessa sociedade. Afinal, é de suma importância compreender como se estruturaram esses espaços desde a criação dos primeiros prelos da cidade.

Assim, se a constatação do amplo analfabetismo da população serve para qualificar a capacidade ou incapacidade de leitura da sociedade brasileira, ela não é, no entanto, suficiente para inviabilizar o acesso aos textos, tampouco impedir o interesse sobre o que era escrito, nem mesmo a sua compreensão, a formação de uma opinião ou posicionamento. O que se percebe pelo aumento e a persistência dos periódicos em circulação é que, embora o analfabetismo constituísse um sério entrave para o desenvolvimento cultural da população, ele não diminuiu a necessidade da cultura escrita; ao contrário, os periódicos foram um estímulo à circulação de ideias e um apêndice importante para o letramento dos jovens.

É, portanto, sobre a capacidade de produzir impressos, a habilidade de cultivar leitores e a necessidade de consumir informação e conhecimento que se está a refletir, bem como sobre as condições de exercício dessas práticas na capital da Província de São Pedro do Rio Grande do Sul.

Referências

BARRETO, Abeilard. *Primórdios da imprensa no Rio Grande do Sul (1827-1850)*. Porto Alegre: Comissão Executiva do Sesquicentenário da Revolução Farroupilha. Subcomissão de Publicações e Concursos, 1986.

CESAR, Guilhermino. *História da literatura do Rio Grande do Sul (1737-1902)*. Porto Alegre: Globo, 1971.

CHAVES, Antonio José Gonçalves. *Memórias ecônomo-políticas sobre a administração pública do Brasil*. Porto Alegre: Cia. União de Seguros Gerais, 1978.

DUARTE, Constância Lima. *Nísia Floresta:* vida e obra. Natal: Editora da UFRN, 2008.

FREITAS, Affonso A. de. *A imprensa periódica de São Paulo desde os seus primórdios em 1823 até 1914*. São Paulo: Tipografia do Diário Oficial, 1915.

GARMES, Hélder. *O romantismo paulista:* os ensaios literários e o periodismo acadêmico de 1833 a 1860. São Paulo: Alameda Casa Editorial, 2006.

FERREIRA, Athos Damasceno. *Gabinetes de leitura e biblioteca do Rio Grande do Sul*. Porto Alegre: Centro Regional de Pesquisas Educacionais do Sul/MEC, 1973.

PALLARES-BURKE, Maria Lúcia Garcia. "A Mary Wollstonecraft que o Brasil conheceu, ou a travessura literária de Nísia Floresta". In: FLORESTA, Nísia. *O Carapuceiro e outros ensaios de tradução cultural*. São Paulo: Hucitec, 1996.

HALLEWELL, Laurence. *O livro no Brasil:* sua história. 2ª ed. São Paulo: Edusp, 2005.

KIDDER, Daniel Parrish. *Reminiscências de viagens e permanência no Brasil*. Províncias do Sul, compreendendo notícias históricas e geográficas do Império e das diversas Províncias. São Paulo: Martins/Edusp, 1972 [1845].

LUSTOSA, Isabel. *Insultos impressos:* a guerra dos jornalistas na Independência (1821-1823). São Paulo: Companhia das Letras, 2000.

MACHADO, Ubiratan. *A vida literária no Brasil durante o romantismo*. Rio de Janeiro: Eduerj, 2001.

MARTINS, Ana Luiza; LUCA, Tania Regina de. *Imprensa e cidade*. São Paulo: Editora Unesp, 2006.

MATTOS, Ilmar Rohloff de. *O tempo saquarema*. São Paulo: Hucitec, 2004.

MOLLIER, Jean-Yves. "Quando o impresso se torna uma arma no combate político: a França do século XV ao século XX". In: DUTRA, Eliana de Freitas; MOLLIER, Jean-Yves (org.). *Política, nação e edição*: o lugar dos impressos na construção da vida política no Brasil, Europa e Américas nos séculos XVIII-XX. São Paulo: Annablume, 2006.

MOREL, Marco; BARROS, Mariana Monteiro de. *Palavra, imagem e poder:* o surgimento da imprensa no Brasil do século XIX. Rio de Janeiro: DP&A, 2003.

_____. *As transformações dos espaços públicos:* imprensa, atores políticos e sociabilidades na Cidade Imperial, 1820-1840. São Paulo: Hucitec, 2005.

MOTTIN, Antonio J. S.; BARBOSA, Eni; SILVA, Jandira M. M. da. *O ensino universitário e as fontes da Revolução Farroupilha*. Porto Alegre: Subcomissão de Publicidade e Concurso do Sesquicentenário da Revolução Farroupilha, 1985.

MÜLLER, Daniel Pedro. *Ensaio d'um quadro estatístico da Província de São Paulo*: ordenado pelas leis municipais de 11 de abril de 1836 e 10 de março de 1837. 3ª ed., facsimilada. Honório de Sylos (int.). São Paulo: Governo do Estado, 1978 [1838].

NEVES, Lucia Maria Bastos P. *Corcundas e constitucionais*: a cultura política da Independência (1820-1822). Rio de Janeiro: Revan/Faperj, 2002.

PICCOLO, Helga Iracema Landgraf (org.). *Coletânea de discursos parlamentares da Assembleia Legislativa da Província de São Pedro do Rio Grande do Sul (1885-1889)*. Vol. 2. Porto Alegre: Assembleia Legislativa do Estado, 1998.

RÜDIGER, Francisco Ricardo. *Tendências do jornalismo*. Porto Alegre: Editora da UFRGS, 1993.

SCHAPOCHNICK, Nelson. "A leitura no espaço e o espaço da leitura". In: ABREU, Márcia; SCHAPOCHNICK, Nelson (org.). *Cultura letrada no Brasil*: objetos e práticas. Campinas: Mercado das Letras/ALB; São Paulo: Fapesp, 2005.

SCHNEIDER, Regina Portella. *A instrução pública no Rio Grande do Sul (1770-1889)*. Porto Alegre: Editora da UFRGS/EST Edições, 1993.

SILVA, Jandira M. M.; CLEMENTE, Elvo; BARBOSA, Eni. *Breve histórico da imprensa sul-riograndense*. Porto Alegre: Companhia Rio-Grandense de Artes Gráficas, 1986.

SILVA, Maria Beatriz Nizza da. *A Gazeta do Rio de Janeiro (1808-1822)*. Rio de Janeiro: Eduerj, 2007.

Apontamentos sobre a ilustração científica no mundo luso-brasileiro – c. 1750-1820

IARA LIS SCHIAVINATTO[1]

> Este exercício [da arte de desenhar] não interrupto por dois meses quando não produz outro efeito, dá a mão mais rebelde aquele jeito de talhar que a alguns nega a natureza. Homens há que se persuadem que são para isto totalmente inertes; mas uma tal persuasiva só tem lugar depois de tentados todos os meios.
>
> *Alexandre Rodrigues Ferreira*

> Entre a descrição das coisas entra também o Risco, e Pintura, a qual se aplicará aqueles objetos, que a narração não for capaz de descrever perfeitamente e em clareza.
>
> *José Antonio de Sá*

I

O *Peregrino Instruído*, escrito pelo teadino Manuel Caetano de Sousa, fundador da Academia Real da História portuguesa, orientava dom João v sobre uma possível viagem que o monarca faria à "Corte de Roma e às principais de Europa". Para "conhecer utilmente o Mundo", dom João v seguiria um rol de perguntas sobre o

> Estado Natural, a cidade, o clima, os campos que a cercam, os montes vizinhos, os frutos abundantes, as fontes e suas qualidades, os rios, os

---

1 Professora do Instituto de Artes da Universidade Estadual de Campinas (Unicamp). Este texto resulta de pesquisas recentes financiadas pela Bolsa de Produtividade em Pesquisa (pq) e pelo Edital Universal do Conselho Nacional de Desenvolvimento Científico e Tecnológico (cnpq).

gados, as aves, os peixes, os minerais, as pedras preciosas e ordinárias, dos gêneros que lhes faltam, de onde vêm os gêneros de que necessitam, para onde mandam os gêneros que lhes sobejam, por onde escoam os gêneros – água ou terra –, quais os lugares notáveis de sua vizinhança e como neles se chega.[2]

Datado da década de 1710, o texto revela o modo de estar no estrangeiro e compreendê-lo e considerava aspectos depois consolidados na história natural. Ensinava a ouvir e ver, embora não falasse em imagens ou as tivesse como um parâmetro de conhecimento. Os manuais de *ars peregrinandi* formaram um gênero de texto que se estendeu entre os séculos XVII e XVIII. Nas viagens diletantes[3]e nas filosóficas, as instruções buscavam instituir padrões de sistematicidade que abrangiam desde a rotina do naturalista até os modos de descrever e reconhecer os elementos da natureza e da civilização e almejavam, ao fim e ao cabo, uma universalização de procedimentos. Em meados do Setecentos, houve uma mudança capital nesse gênero de texto com a tese *Instructio peregrinatoris* (1759), de Eric Anders Nordblad, orientando de Lineu, que aliou o manual ao grande projeto lineano de taxonomia e de aclimatação universais dentro de uma economia global da natureza.

Lineu, por sua vez, avalizou as *Instructio peregrinatoris*, sobre a melhor forma de coletar o material de pesquisa para a história natural. Sua *Philosophia botanica* foi recebida com entusiasmo. Publicada em latim, teve rapidamente várias traduções. Na época, Lineu foi comparado a Salomão, Sócrates, Galileu e Newton e admirado por Erasmus, Darwin, Goethe e Rousseau. Foi um autor de primeira grandeza para a história natural, para o qual contribuiu decisivamente com seu *Systema naturae*, publicado em 1735. Sua perspectiva orientou os empreendimentos internacionais de circunavegação com o objetivo de fazer a descrição física do mundo. Envolveram-se diretamente nessas viagens vários de seus discípulos, tais como James Cook e Joseph Banks, ao seguir suas memórias, instruções e listas de ordens.[4] Lineu rompeu com o conhecimento nativo, soube combinar o ideal de um sistema classificatório de todas as plantas com uma sugestão concreta e prática de como construí-lo e o inseriu no campo literário da descrição.[5] Dessa maneira, a história natural alcançava

---

2   BUESCU, 2000.

3   Para Rousseau, a botânica seria a melhor distração para o homem elegante do século XVIII (ROUSSEAU, 1995 e 1801).

4   KOERNER, 2000.

5   PRATT, 1992.

um novo patamar enquanto campo de saber científico na Europa letrada. Ao mesmo tempo, a literatura de viagem tornou-se tema recorrente e uma espécie de paixão letrada e diletante, além de parte substantiva da cultura impressa da Europa daquela época. Durante os séculos XVI-XVIII, contudo, havia uma profusão de sistemas para dar conta da diversidade do mundo natural e, nesse contexto, Lineu, entre outros, se destacou e se consolidou como referência por meio um longo e desigual processo de reconhecimento que se estendeu até meados do Oitocentos. Na década de 1750, Etiene François Turgot publicou sua memória destinada a viajantes filósofos que se assemelha, salvo engano, aos escritos do paduano Domingos Vandelli, que, a convite de Pombal, se radicou em Portugal no contexto da fundação do Colégio dos Nobres. Vandelli funcionou como mais um elemento nessa rede de letrados e saberes científicos da segunda metade do século XVIII e adensou-a.

Há variações internas nesses manuais endereçados aos *naturalistas, viajantes filósofos, exploradores, descobridores.* Entretanto, nota-se o enorme esforço de sistematização da experiência, dos registros da viagem, da sua descrição, dos objetos vistos, coletados, preservados e remetidos e suas necessárias correlações com os textos enviados. Os objetos cuja catalogação e cuidado de preservação iniciavam-se no sítio visitado, preferencialmente integrariam uma coleção que referenciava aquele lugar. Imperava uma necessidade de ordenar a experiência da viagem. Isso significava entremear a catalogação dos objetos, sua preservação, a montagem dessa coleção e sua continuidade e a observação *in loco* e posteriormente o trabalho prosseguiria no horto botânico, no jardim, no museu ou no laboratório em Lisboa e em Coimbra. O naturalista dedicava-se ainda à descrição da viagem e aos seus resultados, à impressão dos textos e das imagens, e somava-se a isso a constante recolha de outras descrições e memórias, fossem monográficas ou de caráter mais geral, sobre os temas estudados. Essas práticas, os objetos, os textos e as imagens deveriam estar articulados num todo coerente. No conjunto, os manuais e as expedições concorriam para a consolidação de uma lógica, um novo paradigma disciplinar, portanto metodológico e eivado de práticas, que unia o museu, o jardim, o modelo taxonômico lineano e as peregrinações de caráter imperial, tão queridas por Lineu, como admitira em sua correspondência com Vandelli.[6]

O *gentleman* Thomas Pennaut se correspondia com Vandelli. Segundo Brigola, era um naturalista incansável, que ajudou a popularizar e a promover a história natural nas ilhas britânicas. Sua atuação expõe a face amadora da história natural, que, dessa maneira, entrou no cotidiano letrado e diletante que conquistou leitores e

---

6   LINEU; VANDELLI, 2008.

leitoras em várias partes da Europa. Essa espécie de vulgarização da história natural no cotidiano mundano abarcava os textos, os instrumentos, os objetos angariados, as imagens, os hortos, os jardins, os laboratórios e os museus que poderiam participar dessa sociabilidade letrada a cultivar o bom gosto.[7]Ora, esse conjunto de textos, objetos, imagens e espaços concorria para a recepção da história natural. No todo, os manuais, os escritos,[8] as ilustrações, os objetos coletados preservados e remetidos durante ou no fim da viagem e os instrumentos usados funcionavam dentro de uma complexa teia de relações internacionais e estabeleciam entre si uma série de associações com os sítios percorridos e estudados, que se tornavam, por seu turno, uma nova ordem de lugares destinados ao saber científico.

Participar dessa rede ou parecer que participava exprimia uma credencial social e letrada. No jocoso *Palito métrico*,[9] um doutor em direito na Universidade de Coimbra, logo senhor de prestígio, recomendava a um calouro: "Pede a moda que digamos que a Filosofia excede as outras, precípua a História Natural: eu sou de voto que tenha em sua casa alguns gafanhotos, borboletas, petrificados."[10]Para o naturalista[11]do século XVIII, a viagem se impunha como experiência indissociável da prática científica. Por outro lado, a ideia de viagem instrutiva arrebanhava adeptos entre os europeus cultos que cultivavam o *Grand Tour*. Tratava-se de uma cultura pragmática a envolver, até encantar, vários sujeitos sociais, que a partilhavam diversamente. Arguta, Ermelinda Pataca enfatizou essa situação de troca cultural que era também uma retradução e reapropriação de saberes e notou uma reordenação da reapresentação calcada na experiência entre o viajante filósofo Alexandre Rodrigues Ferreira e um índio macuxi da povoação do Carmo no Rio Branco ao representar geograficamente a bacia hidrográfica e as povoações próximas ao seu povoado, enquanto Alexandre Rodrigues Ferreira tirava o risco daquela região. Vale a longa citação:

---

7 CRUZ; PEREIRA, 2012; BRIGOLA, 2012. Sobre a disseminação do Museu de História Natural na Inglaterra, cf. KAEPPLER, 2011.

8 Esses escritos abarcavam listas de remessas, memórias, relatórios, correspondência e diários.

9 Ver também KURY, 2001.

10 FERRÃO; MADAIL; SÁ, 1942, p. 358.

11 Vários termos se confundem no século XVIII para designar esse protagonista da viagem, autor de relatos e memórias, homem de letras e também do Estado, sujeito e instrumento das Luzes: explorador, viajante filósofo, naturalista, viajante, navegador, astrônomo, mineralogista, botânico, todos correlatos, com certas distinções, mas que evidenciam a formação de uma camada de letrados com circulação e prestígio internacionais, com obras divulgadas em várias partes do mundo, o que reforça essa noção de que o planeta se integrava e se (re)conhecia.

Tomada uma corda, a estendeu pela terra de forma a representar as voltas do rio principal. A referida corda, lateralmente, da direita para esquerda foram atados outros tantos cordões quantos eram os confluentes a representar, ajustando-os às distâncias que na sua mente tinham uns dos outros e também de forma a figurar as suas voltas. Finalmente, em cada um dos cordões laterais, deu tantos nós mais ou menos aproximados quantos eram as aldeias dos índios e suas distâncias umas das outras. Assim o problema que se lhe propôs foi resolvido sem ser preciso levantar uma carta. (…) Este índio reparou, na palhoá que eu habitava, o que eu estava a riscar. Era um pequeno mapa da população que ele supôs ser o Rio Branco. Sem me dizer alguma palavra, tomou o meu bastão que eu trazia no canto da palhoça e com a ponta pôs se a riscar na areia do pavimento uma encadeação de grandes e pequenos rios. Na foz do Araruru, segundo ele, o que era para nós o Tacutu, riscou a fortaleza de São Joaquim e tantos quadrados quantas eram as palhoças a ela anexadas. Aproveitando a ocasião, oferecendo-lhe papel, o convidei a fazer com a pena e a tinta o que até o momento tinha feito com o bastão. Prontamente se pôs a riscar uma carta onde as cordilheiras eram marcadas por sucessivas séries de ângulos mais ou menos agudos e as malocas dos gentios por círculos maiores e menores.[12]

II

A natureza desempenhava um lugar central para Vandelli. Era fundamental conhecê-la dentro dos ideais de prosperidade do Iluminismo:

O homem só com a força de sua imaginação não podia comer, nem vestir-se, nem executar os seus desejos; enfim nada podia fazer sem o auxílio das produções naturais, que são a base de todas as Artes, de que se dependem principalmente os cômodos, e os prazeres da vida. Pois que o conhecimento dela contribui à felicidade humana.[13]

Nessa perspectiva, ele escreveu um conjunto de textos que orientava as formas de observar, ver, catalogar, descrever, explorar a natureza e abordava seus resultados.[14] Seus

---

12 FERREIRA, 1972 *apud* PATACA, 2001, p. 52.

13 VANDELLI, 1788, p. 1.

14 Os seguintes textos: *Dissertatio de arbore Draconis, seu Dracœna. Accessit disserta tio de studio Historioe Naturalis necessario in Medicina, Economia, Agricultura, Artibus et Commercio.* Olissipone *apud* Ant. Rod.

textos, manuscritos e impressos, endereçados aos naturalistas, definiam metodicamente como esquadrinhar o Reino e o além-mar do Brasil a Moçambique, Angola, Cabo
Verde. Vandelli falava a partir da sua experiência de viajante pela Itália e pelo Reino
português, da sua atuação em Pádua, de sua extensa correspondência com Lineu,
com outros naturalistas e colecionadores europeus, nos estudos da história natural e
na sua atuação no processo de *refundação,* nos termos de Pombal, da Universidade de
Coimbra. Ele investia na observação, na necessidade de ver primeiro a natureza, de
descrevê-la, e presumia uma produção imagética que pudesse compor uma coleção
ou um catálogo. Ele capitaneava os novos cursos da universidade, nos quais a história
natural aparecia como disciplina obrigatória, que formavam de bacharéis a médicos;
enfronhava-se na fundação de jardins botânicos em Lisboa e Coimbra, o Museu de
História Natural, a Academia Real de Ciências.

Vandelli escreveu no interior dessa arquitetura de poder da monarquia portuguesa, reorganizada no governo de dom José I e havia muito constituída, visceral-
mente, por seus domínios ultramarinos. Seus textos circularam na esfera governativa
e entre vários agentes da monarquia espalhados nas redes de poder ultramarinas.
Mencionar que Alexandre Rodrigues Ferreira carregou as instruções vandellianas e
algumas obras de Lineu em seu longo percurso de viagem sublinha o teor diretivo

---

Galliardum 1768; *Fasciculus Plantarum cum novis generibus et speciebus.* Ibi, ex Typ. Regia 1771; *Memoria
sobre a utilidade dos Jardins Botanicos.* Lisboa, na Regia Offic. Typ. 1770; *Diccionario dos termos technicos
de Historia Natural, extrahidos das obras de Linnêo, com sua explicação e estampas abertas em cobre, para
facilitar a intelligencia dos mesmos,* Coimbra, na R. Of fic. da Univ. 1788; *Memoria sobre a utilidade dos
Jardins Botanicos.* Coimbra, na R. Of fic. da Univ. 1788; *Viridarium Grisley Lusitanicum, Linnareanis no-
minibus illustratum. Jussu Academiæ in lucem editum.* Olisipone, ex Typ. Reg. Acad. Scient. Olisip. 1789;
*Florae Lusitanicae et Brasiliensis Specimen. Et Epistoloe ab eruditis viris Carolo a Linné, Antonio de Haen
ad Dom. Vandelli scriptæ.* Conimbricae, ex Typ. Academico Regia, 1788. Nas *Memorias economicas da
Academia Real das Sciencias de Lisboa para o adiantamento da agricultura das artes e da indústria em Portugal
e suas conquistas* refere-se às seguintes obras: *Memória sobre a ferrugem das oliveiras,* t. I, 1789; *Memória
sobre a agricultura deste reino e das suas conquistas,* t. I, 1789; *Memória sobre algumas producções naturaes
deste reino...,* t. I, 1789; *Memória sobre algumas producções naturaes das conquistas...,* t. I, 1789; *Memória
sobre as producções naturaes do reino e das conquistas, primeiras materias de differentes fabricas, ou manufacturas,*
t. I, 1789; *Memória sobre a preferencia que em Portugal se deve dar á agricultura sobre as fabricas,* t. I, 1789;
Memória sobre varias misturas de materias vegetaes na factura dos chapéos, t. II, 1790; *Memória sobre o modo
de aproveitar o carvão de pedra e paus bituminosos,* t. II, 1790; *Memória sobre o encanamento do rio Mondego,*
t. III, 1791; *Memória sobre as Aguas livres,* t. III, 1791; *Memória sobre o sal gemma das ilhas de Cabo Verde,* t.
IV, 1812; *Memória sobre a gravidade especifica das agoas de Lisboa e seus arredores,* t. IV, 1812. Nas *Memórias
da Academia das Sciências de Lisboa* refere-se às seguintes obras: *Dominici Vandelli Florae, et Faunae
Lusitanicae Specimen,* t. I, 1797; *De Vulcano Olisiponensi et montis Ermini,* t. I, 1797; *Varias Observações de
Chimica, e Historia Natural,* t. I, 1797.

desses textos, embora *in loco* pudessem – ou não – ser usados ou retrabalhados, modificados mediante a experiência vivida. Os escritos de Vandelli formaram uma espécie de *núcleo fundador* dos textos e das prescrições quanto ao modo de ver e apreender a natureza e suas gentes para as viagens políticas e filosóficas, deslanchadas a partir da década de 1770 sob a encomenda de Martinho de Mello e Castro.[15]

Tratava-se de um programa monárquico para o ultramar e Vandelli ambicionava fazer uma *História natural das colônias*, que englobaria a *Viagem filosófica* de Alexandre Rodrigues Ferreira e a *Flora fluminense* de frei Velloso. Isso se concatenava diretamente com o estabelecimento do complexo museológico da Ajuda (museu, horto, jardim botânico, herbário, casa do risco, casa de gravura, palácio real) dirigido por Vandelli, entre 1768 e 1810, e o empreendimento das *Viagens philosoficas*, as remessas, os catálogos, as memórias, as coleções, os gabinetes, os riscos, os mapas, as cartas hidrográficas, as ilustrações daí tiradas. Essas atividades todas se interligavam, com durações variadas, e estabeleciam uma continuidade férrea entre o *antes* (a preparação da viagem), o *transcorrer* e o *retorno* que se abria para uma nova gama de trabalhos desdobrados da viagem empreendida.

Não bastava coletar o objeto, esboçá-lo em desenho, preservá-lo e remeter, era fundamental descrevê-lo, estudá-lo e montar uma coleção e/ou gabinete na(o) qual seu uso e significado o tornavam uma peça *exemplar* de uma espécie. Cada etapa desses trabalhos do naturalista tinha seus métodos, suas demandas e orientações, sua organização e repartição de trabalho, aliados à técnica e aos instrumentos apropriados para os resultados almejados. Isso é marcante na meticulosa apresentação que Vandelli propunha para o diário do naturalista ao definir e descrever rigorosamente cada atividade diária. Nessa medida, é possível concordar com Brigola quanto à natureza da contribuição de Vandelli para a circulação e a divulgação de instrumentos intelectuais do conhecimento e dos objetos angariados, para a elaboração de um catálogo da natureza e para a afirmação de paradigmas disciplinares. Suas *Instruções* e seu *Dicionário* tinham um alto teor instrumental, ligavam-se diretamente à fatura da ilustração científica feita no período, principalmente a *Viagem philosophica* ao Grão-Pará (1783-1792), encabeçada por Alexandre Rodrigues Ferreira, composta por Joaquim José Codina e José Joaquim Freire, que atuaram como desenhadores.[16]

---

15 Trata-se das viagens empreendidas, entre outros, por Alexandre Rodrigues Ferreira, Manuel Arruda da Câmara, Balthazar da Silva Lisboa, José Mariano da Conceição Veloso, Joaquim Veloso de Miranda, Manoel Galvão da Silva/Joaquim Amorim e Castro.

16 Por sua vez, Alexandre Rodrigues Ferreira e frei Velloso escreveram textos sobre o inventário da natureza e a descrição de suas práticas. Ver respectivamente: *Inventário geral e particular de todos os productos naturaes, e artificiáes, instrumentos, livros, utensiz e moveis pertencentes ao Real Gabinete de Historia*

"Frontispício alegórico
desta Viagem philosofica
(1783-1792)"

O "Frontispício alegórico desta Viagem philosofica", feito no retorno e que provavelmente seria publicado em suas memórias, é conhecido. Nessa imagem, nota-se logo a hierarquia entre o governante, dom José I ao alto, as armas do Reino e a ação

---

Natural, Jardim Botânico, e suas cazas annexas (1794). E o detalhado Instrucções para o transporte por mar de árvores, plantas vivas, sementes e de outras diversas curiosidades naturais (1805).

transcorrida em seus domínios embaixo. Nesse imprenso, aparece o mar de tantas embarcações e o tráfico que medeia dois territórios. Ao fundo, nota-se o *skyline* citadino– talvez Lisboa, talvez Belém.

Estabelece-se visualmente uma distinção entre a corte, sede dos estabelecimentos científicos para onde tais remessas estão endereçadas, e a localidade agora representada. No primeiro plano, ações ligadas à viagem filosófica evidenciam seu pragmatismo e sua necessária organização projetiva, que resulta na fatura de um novo mapa dos rios da região amazônica, visto à direita. Essa hidrografia adquiria uma nova dimensão espacial ao ser representada com minúcia e precisão pela imagem cartográfica. O naturalista, presumivelmente Alexandre Rodrigues Ferreira, aponta o mapa feito dos rios Madeira, Amazonas, Negro e Branco, ainda nas circunstâncias geopolíticas, diplomáticas e militares das Comissões Demarcatórias de Limites do Norte do Brasil e dos Tratados de Madrid e Santo Ildefonso. Um homem, provavelmente da expedição, revela sua posição subalterna ao ser caracterizado pela bolsa, descalço e ajoelhado, pelos trajes e pela postura corporal, e está em uma escala menor frente ao branco. Ele aponta igualmente para o mapa. Nas memórias da viagem, o mapa é considerado um *benefício* desse empreendimento da administração colonial. Mais ao fundo e quase ao centro da imagem, duas figuras na proa da embarcação enfatizam o tamanho da travessia no mapa e apontam para seus resultados expressivos. As duas mostram o caráter complementar das ações entre o naturalista e o descimento dos índios. À esquerda, os baús revelam riquezas, tecidos e cestos trançados. No primeiríssimo plano, ao chão, um conjunto de objetos e utensílios está disposto de forma impecável e limpa, como se fosse um testemunho da organização da viagem – recomendação primeira-deVandelli. Esses utensílios retratados na imagem, embaixo, documentam o processo de descimento do indígena que alude à ação civilizatória do branco tanto quanto ao processo de civilização dos índios e graduava do bárbaro ao índio que estaria na direção da civilização, tal como atestavam sua tecelagem, seus utensílios, suas moradias, seus adornos, suas armas.[17]

---

17 Vê-se, no "Prospecto das Casas das Índias de Monte Alegre" (1785), de José Joaquim Freire, o processo de confecção das cuias em detalhe e documenta-se a fatura e o estado civilizatório indígena. Essa noção de civilização alinhava-se ao princípio da Grande Cadeia do Ser na História Natural, a asseverar uma hierarquia na qual havia uma descendência a passos graduais e contínuos na qual o homem europeu ocupava um lugar central e que passava, em seguida, para os humanos, mais inferiores, e na sequência aos animais, aos vegetais até o mais inferior dos minerais. De certa maneira, a variedade de imagens tiradas nessa viagem de plantas, animais, homens, máquinas, habitações, prospectos e perspectivas segue esse princípio linear e constante da natureza.

"Riscos de alguns Mammaes, aves e vermes do Real Museo de Nossa Senhora da Ajuda"

O exercício metódico do naturalista *in loco* surge na aquarela "Riscos de alguns Mammaes, aves e vermes do Real Museo de Nossa Senhora da Ajuda", de Tavares da Fonseca, em tons pastéis, como recomendava Lineu, de maneira idealizada e desprovida das aflições da viagem de exploração. Flagra-se o naturalista no ato de desenhar, cercado de seu equipamento, caixotes com livros, baús e caixas para embalar, recipientes de armazenar, recolher, catalogar *in loco* essa fauna e flora. É um deliberado testemunho da condição do naturalista. Uma sequência de gestos se entrelaça *in loco* para compreender a natureza, desde os barqueiros e carregadores na curva do rio que ajudam na coleta até o naturalista a desenhar. Tem-se aí uma noção da extensa cadeia de gestos em torno do naturalista e se destacam as condições nas quais a imagem é feita e seu obrigatório senso de observação. Ao lado do desenhador, há um caixote de livros para uso *in loco* e imediato. A ilustração científica dependia necessariamente desses procedimentos metodicamente executados. O naturalista, sendo ele mesmo riscador/ desenhador ou contando com alguém para essas tarefas, poderia esboçar o desenho no campo e finalizá-lo depois de toda viagem empreendida, de toda recolha feita, dos catálogos e das coleções tirados. Ou seja, ele poderia ter mais de uma tarefa no campo e o desenho contava com estágios distintos de fatura: no local, esboçado, riscado, feitos; no retorno, *tirado a limpo*, como diz Miguel Faria; ou finalizado e impresso como gravura até.[18] Nesse caso, a imagem é feita na volta, já no gabinete. A ilustração poderia ser finalizada à luz de um conjunto maior de objetos, imagens, coleções postos diante dos olhos que ainda poderiam ser consultados em detalhe.[19] Todo esse material de imagens, coleções, objetos, textos procedentes do *in loco*, hoje invisíveis a nós, estava em princípio disponível e visível então ao desenhador.[20] No "Prospecto da Vila de Cametá de 1784", José Joaquim Freire explicita a curiosidade dos ajudantes locais intrigados com o próprio ato de riscar.[21] Essas imagens aqui arroladas tematizam a figura do naturalista que observava diretamente a natureza e a registrava, desenhando. Ele não se encontrava nos

---

18 FARIA, 2001, p. 20-54; PATACA, 2001, p. 197-226.

19 Pataca (2001) e Faria (2001) analisam com minúcia esse processo de fatura da imagem e diferentes momentos e lugares, desde o que foi feito *in loco* na *Viagem philosophica* de Alexandre Rodrigues Ferreira e as obras feitas no complexo da Ajuda.

20 Dessa maneira os objetos, recolhidos em vitrines e armários e classificados, por vezes mudavam de lugar no interior do próprio Museu de História Natural. Eram consultados, consertados, comparados. Ou seja, eram (re)ativados dentro do museu.

21 No "Prospecto das canoas em que navegarão os empregados na expedição Filosófica pelos rios Cuyabá, S. Lourenço, Paraguay e Jaruru", pertencente ao espólio de Alexandre Rodrigues Ferreira, o naturalista dentro da canoa desenha. Arquivo Histórico do Museu Zoológico Bocage da Universidade de Lisboa.

jardins ensinando a replantar ou diante das gentes variadas, antes observa a natureza em si mesma, sobretudo nesses casos de interesse pelas águas.

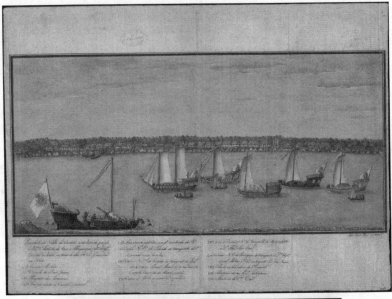

"Prospecto da Vila de Cametá de 1784"

Essas imagens cumprem parte do programa da reforma da Universidade de Coimbra no qual as disciplinas de história natural recomendavam vivamente ao mestre incutir no discípulo o gosto pela observação aliada à prática do trabalho e à experimentação. O desenho, ressaltava Vandelli, deveria ser ensinado no trabalho de campo e formar o desenhador para além da Casa do Risco e da Casa da Gravura. Essa pequena série de retratos do naturalista/riscador/desenhador, aqui indicada, expõe sua ação *in loco*, seus gestos, instrumentos e procedimentos. Traça um possível autorretrato e acompanha de perto as ações prescritas nas instruções de Vandelli, como se fossem a imagem coerente à sua orientação. Trata-se de uma imagem com um teor programático.

Nessas imagens, são evocadas algumas categorias cognitivas: a *observação*, a *curiosidade*, a *capacidade de desenhar* como parte da arte de descrever. Elas não se restringiam ao trabalho de campo, pois se desdobravam no trabalho aplicado em hortos, jardins, laboratórios, museus, gabinetes, depois da viagem e em outras partes do mundo. Ainda se enredavam às reflexões para a elaboração da *História natural*. Não é demais mencionar que esses novos espaços de saber vincados pela praticidade e utilidade entranhavam-se com as noções de Iluminismo marcadas pelas dinâmicas do Império,[22] com a experiência de uma nova compreensão do mundo a partir da circunavegação, com a entrada no interior do continente africano, com o fluxo de informações numa rede internacional de agentes coloniais – funcionários, militares, governadores, mercadores, viajantes, fazendeiros, bacharéis, capitães-generais.[23] Dessa maneira, se distinguiam dos antigos jardins e gabinetes de curiosidade, endereçados ao deleite aristocrático. Instaurava-se, nesse contexto de mudanças, um novo lugar de conhecimento: no campo, *in loco*, intimamente vinculado ao gabinete, ao laboratório, ao horto, ao museu, ao jardim botânico, geralmente sediados em Lisboa, em Coimbra, em Salvador, em Belém, no Rio de Janeiro. O estar *in loco* tinha por si mesmo uma enorme capacidade de afetar o naturalista. José Bonifácio de Andrada e Silva, em 1819, quando secretário da Academia Real de Ciências de Lisboa, comentou:

> Porventura podem os usos caseiros e a lição dos livros excitar com a mesma força nossos sentidos, ou engravidar nos a mente, como faz a intuição de mil objetos novos? (...) A alma do viajante observador dilata-se e extasia-se a cada passo que dá pelo Universo. Outras leis, outros costumes, outros céus, outras línguas, outra indústria e produção excitam de contínuo sua atenção e fecundam-lhe o espírito com mil ideias novas e atrevidas.[24]

Nessa direção, em maio de 1789, José Joaquim da Silva escrevia de Benguella a Julio Mattiazzi em Lisboa. Afirmava que mandava para apreciação da realeza estampas sobre plantas novas que tinha achado. Acrescentava que tinha ido além, embrenhara-se pelos

---

22 Sob patrocínio régio, em 1779, foi criada a Real Academia das Ciências em Lisboa, que comungava desse ideal de prosperidade iluminista. Com uma imprensa própria, assim sem censura externa, essa academia publicou diversas séries de *Memórias: Econômicas* (1789-1815), sobre *Agricultura* (1788-1791), sobre *Língua Portuguesa* (1792-1814) e sobre *História* (1797-1839).

23 DOMINGUES, 1991; KURY, 2004; SELA, 2008.

24 ANDRADA, 1819 *apud* RIBEIRO, 1872, p. 127.

sertões *por minha curiosidade*. Se assim não fosse não teria recolhido coisa alguma.[25]O conhecimento não podia prescindir da curiosidade. Ele começava na estrutura perceptiva e, a partir daí, se expandia e podia se estender ao deleite. Dessa forma, arte e ciência conversavam, partilhavam experiências estéticas e procedimentos técnicos.

III

Entre as décadas de 1750 e 1820-40, no mundo luso-brasileiro, o desenho era uma espécie de saber federativo que permeava a sociabilidade culta. Surgia no cotidiano, na educação e no trabalho letrado dos bacharéis, naturalistas, negociantes, poetas, professores régios, engenheiros-militares, riscadores, pintores, escultores, desenhistas. O ensino do desenho, em Portugal, apareceu de forma mais sistemática no contexto militar, em razão da necessidade de conquista, posse e manutenção de seu império transoceânico. O desenho funcionava como mecanismo de poder da monarquia e seu ensino oficinal era estabelecido entre mestre e aprendizes durante a execução do trabalho. Os militares a desenhar assemelhavam-se mais a *criadores de imagem*[26] do que se inscreviam na figura do artista. Para Vandelli, era indispensável o naturalista dominar a trigonometria plana, o risco de plantas e a pintura que eram dados por filósofos e pintores. Entre 1750-1830, grosso modo, houve um processo de institucionalização do ensino do desenho com novas instituições datadas em geral da segunda metade do século XVIII que passaram a ensinar desenho. Eram elas: Aula de Desenho, Gravura e Lavra de Metais na Fundição do Arsenal do Exército, Academia Real da Marinha (1779-1837), Academia Real de Fortificação, Artilharia e Desenho (1790-1837), Casa da Moeda, Impressão Régia, Aula Pública de Desenho a partir de 1781 sob os auspícios de dona Maria. Quanto à ilustração científica, destacavam-se a Casa do Desenho e a Casa da Gravura do Jardim Botânico da Ajuda e depois a Casa do Arco do Cego (1799-1801). Institucionalizava-se e sistematizava-se mais o ensino do desenho, da gravura, da tipografia. Boa parte dos homens formados nessas novas instituições seguiu anônima, apesar do importante artista Domingos Antonio Sequeira ter frequentado essa Aula Pública. Porém, um mesmo mestre da altura de Joaquim Carneiro da Silva poderia fundar e atuar na Aula de Gravura da Imprensa Régia, como professor de desenho do Colégio dos Nobres, professor substituto da Aula Régia de Desenho, professor da efêmera Academia de Nu nas suas primeiras versões e professor regente da Aula Pública de Desenho e atravessar várias instituições ao longo de décadas.

---

25 Documento transcrito do Museu Bocage por Magnus Roberto de Mello Pereira e Rosangela Maria Ferreira dos Santos em 2005.

26 FARIA, 2001, p. 57.

De um lado, assistia-se a uma mudança significativa do ensino do desenho, que se ramificou em outros estabelecimentos literários e científicos da época. Por outro, nota-se o inédito aparecimento de edições dedicadas ao tema do desenho por parte de letrados luso-brasileiros que escolheram e traduziram textos sobre desenho, gravura, arte, ciência principalmente na Casa do Arco do Cego. Assim, nesse período, o ensino do desenho mudou de maneira substancial: seja pelas instituições novas que passavam a ensiná-lo, pela edição de textos em português atravessados pelo tema, seja por causa da formação de um número maior de desenhadores, riscadores, engenheiros militares, gravuristas, tipógrafos, cartógrafos, naturalistas, até senhoras de corte que passavam a aprendê-lo. Ademais, aumentava o volume e a variedade de sujeitos sociais como aprendizes. O escultor português Joaquim Machado de Castro, autor da estátua equestre de dom José I na praça do Comércio, defendia a necessidade do desenho para além do gosto. O desenho seria frívolo caso ficasserestrito ao gosto. Nos países cultos, o desenho era indispensável, porque as manufaturas dele dependiam. Em 1784, Alexandre Rodrigues Ferreira comentou os desenhos dos riscadores contratados e formados na Casa do Desenho e da Gravura no complexo da Ajuda, José Joaquim Freire e Joaquim José Codina, e considerou que excitavam o gosto e entrelaçavam o útil e o deleitável. Isto é, as dimensões estética e utilitária seriam combinadas para descrever e na elaboração do próprio desenho.

Svetlana Alpers[27] apontou o agradável efeito da suspensão da narrativa em nome do deleite na presença representacional dessas imagens, que dão a ver o que não se via necessariamente na natureza, pois o corte feito na flor ou no animal demonstra um olhar arguto e entendido que destrincha aquele ser, isolao-o, recorta-o em suas funções prefixadas por Lineu e alinha calculadamente a coloração aquarelada.[28] Tais imagens descritivas eram fundamentais para uma compreensão ativa do mundo em sociedade. Cada signo remeteria forçosamente a um objeto específico. As *Instrucções* vandellianas orientavam a *Viagem philosophica*. Alexandre Rodrigues Ferreira deveria observar em detalhe a água, a terra e o ar. Na terra, atentaria à natureza do terreno, aos animais, às plantas e aos minerais aí encontrados, aos homens e suas características físicas, verificaria o solo e o relevo do terreno. A observação tinha um guia prévio, mas se efetivava *in loco*e era retomada no gabinete e na feitura do inventário e do catálogo, na montagem da coleção e na escrita da memória. O catálogo se tornava,

---

27 ALPERS, 1999, p. 31.

28 Essas situações estão retratadas na coleção de Alexandre Rodrigues Ferreira na Biblioteca Nacional do Rio de Janeiro (BNRJ). Veja essa *Acanthaceae*. Disponível em: <http://objdigital.bn.br/acervo_digital/div_manuscritos/mss1255467/mss1255467_25.jpg>. Acesso em: 17 mar. 2014.

assim, uma espécie de ponte entre a história natural praticada no museu e a coleção de espécies tirada no campo – considerada então uma nova prática de conhecimento.

O desenho não significava o exercício de um único ofício, permeava outros saberes. José Joaquim Freire se identificava como militar, patriota, inventor, homem de engenho, velho soldado, e não exclusivamente como um desenhador/desenhista/riscador.[29]Alexandre Rodrigues Ferreira via em Freire um desenhador, um riscador, um homem de sua expedição para quem poderia também delegar outras incumbências rotineiras e pesadas. Porém, Miguel Faria e Ermelinda Pataca enfatizaram que Freire foi mais do que um riscador de história natural. Ele preparou animais e plantas durante a *Viagem philosophica*, foi cartógrafo por mais de 40 anos, atuou como engenheiro, inventou máquinas e seguiu uma carreira militar por um longo período de sua vida.

O desenho atravessava sua atuação. Alexandre Rodrigues Ferreira, considerado o primeiro naturalista nomeado pela monarquia portuguesa, atendia a uma série de qualidades exigidas por Lineu do naturalista: ser versado em história natural, ser enciclopédico, saber pintar e desenhar, traçar cartas, ser bem informado, escrever em latim, fazer um diário claro e preciso, observar e descrever a geografia dos lugares visitados[30]e reforçar essa noção interdisciplinar presente no desenho.[31]

As instruções das viagens filosóficas e as memórias delas resultantes insistiam na utilidade do desenho. Ele permitia duplicar em imagem o que a descrição não conseguia contar, repunha um ser quando era impraticável embalá-lo e remetê-lo por inteiro. O desenho concorria para melhor apreender um ser e um lugar, ao sintetizar a configuração do objeto visto e duplicá-lo. Uma prancha desenhada, nos parâmetros de Lineu, resumia muitas vezes todo um ciclo de vida da planta – Lineu enfatizava o ciclo de frutificação –e contribuía para a diminuição do ônus do transporte, do volume da carga, dos perigos do percurso. Anotações, comentários, indicações poderiam ser feitas na prancha e no esboço e estavam à disposição para consulta continuamente. Além disso, depois da viagem feita, no retorno, enquanto os animais e as plantas, os objetos vivos procedentes da viagem, perdiam com o tempo e pelo uso seu frescor, sua cor, sua textura, e sofriam uma espécie de processo de empobrecimento ou desfiguração de si mesmos, as imagens deles riscadas tenderiam a ter uma vida mais longa, na qual continuavam a descrever a vivacidade

---

29 FARIA, 2001.

30 KURY, 1998.

31 Para Charles Darwin, o perfil do naturalista exigia: amor à ciência, paciência ilimitada para refletir longamente sobre qualquer assunto, zelo para observar e colecionar dados, segundo Rossato (2007).

daquele objeto da natureza que fora extraído dela e se tornava um *exemplar* da sua *espécie* mantido num laboratório, numa coleção, num museu.

Em seu *Systema naturae*, Lineu explicou as réguas a reger a apreensão da natureza: o naturalista distingue as partes do corpo natural, descreve-o apropriadamente em seu número, forma, posição e proposição e os designava.[32] Lineu fundava uma gramática capaz de designar, em tese e universalmente, todo e qualquer elemento da fauna e da flora – termos por ele cunhados – em escala planetária e, ao mesmo tempo, essas características reapareciam na ilustração científica tirada no lugar que, agora, se transformava num espaço elucidado e pertencente a uma geografia de poder e saber, porque fora devidamente descrito sob as lentes da história natural. O desenho abordava uma situação *in loco;* por exemplo, o macaco a brincar com linhas[33] ou a pesca das tartarugas.[34]

O desenho se tornava um instrumento útil ao naturalista durante a observação, no estudo posterior, na consulta, como fonte de outras imagens e pesquisas. Por outro lado, esse mesmo desenho alimentava o circuito acadêmico do teatro da natureza e tinha ainda uma interface com o ambiente da corte e dos salões aristocráticos, pois se disseminava o saber naturalista em meio ao circuito. Machado de Castro insistiu que o desenho instruía deleitando. Os manuais de civilidade e da boa educação definiam o desenho nos seguintes termos: instruir e agradar, ensinando e divertindo, gosto e instrução, conversas curiosas, recriações botânicas, tardes divertidas. O desenho sintetizava em si essa íntima relação entre arte e ciência vincada pela história natural. O médico Antônio Nunes Ribeiro Sanches, homem da ilustração, em 1763 sublinhava a singularidade da história natural na medida em que todas as ciências e artes necessitavam do conhecimento dela. Pressupunha-se que a designação, descrição e classificação dos seres antecediam os outros conhecimentos válidos.

Na perspectiva da história natural, esse gênero de desenho contava com um alto potencial de comunicação imediata do objeto visto, em função de seu caráter descritivo do objeto visto e apreendido sob a égide da curiosidade aliada à observação. Bem como estabelecia uma nova fronteira e distinção entre os objetos da natureza e aqueles do campo da fatura humana, entre arte e natureza, e os descrevia sob uma mesma gramática, porém definia as fronteiras entre esses seres encontrados pelo

---

32 LINEU, 1758 *apud* KOERNER, 2000, p. 73.

33 Disponível em: <http://objdigital.bn.br/acervo_digital/div_manuscritos/mss1255456/mss1255456_07. jpg> ou um animal com os ramos de um arbusto: Disponível em: <http://objdigital.bn.br/acervo_digital/div_manuscritos/mss1255455/mss1255455_01.jpg>. Acesso em: 11 mar. 2014.

34 Disponível em: <http://objdigital.bn.br/acervo_digital/div_manuscritos/mss1255454/mss1255454_19. jpg>. Acesso em: 10 mar. 2014.

mundo afora.[35] Por meio das especificidades dos objetos representados, tais imagens ajudavam a estabelecer uma linha demarcatória entre as espécies e os monstros – objetos por vezes de espanto e encanto – ao distingui-los.[36]

A curiosidade entrelaçava-se à observação e à ilustração científica. Ela se converteu, aos poucos, entre meados do século XVIII e início do XIX, de uma virtude do objeto em uma qualidade do observador. Auxiliava utilmente a ciência e, por sua vez, a observação tornava todo um mundo visível, designável, duplicável, representável por meio das imagens e do testemunho da escrita, dos diários, da coleta, da coleção. Curiosidade e observação concorriam para informar sobre realidades distantes e, assim, afirmavam esteticamente o visto e tornavam-no uma informação visual vincada pela síntese. Presentificavam, sob o signo da história natural, o ausente com gosto e isso alicerçava a inteligibilidade do objeto visto. O desenho, como disse, enredava-se em um fio de procedimentos científicos. Assim, as espécies não são naturalmente objetos dados. Antes, eram objetos construídos e designados pelo artifício das lentes do sistema lineano e pelas mãos do naturalista. Formar a coleção *in loco*, durante a viagem, consistia em tarefa capital executada como exercício intelectual rigoroso. As espécies catalogadas eram enviadas a um parque de instituições – jardins, museus, coleções, hortos, academias, laboratórios – onde seu estudo prosseguiria. Os desenhos poderiam ser tomados, riscados, esboçados e feitos no campo, porém era comum serem acabados no retorno da expedição e à luz do conjunto de peças coletadas. No todo, essas práticas contribuíram para a emergência de um inventário do mundo e, especificamente, intensificaram a diferenciação entre Portugal e seus domínios ultramarinos. Nessa medida, houve um processo científico, no qual a escrita, o desenho e a coleção erigiam-se em procedimentos fundamentais, que ajudava a produzir a noção de espaço geográfico e sua representação.

Referências

Bibliografia

ALPERS, S. *A arte de descrever.* São Paulo: Edusp, 1999.

BRIGOLA, João Carlos. "O colecionismo científico em Portugal nos finais do Antigo Regime (1768-1808)". In: LURY, Lorelai; GETEIRA, Heloisa (orgs.). *Ensaios de história das ciências no Brasil.* Rio de Janeiro: Eduerj, 2012, p. 135-152.

---

35 DASTON, 1998.

36 BRIGOLA; CERÍACO; OLIVEIRA, 2011.

_____; CERÍACO, Luis; OLIVEIRA, Paulo. "Os monstros existem? Os monstros de Vandelli e o percurso das colecções de história natural do século XVIII". *Congresso Luso-Brasileiro de História das Ciências*, Coimbra, 26-29 out. 2011. Disponível em: <https://dspace.uevora.pt/rdpc/bitstream/10174/10205/1/Cer%C3%ADaco%20et%20al.%202011.%20Os%20Monstros-1.pdf>. Acesso em: 17 mar. 2014.

BUESCU, A. I. "O Peregrino Instruído na Europa setecentista". In: *Memória e poder: ensaios de história cultural (séculos XV-XVIII)*. Lisboa: Cosmos, 2000, p. 109-133.

CARVALHO, J. Machado de. *Descripção analytica da execução da real estátua equestre...* Lisboa: Impressa Régia, 1810.

_____. *Discurso sobre as utilidades do desenho*. Lisboa: Officina Antonio Rodrigues Galhardo, 1788.

CRUZ, A. L. R. B. da. *Verdades por mim vistas e observadas*. Oxalá foram fábulas sonhadas. Cientistas brasileiros do Setecentos. Leitura autoetnográfica". Tese (doutorado) – UFPR, Curitiba, 2004.

CRUZ, Ana Lúcia Rocha Barbalho da; PEREIRA, Magnus Roberto de Mello. "*Instructio peregrinatoris*. Algumas questões referentes aos manuais portugueses sobre métodos de observação filosófica e preparação de produtos naturais da segunda metade do século XVIII". In: LURY, Lorelai; GETEIRA, Heloisa (orgs.). *Ensaios de história das ciências no Brasil*. Rio de Janeiro: Eduerj, 2012, p. 115-134.

DASTON, Lorraine. "Nature and Design". In: JONES, Caroline; GALISON, Peter (orgs.). *Picturing science*: producing art. Nova York/Londres: Routledge, 1998, p. 232-253.

DELICAFO, A. *A musealização da ciência em Portugal*. Lisboa: Fundação Calouste Gulbenkian, 2009.

DOMINGUES, A. *Viagens de exploração geográfica na Amazónia em finais do século XVIII*: política, ciência e aventura. Funchal: Centro de Estudos de História do Atlântico, 1991.

DUCHET, M. *Anthropologie et histoire au siècle des Lumières*: Buffon, Voltaire, Rousseau, Helvétius, Diderot. Paris: Maspero, 1971.

FARIA, M. F. de. *A imagem útil*: José Joaquim Freire (1760-1847), desenhador topográfico e de história natural – arte, ciência e razão de estado no final do Antigo Regime. Lisboa: Editora da Universidade Autônoma de Lisboa, 2001.

_____. *Machado de Castro* (1731-1822). Lisboa: Livros Horizonte, 2008.

FERRÃO, António Duarte; MADAIL, António Gomes da Rocha; SÁ, Octaviano de. *Palito métrico e correlativa macarrónea latino-portuguesa*. Coimbra: Universidade de Coimbra, 1942.

FERREIRA, Alexandre Rodrigues Ferreira. *Inventário geral e particular de todos os productos naturaes e artificiaes, instrumentos, livros e utensiz e moveis pertencentes ao real gabinete de História Natural, jardim botânico e suas cazas anexas*. Lisboa, 8 de novembro de 1794. Seção de Manuscritos da Biblioteca Nacional do Rio de Janeiro (21, 1, 10).

FREIRE, José Joaquim. *Prospecto das Casas das Índias de Monte Alegre, onde fazem as cuias*. 1785. Disponível em: <http://objdigital.bn.br/acervo_digital/div_manuscritos/mss1141036.jpg>. Acesso em: 17 mar. 2014.

KAEPPLER, Adrienne. *Holophusicon*. The Leverian Museum. An Eighteenth-Century Institution of Science, Curiosity, and Art. Viena: ZKF Publishers, 2011.

KOERNER, Lisbet. *Linnaeus*. Nature and Nation. Cambridge/Londres: Harvard University Press, 2000.

KURY, L. "Homens de ciência no Brasil: impérios coloniais e circulação de informações (1780-1810)". *História, Ciência & Saúde – Manguinhos*, vol. 11 (suplemento), 2004, p. 109-129. Disponível em: <http://dx.doi.org/10.1590/S0104-59702004000400006>. Acesso em: 17 mar. 2014.

_____. "Les instructions de voyage dans les expéditions scientifiques françaises (1750-1830)". *Revue d'Histoire des Sciences*, n° 1, t. 51, 1998, p. 65-92. Disponível em: <http://www.youscribe.com/catalogue/presse-et-revues/loisirs-et-hobbies/voyages--guides/les-instructions-de-voyage-dans-les-expeditions-scientifiques-1069272>. Acesso em: 17 mar. 2014.

_____. "Viajantes-naturalistas no Brasil oitocentista: experiência, relato e imagem". *História, Ciências e Saúde – Manguinhos*, vol. VIII (suplemento), 2001, p. 863-80. Disponível em: <http://www.scielo.br/pdf/hcsm/v8so/a04v08so.pdf>. Acesso em: 17 mar. 2014.

LEME, M. O. R. P. *A Casa Literária do Arco do Cego*. Lisboa: Biblioteca Nacional/Casa da Moeda, 1999.

LINEU; VANDELLI, D. *De Vandelli para Lineu. De Lineu para Vandelli*: correspondência entre naturalistas. Rio de Janeiro: Dantes, 2008.

MARTINS, Anna Paula (ed. e coord.). *Gabinete de Curiosidades de Domenico Vandelli*. Rio de Janeiro: Dantes, 2008.

PATACA, E. M. *Arte, ciência e técnica na* Viagem philosophica *de Alexandre Rodrigues Ferreira*: a confecção e a utilização de imagens histórico-geográficas na Capitania do Grão-Pará entre setembro de 1783 e outubro de 1784. Dissertação (mestrado) – Unicamp, Campinas, 2001.

_____. "Coletar, preparar, remeter, transportar – Práticas de história natural nas viagens filosóficas portuguesas (1777-1808)". *Revista Brasileira de História da Ciência*, Rio de Janeiro, vol. 4, n° 2, 2011, p. 125-138.

PEREIRA, M. R. de M. *O viajante instruído*: os manuais portugueses do iluminismo sobre métodos de recolher, preparar, remeter e conservar produtos naturais. Disponível em: <http://www.humanas.ufpr.br/portal/cedope/files/2011/12/O--viajante-instru%C3%ADdo-Magnus-R.-de-M.-Pereira-Ana-L%C3%BAcia-R.--B.-da-Cruz.pdf>. Acesso em: 10 maio 2013.

PICCOLI, V. *Figurinhas de brancos e negros*: Carlos Julião e o mundo colonial português". Tese (doutorado) – USP, São Paulo, 2010.

PRATT, Mary Louise. *Imperial eyes*: travel writing and transculturation. Londres: Routledge, 1992.

RAMINELLI, Ronald. *Viagens ultramarinas*. São Paulo: Alameda Casa Editorial, 2008.

RIBEIRO, José Silvestre. *História dos estabelecimentos scientíficos literários e artísticos de Portugal nos sucessivos reinados da monarchia*. T. II. Lisboa: Typographia da Academia Real das Sciencias, 1872.

ROSSATO, Luciana. *A lupa e o diário*. Itajaí: Editora Univali, 2007.

ROUSSEAU, Jean-Jacques. *Cartas sobre os elementos da botânica*. Lisboa: Typographia Chalcographica, Typoplastica, e Litteraria do Arco do Cego, 1801. Disponível em: <http://purl.pt/11803>. Acesso em: 17 mar. 2014.

_____. *Os devaneios do caminhante solitário*. Brasília: Editora UnB, 1995.

SÁ, J. A. de. *Compendio de observações que formão o plano de viagem política e filosófica que se deve fazer dentro da pátria.* Lisboa: Officina Francisco Borges de Souza, 1783.

SANCHES, Antônio Nunes Ribeiro. *Metodo para aprender estudar medicina, illustrado com os apontamentos para estabelecerse huma universidade real na qual deviam aprender-se as sciencias humanas de que necessita o estado civil e político.* Paris: s/e, 1763.

SELA, Eneida. *Modos de ser. Modos de ver.* Campinas: Editora da Unicamp, 2008.

SIMON, William J. *Scientific expeditions in the Portugueses overseas territories.* Lisboa: Instituto de Investigação Científica Tropical, 1983.

VANDELLI, D. *Diccionario dos termos technicos de Historia Natural, extrahidos das obras de Linnêo, com sua explicação e estampas abertas em cobre, para facilitar a intelligencia dos mesmos.* Coimbra: R. Offic. da Univ., 1788. Disponível em: <http://purl.pt/13958>. Acesso em: 17 mar. 2014.

VELOSO, J. M. da C.; XAVIER, José Veloso. *Instrucções para o transporte por mar de árvores, plantas vivas, sementes e de outras diversas curiosidades naturais.* Lisboa: Imprensa Régia, 1805.

Imagens

FONSECA, Tavares da. Desenho aquarelado "Riscos de alguns Mammaes, aves e vermes do Real Museo de Nossa Senhora da Ajuda". In: FARIA, M. F. de. *A imagem útil*: José Joaquim Freire (1760-1847), desenhador topográfico e de história natural – arte, ciência e razão de estado no final do Antigo Regime. Lisboa: Editora da Universidade Autônoma de Lisboa, 2001, p. 29.

FREIRE, José Joaquim. *Prospecto da Villa do Camotá, e da entrada que fez o Exmo. Sr. Martinho de Souza Albuquerque, governador e capitão general do Estado, na tarde do dia 19 de janeiro de 1784.* Disponível em: <http://objdigital.bn.br/acervo_digital/div_manuscritos/mss1309089.jpg>. Acesso em: 19 mar. 2014.

FRONTISPÍCIO *alegórico.* Disponível em: <http://objdigital.bn.br/acervo_digital/div_manuscritos/mss1255454/mss1255454_02.jpg>. Acesso em: 19 mar. 2014.

O princípio da moderação e a condenação de João Soares Lisboa na *bonifácia*: a interpretação de Mello Moraes na obra *A Independência e o Império do Brasil* (1877)

PAULA BOTAFOGO CARICCHIO FERREIRA[1]

A presente reflexão faz parte de um primeiro passo minúsculo diante da tarefa gigantesca de libertar a memória da trajetória pública de João Soares Lisboa da prisão historiográfica. Produzida por autores da primeira metade do século XX.[2] a atuação pública de Soares Lisboa foi sintetizada e compreendida a partir de adjetivos como *radical, republicano* e *democrático*. Neste estudo, explora-se o tratamento dado à questão pela obra de Mello Moraes, intitulada *A Independência e o Império do Brasil* (1877), por ser uma das fundadoras da análise da independência e principal fonte de informação sobre a ação pública de Soares Lisboa.

Considera-se um ponto de início importante para uma análise posterior que tem como objetivo reexaminar a trajetória pública desse personagem. Acredita-se que a ação política de Soares Lisboa como redator do *Correio do Rio de Janeiro* e do *Desengano aos Brasileiros* deve ser analisada em sua multiplicidade de significados. Deve ser dada a devida atenção à sua condenação na devassa conhecida como *bonifácia*, em 1823, à sua participação na Confederação do Equador e a sua morte em Pernambuco, em 1824. Por que, dentre as absolvições, teria sido Soares Lisboa o único dos réus condenado? Qual o efeito disso sobre as imagens que a historiografia tem construído dele?

Um caminho para compreender as interpretações e os seus dispositivos narrativos em função de desvendar outros caminhos outrora silenciados é a politização

---

1. Mestre em história social pela Universidade de São Paulo e doutoranda do Programa de Pós-Graduação da Universidade Estadual de Campinas.

2. Por exemplo, em *História da independência do Brasil* (1916), de Varnhagen (2010), e em *Livro, o jornal e a tipografia no Brasil, 1500-1822* (1946), de Carlos Rizzini (1988).

das fontes. Deve-se ter em mente que a dominação política significa igualmente o domínio do pensamento.[3] A obra de Mello Moraes será analisada como documento, produzida conforme influências do lugar social do autor[4] e a partir do seu presente, conforme a operação da lembrança como resgate sempre incompleto do passado.[5] É fundamental identificar e compreender os vestígios da luta política mantidos em tais narrativas historiográficas e responder até que ponto e de que forma os relatos contemporâneos ao período do acontecimento foram inquiridos pelos historiadores.

Mello Moraes era orientado pelos critérios e procedimentos metodológicos e epistemológicos fundados pela escola metódica e vigentes no século XIX, como a valorização da fonte escrita e da autenticidade ou veracidade dos documentos. No processo de institucionalização da disciplina histórica pelo Instituto Histórico e Geográfico Brasileiro desde 1838 processou-se a cisão entre a memória e o que se convencionou, desde então, a chamar de história. Essa passou a ser vista como um campo científico, por não mais se resumir a contar o passado por meio da memória. Com um método próprio, autoproclamava-se o ofício do historiador enquanto recuperador do passado, fiel a fontes consideradas autênticas e objetivas.[6] A canonização do documento escrito e o monopólio da narrativa do passado pela história tinham a finalidade de enunciar um sentido objetivo e verdadeiro para as obras produzidas pelos historiadores.[7] Além disso, é importante frisar que o que Guimarães[8] chama de "memória disciplinar" mantinha uma relação particular com a narração da história política. O políticoera entendido como fazer histórico moderno e, nesse caso, de invenção ou reinvenção de uma nação e de um Estado brasileiros.[9]

---

3   VESENTINI, 1977; DE DECCA, 1981; GUIMARÃES, 2003, p. 23-24.

4   BRESCIANI, 2005.

5   BOSI, 2003.

6   GUIMARÃES, 2002, p. 72-75.

7   Importante destacar que os membros do IHGB não representavam um conjunto homogêneo, mesmo que se possam estabelecer as diretrizes gerais sobre sua concepção de história. Sobre a particularidade de Mello Moraes, ver MOREL, 2007.

8   GUIMARÃES, 2002; 2003.

9   ARAÚJO; PIMENTA, 2009.

A trajetória de Soares Lisboa

> Nunca V. A. R. verá escrito meu de servilismo; deixei de ser vassalo, não voltarei à escravidão; se os portugueses se deixaram avassalar, deixarei de ser português, e buscarei em terra estranha a augusta liberdade. Não faltamos à nossa palavra e, se fosse necessário, que suspeitássemos o mesmo que então, acrescentaríamos deixarei de ser brasileiro. São invariáveis os nossos sentimentos.
>
> *João Soares Lisboa*[10]

> Tendo-me Sua Alteza Real encarregado de fazer executar o decreto de dezoito do mês passado, é do meu dever transmitir a Vossa Senhoria todas estas partes e denúncias, que acabo de receber, e ao mesmo tempo comunicar-lhe que por muitas outras indagações e notícias, estou capacitado que há tramas infernais, que se urdem não só contra a causa do Brasil, mas contra a preciosa vida da Sua Alteza Real, contra a minha e contra todos os honrados cidadãos amigos da nossa causa.
>
> *José Bonifácio de Andrada*[11]

As citações referem-se a dois personagens centrais na história do processo da autonomização do Brasil e construção do Império brasileiro: José Bonifácio de Andrada e João Soares Lisboa. Não é necessário descrever a importância da figura de José Bonifácio;[12] pode-se dizer, no entanto, que Soares Lisboa é *esquecido*.[13] Esse, ainda jovem, natural do Porto e com cerca de 14 anos,[14] chegou ao Brasil em 1800. Têm-se informações de que a partir de 1810 acompanhou o comandante das Tropas de São Paulo, Joaquim Xavier Curado, e atuou como negociante de víveres das tropas

---

10   *Correio do Rio de Janeiro*, 28/10/1823, n° 74.

11   Em 2 de outubro de 1822 *apud* MORAES, 2004, p. 132.

12   Dentre outros estudos, cf. SILVA, 2006, p. 337-411, capítulo 5, e DOLHNIKOFF, 2012.

13   "Esquecimento" no sentido proposto por Manoel Luiz Salgado Guimarães: "Memória [da disciplina] que, como todo exercício de lembrança, procede a escolhas a partir de um jogo complexo em que o lembrar supõe necessariamente o esquecer. O esquecer entendido não como o ato de 'falta de lembrança', mas como procedimento social que se inscreve em toda cultura histórica" (GUIMARÃES, 2003, p. 10).

14   A estimativa dessa idade foi feita a partir do cálculo de sua chegada no Brasil, mencionada pelo próprio Soares Lisboa no *Correio do Rio de Janeiro*, 10/5/1822, n° 27, p. 108, e a idade mencionada no testemunho registrado na devassa da *bonifácia* (PROCESSO, 1824).

portuguesas na região da Cisplatina. Percorreu os acampamentos de São Diogo, Maldonado e Conceição até o quartel de Rio Pardo. Na região sul do Império português teceu uma ampla rede de negócios e intermediou as mercadorias de lá ao Rio de Janeiro e da corte para o Rio Grande. Sua importância se evidencia pela sua matrícula como comerciante de "grosso trato" da praça fluminense, em abril de 1818. Na mesma época, de 1819 até 1820, o então "mascate" pedia mercês a dom João VI, justificadas como retribuições aos serviços prestados às tropas portuguesas, comprovadas com uma série de declarações de militares que fizeram parte das campanhas na Cisplatina em que atestavam sua dedicação e competência no fornecimento de víveres e empréstimo de somas às tropas.[15]

O alcance da influência de Soares Lisboa em São Pedro do Rio Grande do Sul e na corte foi testado em novembro de 1820, quando pediu a nomeação para o cargo de secretário do governo dessa capitania, porém teve seu pedido negado. No mesmo ano, pleiteou também o lugar de despachante marítimo da Cidade da Bahia, com a criação do Ofício e da Mesa de Despacho, pelo qual não receberia renda, mas controlaria o despacho comercial da região de São Pedro para a província baiana.[16] Nesse momento, Soares Lisboa era descrito pelos militares como um português fiel e importante na defesa do Império português na Cisplatina, região de inúmeros conflitos. Ademais, sua capacidade, idoneidade e instrução nos negócios foram reconhecidas pela Junta de Comércio.

Esse quadro mudou em 1822. Nesse ano, Soares Lisboa tornou-se responsável pela redação do periódico *Correio do Rio de Janeiro*. Deixava de ser exclusivamente negociante para participar diretamente do espaço público. O primeiro número veio à cena na província fluminense em 4 de abril de 1822. Na primeira fase, durou até 21 de outubro de 1822. Dentre suas publicações, Soares Lisboa foi fervoroso crítico dos decretos das Cortes de Lisboa de setembro de 1821; retomou os eventos da repressão da praça do Comércio de abril de 1821; e criticou a convocação por dom Pedro I do Conselho de Estado com procuradores-gerais das províncias, de 16 de fevereiro de 1822.[17] De tiragem diária, o jornal divulgava traduções de autores como Benjamim Constant e Gastine e citações de Bonald e Hobbes, entre outros;

---

15 Biblioteca Nacional, seção Manuscritos, localização C-0523,001 n° 001.

16 Nesse caso, no ano seguinte a Real Junta de Comércio aprovou o seu pedido, porém não há informações sobre o estabelecimento do Ofício. Biblioteca Nacional, seção Manuscritos, localização C-0523,001 n. 01, n. 02 e n. 03. Esses documentos são mencionados em Oliveira (1999, p. 366, nota 273).

17 LEITE, 2000; LUSTOSA, 2000; NEVES, 2003.

comentava e descrevia a atuação dos deputados portugueses nas Cortes de Lisboa; discutia e informava acontecimentos políticos em âmbito mundial; transcrevia trechos de jornais europeus e publicava cartas de leitores.

O periódico escrito por Soares Lisboa foi central no processo de autonomização do Brasil e protagonizou a convocação da Assembleia Legislativa do Brasil.[18] Foi o primeiro a sofrer processo por abuso da liberdade de imprensa no Brasil depois da reunião das Cortes de Lisboa e foi absolvido por júri popular.[19] Em outubro, foi intimado a deixar o país acusado de "conluio republicano" e proibido de continuar a atividade jornalística.[20] Dirigiu-se a Buenos Aires e foi acolhido na casa do negociante português José Rodrigues Braga, depois acompanhado de Gonçalves Ledo.[21] Escrevia o cônsul do Brasil em Buenos Aires, Antônio Correia da Câmara, longas cartas para José Bonifácio e acusava Soares Lisboa, Ledo e Braga de conspirarem contra o Império do Brasil. Eles teriam organizado planos de ataque em aliança com os "rebeldes" do "Club Militar" de Montevidéu e atrapalhavam as negociações diplomáticas de Câmara com Bernardino Rivadavia, o então ministro de Governo da Província de Buenos Aires.[22]

Soares Lisboa retornou ao Rio de Janeiro com expectativas de que a abertura da Constituinte do Brasil tivesse reorganizado as forças políticas em benefício da sua liberdade. Isso não evitou sua prisão, em fevereiro de 1823.[23] Recorreu aos deputados brasileiros e escreveu o *Correio* no cárcere até novembro de 1823, quando foi o único condenado pela *bonifácia* e sua pena transformada por dom Pedro I em oito anos de exílio do Brasil e pagamento de 100.000$000.[24] Em março de 1824, desobedeceu à sentença e desembarcou no Recife, onde se juntou à Confederação do Equador e redigiu o periódico *Desenganos aos Brasileiros*, publicado de 19 de junho de 1824 a 31 de julho de 1824 (quatro números).[25] Segundo descreveu frei Caneca em seu diário, Soares Lisboa foi vítima heroica e mortal de um tiro das tropas imperiais durante a

---

18 OLIVEIRA, 1999, p. 195-196.

19 LEITE, 2000, p. 156-158; NEVES, 2003, p. 344-351.

20 PROCESSO, 1824, p. 60; OLIVEIRA, 1999, p. 275; LEITE, 2000, p. 277-278.

21 VARNHAGEN, 2010, p. 230.

22 Arquivo Histórico do Itamaraty no Rio de Janeiro, estante 205, prateleira 2, maço 14.

23 VARNHAGEN, 2010, p. 230.

24 OLIVEIRA, 1999, 290.

25 FONSECA, 2004, p. 184-185.

retirada dos matutos para o Ceará, quando haviam se entrincheirado numa estreita passagem na localidade de Couro d'Anta.[26]

A escrita sobre a independência e o império do Brasil, em Mello Moraes

O *fato*[27] é um acontecimento construído de maneira argumentativa em determinado momento histórico e pelos que têm o monopólio da escrita da história. Por meio dela o *fato* é retirado do lugar dos embates ideológicos com a intencionalidade de fazer esvaecer o seu sentido político; ao mesmo tempo, é eleito enquanto origem de uma luta em comum que converge para todos, perdedores e vencedores, em um sentido unívoco. Esse processo pode ser percebido na construção do Sete de Setembro como marco da independência,[28] da mesma forma que a condenação de Soares Lisboa na *bonifácia* ou a sua participação e morte na Confederação do Equador são lidas como consequências inevitáveis das suas ideias radicais e republicanas.

Capistrano de Abreu, em carta de 1904 ao historiador Guilherme Studart, contou que Félix Ferreira, em visita à casa de Alexandre José de Mello Moraes, encontrou-o queimando documentos. Quando indagado do motivo, esse afirmou que "mais tarde, quando quiserem estudar história do Brasil, hão de recorrer às minhas obras."[29] Essa relação de Mello Moraes com os documentos demonstrava como ele se entendia como historiador, enquanto compilador e narrador objetivo do passado, auxiliado pelo que entendia por autênticos documentos. Assim, a sua versão dos fatos seria a única possível e a história do Brasil enquanto produto de sua autoria se constituiria a única fonte de informações sobre o período.

Essa concepção positivista de operação historiográfica inspirou muitas obras de autores da primeira metade do século XX que se informaram quase que exclusivamente nos escritos de Moraes acerca dos acontecimentos que envolveram Soares

---

26 *Ibidem*, p. 192-193.

27 Segundo Carlos Alberto Vesentini (1997, p. 70), os fatos "organizam-se como pontos centrais, em torno dos quais toda uma série de outros temas passa a ser referida, o que os torna definidores e periodizadores".

28 "Nos anos que se seguiram à independência, e durante todo o século XIX, uma construção historiográfica foi adquirindo consistência. Seu objetivo: conferir ao Estado imperial que se consolidava em meio a resistências uma base constituída de tradições e de uma visão organizada do que seria o seu passado. Resultou disso atribuir-se ao rompimento do Brasil com Portugal um sentido de 'fundação' tanto do Estado como da nação brasileiros. Nessa tarefa, o Instituto Histórico e Geográfico Brasileiro, criado em 1838, e, em seu rastro, a obra de Francisco Adolfo de Varnhagen contribuíram de maneira decisiva para a longevidade dessa visão histórica" (JANCSÓ; PIMENTA, 2000, p. 133, nota 14).

29 ABREU, 1904 *apud* SANTOS, 2010, p. 22.

Lisboa no período do processo de autonomização do Brasil. Sua obra *A Independência e o Império do Brasil* (1877) torna vitoriosa uma versão de narrativa do passado baseada em documentos oficiais e em um discurso único que têm valor por expressar a versão *testemunhal* dos acontecimentos, entendidos como a única evidência à qual o historiador teria o dever de recorrer.[30]

Mello Moraes, ao tratar da "independência do Brasil", propôs-se a responder algumas indagações por meio da consulta a "documentos", "fatos" e à "história dos tempos".[31] As interrogações que iniciaram a sua narrativa mostravam a tentativa de fundar um sentido para a independência, de modo a dar respostas para as questões que alicerçavam os horizontes políticos dos mais diversos projetos para o Império do Brasil:

> O Brasil será mais tarde uma república? O Conselheiro Dr. José Bonifácio de Andrada e Silva foi o Patriarca da independência política do Brasil? O Brasil em sua Independência teve Patriarcas? O Brasil já sendo reino unido desde o dia 16 de dezembro de 1815, e com o príncipe herdeiro da Coroa legitimamente no seu governo, por mudar o nome do reino, para o de império, quando se desligou das relações governamentais com Portugal, por isso pode-se o chamar aquele príncipe fundador do Império?[32]

Antes de tratar da história do Brasil, o autor refletiu teoricamente sobre as formas de governo existentes e explorou a forma republicana e monárquica. De acordo com Mello Moraes, os governos eram necessários para a formação das sociedades na busca da superação, pelas leis, de práticas movidas exclusivamente pela "força"[33], típicas de um estado anterior, dito natural. Nos dois extremos opostos havia, de um lado, a forma republicana, que relacionava o modo democrático de governo a uma organização federativa, e, de outro, o sistema monárquico, qualificado pelo autor como

---

30 GUIMARÃES, 2003, p. 20-21.

31 MORAES, 2004, p. 19.

32 *Ibidem.*

33 "Desde o berço da humanidade, os homens, entregues a seus instintos e paixões, não reconheciam outras leis mais que as da força, sendo o mais alentado e forte, o mais considerado e temido. Daqui veio a necessidade de se estabelecer, por formas regulares, o governo dos homens, e dirigi-los com preceitos, filhos da prudência política, para modificar os rigores do arbítrio, distribuindo-se a justiça, e encarregando-se aos mais dignos (aristocráticos) para os fazer executar" (MORAES, 2004, p. 22).

um modelo despótico e absoluto. O lugar intermediário seria ocupado pelo regime monárquico constitucional representativo.[34]

Para ele, a monarquia constitucional teria sido fundada pelo povo português nas Cortes de Lamego em 1143, quando se harmonizou o elemento monárquico, o aristocrático e o democrático.[35] Esse historiador recuperava a retórica liberal vintista[36]e identificava a reunião de Cortes em Lamego como dado histórico, a fim de legitimar a fórmula da monarquia constitucional representativa. Ele informava que esse regime teria sido adotado pelo Brasil independente, porém esse "teve de criar a sua aristocracia" por meio de concessão de mercês. O autor se mostrava indignado com a promoção de uma nobreza pelos títulos doados: "Ontem eram, Sr. Antônio de tal, Manuel de tal, e hoje Sr. Barão das Tabocas, Sr. Visconde das Embiras, Sr. Marquês das Crioulas etc.!"[37]

Para além das várias formas de governo, a novidade da nova formulação, para ele, era a ideia de soberania, por meio da qual ele conciliava, então, a legitimidade do princípio tradicional de soberania divina com um elemento novo do poder: a nação, formada pelo povo. O povo, como representante da nação, seria ativo, poderia reagir quando o magistrado não cumprisse o contrato social e retomar o poder soberano.[38] O autor mesclava a defesa de princípios tradicionais e as ideias modernas de nação e povo por meio da defesa da monarquia constitucional representativa, retomava princípios e mitos portugueses como fatos históricos dados e ignorava serem produtos das lutas políticas.

Assim, o que orientava e determinava a reflexão do autor era a defesa da moderação na política, tal como pressuposto de "bom governo". A ideia de que o melhor governo seria aquele moderado, que conciliaria a democracia e o poder centralizado, constituía um lugar comum de interpretação da história de "independência do Brasil", a partir da obra de Mello Moraes. Em sua obra, a ação política era valorizada segundo o que o autor definia como moderação. Não à toa, era essa a tradição dominante no pensamento ilustrado português e luso-brasileiro, em detrimento de um republicanismo ilustrado.[39]

---

34 MORAES, 2004, p. 20-29.

35 *Ibidem*, p. 23, nota 2; p. 51-52.

36 COELHO, 1993, p. 51-52.

37 MORAES, 2004, p. 23, nota 2.

38 "[A soberania], princípio de todo poder, reside essencialmente em Deus, que a transmite ao povo, constituído em nação. A nação é a única soberania: o magistrado que a representa exerce a soberania lhe delegada. Sempre que esse ultrapassar o determinado na constituição do Estado, o povo tem o direito de o demitir, chamando a si os poderes que lhe conferiu" (MORAES, 2004, p. 29).

39 LEITE, 2000; NEVES, 2003.

Lúcia Maria Bastos Pereira das Neves, ao analisar o uso do vocabulário político na imprensa da época da independência, mostra que a cultura política luso-brasileira era marcada pelas permanências do Antigo Regime e pelo domínio da ilustração ibérica, iniciada com as reformas implantadas por Pombal na segunda metade do século XVIII. Para a autora, elaborou-se uma "ilustração luso-brasileira", que era assentada em um universo de convívio de ideias entre os dois reinos e que foi transmitida pelo processo de "sociabilização", constitutivo da formação da "elite luso-brasileira".[40]

Sobre esse embate de projetos políticos na época do processo de autonomização do Brasil, Renato Lopes Leite aponta a existência de pelo menos dois projetos na arena pública fluminense: um arquitetado pelos absolutistas monárquicos e outro fruto das ideias dos adeptos do republicanismo. Nesse panorama, o autor cita Soares Lisboa como o principal representante do que ele identifica como imprensa libertária republicana e por isso teria sido denunciado pelos seus contemporâneos nos registros da devassa movida pela Procuradoria da Coroa contra sua pessoa, em novembro de 1822, e pelos "Manifestos" de José Bonifácio e do príncipe regente. Para o autor, Soares Lisboa propagou pelo jornal *Correio do Rio de Janeiro* e ainda mais claramente pelo *Desengano aos Brasileiros*, no Recife, algumas das marcas da tradição do republicanismo: o antimonarquismo, a defesa do império da lei, da constituição mista, do regime de virtude cívica e da liberdade, como não dominação.

A conclusão fundamental apresentada por Lopes Leite é que o "Fico" e o "Sete de Setembro" teriam sido construídos pela historiografia como os fatos marcantes do processo de independência do Brasil, sustentados pela escamoteação do(s) projeto(s) republicano(s), o que poderia explicar o silêncio historiográfico sobre a trajetória pública de Soares Lisboa. De acordo com o autor, ao considerar o republicanismo, o 3 de junho de 1822, quando da convocação da Assembleia Constituinte do Brasil, constituiu uma data de maior importância e revelava "o melhor exemplo do poder de fogo da imprensa republicana".[41]

No período do processo de autonomização do Brasil e construção do Império brasileiro, vozes dissonantes foram classificadas de radicais pelos contemporâneos e deixadas de lado nos projetos políticos triunfantes. Elas continuaram assim julgadas na institucionalização de uma determinada narrativa do passado, sustentada pelos procedimentos e critérios metodológicos e epistemológicos proclamados pela "memória

---

40 NEVES, 2003, p. 25-53. Importante destacar que a autora inspira-se nas ideias de José Murilo de Carvalho sobre esse processo de "sociabilização".

41 LEITE, 2000, p. 307-308.

disciplinar"[42] e relegados a uma importância secundária, ou muitas vezes silenciados e esquecidos. Foi o que ocorreu com as ideias de Soares Lisboa: seu pensamento e sua atuação pública como redator dos jornais e como participante da Confederação do Equador não propunham como princípio norteador a moderação[43] e isso desestabilizaria a coerência desse esquema de interpretação política unívoca da história.

A ação política de Soares Lisboa segundo Mello Moraes

As definições de formas de governo, ao lado de uma concepção determinada sobre o ofício do historiador, estruturaram a narrativa apresentada por Mello Moraes e são importantes para entender o seu posicionamento em relação à trajetória pública de Soares Lisboa. O autor compôs suas descrições sobre a independência com relatos de participantes dos eventos; informações presentes em jornais da época; anais de câmaras e províncias, além de correspondências. As palavras contidas nas cartas de testemunhas consideradas oculares, assim como registros em periódicos ou devassas, eram reunidas na narrativa historiográfica de maneira literal, com o uso das aspas como marcação de compilação e veracidade. Na obra, a força dos testemunhos estava na sua empiria, o que os tornava incontestáveis como as únicas formas possíveis de visualização do passado.

O autor analisava os atos dos personagens históricos a partir do julgamento dos contemporâneos aos eventos e considerava essa a forma mais próxima de um relato fiel ao acontecimento passado, assim como a valorização da ação desses homens conforme o estabelecimento de uma política moderada que respeitasse o contrato social estabelecido pela Constituição. É nesse sentido que Mello Moraes concordava ou não com as atitudes do grupo de liberais liderados por Gonçalves Ledo, do qual Soares Lisboa era integrante, e com as ações de José Bonifácio, principalmente enquanto a Constituição não tinha sido definida, de 1822 até 1823, quando a moderação ainda não tinha suas normas definidas na letra da lei. Sobre José Bonifácio, Mello Moraes construiu a imagem de um homem despótico e opressor que

> temia a todo o homem livre, e os mandava vigiar com muito cuidado por seus capangas, como fez com João Ricardo Dormund, padre Feijó, João Mendes Viana e João Soares Lisboa, aos quais chamava de

---

42 GUIMARÃES, 2002 e 2003.

43 Isso não quer dizer que Soares Lisboa não argumentou em suas publicações no *Correio do Rio de Janeiro* coma crítica aos excessos de seus opositores, convertidos em expressões para ele de "anarquia".

Carbonários. Mandava prender as pessoas suspeitas sempre que eram encontradas reunidas nas ruas em número de três; e o seu excesso de perseguição chegou a tal ponto que dava proteção ao escravo para depor contra seu senhor.[44]

Para o autor, o desespero de José Bonifácio iniciou-se já na declaração de dom Pedro I como grão-mestre da Ordem da Maçonaria e, quando em sua ausência, na aclamação como primeiro imperador e defensor perpétuo do Brasil. Diante da situação de guerra política, o "desesperado" José Bonifácio testou o seu poder e demitiu-se do Ministério do Império em 28 de outubro de 1822. A demissão foi seguida de um movimento pelas ruas e praças do Rio de Janeiro dos "andradistas", que recolheram assinaturas para pedir ao imperador a reintegração dos Andradas no Ministério. O movimento foi vitorioso e o autor descreveu a volta de José Bonifácio para o cargo como uma "farsa a mais ridícula"[45]e contou de maneira caricatural o abraço seguido de choros entre o ministro e o imperador. Esse evento levou à aclamação de dom Pedro I a imperador do Brasil por uma multidão na sacada da janela da casa de José Bonifácio, no largo do Rocio, e a reintegração desse ao Ministério, em 30 de outubro de 1822.[46]

O primeiro ato de Bonifácio, depois de sua volta ao Ministério no mesmo dia 30, foi instaurar o "monstruoso processo chamado de Bonifácia contra vários indivíduos, como republicanos e anarquistas".[47] Para narrar os acontecimentos advindos

---

44 MORAES, 2004, p. 118.

45 *Ibidem*, p. 92.

46 "Desde o dia em que o Imperador foi proclamado Grão-Mestre da Maçonaria, as intrigas e perseguições ferveram excessivamente entre José Bonifácio e os membros do Grande Oriente. (...) José Bonifácio, para conhecer praticamente a sua influência pessoal, e política, em vista do estado convulso da capital do Império, no dia 28 de outubro do mesmo ano, pediu a sua demissão de ministro do Império. Os andradistas, com este inesperado acontecimento, saem pelas ruas e praças, a obterem numerosas assinaturas, e com elas vão pedir ao Imperador a reintegração dos Andradas no Ministério, o que teve lugar no dia 30 de outubro, em cujo dia, por volta da tarde, foi a cidade do Rio de Janeiro testemunha da farsa a mais ridícula, que podiam representar o Imperador e José Bonifácio. O Imperador foi se encontrar com José Bonifácio na Rua da Glória, e ao aproximarem-se abraçaram-se, e tanto chorava um como outro, e vieram ambos no mesmo carro para a casa de José Bonifácio, no Largo do Rocio, esquina da do Sacramento, acompanhados da multidão de povo; e depois que entraram, chegou José Bonifácio a uma das janelas, e da sacada gritou para a multidão: "Viva Pedro I, Pedro 2, 3, 4, 5, 6 e quantos Pedros houverem!" [*sic*] Esses vivas foram correspondidos pela multidão; e à noite foram José Bonifácio, o Imperador e a Imperatriz ao teatro, e todos em comum, no camarote imperial!" (*ibidem*, p. 92).

47 *Ibidem*, p. 92.

dessa devassa, Mello Moraes usou o inquérito que veio à luz publicamente em 1824, sob o nome de *Processo dos cidadãos*.[48] Com o subtítulo de "Despotismo horroroso do Ministro José Bonifácio (São documentos oficiais)",[49] o historiador reuniu os papéis que confirmavam o despotismo de José Bonifácio, o algoz de seus inimigos políticos, e que davam veracidade à sua opinião relativa à injustiça cometida contra o grupo formado por Ledo e Clemente Pereira que, nesse caso, incluía também Soares Lisboa, réus da devassa. Ao qualificar as medidas de José Bonifácio como despóticas, o autor depreciava os atos do ministro e afastava-os do lugar da moderação.

Sobre as pessoas que sofreram a *bonifácia*, Mello Moraes afirmava, com tom indignado, que essa seria dirigida "contra vários indivíduos (...) sendo alguns deles os que mais trabalharam para a separação política e governamental do Brasil da sua antiga metrópole, e pelo que foram uns presos e outros deportados."[50] Para ele, a acusação que motivou a devassa era parte de uma "fantástica conspiração contra o governo e contra a vida do Imperador, dizendo-se que se queria mudar a forma do governo monárquico para uma república!"[51] Percebe-se o esforço do autor de desvincular a ação dos liberais, réus da *bonifácia*, da defesa da forma de governo republicana, o que, para ele, seria motivo de desaprovação.

Para Mello Moraes, José Bonifácio agia dessa maneira com o intuito de manter o poder concentrado nas mãos dos Andradas. A guerra política, após a declaração de independência dos Bragança, dava-se somente entre as maçonarias, nas quais dom Pedro I agia como um poder neutro e manipulado pelo ministro. De acordo com o autor, José Bonifácio era a principal influência no governo de dom Pedro I e governou sob a máxima de que quem "não era andradista era considerado demagogo, anarquista, republicano e conspirador".[52] Assim, Mello Moraes apontava que a alcunha de republicano atribuída aos réus da devassa havia sido criada por seus opositores e era fruto das ações despóticas de José Bonifácio.

---

48 Em sua obra *Brasil histórico* (MORAES, 1961 [1867]), Mello Moraes transcreveu do *Processo dos cidadãos* (1824) desde o título até o "Documento nº 19" da p. 97 do original, com as Notas originais renumeradas, do título até o relato da testemunha nº 4, referente à p. 28 do original (MORAES, 1867, vol. 1, p. 199-201; 223-225 e 247-249; vol. 3, 1868, p. 13-17; 34-37; 49-52 e 73-77). Seus manuscritos estão disponíveis na Biblioteca Nacional, na Divisão de Manuscritos, localização 07, 02, 017.

49 MORAES, 2004, p. 130-132.

50 *Ibidem*, p. 92.

51 *Ibidem*, p. 129.

52 *Ibidem*, p. 118.

Em conversa com o marquês de Sapucaí,[53] então presidente do IHGB, o historiador indagou-o sobre a sua recusa a designar José Bonifácio como "patriarca da independência", todavia manteve seu voto positivo em relação à criação de um monumento em homenagem ao Andrada no largo de São Francisco. Moraes afirmava que o marquês considerava que Bonifácio "fez valiosos serviços à causa pública. Que podia ter feito ainda maiores e melhores serviços à nossa Pátria se a ambição do mando e o desmedido orgulho não o cegassem".[54] Para ilustrar a opinião do marquês, transcreveu o artigo de sua autoria, publicado no *Correio Oficial*.[55]

No artigo, quando ainda não tinha o título de marquês de Sapucaí, Araújo Viana valorizava a participação de José Bonifácio no processo de independência, ao colaborar para a permanência de dom Pedro e a sua aclamação, porém considerava que o apego de José Bonifácio ao poder havia sido ferido com o ato de 3 de junho de 1822, quando dom Pedro convocou a Assembleia Constituinte.[56] Segundo Araújo Viana, a convocação teria sido arquitetada por Gonçalves Ledo e Januário da Cunha Barbosa, em companhia do padre João Antônio Lessa, o brigadeiro Luís Pereira da Nóbrega e Soares Lisboa, homens "cujos sentimentos patrióticos, eram assaz conhecidos, e geralmente respeitados".[57] A partir daí, Bonifácio, desgostoso, teria declarado "crua guerra" aos "principais e bem conhecidos agentes"[58] da convocação da Constituinte.

A representação que pedia a convocação de uma assembleia constituinte no Brasil foi aclamada pelo autor do *Correio Oficial* como uma medida de moderação para impedir a fragmentação do Império. Para ele, era até com esse fim que o *Reverbero Fluminense*, porta-voz do grupo político de Ledo, prepararia a opinião pública.[59] A

---

53 Mello Moraes transcreve as palavras de Araújo Viana, depois marquês de Sapucaí, de um artigo do *Correio Oficial* publicado na época em que ele ainda não tinha esse título (1833), mas se refere a ele como marquês, pois na época da redação da sua obra, quando conversou com ele, Viana já tinha obtido esse título. O artigo do *Correio Oficial* transcrito pelo autor foi publicado em 28/12/1833 (VARNHAGEN, 2010, p. 139, nota 23).

54 MORAES, 2004, p. 178.

55 *Ibidem*, p. 178-184.

56 *Ibidem*, p. 180.

57 *Ibidem*, p. 181.

58 *Ibidem*, p. 180.

59 "Em maio desse mesmo ano o Presidente do Senado da Câmara José Clemente Pereira, comunicou aos Srs. Joaquim Gonçalves Ledo e Januário da Cunha Barbosa, o receio que tinha de que a revolução do Brasil, já começada, tomasse má direção, à vista dos sintomas de divergência que manifestavam as províncias, devidos em grande parte às razões há pouco apontadas; e encontrando na igualdade de sentimento desses amigos, já distintos por seus serviços à causa do Brasil, como provam

resposta de Bonifácio à convocação foi "façam o que quiserem, na inteligência de que nem convém apressar nem impedir a convocação da Assembleia Geral".[60] Araújo Viana apontava a ambiguidade das palavras de José Bonifácio pela aprovação ou desaprovação do ato, mas afirmava: "fica-nos a liberdade de dizer que ela inculca manifesta desaprovação", o que não poderia ser diferente, já que "alguns fatos vêm em abono dos nossos sentimentos".[61] Leia-se nas palavras de Araújo Viana a referência às perseguições do ministro aos agentes da convocação da Constituinte do Brasil.

Além das palavras diretas de José Bonifácio, Araújo Viana apresentava um diálogo que descrevia as falas de José Bonifácio, que, segundo ele, eram narradas por "testemunhas presenciais no Rio de Janeiro, pessoas de inteiro crédito"[62] e que, em sua narrativa, teriam o efeito de transformar o que era uma desconfiança do autor em um retrato de despotismo de José Bonifácio.

Segundo Araújo Viana, em 22 de maio de 1822 aconteceu a celebração do aniversário dos mártires da Bahia e, em um "pomposo" funeral na igreja de São Francisco de Paula, José Bonifácio havia sido indagado sobre as movimentações dos liberais em reivindicação da convocação da Assembleia Constituinte no Brasil. Como resposta, Bonifácio afirmara: "Vinde dar um pontapé nestes revolucionários e atirar com eles no Inferno". Além disso, na tribuna ao lado da epístola da capela-mor da Igreja, "na sua sala de visitas, e em voz alta, que foi ouvida pelos que se achavam na sala de espera", José Bonifácio ordenara ao ministro encarregado dos negócios no Rio de Janeiro o seguinte: "Vinde enforcar estes constitucionais na Praça da Constituição."[63]

A preocupação de Mello Moraes de registrar a sua conversa com o marquês de Sapucaí e de transcrever o artigo de sua autoria era, para ele, prova de sua capacidade como historiador ao relatar a versão verídica e objetiva do passado. Por meio de

---

com evidência os seus escritos no periódico *Reverbero Constitucional Fluminense*, empreendido e sustentado para preparar a opinião dos brasileiros à independência da Pátria, foi ajustado que se encarregassem de redigir um manifesto em nome do povo fluminense, que tivesse por fim pedir ao príncipe regente a convocação de uma assembleia geral no Brasil, como único meio de chamar todas as províncias a um centro; de remover suspeitas que de dia em dia mais avultavam; e de satisfazer os desejos e as necessidades de todos os brasileiros, que nada mais esperavam das Cortes de Lisboa, exceto a recolonização. Proposição tão patriótica, tarefa tão humana que tinha por fim apressar a declaração da independência do Brasil, dar-lhe uma Constituição e manter a sua integridade e união, não podia deixar de ser aplaudida" (*ibidem*, p. 181).

60 *Ibidem*, p. 182.

61 *Ibidem*.

62 *Ibidem*.

63 *Ibidem*.

sua narrativa, enfatizava as prisões, os processos e as perseguições de José Bonifácio aos liberais, a fim de caracterizar a luta política pelo poder como o conflito entre o ministro – com medidas que rompiam com a moderação – contra a oposição dos liberais, liderados por Gonçalves Ledo, e que tinham como porta-vozes o *Reverbero* e o *Correio do Rio de Janeiro*. Segundo ele, ao contrário de José Bonifácio, Ledo e seus aliados, responsáveis pela fabricação da origem da nação brasileira no período da Independência,[64] buscavam fundar e consolidar a monarquia constitucional no Brasil, o que para o autor era a forma de governo que conseguiria conciliar democracia e monarquia de forma moderada e fazer jus ao princípio de "bom governo".

O *Processo dos cidadãos*

Pela análise da obra de Mello Moraes, verifica-se que a *bonifácia* demarcou a memória e a trajetória de diversos atores, especialmente a de Soares Lisboa, o único dos réus condenado. A própria publicação, em 1824, do *Processo dos cidadãos* revela esse caráter. Compunha-se essencialmente de três unidades: primeiro, uma apresentação, intitulada e endereçada "Aos Leitores"; segundo, apresentavam-se os autos da devassa com portarias e testemunhos, acompanhados estrategicamente de uma série de notas no intuito de esclarecer o público;[65] e, por fim, a defesa apresentada pelo advogado Joaquim Gaspar Almeida, que pedia a absolvição de alguns réus, dentre eles Joaquim Gonçalves Ledo, José Clemente Pereira e Januário da Cunha Barbosa. Esse documento é ainda uma das principais fontes que demonstram a politização dos debates sobre a "fundação" do Brasil. Contudo, Mello Moraes não o analisou, tendo em vista que era uma reelaboração do inquérito da devassa aberta em 1822 e finalizada em 1823.[66]

Na época da publicação do *Processo dos cidadãos*, tinha-se a evidente intenção de livrar publicamente a reputação dos antigos réus das acusações de "facciosos" e "republicanos" presentes na devassa de 1822 e até ratificar a sua absolvição. Em 1823, depois do fechamento da Constituinte do Brasil por dom Pedro e do afastamento de José Bonifácio, os antigos réus da devassa se tornaram figuras proeminentes no Império. Também corriam notícias da morte de Soares Lisboa em batalha pela defesa da Confederação do Equador, em Pernambuco. No seu caso, as publicações do

---

64 MOREL, 2007.

65 Segundo Mello Moraes, as notas ao inquérito eram de autoria de José Clemente Pereira (MORAES, 2004, p. 92, nota 48). Por sua vez, Blake aponta Joaquim Gaspar Almeida como responsável pela publicação (BLAKE, 1898, p. 139).

66 FERREIRA; SCHIAVINATTO, 2014. No prelo.

Correio arroladas no processo, especialmente as publicadas em 1823, serviram como provas materiais da sua reputação republicana. Os outros réus, em seus testemunhos e na sua defesa, negavam veementemente qualquer filiação ao princípio republicano e diziam que o contrário era apenas "boato", fruto das fantasias de "corcundas".[67]

A narrativa e a interpretação de Mello Moraes sobre os episódios seguidos à abertura da devassa tinham as mesmas linhas mestras presentes nas notas e na defesa apresentadas no *Processo dos cidadãos*. Nos comentários ao inquérito, na apresentação "Aos Leitores" e na defesa estavam presentes atributos que foram depois consagrados nas narrativas da história do Brasil institucionalizada, tais como objetividade, autenticidade, moderação e justiça.

Na apresentação "Aos Leitores"[68]afirmava-se que a imprensa era o órgão da "causa da inocência", o que justificava a sua opção pela publicação do inquérito. Essa validava e relacionava os réus com a Ordem e naturalmente provava a sua inocência com a descrição da sua absolvição. Impunha, segundo o texto da apresentação, "aos fazedores de perseguições injustas um freio seguro que os contenha" e colaborava com a Justiça, sem novos "ataques contra a honra e liberdades cívicas da inocência indefesa". Seguia com a proposta da abertura de um processo contra os "caluniadores" que incitaram a "mais baixa e vil calúnia" aos réus e executaram "nulidades, falsidades, irregularidades e defeitos da devassa". De acordo com a apresentação, a publicação do *Processo* era vista como o "castigo moral", por mostrar o "caráter" dos acusadores.[69] Sobre as fontes de acusação, afirmava-se que as informações colhidas por José Bonifácio, e que resultaram nas acusações da devassa, foram conseguidas por meio da espionagem de agentes do Andrada, tais como Porto e Manoelinho. Nesse sentido, segundo a apresentação, as acusações da devassa tinham a finalidade de justificar a demissão do ministro e criar a falsa ideia de um conluio contra ele e a pessoa de dom Pedro I. Para além da trama, qualificava-se a demissão como "justa" e "legítima". Negava-se a acusação de uma conspiração e dizia-se que havia apenas uma "decidida e pública indisposição" contra o Ministério, fruto de seu despotismo, do "seu conhecido desprezo em que metiam as leis, prendendo e exterminando a seu arbítrio nesta Província [do Rio de Janeiro] e na de S. Paulo".[70] Qualificava-se a intenção da abertura do inquérito criminal de "maquiavélica" e,

---

67 PROCESSO, 1824; FERREIRA; SCHIAVINATTO, 2014. No prelo.

68 PROCESSO, 1824, p. III-VIII.

69 *Ibidem*, p. III.

70 PROCESSO, 1824, p. IV, nota 5.

por isso, reprovável, fruto da sede pessoal de José Bonifácio pelo poder. Dessa maneira, a devassa era fruto de um estratagema dos Andradas para continuar a exercer seu domínio sobre dom Pedro I.

Para desmascarar as intenções "maquiavélicas" de José Bonifácio na abertura da devassa, retomavam-se os episódios que antecederam a instauração da *bonifácia*. A próxima imagem, presente também na obra de Mello Moraes, foi a da criação pelos Andradas da desordem, com a finalidade da reintegração desses no Ministério. José Bonifácio e alguns procuradores-gerais de província teriam iludido o povo e o corpo militar e convocaram o tumulto nas ruas para recolher assinaturas pela reintegração de José Bonifácio e pela abertura da devassa contra o "conluio republicano".[71] Até incutiam a ideia de uma possível revolta do povo. Ainda segundo a narrativa, o argumento que mais teria provocado a adesão para a reintegração do Ministério foi a da existência de uma conspiração "para formar uma República", mesmo que fosse uma alegação ilógica, já que os acusados eram justamente os que 18 dias antes haviam colaborado "a favor da Aclamação do Imperador".

> Mas como o Povo nada aborrece tanto como o Governo Republicano, foi fácil em se deixar iludir, e em se declarar contra o nome daqueles que um Ministro de má fé denunciou oficialmente como Chefes de um Partido Republicano,[72]

Assim, pode-se dizer que a versão sobre os acontecimentos do período da abertura da *bonifácia* e a trajetória pública de José Bonifácio e dos réus da devassa em *A Independência e o Império do Brasil* de Mello Moraes é semelhante àquela apresentada no *Processo dos cidadãos*. Inspirado nesse documento, o autor deu repercussão historiográfica à autoproclamação dos antigos réus da devassa presente no *Processo*. Em 1824, pela imprensa, eles assumiam a autoria de suas histórias, caracterizavam-se como vítimas do "despotismo" de José Bonifácio e fundadores da monarquia constitucional, responsáveis pelo estabelecimento da unidade do Império e da nação brasileira. Ao mesmo tempo, a trajetória pública de Soares Lisboa não era incorporada nesse rol de importância. sendo condenado, enquanto os demais eram absolvidos.

---

71 PROCESSO, 1824, p. v.

72 *Ibidem*, nota 9.

Considerações finais

Na obra *A Independência e o Império do Brasil,* a trajetória de Soares Lisboa foi demarcada pela sua condenação na *bonifácia.* Como se não bastasse, somava-se a ela a sua adesão à Confederação do Equador, a redação do *Desengano aos Brasileiros* e sua morte em luta. Na história formulada pelos autores da primeira metade do século xx, a partir da narrativa apresentada por Mello Moraes, Soares Lisboa era apresentado como personagem radical que atuava de maneira inconsequente e com uma posição secundária, à sombra da trajetória de estadistas como Gonçalves Ledo e Clemente Pereira.

O papel de coadjuvante atribuído a Soares Lisboa permite que sua atuação seja valorizada *pari passu* como radical corajoso. O atributo positivo da radicalidade de suas ideias só existe por ser sua atuação singular, muito mais como produto do seu caráter excêntrico do que como um todo de ideias coerentes como concepção de Estado, quando mais era julgada como puro exagero da mente doentia de José Bonifácio. A partir da obra de Mello Moraes se propagou, na historiografia, a imagem de Soares Lisboa como republicano, democrático e radical, sem que houvesse um debate mais atento sobre sua trajetória pública. Baseado na versão apresentada no *Processo dos cidadãos* e no inquérito da devassa, Mello Moraes desconsiderou a análise de outros números do *Correio do Rio de Janeiro* e concentrou-se apenas nos trechos de poucos, exclusivamente aqueles que compuseram o inquérito da devassa aberta em 1822 e foram responsáveis por sua condenação. Além disso, em sua obra, a menção feita à participação na Confederação do Equador e morte em combate de Soares Lisboa servia apenas para dar concretude e confirmar a sua radicalidade.

Nesse sentido, pode-se dizer que a análise da trajetória de Soares Lisboa era prisioneira da narrativa do passado da independência triunfante na institucionalização da história. O personagem de Soares Lisboa só poderia transitar na penumbra dos protagonistas consagrados pelos marcos cronológicos: José Bonifácio e o grupo maçônico liderado por Gonçalves Ledo. Além do mais, a caracterização de um projeto de Estado e de nação concorrente com o edificado sob a dinastia dos Bragança violava a edificação da origem da nação brasileira presente na luta em comum dos brasileiros contra os portugueses, que se concretizou na declaração de independência do "Sete de Setembro".

No entanto, a inegável aliança de Soares Lisboa com o grupo de Clemente Pereira e Ledo contribuiu para a valorização de sua trajetória como um personagem de coragem, apesar de sua radicalidade. Ao mesmo tempo, deveria ser distanciado do grupo quando considerado o quesito da moderação em política. Por isso sua trajetória às vezes era admitida como radical, democrática e republicana e em outros momentos era considerada como fruto da generalizada perseguição política de José Bonifácio aos liberais, que eram seus inimigos políticos. A crítica às desmedidas ações de José Bonifácio confirmavam o princípio da moderação como saudável e fundamental para o "bom governo".

Finalmente, o conflito ferrenho entre Soares Lisboa e José Bonifácio era descrito como resultado da falta de moderação de ambas as trajetórias: de um lado a radicalidade democrática do redator do *Correio do Rio de Janeiro* e de outro o despotismo do ministro Andrada, entendido como sede exagerada pelo poder.

A trajetória pública de Soares Lisboa já foi requalificada por autores como Cecília Helena de S. Oliveira, Isabel Lustosa, Renato Lopes Leite e Lúcia Bastos Pereira das Neves. Eles analisaram a totalidade das publicações do *Correio do Rio de Janeiro*, os debates por ele travados na arena pública com outros redatores e o próprio *Processo dos cidadãos*.[73] Mostraram que os adjetivos como "republicano", "jacobino" ou "anarquista", atribuídos a ele pelos seus opositores, registrados nos jornais ou testemunhos e portarias do inquérito judicial de 1822, não dão conta de expressar a complexidade das práticas políticas e culturais da época e da inserção de Soares Lisboa na cena pública fluminense. Requalificaram os insultos e a cultura política do período da independência na arena fluminense, principalmente de 1820 até 1823, quando e onde Soares Lisboa atuou. Essas perspectivas trouxeram novos apontamentos sobre as especificidades da sua atuação pública, principalmente focados no *Correio do Rio de Janeiro*, centradas nas transformações de práticas e valores do Antigo Regime na construção de significados liberais.

Nesse sentido, este estudo faz parte de um desafio: pensar a história intelectual como um campo historiográfico a ser desvendado. No passado e no presente, na sincronia e na diacronia, ela descortina uma rede de relacionamentos entre os atores políticos e uma trama de narrativas sobre trajetórias como campo historiográfico. Nesse emaranhado de trajetórias, o historiador pode fazer com que o invisível e o esquecido venham à tona e que o protagonismo possa ser compreendido como uma opção política por uma determinada narração da história. Dessa maneira, possibilita-se ao que era coadjuvante sair das sombras dos considerados protagonistas e que sua evidência histórica torne-se a possibilidade de mais uma versão na trama.

A partir da discussão feita aqui, pretende-se entender a trajetória pública de Soares Lisboa sob novas perspectivas: perseguir seus movimentos anteriores à publicação do *Correio do Rio de Janeiro* (1822) como elementos e vivências que compunham a sua expressão pública e seu engajamento político; acompanhar sua formação

---

73 OLIVEIRA, 1999; LEITE, 2000; LUSTOSA, 2000; NEVES, 2003.

mercantil desde o último quartel do século XVIII no Porto e a sua inserção, logo que chegou ao Brasil, no início do século XIX, em dinâmicas comerciais que ligavam o extremo sul do império português, os domínios espanhóis e a região norte, especialmente Bahia e Recife; e analisar a sua experiência de exílio em Buenos Aires. Finalmente, entender seus passos em 1824, quando atuou em favor da Confederação do Equador, ao lado de figuras como frei Caneca e Cipriano Barata, foi redator do *Desenganos aos Brasileiros* e procurou compreender de forma mais aprofundada seu papel político e suas ideias, para além dos estereótipos de sua condenação.

Referências

ARAÚJO, Valdei Lopes de Araújo; PIMENTA, João Paulo G. "História". In: FERES JR., J. *Léxico da história dos conceitos políticos do Brasil*. Belo Horizonte: Editora UFMG, 2009, p. 119-140.

BLAKE, Augusto V. A. S. *Diccionario bibliographico brazileiro*. Vol. 4. Rio de Janeiro: Imprensa Nacional, 1898.

BOSI, Ecléa. *O tempo vivo da memória*. São Paulo: Ateliê Editorial, 2003.

BRESCIANI, Maria Stella Martins. *O charme da ciência e a sedução da objetividade*: Oliveira Vianna entre intérpretes do Brasil. São Paulo: Editora Unesp, 2005.

COELHO, Geraldo Mártires. *Anarquistas, demagogos e dissidentes*: a imprensa liberal no Pará de 1822. Belém: Cejup, 1993

DE DECCA, Edgar. *1930: o silêncio dos vencidos*. São Paulo: Brasiliense, 1981.

DOLHNIKOFF, Miriam. *José Bonifácio*. São Paulo: Companhia das Letras, 2012 (Perfis Brasileiros).

FERREIRA, Paula Botafogo C.; SCHIAVINATTO, Iara Lis. "As rememorações da *bonifácia*: entre a devassa de 1822 e o *Processo dos cidadãos de 1824*". *Revista do IHGB,* Rio de Janeiro, 2014. No prelo.

FONSECA, Silvia Carla Pereira de Brito. *A ideia de República no Império do Brasil*: Rio de Janeiro e Pernambuco (1824-1834). Tese (doutorado) – UFRJ, Rio de Janeiro, 2004.

GUIMARÃES, Manoel Luiz Salgado. "A cultura histórica oitocentista: a constituição de uma memória disciplinar". In: PESAVENTO, Sandra Jatahy (org.). *História cultural*: experiências de pesquisa. Porto Alegre: Editora UFRGS, 2003, p. 9-24.

_____. "Expondo a história. Imagens construindo o passado". *Anais do Museu Histórico Nacional*, Rio de Janeiro, vol. 34, 2002, p. 71-86.

JANCSÓ, István; PIMENTA, João Paulo G. "Peças de um mosaico (ou apontamentos para o estudo da emergência da identidade nacional brasileira)". In: MOTA, Carlos Guilherme (org.). *Viagem incompleta*: a experiência brasileira (1500-2000). Formação: histórias. 2ª ed. São Paulo: Editora Senac, 2000, p. 129-175.

LEITE, Renato Lopes. *Republicanos e libertários*: pensadores radicais no Rio de Janeiro (1822). Rio de Janeiro: Civilização Brasileira, 2000.

LUSTOSA, Isabel. *Insultos impressos*: a guerra dos jornalistas na independência (1821-1823). São Paulo: Companhia das Letras, 2000.

MORAES, A. J. de Melo. *A Independência e o Império do Brasil*. Brasília: Senado Federal, 2004.

MOREL, Marco. "Nação e revolução: o rubro veio historiográfico no Brasil na primeira metade do século XIX". In: CHAVES, Cláudia Maria das Graças; SILVEIRA, Marco Antonio (orgs.). *Território, conflito e identidade*. Belo Horizonte: Argvmentvm, 2007, p. 181-204.

MOTA, Carlos Guilherme (org.). *Viagem incompleta*: a experiência brasileira (1500-2000). Formação: histórias. 2ª ed. São Paulo: Editora Senac, 2000.

NEVES, Lúcia Maria Bastos Pereira das. *Corcundas e constitucionais: a cultura política da independência (1820-1822)*. Rio de Janeiro: Revan/Faperj, 2003.

OLIVEIRA, Cecília Helena L. de S. *A astúcia liberal*: relações de mercado e projetos políticos na Corte do Rio de Janeiro, 1820-1824. Bragança Paulista: EDUSF, 1999.

PROCESSO dos cidadãos Domingos Alves Branco Muniz Barreto, João da Rocha Pinto, Luiz Manoel Alves Azevedo, Tomás José Tinoco D'Almeida, José Joaquim Gouveia, Joaquim Valério Tavares, João Soares Lisboa, Pedro José da Costa Barros, João Fernandes Lopes, Joaquim Gonçalves Ledo, Luiz Pereira da Nóbrega de Souza Coutinho, José Clemente Pereira, padre Januário da Cunha Barbosa, padre Antônio João Lessa. Rio de Janeiro: Tipografia de Silva Porto e Companhia, 1824. Biblioteca Nacional, Divisão de Obras Raras, Microfilme: OR 00346 [8].

RIZZINI, Carlos. *O livro, o jornal e a tipografia no brasil, 1500-1822 (com um breve estudo geral sobre a informação)*. São Paulo: Imprensa Oficial do Estado, 1988.

SANTOS, Pedro Afonso Cristovão dos. "As notas de rodapé de Capistrano de Abreu: as edições da coleção materiais e achegas para a história e geografia do Brasil (1886-1887)". *Revista de História,* São Paulo, n° 163, jul.-dez. 2010, p. 15-52.

SILVA, Ana Rosa Cloclet. "Pensamento e atuação andradinos no processo de construção". In: *Inventando a nação:* intelectuais e estadistas luso-brasileiros na Crise do Antigo Regime Português (1750-1822). São Paulo: Hucitec, 2006.

VARNHAGEN, Francisco Adolfo de. *História da Independência do Brasil.* Brasília: Senado Federal, 2010.

VESENTINI, Carlos Alberto. *A teia do fato:* uma proposta de estudo sobre a memória histórica. São Paulo: Hucitec, 1997.

Surtos epidêmicos na Província do Espírito Santo (1850-1860)

SEBASTIÃO PIMENTEL FRANCO[1]

Introdução

Este trabalho situa-se dentro da visão de uma historiografia que em fins dos anos 1950 e início dos 1960 passa a estudar as doenças e observa como elas alteravam a vida das populações. Tem como objetivo analisar os surtos epidêmicos ocorridos nesse período e os impactos provocados no cotidiano da província.[1]

A abordagem não se atém a ver as epidemias a partir somente das falas oficiais, ou apenas registrá-las conhecendo suas naturezas e os seus tratamentos, sem se preocupar com os protagonistas que foram afetados pela moléstia, a população.

Este estudo tem como base a renovação historiográfica de história da medicina, ou história da saúde, que, ao alargar o conceito de saúde e de doença, passou a adotar o exame dos surtos epidêmicos "sob o ponto de vistas de quem padece com as doenças".[2]

Usamos, como fontes, jornais e documentação produzida pela administração imperial, como resoluções, petições, requerimentos, correspondência expedida e recebida por presidentes e vice-presidentes da província, correspondência da Inspetoria de Higiene Pública, relatórios de saúde pública e relatórios e falas de governantes enviados à Assembleia Legislativa Provincial por ocasião da posse ou entrega do cargo, documentação disponível no Arquivo Público Estadual do Espírito Santo.

---

1 Professor do Programa de Pós-Graduação em História da Universidade Federal do Espírito Santo.

2 BELTRÃO, 1999, p. 3.

Os surtos epidêmicos no período colonial: breve histórico

Desde a chegada dos colonos portugueses no século XVI, têm-se notícias de epidemias que assolaram a Capitania do Espírito Santo, o que provocava temor e pânico entre os poucos habitantes.

Derenzi[3] diz que entre 1558 e 1559 uma epidemia teria matado tanta gente que os jesuítas sepultavam até cerca de dez cadáveres por dia. Para Cabral,[4] o número de mortos diariamente era maior e chegava a 13 cadáveres.

Seis anos mais tarde, o jesuíta Luiz da Grã, ao chegar à Capitania do Espírito Santo, afirmou que encontrara grande número de moradores convalescendo de febres, o que sugere a existência ainda de algum surto epidêmico.[5] Derenzi[6] diz que, nesse mesmo ano, chega à capitania a epidemia de varíola, que atacou principalmente a Aldeia de Conceição (atualmente município de Serra). Vítimas dessa epidemia, faleceram alguns jesuítas, entre eles Diogo Jácome e Pedro Gonçalves.

Para Novaes,[7] a epidemia de varíola provocou "um espetáculo lastimoso, porque as casas serviam igualmente de hospitais de enfermos e de cemitérios de mortos".

Passados mais de cem anos, em 1669, volta-se a ter notícias de epidemia que assolou a população. Dessa feita, o caso era tão grave que a população pede clemência para livrá-la de tão pavoroso mal, faz procissão e leva a imagem de Nossa Senhora da Penha de Vila Velha até Vitória.[8]

Têm-se notícias ainda de outras doenças que fustigaram a população da Capitania do Espírito Santo, como sarampo, malária, impaludismo, disenteria hemorrágica e, sobretudo, as febres renitentes, consideradas as mais mortíferas.

A falta de profissionais de saúde fez com que os religiosos que se ocupavam da evangelizaçãoda população indígena tivessem de se dedicar a cuidar da população enferma. A partir de observações, começaram a pesquisar a fauna e a flora locais, com o objetivo de descobrir antídotos. Assim, passaram a exercer importante papel de assistência e socorro aos doentes. Em 1666, quando da ocorrência da epidemia de malária, a Capitania do Espírito Santo não contava com profissionais da saúde e faltavam medicamentos. Além disso, o conhecimento precário na área da medicina até

---

3   DERENZI, 1965.

4   CABRAL, 1992.

5   LEITE, 1938, tomo I.

6   DERENZI, 1965.

7   NOVAES, 19-?, p. 37.

8   *Ibidem.*

o século XVII fez com que a população se visse impotente frente às doenças que volta e meia a afligiam. A solução era, então, muitas vezes, contar com os préstimos de religiosos, barbeiros, cirurgiões, boticários e, na maioria das vezes, recorrer a curandeiros, aos remédios caseiros e, por fim, às súplicas aos céus para que não fosse dizimada.

Face à precariedade da assistência médica, certamente a iniciativa de dona Maria I, rainha de Portugal, de criar, em 1782, a Junta de Pronto-Medicação do Reino deve ter sido vista como um alento. Entretanto, não atingiria todo o Reino. Nem chegou à Capitania do Espírito Santo, até porque sua duração foi efêmera, pois, em 1808, quando a corte portuguesa se transferiu para o Brasil, foi criado o cargo de provedor--mor do Reino e do Brasil, que assumiu as funções da Junta.

Além da falta de medicamentos e de profissionais na área de saúde, outra grande carência da colônia portuguesa no Brasil foi a de hospitais. Na Capitania do Espírito Santo, nos tempos coloniais, a população só podia contar com a Santa Casa de Misericórdia, que, inicialmente, estava instalada em Vila Velha e depois transferida para Vitória, a sede da capitania.

Segundo Bonicenha,[9] a Santa Casa de Misericórdia foi criada em 1545, por ação dos religiosos, com a missão de fazer trabalhos assistenciais e atender sobretudo a população pobre, assim como socorrer os feridos e fazer os sepultamentos. Schwab e Freire dizem que a Santa Casa do Espírito Santo teria sido a segunda instituição pia e de beneficência do país.[10]

Não se sabe exatamente quando a Santa Casa de Misericórdia foi transferida para Vitória. Tem-se conhecimento, entretanto, segundo Vasconcellos,[11] de que, pelo Alvará de 1º de julho, foram concedidos a essa instituição os mesmos privilégios da Santa Casa de Misericórdia de Lisboa.

A existência da Santa Casa, com o acolhimento aos doentes e feridos, não significava que havia um hospital propriamente dito. Esse, segundo Daemon,[12] só teria sido fundado em 1605.

O hospital inicialmente contava com o auxílio da população mediante a oferta de esmolas e donativos. A existência de hospital não significava garantia de uma assistência efetiva, pois se sabe que, de forma geral, as condições dos hospitais eram precárias, tanto em relação às instalações quanto aos recursos humanos e mesmo financeiros.

---

9   BONICENHA, 2004.

10   SCHWAB; FREIRE, 1979.

11   VASCONCELLOS, 1858.

12   DAEMON, 2010.

Aliás, a penúria financeira dos hospitais dos primeiros tempos e até mesmo no período imperial foi uma constante de norte a sul do Brasil, segundo Mesgravis.[13]

Atender à população mais pobre consumia os recursos auferidos pelas Santas Casas e essas viviam quase sempre em grande penúria financeira.

Um bom exemplo das condições precárias de funcionamento do hospital é apontado por Daemon,[14] ao informar que o governador da Capitania do Espírito Santo, Francisco Alberto Rubim, pediu ao Governo Geral, em requerimento em nome de lavradores e negociantes da Vila de Vitória, a permissão para edificar um novo prédio para a Santa Casa e reorganizar o hospital, o que foi concedido, embora só tivesse se concretizado com as doações de Maria de Oliveira Subtil e Luiz Antonio da Silva. A primeira doou, em 1818, um grande terreno e um prédio, enquanto o segundo, em 1828, cedeu duas residências, dinheiro e ouro.

O alvorecer do século XIX e os surtos epidêmicos

Se os surtos epidêmicos, no Brasil Colônia, ocorreram de forma ocasional, a partir do século XIX houve uma tendência do aumento de epidemias, o que fez com que o Estado tivesse de se preocupar e adotar medidas com o objetivo de debelá-las. Fica, então, a pergunta: por que, a partir do século XIX, houve um aumento significativo dos surtos epidêmicos no Brasil?

Surtos epidêmicos de febre amarela, malária, cólera, além de outras doenças, espalharam-se pelo país, atingiram todas as regiões de forma indistinta, provocaram pânico e terror e dizimaram significativo número de pessoas.

Os estudiosos da história da medicina são unânimes em apontar que a proliferação dos surtos epidêmicos se deu em razão da forte presença militar e da expansão comercial marítima inglesa na Índia e na Ásia. Para Le Roy Lauderie,[15] as transações comerciais do Império Britânico levaram o mundo a uma globalização e, como consequência, à unificação microbiana do mundo.

Da mesma forma pensa Witter,[16] ao dizer que a força motriz que impulsionou o surgimento e propagação global de moléstias foi o aumento de circulação de gentes e mercadorias.

---

13   MESGRAVIS, 1976.

14   DAEMON, 2010.

15   LE ROY, 1978.

16   WITTER, 2007.

É bom destacar que não apenas o expansionismo militar e comercial pode ter sido o responsável por esse fenômeno. Witter[17] diz ainda que "possibilidades de ordem natural [ligadas à modificação da natureza] como uma mutação [de embriões] ou mudança climática" não podem ser descartadas.

Certamente o significativo crescimento da população e a falta de saneamento básico foram também fatores que contribuíram para a explosão das epidemias. Bonicenha aborda essa problemática[18] e, ao se referir a Vitória, afirma que, por falta de rede de esgotos e de água encanada nas casas, além do lixo que infestava as ruas, era uma cidade propensa à explosão de surtos epidêmicos.

Foi no primeiro quartel do século XIX que se visualizou a preocupação do Estado com surtos epidêmicos na Capitania do Espírito Santo. Em 1814, após exames na corte, foi nomeado o primeiro boticário, Miguel Rodrigues Batalha, que passaria a atuar em Vitória. Até então, não havia no Espírito Santo médico em exercício da profissão, embora existisse, em 1812, um cirurgião que atendia em Linhares, a se acreditar nos relatos do bispo José Caetano da Silva Coutinho.[19] Ele informava que esse cirurgião, Antonio Alfield, era de nacionalidade inglesa e percebia um salário de 132$000 (na opinião do bispo, mísero) para socorrer os moradores da localidade. O atendimento se dava em um hospital improvisado. Quando o bispo retornou à região, em 1819, relatou que o cirurgião havia falecido e que fora substituído por outro, chamado João Solano de Morais.

Febre amarela e varíola

Embora os maiores surtos epidêmicos na Província do Espírito Santo tenham se iniciado a partir de 1850, desde o começo do século XIX diferentes tipos de doenças afligiam a população.

Em 1840, a presença de febres intermitentes havia muito tempo causava mortes em São Mateus, o que preocupou o governante da província e o levou a solicitar ao cirurgião vacínico que o informasse das causas desse mal. Esse explicou que a origem dessas doenças era o fato de a população local inalar ar pútrido dos pântanos, o consumo de águas insalubres, o pouco asseio da população e, por fim, a ingestão de alimentos salgados e o uso de bebidas alcoólicas.[20]

---

17 *Ibidem*, p. 39.

18 BONICENHA, 2004.

19 COUTINHO, 2002.

20 FALLA, 1840.

Essas febres continuaram a atormentar a população ainda no transcorrer da década seguinte. Tanto assim que o delegado de Polícia de São Mateus informava que as pessoas eram acometidas de febres que causavam vômitos e diarreias e alegava, como causa, as frequentes cheias do rio.[21]

A febre amarela chegou ao Brasil em 1849, provavelmente procedente de Nova Orleans. Para que se tenha uma ideia da grandeza catastrófica dessa epidemia, vejamos o que nos diz Challoub:[22]

> As estimativas indicam que mais de um terço dos 266 mil habitantes do Rio contraíram febre amarela no verão de 1849-1850. O número oficial de mortos nesta primeira epidemia chegou a 4.160 pessoas, mas tudo indica que o total indicado foi consideravelmente subestimado. Houve quem falasse em 10 mil, 12 mil, 15 mil.

Até julho de 1850, não se tinham notícias dessa epidemia no Espírito Santo, pois, segundo o presidente da província, Felippe José Pereira Leal:

> A excepção das bexigas,[23] que fizerão algumas víctimas na Villa de Itapemirim, nem-uma, outra moléstia de caracter epidêmico tem accommettido a província, que sempre salubre, não foi visitada graças à Providencia, pela febre amarella, que tantas vidas ceifou na Côrte, Bahia, Pernambuco, e que continua em outras províncias violenta e avassaladora.[24]

Sobre a ocorrência da febre amarela no Espírito Santo, em 1850, Oliveira[25] afirma que essa epidemia chegou em novembro, pela região sul, e, com muita rapidez, propagou-se por toda a província. Marques[26] assinala que a febre amarela chegou ao Espírito Santo proveniente de Campos dos Goytacazes, na Província do Rio de Janeiro.

---

21 CORRESPONDÊNCIA, 1856.

22 CHALLOUB, 1996, p. 61.

23 Outro nome da varíola, por causa das bolhas em forma de pequenas bexigas que, depois de secas, deixavam marcas na pele dos doentes.

24 RELATORIO, 1850, p. 28

25 OLIVEIRA, 2008.

26 MARQUES, 1878.

O presidente anuncia que a Província do Espírito Santo, assim como outras litorâneas do Brasil, foi atacada pela febre amarela. Na capital, Vitória, ela fez "desastroza residência por quase cinco meses consecutivos, causando estragos, promovendo o lucto e a tristeza, e ceifando em toda a província mais de 200 vidas".[27]Diz ainda que a epidemia, além da capital, atingiu as localidades de Itapemirim, Benevente, Guarapari, Santa Cruz, Barra de São Mateus e São Mateus, onde muitas pessoas vieram a falecer.

No ano seguinte, já outro presidente da província, Evaristo Ladislau e Silva, informa que, ao atingir essa epidemia as localidades de Linhares e Santa Cruz, vieram a falecer "vários índios que atrahidos por pequenos jornaes daquelles que os chamarão à serviços, mormente de madeiras".[28]

Patricia Rodolfo Serafim[29] afirma que, em razão do aparecimento da febre amarela, o Governo Imperial nomeou os médicos comissionados João José Vieira e José Joaquim Rodrigues, que foram da Bahia para o Espírito Santo, com a missão de observar o flagelo. O surto foi tão terrível que a população, consumida de excessivo terror, repetia preces e procissões de penitência, no dizer do presidente da província.[30]

Diante da epidemia, o governo tomou as seguintes medidas: nomeou o farmacêutico Felippe Pornin e o cirurgião-mor Francisco Barata para fazerem curativos, fornecer remédios e prescrever dietas aos doentes pobres. Solicitou e obteve do Governo Imperial mais um facultativo que pudesse salvar o grande número de enfermos que aparecia a cada dia. Frente à grande quantidade de mortos, manifestou, pela primeira vez, o desejo de construir um cemitério público, afastado da cidade, com o objetivo de proteger a população da inalação de miasmas.[31]

A falta de recursos era tão grande para combater a epidemia que o presidente da província teria dito: "A Providência Divina vela certamente sobre a população desta Província que, sem o seu auxílio, estaria hoje extinta por falta de recursos da medicina".[32]

O fato é que o Estado Imperial tomava a decisão de solucionar com ações práticas a problemática de um grave surto epidêmico, não deixava a população entregue à sorte e garantia-lhe assistência

---

27 RELATORIO, 1851, p. 15.

28 RELATORIO, 1854, p. 19.

29 SERAFIM, 2002.

30 RELATORIO, 1852.

31 *Ibidem.*

32 OLIVEIRA, 2008.

> quase sempre quando as enfermidades já estavam batendo às portas das pessoas, ou já se encontravam em seus lares, sendo que nesse contexto, os pobres e indigentes, pelo perigo que representavam, passaram a ser percebidos [...] porque o seu sofrimento acabava por ameaçar a toda a sociedade, e assim uma certa proteção pública passou a ser solicitada para eles, como forma de impedir as marchas das epidemias que tanto atormentavam.[33]

Esse surto teve uma duração de poucos meses. Entretanto, a população da província não ficou de todo livre desse mal, pois em 1854 e 1858 houve outros.

Teria sido eficaz a ação do governo provincial no combate do surto de febre amarela no Espírito Santo? Para Cabral,[34] não. Diz ele que, diferentemente do que ocorreu no Rio de Janeiro e em outras províncias, nas quais se criou uma Junta de Higiene Pública para dar conta de uma ação efetiva de combate ao surto epidêmico, no Espírito Santo essa comissão não foi criada e o programa de emergência de assistência médica foi precário.

Outro surto que assustou a população da Província do Espírito Santo foi o da varíola. Bennett[35] afirma que a varíola penetrou no continente americano por meio dos conquistadores espanhóis, em 1520, e chegou ao Brasil em 1666, porém seu histórico é longínquo. Provavelmente, surgiu depois dos primeiros povoados agrícolas, por volta de 10000 a.C. Na Antiguidade, apenas algumas áreas populosas, como a Índia, poderiam ter mantido sua transmissão. No início da era cristã, surgem descrições sugestivas de varíola nos registros históricos da Ásia Ocidental e até o século VIII a doença já tinha se estabelecido na Europa, de onde foi transportada para o Brasil. No fim do século XVIII a varíola matava aproximadamente 400 mil europeus a cada ano e era responsável por um terço de todos os casos de cegueira.

Os sintomas da doença começavam com um mal-estar intenso, prostração, dor lombar, cefaleia e febre alta durante dois a cinco dias. Após o período febril inicial, surgiam erupções na pele, o que marcava o rosto dos doentes depois que conseguiam sarar com pequenas bolhas na forma de bexigas, daí por que esse mal também era conhecido como bexiga.

---

33 EUGENIO, 2004, p. 211-234.

34 CABRAL, 1992.

35 BENNETT e PLUM, 1997.

O contágio se fazia do doente para uma pessoa suscetível no momento inicial da erupção até a cicatrização. Nesse sentido, o isolamento do paciente, como diagnóstico, e a vacinação dos contactantes, como prevenção, seriam uma barreira contra a transmissão desse mal.

Uma das razões alegadas para a proliferação dessa doença na Província do Espírito Santo era a dificuldade que o governo tinha de convencer o povo a se vacinar.

A chegada da cólera

De todos os surtos epidêmicos, o que causou mais pavor à população local foi a cólera, tanto pelo número de mortes como pelo completo desconhecimento da causa da doença e ainda pelo imaginário que ela causava entre a população.

A região do Baixo-Bengala, na Índia, é tida, pela historiografia, como o local onde apareceu a cólera.

Embora a cólera tenha chegado à Europa no século XIX, é possível afirmar que o Ocidente conhecia essa doença desde a intensificação dos contatos comerciais entre o Ocidente e o Oriente, já no século XV.

Segundo Evans,[36] o avanço da cólera no mundo deu-se entre 1817 e 1824, da Índia em direção à China, depois alcançou o Japão e chegou até mesmo ao continente africano. Entre 1829 e 1837 ocorre outro surto da doença, que atinge a Inglaterra e países do continente americano. Em 1831 espalha-se por países da Europa, como a Rússia, a Polônia e a Alemanha. Entre 1840 e 1860 houve um novo surto da doença, considerado de maior mortalidade, que alcançou até o Brasil.

Para Beltrão,[37] a cólera chega ao Brasil via Portugal, em 1855, em Belém do Pará. De lá, sabe-se que esse mal aporta na Bahia, onde morreram, segundo David,[38] cerca de 35 mil pessoas. Da Bahia se espalha por todo o Nordeste. Expandiu-se ainda por outras regiões, como o Sul do Brasil, principalmente no Rio Grande Sul, e o Sudeste, onde atingiu particularmente o Rio de Janeiro e o Espírito Santo.

A cólera era diagnosticada pelos seguintes sintomas: sensação de mal-estar indefinido, que evoluía para um abatimento e prostração, seguidos de falta de apetite, dores no ventre, vômitos e diarreias abundantes. Logo depois vinham as câimbras nas extremidades do corpo e, ato contínuo, um frio muito intenso, às vezes seguido de

---

36 EVANS, 1988.

37 BELTRÃO, 1999.

38 DAVID, 1996.

febre. Quando a pulsação ficava lenta, sofria o doente asfixia, uma sede insaciável e a pele adquiria um tom azulado.

A cólera teria chegado ao Espírito Santo transportada por um estafeta, que carregou o vírus no malote do correio de Campos dos Goytacazes, cidade que a epidemia já atingira, chegou enfermo em 23 de novembro e faleceu no dia 26.

A chegada da cólera tomou a população de surpresa. Atônita, sem saber o que fazer para evitar tantas mortes, sem médicos, medicamentos e hospitais para atender a tantas demandas, teve de recorrer ao Governo Imperial. Foi o que registrou o jornal *Correio da Victoria*, ao noticiar que haviam chegado, pelo vapor *Mucury*, dois médicos e um estudante do 4º ano de medicina, mandados pelo ministro do Império, a fim de serem empregados na Província do Espírito Santo no trato dos enfermos.[39]

Não só o Governo Provincial fazia solicitações ao Governo Central, localmente, mas também eram diariamente feitos pedidos para atender às necessidades da população dos diferentes municípios. Da Secretaria de Polícia foi expedida uma carta que solicitava para a vila do Espírito Santo (Vila Velha) médico e medicamentos "que se fazem alli precizos em consequencia de se haver manifestado a epidemia cholerica".[40]

Embora os pedidos muitas vezes fossem atendidos, em algumas localidades a epidemia se apresentava tão devastadora que não era possível atender a todas as demandas. Em Cariacica, a situação em relação à epidemia era tão deplorável que não havia quem aplicasse qualquer medicamento nos acometidos da doençae eles "morrem inteiramente ao desamparo".[41]

O governo, sempre que surgiam focos de doenças epidêmicas, constituía comissões sanitárias. Assim foi em 1855, quando, por uma única resolução, nomeou comissões nos municípios de Barra de São Mateus, Guarapari, Benevente, Piúma e Itapemirim.[42]

Como os surtos epidêmicos circulavam pelas mais diferentes regiões do país, quase sempre, quando da ocorrência da cólera, por temor de contágio por via marítima, era instituída a quarentena para os passageiros e as tripulações dos navios.

Embora não tenhamos certeza quanto ao número exato de mortos pela cólera, uma vez que não encontramos os livros de registro de mortos, organizados pelos médicos, temos, entretanto, aproximações apuradas pelas fontes disponíveis. Segundo

---

39   *Correio da Victoria*, 3/1/1856, fl. 2.

40   CORRESPONDÊNCIA, 1856.

41   *Correio da Victoria*, 8/3/1856, Fl. 3.

42   RESOLUÇÃO, 1855.

o jornal *Correio da Victoria*, teria chegado a 1.300 pessoas em 15 de março de 1856.[43] Para o presidente da província, José Maurício Fernandes Pereira de Barros, teriam sido mortas 1.573 pessoas.[44]

Ações do Estado no combate às epidemias

Para socorrer a população acometida dos surtos epidêmicos, o Estado teve de envidar ações no sentido de minorar os problemas. Entre outras, destacamos: contratação de profissionais da área de saúde (médico, cirurgião, facultativo, boticário); constituição de comissões sanitárias; distribuição de medicamentos, víveres e recursos financeiros para a população mais desvalida economicamente; constituição de enfermarias e melhoria nas instalações de hospitais.

A vivência cotidiana com os surtos epidêmicos

A ocorrência dos surtos epidêmicos causava pânico não só entre a população, mas também entre os governantes. Embora o número de médicos estivesse crescendo no país graças à criação de cursos de medicina, que foram implantados após a chegada da família real portuguesa ao Brasil, em 1808, e o médico inglês Edward Jenner já tivesse descoberto a vacina, o fato é que os conhecimentos médicos ainda eram muito precários, até porque, como diz Patto,[45] "o grosso da medicina era praticado por cirurgiões-barbeiros [...], barbeiros, boticários, aprendizes [...] curandeiros, entendidos etc.". Para essa autora, havia falta de pessoal qualificado, além, é claro, da falta e de medicamentos e de hospitais para atender à demanda. A carência existia até em áreas mais populosas.

Reis[46] afirma que a criação de cursos de medicina e a ampliação do número de médicos não foram suficientes para dar conta dos problemas advindos com o surgimento de diversos tipos de surtos epidêmicos no século XIX, uma vez que, nesse período, ocorre o crescimento urbano e populacional, com concentração de pessoas em um mesmo espaço, o que passou a favorecer o aparecimento das epidemias. Como afirma Gondra,[47] esse fenômeno "não significou a ruptura imediata e completa com as práticas de cura existentes no seio da população".

---

43 *Correio da Victoria*, 15/3/1856, fl. 3

44 RELATORIO, 1857.

45 PATTO, 1996, p. 180-199.

46 REIS, 1997, vol. 2, p. 96-141.

47 GONDRA, 2004, p. 188.

Estado e população agiram de forma diferenciada no que concerne a encontrar solução para enfrentar as epidemias, até porque as práticas cotidianas de um povo "trazem consigo uma determinada concepção de doença, corpo e medicamento",[48] assim como as práticas populares têm uma forma de interpretação que certamente diferia da dos médicos.

Os médicos, na busca de conquistar a autoridade que até então não tinham e construir a sua legitimação, passam a "dispor sobre saúde, doença, corpos, vida social e escolar"[49] e perseguem formas opcionais de conhecimento.[50]

Os médicos oficiais (alopatas) investiram pesadamente no combate ao conhecimento popular e até mesmo de outros profissionais da saúde, como os homeopatas, e impingiram-lhes uma perseguição implacável, para firmar-se como os únicos detentores do saber, o que obviamente não impediu que as práticas populares e os homeopatas tivessem continuado a existir.

Em seu relatório, o presidente da província afirma que, em 1840, a população poderia facilmente curar-se das febres intermitentes que afligiam aquele povoado se fosse tratada por médicos, fato que não acontecia, uma vez que os moradores preferiam recorrer a curandeiros, por confiar neles, e só procuravam os médicos depois que o uso de remédios caseiros não surtia efeito, quando o mal já não tinha mais cura.[51]

O jornal *Correio da Victoria*, ao informar sobre o surgimento de mal epidêmico, que já havia matado mais de 20 pessoas em Itapemirim, e onde se encontravam mais de cem pessoas doentes, diz: "Com a falta de médicos que ali, há, e com uma praga de curandeiros que tem surgido naquella pobre Villa, parece que em poucos dias ficara ella deserta".[52]

A população, assim, lançava mão do que podia para enfrentar os males que a afligiam quando se tratava de doenças. Curandeiros, remédios caseiros erezas foram expedientes usados para afugentar as epidemias.

Sempre que ocorria um surto epidêmico, a população recorria, por exemplo, a preces, rezas e procissões para solicitar à vontade divina que a livrasse do terrível mal. Mais uma vez recorrermos ao jornal *Correio da Victoria*, que publicou a seguinte notícia:

---

48 FIGUEIREDO, 2006, vol. 2, p. 252-273.

49 GONDRA, 2004, p. 25.

50 MADEL, 1996.

51 FALLA, 1840.

52 *Correio da Victoria*, 6/2/1856, f. 2.

> A população de Victoria fazia preces na matriz da cidade, para que a providência divina os livrasse da epidemia de cólera que tantos estragos já estava fazendo na Bahia e no Rio de Janeiro. Na Misericórdia cantou-se uma missa em homenagem a São Sebastião [protetor contra doenças] pedindo que os livrassem da peste.[53]

Dentre os remédios caseiros conhecidos e disseminados entre a população, encontramos ampla referência ao uso do sumo do limão como antídoto para os males provocados por epidemias:

> Estando o cholera a fazer estragos nas villas dos Reis Magos e Santa Cruz, e conhecendo os bons resultados da applicação da calda de limão que tem feito milagres acconselho à esses povos esta applicação que todos podem fazer da maneira seguinte. Logo que a diarrehéa, dor na barriga, ou vômitos apparecer [...] tomar logo uma colher de sopa, de hora em hora [...] Em quanto se applicão o limão, se não da caldo nem comida: se tiver secura, quando pedir água, se lhe dê limão com água, uma parte de limão, e quatro de água, se tiver vômito pertinases, se dê de meia em meia hora o limão e quando o mal for diminuindo, se vae espassando o remédio. [...] com esta applicação fácil e prompto, se tem curado muitos cholericos, e alguns em grande perigo, me parece nada haver melhor, quando applicado logo no principio da moléstia.[54]

O saber médico, que condenava o saber popular, preceituava outro *modus operandi*. Adotava, como solução para eliminar os surtos epidêmicos, as seguintes opções: limpeza e asseio das casas, dos quintais, das praças e fontes; retirada de entulho e lixo encontrados nas praias; eliminação dos sepultamentos dentro das igrejas; inspeção da venda de alimentos; uso de fogueiras para purificar o ar e afastar os miasmas; uso do cloro e caiação das casas para desinfecção de ambientes.

Quando o surto já havia se propagado, o Estado buscou atender à população, sobretudo os mais pobres, enviou remédios, medicamentos e víveres e providenciou a instalação de enfermarias.

---

53 *Correio da Victoria*, 5/10/1855, f. 2.

54 *Idem*, 9/4/1855, f. 4.

Percepções sobre os surtos epidêmicos

O desconhecimento das causas das doenças, de como agir para enfrentá-las, e a falta de profissionais de saúde e de medicamentos para atender a toda a demanda levavam a população e as autoridades governamentais a viver o excessivo terror, apavoradas em frente à possibilidade da morte certa.

Esse temor fez com que a população e as autoridades governamentais alterassem comportamentos enraizados na sociedade. Os sepultamentos, os rituais fúnebres e a assistência aos enfermos sofreram modificações. Se, antes dos flagelos epidêmicos, a doença e a morte eram espaços de sociabilidade, "na qual as famílias abriam suas portas"[55] para o envolvimento de todos, pós-epidemia o doente e o defunto passaram a ser afastados do convívio com as pessoas. Rituais de sepultamento chegaram a ser suprimidos, por medo de contágio da doença.

Ao comentar sobre o surto de malária ou bexiga, o presidente da província, Luiz Pedreira do Coutto Ferraz, diz que, apesar de não ter feito grandes estragos entre a população de Guarapari, depois de ter invadido algumas fazendas em Itapemirim, nessa última localidade "foi maior o susto que a realidade do mal".[56]

Embora a malária tenha se desenvolvido com maior intensidade na Província do Espírito Santo a partir de 1850, em 1847 e 1848 têm-se notícias do aparecimento dessa moléstia em algumas localidades. Para fazer frente a esse problema, o Estado interveio, como relata Coutto Ferraz: "Aquella [malária] depois de ter grassado, na Villa de Guarapary com bastante intensidade e ceifado não poucas vidas, apezar dos recursos e providencias que podião ser e forão por mim ministrados, não só fazendo partir para ali um facultativo".[57]

Em 1851, ainda para combater o mal de malária que infestava a província, o presidente Felippe José Pereira Leal garante ter tomado as providências possíveis, nomeado um médico para atender os doentes e solicitado ao GovernoGeral um facultativo "que pudesse salvar o grande numero de enfermos, que de dia em dia apparecião".[58]

Quando eclodiu o surto epidêmico de cólera, não só o Governo Provincial envidou esforços no sentido de socorrer a população atingida, mas também o Governo Imperial, como informa o presidente da província, Joaquim Marcelino da Silva Lima, o barão de Itapemirim, em seu relatório, quando da entrega do cargo. Diz que tão logo soube que a cólera atingira a Corte e Campos dos Goytacazes, reuniu

---

55 SCÓLFORO, 2011, p. 45.

56 RELATORIO, 1848.

57 RELATORIO, 1849, p. 19.

58 RELATORIO, 1850.

os facultativos existentes nesta capital [Vitória] para [...] obstar a invasão de tão terrível flagello, e de combatel-o, quando por ventura invadisse esta província [...] do governo imperial solicitei médicos, medicamentos, e todas as providencias que no caso cabião.[...] O governo Imperial, alem dos medicamentos que mandou por mais de uma vez, também enviou quatro médicos, e dous acadêmicos. Com estes meios, e poucos mais a minha disposição soccorri a todos aquelles pontos, já enviando dinheiro, medico e medicamentos, e já invocando a actividade, e philantropia dos cidadãos [...]. Nomeei commissões sanitárias, aqui, em Itapemirim, Piúma, Benevente, Guarapary, Espirito Santo, Vianna, Cariacica, Mangarahy, Queimado, Carapina, Serra, Barra e Cidade de São Matheus.[59]

Atônitas com a chegada de surtos epidêmicos, as pessoas recorriam ao que dispunham na expectativa de sobreviver a um mal que, em geral, matava um grande número de pessoas.

Em 1854, quando a Província do Espírito Santo vivenciou um surto de diarreia sanguínea responsável pela morte de muitas pessoas, o jornal *Correio da Victoria* relatou que a população de Vitória, onde já haviam morrido mais de 60 pessoas em menos de um mês, estava se deixando possuir de excessivo terror, que a levava a fazer preces e procissões.[60]

Um ano mais tarde, o mesmo jornal, ao noticiar o surto de cólera, informou que os moradores da vila da Barra de São Matheus achavam-se possuídos de terror e que, por causa disso, a vila começava a ser abandonada.[61]

Ao se reproduzir em escala assombrosa e multiplicar o número de infectados e de mortos, a doença provocou um medo que passou a fazer parte das preocupações da população. Comportamentos começam a ser alterados frente a essa nova realidade. Não foi incomum que os cuidados com os doentes e rituais de sepultamento sofressem modificações por temor de contágio do mal epidêmico. O mesmo *Correio da Victoria* diz que:

> propagou-se a opinião de que o mal era contagioso, e o terror [...] tal que, aquellas pobres victimas parecerão abandonadas e sem soccorro

---

59 RELATORIO, 1856.

60 *Correio da Victoria*, 2/7/1854, f. 1.

61 *Idem*, 3/1/1856, f. 1

algum. O próprio vigário recusou-se a administrar-lhes os sacramentos, e prohibio até que fossem enterrados no cemitério da freguesia. Imitado este péssimo exemplo por alguns fazendeiros que tinhão cemitérios, forão os cadáveres sepultados nos campos.[62]

O medo da doença fez que profissionais, como o sacerdote citado, se esquecessem de suas obrigações. E não foi apenas no campo religioso que isso ocorreu. Em dezembro de 1855 o *Correio da Victoria* relatava que na vila de Itapemirim o negociante Thimóteo de Toledo Leite e os médicos Ortiz e Lapa (cirurgiões) "desapparecerão da Villa com medo da bicha!![cólera]".[63] Na mesma notícia, informa ainda que abandonaram a vila também o delegado e o juiz municipal e de órfãos.

Fugir para não assistir os doentes de surtos epidêmicos e negligenciar a garantia dos rituais de enterramentos foi uma realidade na Província do Espírito Santo. Em 1856, o *Correio da Victoria* registrava, na coluna Publicações a Pedido, o seguinte:

> Temos ouvido [...] queixas sobre a maneira porque se fazem os enterramentos [...]. Dizem-nos que os cadáveres são separados sem receberem as accomodações e mais officios que a nossa religião ensina em taes casos e será isso verdade? Parece-nos impossível, porem infelizmente todos dizem que nem uma gota de água benta é lançada sobre o infeliz que morre [...]. pedimos uma providencia qualquer para que cesse esta falta de religião e de caridade.[64]

O medo, a fuga, a negligência ao socorrer os doentes ou garantir os rituais funerários não foram a única realidade na província. Mesmo temendo as epidemias, mesmo com o pavor do contágio, o espírito de solidariedade não desapareceu de todo. Luzia Pinto Rangel dos Santos agradecia "as pessoas que visitaram e socorreram e acompanharam ao seu fallecido marido Francisco Rodrigues dos Santos, atacado da epidemia reinante no dia 2 do corrente, e fallecendo nesse mesmo dia".[65] O mesmo fez Ignacio de Mello Coutinho Vieira Machado e sua mulher, Marcollina de Paiva Gomes dos Santos, ao agradecerem a todas as pessoas que se dignaram a acompanhar os restos mortais do seu idolatrado filho, Ignacio Gomes de Mello Coutinho.[66]

---

62 *Correio da Victoria*, 3/1/1856, f. 1.

63 *Correio da Victoria*, 5/12/1855, f. 2.

64 *Idem*, 9/1/1856, f. 2.

65 *Idem*, 5/1/1856.

66 *Ibidem*, f. 4.

Se é verdade que existiram médicos, padres e policiais negligentes em seus afazeres, também o é que muitos se esforçaram para garantir o sossego da população. Na coluna Notícias Diversas do jornal *Correio da Victoria* foi publicada a bravura do médico que atuava em Piúma, Antonio da Motta, "que emprega todos os meios para socegar os ânimos daquella povoação, e tem sido incansavel em visitar e tractar os enfermos".[67]

Particulares também deram demonstrações de solidariedade. Doações em dinheiro para compra de víveres e remédios se concretizaram, assim como de casas para a instalação de enfermarias.

As epidemias certamente não só causavam pânico e pavor, mas também eram responsáveis pelo declínio econômico e pela diminuição de braços para a lavoura, com a morte das pessoas ou por torná-las incapazes de produzir enquanto convalesciam. Em carta ao Governo Provincial, o médico Manoel Gomes Bittencourt relata as dificuldades dos moradores, quer pecuniárias, quer pela escassez de alimentos, o que, como consequência, fazia os preços subirem de forma significativa: "A farinha por alguma que apparece exigem preços fabulozos e a carne verde nenhuma se encontra".[68]

Considerações finais

As doenças, desde os tempos coloniais, foram uma realidade na vida da população do Espírito Santo. No século XIX, assim como ocorreu em outras regiões do Brasil, houve um aumento significativo dos surtos epidêmicos. O aumento da população e a urbanização que se iniciava no país contribuíram para que as doenças se disseminassem. Combinado a esses fatores, temos, ainda, o crescimento das atividades comerciais, que traziam os surtos epidêmicos nas embarcações. Foi por uma embarcação advinda de Portugal que a cólera chegou ao Brasil, pela Província do Pará.

Não podemos esquecer, ainda, que a falta de higiene da população e das cidades, a falta de medicamentos, de médicos e de hospitais, os parcos conhecimentos da medicina também foram fatores decisivos para a eclosão das epidemias.

O número de mortos foi sempre significativo, embora nunca tenha chegado a mais do que 10% da população. No Espírito Santo, só a cólera matou mais de 1.500 pessoas, para uma população, na década de 1850, que chegava a cerca de 50.000. Se o número não era tão excessivo quantitativamente, o temor, o pânico, a aflição que os surtos epidêmicos provocavam foram uma realidade.

---

67   *Idem*, 17/3/1855, f. 1.

68   CORRESPONDÊNCIA, 1856.

As epidemias alteraram o cotidiano da população das localidades onde essas doenças estiveram presentes. A assistência aos enfermos e os rituais fúnebres foram modificados em função do medo que os doentes e os mortos por surto epidêmico causavam entre os vivos, que temiam ser contaminados.

A produção de gêneros alimentícios ligados à lavoura, à pesca ou à pecuária sofreu forte impacto, ou pela morte ou pela paralisação das atividades das pessoas, o que provocou escassez e elevação do custo de vida e resultou em penúria, em especial para a população mais pobre economicamente.

Referências

Periódicos

Correio da Victoria, 2/7/1854, 17/3/1855, 9/4/1855, 5/10/1855, 2/11/1855, 5/12/1855, 3/1/1856, 5/1/1856, 9/1/1856, 23/1/1856, 6/2/1856, 8/3/1856, 15/3/1856.

Fontes manuscritas

RESOLUÇÃO do Governo provincial, 1º de novembro de 1855, Arquivo Público do Estado do Espírito Santo.

CORRESPONDÊNCIA da Secretaria de Polícia ao vice-presidente da Província do Espírito Santo, datada de 15 de janeiro de 1856. Arquivo Público do Estado do Espírito Santo.

Fontes impressas

DAEMON, Basílio Carvalho. *Província do Espírito Santo*: sua descoberta, história cronológica, sinopse e estatística. 2ª ed. Vitória: Secretaria de Estado da Cultura/Arquivo Público do Estado do Espírito Santo, 2010.

FALLA com que o Exmo. Presidente da Provincia do Espirito Santo, o Dr. João Lopes da Silva Coito, fez a abertura da sessão ordinária da Assembléa Provincial, no dia 8 de setembro de 1838. Rio de Janeiro: Typograpphia de Josino do Nascimento e Silva, 1838.

FALLA com que o Exmo. Presidente da Província do Espírito Santo, dirigio à Assembléa Legislativa Provincial, no dia 1º de abril de 1840. Rio de Janeiro: s/e, 1840.

FALLA com que o Exmo. vice-presidente da Provincia do Espirito Santo, José Francisco de Andrade e Almeida Monjardim, abrio a Assembléa Legislativa Provincial, no dia 23 de maio de 1844. Rio de Janeiro: Typographia Imp. E Const. De J. Villeneuve e Comp., 1845.

MARQUES, Cezar Augusto. *Diccionário histórico, geográfico e estatístico da Província do Espírito Santo*. Rio de Janeiro: Typographia Nacional, 1878.

RELATORIO *do presidente da Provincia do Espirito Santo, o Dr. Luiz Pedreira do Coutto Ferraz, na abertura da Assembléa Legislativa Provincial, no dia 23 de maio de 1847.* Rio de Janeiro: Typographia do Diario de N. L. Vianna, 1848.

RELATORIO *do presidente da Provincia do Espirito Santo, o Doutor Luiz Pedreira do Coutto Ferraz, na abertura da Assembléa Legislativa provincial, no dia 1º de março de 1849.* Rio de Janeiro: Typographia do Diario, de N. L. Vianna, 1849, p. 19.

RELATORIO *como que o Exmo. Sr. Felippe José Pereira Leal, presidente da Provincia do Espirito Santo, abriu a sessão ordinária da respectiva Assembléa Legislativa no dia vinte e cinco de julho do corrente anno.* Victoria: Typographia Capitaniense de P. A. d'Azeredo, 1850.

RELATORIO *com que o Exmo. Sr. Felippe José Pereira Leal, presidente da Provincia do Espirito Santo, abriu a sessão ordinaria da respectiva Assembléa Legislativa, no dia de 25 de julho do corrente anno.* Victoria: Typographia Capitaniense de P. A. d'Azeredo, 1850.

RELATORIO *com que o Exmo. Senhor Felippe José Pereira Leal, presidente da Provincia do Espirito Santo, abriu a sessão ordinária da respectiva Assembléa Legislativa, no dia vinte e três de maio do corrente anno.* Victoria: Typographia Capitaniense de P. A. d'Azeredo, 1851.

RELATORIO *que o Exmo. presidente da Provincia do Espirito Santo, o bacharel José Bonifácio Nascentes d'Azambuja, dirigiu à Assembléa Legislativa da mesma provincia na sessão ordinária de 24 de maio de 1852.* Victoria: Typographia Capitaniense de P. A d'Azeredo, 1852.

RELATORIO *que o Exmo. Sr. presidente da Provincia, o Dr. Evaristo Ladislau e Silva, dirigiu à Assembléa Legislativa da mesma provincia na sessão ordinaria de 24 de maio de 1853.* Victoria: Typograpphia Capitaniense de P. A. d'Azeredo, 1854.

RELATORIO *com que o Exmo. Sr. Barão de Itapemirim, primeiro vice-presidente da província do Espirito Santo, quando entregou a administração da mesma ao Exmo. Sr. Dr. José Mauricio Fernandes Pereira de Barros.* Victoria: Typographia Capitaniense de P. A. d'Azeredo, 1856.

RELATORIO *com que o Exmo. Sr. Presidente da Provincia do Espirito Santo, o Doutor José Mauricio Fernandes Pereira de Barros, passou a administração da Provincia ao Exmo. Sr. Commendador, José Francisco de Andrade e Almeida Monjardim, segundo vice-presidente, no dia 18 de fevereiro de 1857.* Victoria: Typographia Capitaniense de P. A. d'Azeredo, 1857.

VASCONCELLOS, José Marcelino Pereira de. *Ensaio sobre a história e estatística da Província do Espírito Santo*. Vitória: Typographia de P. A. d'Azeredo, 1858.

Bibliografia

BELTRÃO, Jane Felipe. *Cólera, o flagelo do Belém do Grão Pará*. Tese (doutorado) – Unicamp, Campinas, 1999.

BENNETT, J. Claudi; PLUM, Fred. *Tratado de medicina interna*. 20ª ed. Rio de Janeiro: Guanabara Koogan, 1997. 2 vols.

BONICENHA, Walace. *Devoção e caridade*: as irmandades religiosas na cidade de Vitória. Vitória: Multiplicidade, 2004.

CABRAL, Sebastião. *Saúde pública no Espírito Santo*: da colônia aos dias atuais. Vitória: Instituto Histórico e Geográfico do Espírito Santo, 1992.

CHALLOUB, Sidney. *Cidade febril:* cortiços e epidemias na corte imperial. São Paulo: Companhia das Letras, 1996.

COUTINHO, José Caetano da Silva. *O Espírito Santo em princípios do século XIX:* apontamentos feitos pelo bispo do Rio de Janeiro quando de sua visita à Capitania do Espírito Santo nos anos de 1812 e 1819. Vitória: Estação Capixaba e Cultural, 2002.

DAVID, Onildo Reis. *O inimigo invisível:* epidemia na Bahia no século XIX. Salvador: Edufba, 1996.

DERENZI, Luiz Serafim. *Biografia de uma ilha*. Rio de Janeiro: Pongetti, 1965.

EUGENIO, Allison. "Fragilidade pública em face das epidemias na segunda metade do século XIX". *Varia História*, n° 32, jul. 2004, p. 211-234.

EVANS, Richard. *Epidemias and Revolution*: cholera in nineteenth-century Europe. Manchester: Past&Present, 1988.

FIGUEIREDO, Betania Gonçalves. "As doenças dos escravos: um campo de estudos para a história das ciências da saúde". In: NASCIMENTO, Dilene Raimundo *et al* (orgs.). *Uma história brasileira das doenças*. Vol. 2. Rio de Janeiro: Mauad, 2006, p. 252-273.

GONDRA, José. *Artes de civilizar:* medicina, higiene e educação escolar na corte imperial. Rio de Janeiro: Eduerj, 2004.

LEITE, Serafim Soares. *História da Companhia de Jesus no Brasil*. T. I. Lisboa: Portugália/ Rio de Janeiro: Civilização Brasileira, 1938.

LE ROY, Lauderie E. "Um conceito: a unificação microbiana do mundo (séculos XIV- -XVII)". In: *Le territoire de l'historien*. Paris: s/e, 1978.

MADEL, T. Luz. *A arte de curar versus a ciência das doenças:* história socialda homeopatia no Brasil. São Paulo: Dynamis, 1996.

MESGRAVIS, Laima. *A Santa Casa de Misericórdia de São Paulo (1599?-1884):* contribuição ao estudo da assistência no Brasil. São Paulo: Conselho Estadual de Cultura, 1976.

NOVAES, Maria Stella de. *História do Espírito Santo.* Vitória: Fundo Editorial, s/d.

OLIVEIRA, José Teixeira de. *História do Espírito Santo.* 3ª ed. Vitória: Arquivo Público do Estado do Espírito Santo/Secretaria de Estado da Cultura, 2008.

PATTO, Maria Helena Souza. "Teoremas e cataplasmas no Brasil monárquico: o caso da medicina social". *Novos Estudos Cebrap*, São Paulo, nº 44, mar. 1996, p. 180-199.

REIS, João José. "O cotidiano da morte no Brasil oitocentista". In: NOVAIS, Fernando A. (org.). *História da vida privada no Brasil*. Vol. 2. São Paulo: Companhia das Letras, 1997, p. 96-141.

SANTUCCI, Jane. *Cidade rebelde:* as revoltas populares no Rio de Janeiro no início do século XX. Rio de Janeiro: Casa da Palavra, 2008.

SCHWAB, Afonso; FREIRE, Mario Aristides. *A irmandade e a Santa Casa de Misericórdia do Espírito Santo.* Vitória: Arquivo Público Estadual, 1979.

SCÓLFORO, Jória Motta. *O último grão de areia na ampulheta da vida*: poder, política e falecimentos nos periódicos *Correio da Victoria, Jornal da Victoria e O Espirito-Santense".* Dissertação (mestrado) – Ufes, Vitória, 2011.

SERAFIM, Patricia Rodolfo. *As epidemias que grassaram no Brasil e no Espírito Santo, durante o século XIX, entre os anos 1840 a 1860.* Monografia – Ufes, Vitória, 2002.

WITTER, Nikelem Acosta. *Males e epidemias*: sofredores, governantes e curadores no sul do Brasil (Rio Grande do Sul, século XIX). Tese (doutorado) – UFF, Niterói, 2007.

PARTE IV Culturas e sociabilidades

Um *Gavroche* no teatro: sociedade e cultura política na obra de Arthur Azevedo

GISELLE PEREIRA NICOLAU[1]

Introdução

Gavroche foi um dos pseudônimos de Arthur Azevedo. E, também, o título com que batizou a sua revista de ano, encenada em 1898. Nos dois casos, a denominação foi tomada de empréstimo de um personagem do romance *Les misérables*, de Victor Hugo, publicado em 1862. A trama se passa em meio às revoluções que abalaram a monarquia francesa entre 1815 e 1832. *Gavroche* é um menino, abandonado pelos pais, que luta para sobreviver nas ruas de Paris, onde acaba por morrer assassinado ao participar das barricadas de 1832. O romance alcançou grande sucesso, o termo incorporou-se ao vocabulário francês e passou a designar moleque travesso e valente, mas ao mesmo tempo generoso.

Escolhido por Arthur Azevedo para assinar versos políticos nas páginas do jornal *O País*, o *Gavroche* brasileiro apareceu pela primeira vez em 14 de março de 1894. A partir daí passou a celebrar diariamente em quadrinhas a vitória do governo do marechal Floriano Peixoto sobre a Revolta da Armada, liderada pelo almirante Custódio José de Melo. Debaixo do pseudônimo, o poeta desvendava o seu posicionamento político, ao enaltecer a figura de Floriano e satirizar a de Custódio.

Tal qual o personagem de Victor Hugo, Azevedo envolveu-se no redemoinho revolucionário e perfilou-se nas hostes florianistas. Tomou a pena como arma e montou barricadas que não se restringiam ao campo da imprensa. A postura de *Gavroche*, sem dúvida, também se revela na sua produção teatral, sobretudo nas suas revistas de ano.

---

1 Mestre em história pelo Programa de Pós-Graduação Política da Universidade do Estado do Rio de Janeiro, pela linha de pesquisa Política e Cultura.

Arthur Azevedo (1855-1908) foi um dos maiores autores do teatro de revista no Brasil. Escreveu cerca de 19 revistas de ano, muitas das quais em parceria com Lino d'Assunção, França Júnior, Moreira Sampaio, seu irmão Aluísio de Azevedo e Gastão Bousquet. Segundo Antônio Martins de Araújo, o fim da década de 1890 foi um período de grande autonomia na produção dramatúrgica *azevediana*, pois, para esse autor, aquele foi o momento em que Azevedo escreveu sozinho seis revistas.[2]

Dentre os diversos gêneros que compõem o teatro musicado, as revistas de ano alcançaram maior êxito nos palcos cariocas. Surgido no Brasil do século XIX, como fruto da expansão da indústria do entretenimento, conforme assinala Fernando Mencarelli, o teatro de revista apresentava à plateia os principais acontecimentos transcorridos ao longo de um ano, na cena nacional e internacional. Estabelecia-se, assim, por meio de uma linguagem bem- humorada e "ligeira", um diálogo especial com os espectadores.[3] As cenas cotidianas, os costumes da sociedade, as reviravoltas políticas, os acordos diplomáticos e as críticas sociais são assuntos que fazem parte do repertório das revistas.

Por trilhar os caminhos do teatro musicado, sobretudo as operetas e revistas de ano, Arthur Azevedo foi alvo de preconceito por parte de literatos, seus contemporâneos. Não raras vezes dedicou espaço nos seus folhetins e nas suas colunas para responder à crítica teatral da época e àqueles que consideravam que deveria empregar o seu talento na redação de peças "sérias", capazes de instruir o público. Acreditava que uma comédia musicada bem feita poderia ser elevada à categoria de arte. Além disso, afirmava que os apreciadores do teatro de revista saberiam "separar o joio do trigo".[4]

O presente trabalho concentra-se no período entre 1894 e 1898, época especialmente turbulenta na capital federal. Assim, as revistas de ano constituem-se um bom termômetro do clima dos primeiros tempos do regime republicano, nelas revisitados a partir das próprias escolhas de Azevedo, como o governo florianista, a Revolta Armada e o surgimento do jacobinismo, e como se articulavam à vida cultural do Rio de Janeiro, ao cotidiano de seus habitantes e aos costumes da cidade.

Nessa articulação reside a hipótese central deste ensaio: a de que o teatro de Azevedo reencena o passado da República nascente, e o próprio presente, por meio do teatro ligeiro. Para verificar tal problemática recorremos ao conceito de cultura política, conforme definido por Serge Bernstein, realçamos não somente as qualidades do texto teatral, mas também o vigor do pensamento de Arthur Azevedo, e entrecruzamos vida,

---

2 ARAÚJO, 1995, p. 13-30.

3 MENCARELLI, 2003, p. 125-130.

4 FARIA, 2001, p. 171-179.

obra e conjuntura sociopolítica.[5] Tal processo, além de iluminar a reconhecida qualidade de suas revistas de ano, ressalta o valor documental de sua obra.

Norberto Bobbio, em seu *Dicionário de política*, define cultura política como um conjunto de atitudes, normas, crenças e tendências partilhadas por membros de uma determinada sociedade, a partir de uma dada realidade política.[6] Esse conjunto de representações é determinante na constituição de uma identidade política. Bernstein amplia ainda mais esse entendimento e sustenta que a cultura política, adquirida por um sujeito histórico, seria uma espécie de núcleo que assinala suas escolhas a partir de uma determinada visão de mundo. O autor argumenta que o estudo de uma cultura política deve considerar as experiências vividas e partilhadas, individual e coletivamente.[7]

O conceito de cultura política, aqui incorporado, não exclui a particularidade das escolhas individuais, nem as várias formas de representação que essas podem adquirir, e permite que se possa diferenciar uma identidade política específica. Tal conceito mostra como as esferas da cultura e da política são inseparáveis, como se constatará mais adiante, por meio do exame das revistas de ano selecionadas.

Aprofundamos a hipótese inicialmente formulada e acreditamos que as peças selecionadas para análise são um bom termômetro para perscrutar o eixo particular de valores e interesses do autor. Possibilitam, ainda, identificar a gradação ou a variação de opiniões emitidas por Azevedo, que resultam em posicionamentos políticos às vezes ambíguos. Do mesmo modo, podem revelar aspectos importantes das diversas culturas políticas que se desenvolvem e competem no alvorecer do regime republicano. Por essa linha de raciocínio, deduz-se que as revistas de ano cumpriram importante papel político.

Além de encenar de modo humorístico os costumes, os valores e as práticas políticas de uma sociedade, não se pode esquecer que o gênero revista estabelece forte cumplicidade entre autor e público. Assim, o seu estudo oferece ao historiador uma aproximação com a atmosfera de paixões e agitação que marcou o difícil processo de enraizamento do sistema republicano no Brasil. Em outras palavras, isso significa dizer que por meio de uma análise da obra teatral de Azevedo é possível desvendar aspectos importantes das culturas políticas que se desenvolveram no país no início da República.

---

5   BERNSTEIN, 1998, p. 349-363.

6   BOBBIO; MATTEUCCI; PASQUINO, 1992, p. 306-308.

7   BERNSTEIN, 1998, p. 349-363.

No tocante à base empírica usada neste trabalho, a pesquisa concentrou-se nas três revistas de ano já mencionadas – *O Major* (1894), *A fantasia* (1895) e *Gavroche* (1898) –, visto que cobrem o período inicial da República. Foram compulsados jornais de época, em especial *O País*, com o qual Azevedo contribuiu desde a fundação, em 1º de outubro de 1884. Esse material revelou-se indispensável para a análise das revistas de ano selecionadas. Por meio da sua leitura conseguimos estabelecer conexões entre alguns aspectos da trajetória de Azevedo, suas escolhas políticas e a cultura política com a conjuntura de sua obra.

O Major: um elogio a Floriano Peixoto

O Major, revista de ano de 1894, foi encenada pela primeira vez no Rio de Janeiro, no Teatro Apolo, em 3 de maio de 1895. A trama tem como pano de fundo o último ano do governo de Floriano Peixoto – conhecido então como o Major –, marcado por conflitos como a Revolta da Armada e a Federalista. Apontada por muitos estudiosos como obra emblemática, dentre as criações de Azevedo, ela não só apresenta uma resenha bem-humorada dos principais acontecimentos do ano, tal como prescreve o gênero, mas um elogio às ações do marechal frente ao difícil processo de enraizamento da República. Além disso, observa-se que a obra em questão aponta para a constituição do florianismo, movimento de exaltação da figura de Floriano, surgido nesse período na capital federal. Partimos do pressuposto de que a peça se entrelaça de maneira singular na trajetória de Arthur Azevedo e acreditamos que é possível traçar, a partir de sua análise, um arco capaz de articular suas escolhas políticas e a cultura política da época.

O Rio de Janeiro, durante a Revolta da Armada, é o cenário escolhido por Arthur Azevedo em *O Major*. Personagem principal da revista, Cesário é um entusiasta de Floriano Peixoto, motivado pelo sonho de conhecer pessoalmente o então presidente da República. Oriundo de Campos dos Goytacazes, no Norte Fluminense, chega à capital federal quando já sitiada pelo conflito. Em meio às andanças pela cidade, ele acaba despertando o interesse de Beloneta, a enviada da deusa da Guerra, que, enamorada pelo rapaz, não cumpre a função à qual fora designada: impedir o término da "guerra civil" no Brasil. Apesar das investidas, o rapaz se apaixona por Pacífica, a representante do Anjo da Paz, que viera sob a incumbência de destruir os planos de permanência de guerra na baía de Guanabara. No fim da trama, ao constatar que permanecer na cidade seria uma decisão vã, o jovem decide seguir os passos do Major, em Cambuquira, Minas Gerais.

A "guerra civil" a qual se alude em *O Major* é a Revolta da Armada, conflito deflagrado na baía de Guanabara em 6 de setembro de 1893. Compreendida como um reflexo do difícil processo de enraizamento do regime republicano no Brasil, a rebelião foi iniciada após o manifesto endereçado à nação pelo almirante Custódio José de Melo, em que acusava o governo de Floriano Peixoto de prepotente e arbitrário. Esse, por sua vez, envolvido com os federalistas, que desde fevereiro se revoltavam no Rio Grande do Sul, enfrentou ainda as ameaças de bombardeio na capital federal pela esquadra rebelada.[8]

Na opinião de Suely Robles de Queiroz,[9] a vigência desse conflito mudou o cotidiano da população fluminense, porém ele tornar-se-ia mais dramático após a adesão do almirante Luiz Felipe de Saldanha da Gama, que propôs um plebiscito em favor da monarquia e imprimiu à Revolta da Armada um caráter restaurador, o que acarretou a perda de alguns revoltosos.

As "cenas de terror" na capital federal durante o conflito na baía de Guanabara, iniciadas após o primeiro bombardeio, em 13 de setembro, se prolongariam até março do ano seguinte. O cenário de convulsão e instabilidade entre os habitantes do Rio de Janeiro estendeu-se por esse período e, em meio a essas circunstâncias, o governo empreendeu esforços a fim de salvaguardá-los do perigo iminente. *O País*, fonte privilegiada para a análise das revistas selecionadas para esse trabalho, noticiou:

> O Governo, no intuito de auxiliar a população enquanto durarem as hostilidades em que se vai empenhar, faz público que, além dos galpões postos à disposição do povo à margem da estrada de ferro, podem ser ocupados à distorção o antigo palácio Isabel, à rua Guanabara, e o novo quartel construído no terreno à Quinta da Boa Vista. Determinou mais, de acordo com a prefeitura que seja fornecida às pessoas pobres que se ausentaram desta capital, a alimentação de que carecerem, providenciando também para que se deem passagens gratuitas de ida e volta na estrada de ferro Central do Brasil até a última estação dos subúrbios.[10]

Inspirado na medida governamental, Arthur Azevedo compõe um quadro em que se veem no cenário os galpões destinados ao refúgio da população do Rio de Janeiro. Não de maneira ingênua, ele aposta na inclusão desse elemento que garantiu

---

8   QUEIROZ, 1986, p. 20.

9   *Ibidem.*

10 *O País*, 13/3/1894.

a popularidade de Floriano Peixoto entre os cariocas. Na cena, o Capadócio, a Mulata, o Violonista e os membros de uma família de jogadores, representantes dos segmentos urbanos da população fluminense, circulam pelo interior do galpão, o que alude à diversificação dos segmentos sociais que se identificavam com a figura do então presidente.

Segundo a historiografia republicana, foi durante a vigência da Revolta da Armada, que a população fluminense, tão alheia às questões políticas, identificou-se com a figura do presidente Floriano Peixoto. Para Lincoln Penna, essa "relação de mútuo apoio", que propiciou o surgimento do florianismo, era outrora inexistente na história entre governantes e governados.[11] Na peça, esse apoio dado a Floriano Peixoto é claramente expresso na fala do personagem Zé, que, no interior do galpão em que se refugiava, afirmou: "Tanto sou pelo governo, que até em verso já o disse!".[12] Porém, demonstração maior de admiração ao Major viria mais adiante na peça, quando esse mesmo personagem, ao pegar sua viola, declama os versos que salientam a caboclice do marechal frente à mulatice do almirante:

> Tem uma flor no princípio
> O nome do Marechal
> Mas o nome do Almirante
> Principia muito mal.
>
> Da vitória da revolta
> Eu duvido e faço pouco,
> Pois nunca se viu mulato
> Dar bordoada em cabloco.[13]

Ainda nos versos da modinha cantada pelo personagem Zé, Arthur Azevedo condenaria a intervenção do elemento estrangeiro durante o conflito na baía de Guanabara, em clara alusão aos portugueses que abrigaram os revoltosos nas fragatas *Mindelo* e *Afonso de Albuquerque*, em 13 de março de 1894:

> A intervenção do estrangeiro
> Tem me causado quizília;

---

11 PENNA, 1986, p. 20.

12 AZEVEDO, 2002 [1894], p. 175.

13 *Ibidem.*

Estranhos nunca se metam

Em negócios de família![14]

Como se sabe, após a vitória sobre a Revolta da Armada, os líderes do movimento refugiaram-se naquelas embarcações portuguesas ancoradas no porto. A despeito de o governo luso assegurar a Floriano Peixoto que os rebeldes desembarcariam em Portugal, os navios rumaram em direção à bacia do Prata, onde Saldanha da Gama e os demais revoltosos aderiram ao movimento federalista, em curso no Rio Grande do Sul. Indignado, o presidente decide romper as relações entre Brasil e Portugal.[15]

A expulsão do representante diplomático português, o conde de Paraty, do Brasil, levou Azevedo a fazer uma paródia de um dos sonetos mais famosos de Luís de Camões, como verificamos em sua biografia escrita por Raimundo Magalhães Júnior:

Conde de Paraty que partiste

Tão cedo desta terra descontente,

Vai gozar o teu doce *far niente*

E viva eu sempre aqui de pena em riste!

(...)

E se queres, honrando a tua raça

Ser cidadão, ao invés de ser vassalo

E do jovem Brasil cair em graça,

Roga a Deus que, sem guerra e sem abalo,

Brevemente a República se faça

No Velho Portugal, para salvá-lo.[16]

Retornemos à peça. Ainda no galpão, Beloneta e Cesário se reencontram. Diante da afirmação de que a enviada da deusa da Guerra havia desaparecido, tal como o Major, Beloneta responde: "O major vai ser obrigado a fugir, para não pagar com a vida a sua resistência!"[17] Tal comentário é suficiente para iniciar uma grande discussão entre os simpatizantes de Floriano Peixoto. Quando os ânimos se exaltam, surge, então, Pacífica, que estabelece a paz outrora reinante. Ao advertir a população que se

---

14 *Ibidem*, p. 176.

15 QUEIROZ, 1986, p. 23.

16 MAGALHÃES JÚNIOR, 1966, p. 264.

17 AZEVEDO, 2002 [1894], p. 181.

refugiava no galpão, ouvem-se os tiros de longe que fazem Beloneta acreditar que é o "combate decisivo". Pacífica, então, anuncia o término da guerra. O primeiro ato termina com a apoteose à entrada da esquadra legal no porto do Rio de Janeiro.

Ao lado dos acontecimentos da Revolta da Armada, Azevedo narra os fatos mais circunstanciais, como por exemplo, o cancelamento das atividades carnavalescas por conta do estado de sítio no Rio de Janeiro, o panorama desanimador que envolveu os periódicos e a arte dramática brasileira, a inauguração da estátua equestre do general Osório e o reatamento das relações diplomáticas entre Brasil e Uruguai, o que indica o critério seletivo do teatrólogo.

Construídas por meio de seleções, como considera Tânia Brandão,[18] com o realce de certos episódios e personagens e o esquecimento de outros, as revistas de ano são produto de escolhas conscientes do seu autor e fornecem um acesso privilegiado para sua interpretação de uma dada realidade.[19] Dessa forma, observa-se que Arthur Azevedo simplesmente excluiu de sua peça as eleições para presidente e vice-presidente da República, bem como a solenidade de posse de Prudente de Moraes. Evidentemente, por se tratar de uma homenagem a Floriano Peixoto, nada mais cabível do que centrar-se tão somente na figura do Major. Entretanto, o mesmo Azevedo que propositalmente negligenciou o fato em sua revista de ano não deixou de expressar-se a respeito da subida do novo chefe de Governo, na pele de *Gavroche*, pseudônimo que passou a usar na imprensa, imediatamente após a vitória da Revolta da Armada:

Voto

Vai-se o marechal ingente,
Vai-se o grande alagoano,
E eu; leitor, digo somente:
Floriano foi um prudente,
Seja prudente um floriano![20]

A peça se encerra com a decisão de Cesário de não mais ficar na capital federal, mas de seguir os passos do Major, em direção a Cambuquira. Beloneta, por sua vez, chega à conclusão de que sacrificou sua comissão por amor ao jovem rapaz. Ao ver

---

18   O ensaio de Tânia Brandão intitulado "É da pontinha" foi publicado na introdução do livro *Teatro de revista no Brasil: do início à I Guerra Mundial*, de Roberto Ruiz (1988, p. 9-14).

19   RUIZ, 1988, p. 9-14.

20   *O País*, 15/11/1894, p. 1.

que não poderia prestar contas à Guerra, ela decide ficar de vez pelo Rio de Janeiro. Ao tomar essa decisão, um dos móveis da sala da casa de Beloneta transforma-se em uma gruta de fogo, onde aparece a deusa da Guerra para tirar satisfações com sua auxiliar. Ela conclui que o conflito na capital havia se encerrado e a envia para uma nova missão no sul do Brasil, em clara alusão à Revolta Federalista. O fim da revista revela a astúcia de Arthur Azevedo: ele mostra o panorama dos conflitos políticos no país sem propor exatamente um fim feliz, mas um deslocamento dos problemas.

A *fantasia*: um erro de Arthur Azevedo ou uma escolha política?

Representada pela primeira vez no Rio de Janeiro, no Teatro Éden-Lavradio, em 14 de agosto de 1896, a revista *A fantasia* é considerada por Arthur Azevedo uma de suas melhores produções nesse gênero. Composta de dois atos e 13 quadros, a peça, que narra os acontecimentos de 1895, guarda suas especificidades quando comparada com outras revistas de Azevedo.

O ano de 1895 foi marcado por muitos atores e acontecimentos políticos decorrentes da ascensão ao poder de Prudente de Morais, o primeiro governante civil da jovem República. Em meio a tantos fatos, um personagem roubou a cena na capital federal: o poeta Tomás Ribeiro, enviado pelo rei dom Carlos I ao Brasil para representar Portugal no reatamento das relações diplomáticas entre esses países. Atento a esse fato, Arthur Azevedo escolheu para *compère* de sua revista o poeta dom Jayme, que percorre os quadros de *A fantasia* ao lado do comendador Eranoutono, em busca de sua filha Ajudia.

Constituída de inúmeros "esquecimentos propositais", *A fantasia* passa ao largo de acontecimentos tão relevantes quanto a restauração dos laços com Portugal; a vitória dos legalistas sobre as tropas federalistas gaúchas, que estavam sob o comando de Saldanha da Gama; a morte de Floriano Peixoto; a assinatura do acordo de paz entre os republicanos de Júlio de Castilhos e os federalistas; a anistia aos revoltosos do Sul; as duas expedições contra o movimento de Canudos; a fundação por José Veríssimo da *Revista Brasileira*, da qual Azevedo era colaborador; e, por fim, do trágico suicídio de Raul Pompeia. O que isso quer dizer?

Dentre uma miríade de assuntos que poderiam ser explorados, Arthur Azevedo resolveu tratar da vinda de Tomás Ribeiro ao Brasil, uma vez que o reatamento das relações diplomáticas com Portugal repercutiu fortemente na imprensa da época e foi alvo de manifestações contrárias por parte do movimento jacobino, enraizado fundamentalmente na capital da República. Tal opção explica-se pelas profundas vinculações do autor ao florianismo, além de sua condição de simpatizante ao movimento jacobino. Não se trata de uma escolha espontânea e ingênua, como faz supor Magalhães Júnior, na já citada biografia do autor.

Em estudo pioneiro, Suely de Queiroz assinala que as raízes do movimento estão associadas à conturbada mudança da Monarquia à República. Desde os últimos decênios do Império, o termo jacobino era usado para denominar os republicanos radicais, simpatizantes de Antônio Silva Jardim.[21] Apesar do aparente silêncio em torno tema, a historiografia republicana considera que o movimento ganhou fôlego com a deflagração da Revolta da Armada e despontou, durante a vigência do conflito como uma das "primeiras manifestações de caráter nacionalista que mais tarde deveriam apresentar tão graves aspectos, convertidas no jacobinismo violento e rubro".[22]

Ao propor uma abordagem mais conceitual e performática dos jacobinos e do jacobinismo, Amanda Muzzi Gomes salienta que no governo de Floriano Peixoto o adjetivo ganhou significado ímpar, ao designar os jovens que se alistavam nos batalhões patrióticos durante a Revolta da Armada. O termo, segundo a autora, determinava não só os simpatizantes do marechal, mas também a conotação pejorativa por parte de seus contrários.[23] Já para Wilma Peres Costa, a crescente popularidade de Floriano Peixoto no momento posterior à Revolta da Armada, bem como a adoção de medidas como a redução de aluguéis de casas operárias e a intervenção no comércio da carne, por meio da isenção de impostos, garantiu ao presidente simpatia, por parte dos radicais, ao seu governo. Prova disso é a identificação da figura do marechal com o movimento jacobino.[24]

De fato, o jacobinismo contribuiu muito para atmosfera de instabilidade política que cobria a capital federal. As constantes manifestações públicas, as greves e o uso da violência para perseguir os inimigos da ordem republicana eram identificados pela imprensa da época de "jacobinada". Essas ações ocorreram com frequência durante o governo de Floriano Peixoto, sobretudo a partir de 1893. O movimento jacobino perderia suas forças após o atentado a Prudente de Moraes, em 1897, e veio a sofrer sucessivas derrotas no Parlamento e o descrédito junto à população fluminense.

Recém-empossado, Prudente de Morais tomou a iniciativa de abrir as negociações para reatar os laços diplomáticos com Portugal, rompidos em 1893, por Floriano

---

21 QUEIROZ, 1986, p. 9.

22 CARVALHO, 1935 apud QUEIROZ, 1986, p. 18.

23 GOMES, 2008, p. 284-302.

24 COSTA, 1985, p. 20.

Peixoto, na ocasião da Revolta da Armada. Tal medida fez com que o presidente da República fosse alvo de críticas do movimento jacobino. Do outro lado do Atlântico, o rei dom Carlos I, disposto a restabelecer as relações com a antiga colônia, nomeou o poeta Tomás Ribeiro para representar o Reino no Brasil.

A notícia do reatamento foi recebida calorosamente pela comunidade lusitana no Rio de Janeiro. A colônia preparou-se para homenagear o poeta e planejou organizar um cortejo para acompanhá-lo do cais do Arsenal de Marinha até o Hotel Metrópole, onde ficaria hospedado. Não contavam, contudo, com reações adversas às homenagens que tencionavam prestar a Tomás Ribeiro. No momento do desembarque as manifestações de boas-vindas ao embaixador dividiram espaço com as hostilidades e as manifestações contrárias ao restabelecimento das relações entre Portugal e Brasil por parte do movimento jacobino. Atacavam diretamente a figura do embaixador e distribuíram panfletos que o repudiavam. Entre outros atos, reproduziram, por exemplo, em forma de folhetos, fragmentos do livro *Dissonâncias*, de Tomás Ribeiro, e destacaram versos que supostamente ofendiam a moral das mulheres de Campinas, São Paulo. Nesse sentido, alertavam as famílias brasileiras acerca da presença malévola do poeta no Brasil:

> Pede-se aos brasileiros em geral, especialmente aos paulistas, que prezam a honra de suas famílias, isto é, a honestidade de nossas mães e nossas filhas, o encarecido favor de ler a opinião que faz das moças de Campinas o Sr. Thomaz Ribeiro, ministro de Portugal em nosso País.[25]

A aposta de caricaturar o ministro português, Tomás Ribeiro, sob o nome de dom Jayme, custaria muito caro a Arthur Azevedo. Conhecedor de seu público, o teatrólogo experimentaria a maior decepção de sua carreira como autor de revistas. Perderia em *A fantasia* uma das maiores características de seu teatro: o diálogo entre autor e espectador. Logo no prólogo da revista, por exemplo, o autor se dirige, em tom de deboche, à comunidade lusa. No enredo da peça, o deus Apolo, ao invocar a presença das Musas e dos Poetas no Parnaso, após ser chamado de maluco, lança sua fúria: "Tristes me pareceis como uns negociantes de secos e molhados, que tenham muita coisa a despachar na alfândega".[26]

---

25 MAGALHÃES JÚNIOR, 1966, p. 292.

26 AZEVEDO, 2002 [1895], p. 239.

A colônia portuguesa por certo toleraria os versos que faziam alusão ao comércio de secos e molhados. Porém se indignou ao ver o ilustre poeta e diplomata na pele do *compère* da revista, logo no primeiro ato, dançando e cantando um fado ao lado de seus criados, Maria e Manuel:

> As vozes de um fado nosso
> Me põem um peito a saltar
> Eu confesso que não posso
> Ver defunto sem chorar
> Quando eu for por Deus chamado
> Desta vida sem ventura,
> Peço que cantem o fado.
> Sobre a minha sepultura.[27]

A letra da música, aparentemente, não continha malícia. Porém, ao se deparar com Tomás Ribeiro caricaturado, a plateia, cuja maioria era constituída de imigrantes lusitanos, até então os maiores entusiastas do teatro de revista, se retirou em protesto.[28] Abandonou o teatro antes do fim da encenação. Por certo presumiu que o enredo como um todo era uma ofensa à comunidade lusa.

Tal fato repercutiu negativamente a cada representação de *A fantasia*. Após 14 representações, a revista sairia de cartaz no Teatro Éden-Lavradio. Pela primeira vez Arthur Azevedo veria uma peça de sua autoria rejeitada pelo público. O maior autor de teatro de revista passava então pelo maior fracasso de sua carreira. Por quê?

Em sua biografia de Arthur Azevedo, Raimundo Magalhães Júnior, ao comentar esse episódio, afirma que o teatrólogo, ainda sob os efeitos do florianismo, teria apostado erroneamente no enredo da peça. Porém, não contava com que sua plateia fosse a favor de Prudente de Moraes. Para o biógrafo, o "relógio" de Azevedo atrasou cerca de três anos.

Divergimos de Magalhães Júnior e acreditamos que o "relógio" de Azevedo não estava descompassado, mas sim sincronizado com o florianismo na sua vertente mais radical, que exaltava a figura de Marechal de Ferro e defendia um nacionalismo xenófobo, tal como procuramos apontar. Consideramos, aqui, que Azevedo estava em perfeita sintonia com o movimento surgido em 1893, que teria seu ápice de 1894 a

---

27 *Ibidem*, p. 253.

28 MAGALHÃES JÚNIOR, 1966, p. 297.

1897 e que perderia a sua popularidade em 1898, com o fim do governo de Prudente de Moraes.

Na verdade, o antilusitanismo do autor rompe sua sintonia com o público em que os portugueses e seus descendentes diretos são a maioria. Em conferência no Instituto Histórico e Geográfico Brasileiro, Ismênia de Lima Martins chamou atenção para o caráter majoritário dos lusos entre a população estrangeira da capital federal. Segundo a historiadora, tal posição se evidencia no censo de 1872, quando correspondia a 66,37% no total geral da população, se consolidaria nas décadas seguintes, período da grande imigração, e alcançaria 72,07% em 1920.[29] Andrea Marzano destaca o teatro no quadro das sociabilidades urbanas e põe em evidência a forte participação de empregados do comércio, principalmente os caixeiros, na composição da plateia.[30]

Flora Süssekind, por seu turno, relembra que essa não seria a primeira vez que Arthur Azevedo sofreria com a retirada de sua peça. Em 1890, também por razões políticas, ele sofreria com a censura teatral de *A República*, revista de ano escrita em parceria com Aluísio de Azevedo. Tal como em *A fantasia*, "a posição humorístico-política", para a autora, ainda que em contextos distintos, seria o maior motivo para o malogro dessas revistas.[31]

A comprovação de que Arthur Azevedo dialogava com o jacobinismo se evidencia não só pelas escolhas que fez em *A fantasia*, mas pelo ácido conteúdo político da revista. Azevedo tinha um alvo bastante claro: atacar duas forças que se levantavam na política e na sociedade nesse momento, os restauradores monarquistas e os portugueses. Ele o fez conscientemente. Não imaginaria que fixar seu posicionamento político lhe custaria caro.

Outro indício bastante revelador, que aponta para defesa de um projeto político muito próximo ao jacobinismo, é o diálogo em que Minhalmetriste pergunta a Trancoso como vão seus negócios. Ele lhe responde sem delongas que não os tem há muito tempo. Para surpresa da amiga, Trancoso lhe revela a sua mais nova profissão: "Agora sou mendigo",[32] diz ele. Surpresa com a escolha de seu amigo,

---

29 A conferência "Os portugueses e os 'outros' no Rio de Janeiro – Relações socioeconômicas dos lusos com os nacionais e demais imigrantes: 1890-1920", da professora doutora Ismênia de Lima Martins, foi feita no Seminário Brasil-Portugal, em 2 de abril de 2013, no Instituto Histórico e Geográfico Brasileiro (IHGB).

30 MARZANO, 2008, p. 42-45.

31 SÜSSEKIND, 1986, p. 88.

32 AZEVEDO, 2002 [1895], p. 288.

Minhalmetriste pergunta:"É mendigo sem necessidade?"[33] Trancoso assim responde: "Sem necessidade não, porque sem necessidade não se faz nada neste mundo de Cristo. Depois de experimentar quase todas as profissões, observei que no Rio de Janeiro a mendicidade é a que oferece maiores vantagens".[34]

Afirmação emblemática que traz uma crítica feroz de Arthur Azevedo à inserção dos imigrantes, em especial os de origem lusitana, no mercado de trabalho na capital da República. Durante a década de 1890, como observou José Murilo de Carvalho, houve um aumento do custo de vista, agravado pela imigração. Segundo o autor, esse fator propiciou um aumento da oferta de mãodeobra na cidade, ao mesmo tempo em que agravou a disputa pelos empregos disponíveis. Tal fato serviria de estímulo para o movimento jacobino empreender ferrenha perseguição aos estrangeiros.

Os lusófobos da época acreditavam que os portugueses eram "usurpadores de empregos e exploradores de brasileiros através do controle que exerciam sobre grande parte do comércio e das casas de aluguel".[35] Arthur Azevedo, atento a essa situação, não deixou de registrá-la em sua revista de ano. Nas palavras de Trancoso podem-se constatar as inúmeras profissões que ele seguiu antes de se tornar mendigo:

> Fui criado, fui caixeiro,
> Fui vendeiro,
> Fui mascate e cobrador;
> (...)
> Fui de bonde condutor.[36]

Como se observa, aparecem nos versos acima transcritos profissões que eram exercidas por imigrantes, predominantemente portugueses, na capital federal. O longo percurso cumprido pelo personagem até a mendicância serve de mote para justificar o jacobinismo:"Olhe, aquele italiano ali da estação de São Cristóvão faz uma média de vinte mil réis diários",[37] diz Trancoso, ao justificar a opção mais fácil de garantir seu sustento. Indignada com essa afirmativa, Minhalmetriste exclama:"Um estrangeiro! Por essas e outra é que eu sou *meia* jacobina!"[38]O tom indignado, por

---

33 AZEVEDO, 2002 [1895], p. 289.

34 *Ibidem.*

35 CARVALHO, 1987, p. 23.

36 AZEVEDO, 2002 [1895], p. 290.

37 *Ibidem.*

38 AZEVEDO, 2002 [1895], p. 290.

um lado, aponta para a insatisfação da presença estrangeira nas diversas instâncias do mundo do trabalho na cidade do Rio de Janeiro. Por outro, justifica o nacionalismo xenófobo de Arthur Azevedo.[39]

Na peça não há um fim feliz, apenas a sugestão de um desfecho que vem por conta do ministro travestido de *compère*. Nesse caso, o autor parece sinalizar, de forma engenhosa, a união entre Portugal, representado por Ajudia, e Brasil, representado por Eranoutono, um português que veio para o país ainda criança, mediada pela intervenção de dom Jayme. Na trama, Azevedo até dá a entender que o verdadeiro brasileiro se posiciona contra o restabelecimento das relações entre os países, por isso ele recorre a esse artifício, usa esse personagem para indicar que só os portugueses residentes no Brasil são a favor desse "laço".

Em uma das últimas cenas surge a Fantasia, a fada personagem que dá nome à revista de ano. Ela tem a função de selar um pacto de cumplicidade entre autor e público: pede a palavra à plateia e diz que, no intervalo da peça, ao circular pelo jardim do teatro, ouvira os espectadores afirmarem que o enredo era "muito extravagante".[40] Responde-lhes, então, que "esta comédia é um sonho, e todos os sonhos são extravagantes".[41] Constata-se por meio dessa justificativa que é o próprio Arthur Azevedo que revela sua opinião a respeito de sua revista de ano, que, segundo ele, foi a sua melhor obra nesse gênero. Porém, o revistógrafo não esperava que *A fantasia* fosse um fracasso retumbante.

Um *Gavroche* no teatro

A revista de ano *Gavroche* foi escrita em 1898 e encenada pela primeira vez, no Teatro Recreio Dramático, em 3 de março de 1899. A peça era composta por três atos e 16 quadros que se perderam. Restou apenas a parte musicada. A despeito de não haver o manuscrito completo, os cânticos, quando analisados à luz do contexto da época, revelam o conteúdo político da revista.

Apesar da atmosfera política menos conturbada que marcou 1898, com o fim do mandato de Prudente de Morais e o início do de Campos Sales, Arthur Azevedo volta a se embrenhar no cipoal da política. No repertório de *Gavroche* privilegia nitidamente o tema da libertação dos presos políticos envolvidos na tentativa de assassinato de Prudente de Moraes, levada a cabo pelo movimento jacobino, em 5 de novembro

---

39 AZEVEDO, 2002 [1895], p. 290.

40 *Ibidem*, p. 306.

41 *Ibidem*.

de 1897, no pátio do Arsenal de Guerra. Naquela data, no momento da recepção ao general Silva Barbosa e a dois batalhões enviados à expedição de Canudos, houve o ataque a Prudente de Moraes, executado por Marcelino Bispo, um jovem militar do Exército de 22 anos. Ao apertar o gatilho da arma, que estava sem munição, Bispo aproveitou-se da agitação causada pela tentativa de disparo para esfaquear o ministro de Guerra, Carlos Machado Bittencourt, que morreu logo após o atentado, e o coronel Luiz Mendes de Moraes, que sofreu ferimentos no abdômen.[42]

Meses mais tarde, descobriu-se que o plano contra a vida de Prudente fora urdido pelo líder jacobino Diocleciano Martyr, com a conivência de outros adversários do presidente, entre os quais se destacavam Francisco Glicério e Manuel Vitorino Pereira, o vice-presidente da República. Foi na Câmara dos Deputados, por exemplo, que Martyr confidenciou ao primeiro os planos de assassinar Prudente de Moraes. Não obstante o livre acesso do criminoso aos recintos oficiais, era na redação do jornal O Nacional e na farmácia do capitão Umbelino Pacheco que ocorriam os encontros dos planejadores, os quais eram frequentados por homens de governo, como o deputado Irineu Machado, o financiador da compra da arma para execução do presidente, e o senador João Cordeiro, um dos primeiros a aprovar o plano de assassinar o presidente, por considerar "um meio prático e rápido de se resolver a situação".[43]

Após esse episódio a população fluminense se solidarizaria com o presidente da República, em "uma clara demonstração de que entre a incerteza de uma ação extemporânea de cunho golpista e a ordem pública, essa última apresentava-se credenciada aos olhos da nação".[44] Em represália ao atentado, a imprensa jacobina tornou-se alvo de manifestações de repulsa da população fluminense, que invadiu, na madrugada de 6 de novembro, as tipografias dos jornais O Jacobino, Republica e Folha da Tarde e saqueou-as. O País, órgão de inclinação florianista, também foi alvejado pelos manifestantes, porém não sofreria depredação, devido à ação de alguns funcionários, que impediram o empastelamento do jornal.

Foram detidos como suspeitos de mandantes do atentado: Deocleciano Martyr, Joaquim Freire e o deputado Medeiros de Albuquerque. Em depoimento, Martyr, inicialmente, negou a sua participação na tentativa de homicídio, mas confessou logo após ser o idealizador do crime, do mesmo modo em que

---

42 QUEIROZ, 1986, p. 61–80.

43 Ibidem, p. 68.

44 PENNA, 2008, p. 88.

relatou a participação de alguns parlamentares e do vice-presidente, Manuel Victorino Pereira, nos planos para o assassinato de Prudente de Moraes. Dentre os políticos implicados no episódio, muitos protestariam, afirmariam inocência e até deixariam de comparecer às sessões do Congresso, como foi o caso de Irineu Machado, ao passo que outros retornariam à terra natal em fuga, tal como fizera Torquato Moreira. Sem dúvida, é nesse momento que o PRF (Partido Republicano Federal) perde sua força na arena política.

Não obstante a tramitação sigilosa dos processos e dos inquéritos na justiça, foram tomadas algumas medidas, como o envio para o presídio de Fernando de Noronha dos responsáveis pela conspiração e dos seus prováveis cúmplices. Em abril de 1898, no momento posterior à eleição de Campos Sales, O Supremo Tribunal Federal decide libertar os presos envolvidos no atentado. Nos versos do "Coro e canto dos presos políticos" Azevedo faz uma saudação à liberdade:

> Estamos finalmente
> Em plena liberdade,
> E livres, felizmente,
> Do cruzador Andrade!
> Oh, que ventura rara!
> Que tarde tão risonha!
> Nos já não vamos para
> Fernando de Noronha!
> Nem temos já
> Que andar de cá
> Pra lá,
> De lá
> Pra cá![45]

Não obstante o enfraquecimento do movimento jacobino, Azevedo continuaria a expor claramente as suas convicções políticas. Do mesmo modo, num momento em que arrefeciam as manifestações lusófobas, ele voltava a se dirigir à comunidade portuguesa. A propósito da crescente substituição dos bondes de tração animal pelos elétricos, o teatrólogo apresenta o *Fado dos carroceiros*, em uma clara alusão ao fim daquele ofício, exercido majoritariamente por indivíduos de origem lusa:

---

45   AZEVEDO, 2002 [1898], p. 574.

> Triste vida a nossa,
> Que passamos a chorar.
> Sem ter burro nem carroça,
> No mundo vamos ficar!
> (...)
> O meu burro à Companhia
> De Botafogo vou dar,
> Que a eletricidade um dia
> Pode outra peça pregar.[46]

No fim do segundo ato de *Gavroche*, Arthur Azevedo reforçaria de maneira ainda mais explícita a sua posição de *homo politicus*. Colocou em cena o saboroso *Lundu das datas nacionais*. Depois de se reportar ao descobrimento do Brasil, à abolição da escravatura, ao enforcamento de Tiradentes e à Revolução Francesa, entre outras efemérides, destacou pedagogicamente aqueles que no seu entender mais agradariam o "brasílio coração":

> Mas as datas nacionais,
> Que o são por excelência,
> Sem desfazer nas demais,
> É o Sete de Setembro
> E o Quinze de Novembro
> Que a data da Independência
> E da República são.
> Não há datas
> Mais gratas
> Ao brasílio coração![47]

Bastante emblemáticas, as datas servem de artifício para Arthur Azevedo demarcar, mais uma vez, suas opções políticas. Independência e República, eventos chaves para a história brasileira, simbolizariam, respectivamente, a libertação do jugo português e da monarquia. Mesmo com o enfraquecimento do movimento jacobino, não hesitou em trazê-lo para o primeiro plano, por meio dos quadros das suas revistas, e manifestar-se a favor da República e francamente antilusitano.

---

46   *Ibidem*, p. 580.

47   *Ibidem*, p. 574.

Conclusão

Azevedo, como se demonstrou, acreditava no valor daquilo que escrevia. E, por partilhar de muitas das convicções do público, com quem dialogou tanto na imprensa quanto no teatro, soube transplantar para o palco as experiências, as simpatias, as críticas e as aspirações populares. Se como afirma Orna Levin, o teatro é um espaço da reelaboração de discursos enunciados na sociedade, observa-se na obra do *Gavroche* brasileiro o domínio de um discurso eloquente que buscava ser convincente, cuja eficácia nem sempre seria alcançada, a exemplo do fracasso experimentado com a peça *A fantasia*.[48]

Observa-se em Arthur Azevedo o domínio e a eficácia desse tipo de discurso aplicados em suas revistas de ano, sobretudo nas de caráter mais político. Constata-se a potência desse tipo de gênero teatral, do mesmo modo em que o teatrólogo se torna o agente e voz poderosa na mobilização da opinião pública. Um exemplo notável disso é a sua simpatia pelo regime florianista. Sabe-se que o governo de Floriano Peixoto enfrentou duas revoltas: a Revolta Federalista, no Rio Grande do Sul, ocasionada pelas disputas políticas locais, e, no mesmo ano, a Revolta da Armada, no Rio de Janeiro. O posicionamento firme e irredutível do Major, em nome da ordem política da qual zelava, despertou a admiração de um segmento da sociedade, que necessitava se identificar com algum ícone da República. Ensejou, ainda, o surgimento do florianismo, como um movimento de exaltação das qualidades de Floriano e símbolo do combate à presença portuguesa no Brasil.

Ora, como se viu no correr deste trabalho, as revistas de ano estão repletas de sucessivos exemplos do apreço de Arthur Azevedo por Floriano. Diga-se de passagem que essa admiração provou o afastamento do teatrólogo de velhos companheiros, como Olavo Bilac e José do Patrocínio, questão, aliás, pouco abordada no âmbito das sociabilidades literárias.

Não por acaso o revistógrafo escreve *O Major* em 1894, no último ano da gestão de Floriano Peixoto. A revista de ano é produzida com o objetivo de privilegiar os momentos mais importantes do governo do marechal que teria consolidado a República, segundo afirmavam seus partidários. Dois anos depois, a peça *O Major* seria reencenada, numa clara demonstração de tributo à memória do presidente, falecido em 29 de junho de 1895.

---

48 LEVIN, 2008, p. 43-52.

De qualquer modo, se em *O Major* Arthur conseguiu estabelecer um diálogo entre suas concepções políticas e as pulsações e os desejos do seu público, o mesmo não ocorreria com a revista de ano *A fantasia* – justamente aquela que ele avalia como uma das suas melhores criações no gênero. Como explicar o fracasso d'*A fantasia*? Porque, nesse caso, rompera-se o tradicional diálogo autor-espectador? Seria apenas um rompante da plateia, um desagravo contra o tratamento caricatural dispensado ao poeta e diplomata Tomás Ribeiro? Ou será que o teatrólogo se havia deixado envolver pela militância e partira para o confronto com os espectadores, tal qual o *Gavroche* de Victor Hugo, que no seu afã revolucionário deixa as barricadas e se torna vulnerável às balas cruzadas?

O enredo de *A fantasia*, tanto quanto os temas políticos e as caricaturas da colônia portuguesa, novamente explorados na revista de ano *Gavroche*, apontam pistas claras da adesão de Azevedo a um projeto político muito próximo do movimento jacobino. Mas, os tempos eram outros... A opinião pública mostrara-se indignada com o atentado a Prudente de Morais, o que ensejou o aparecimento de uma cultura política menos radical. Talvez o nosso *Gavroche* tenha custado a perceber que chegara o momento de abandonar as trincheiras da República da Espada e usar a sua pena em outros combates.

Referências

Fontes manuscritas

Correspondência de Arthur Azevedo no Arquivo da Academia Brasileira de Letras (ABL).

Fontes hemerográficas

O País (1889-1898; 1908)

Bibliografia

ARAÚJO, Antônio Martins de. "Artur Azevedo: *homo politicus*". In: ARAÚJO, Antônio Martins de (org.). *Teatro de Artur Azevedo*, t. 5. Rio de Janeiro: Fundação Nacional de Artes, 1995, p. 13-30.

AZEVEDO, Artur. *Teatro de Artur Azevedo*, vol. 5. Rio de Janeiro: Fundação Nacional de Artes, 2002.

BOBBIO, Norberto; MATTEUCCI, Nicola; PASQUINO, Gianfranco. *Dicionário de política*, vol. 1. 4ª ed. Brasília: Editora UnB, 1992, p. 306-308.

BERNSTEIN, Serge. *Les cultures politiques en France*. Paris: Seuil, 1999.

_____. "A cultura política". In: *Para uma história cultural*. Lisboa: Estampa, 1998.

CARDOSO, Fernando Henrique. "Dos governos militares a Prudente-Campos Sales". In: *História geral da civilização brasileira*, vol. 3. São Paulo: Difel, 1975.

CARVALHO, José Murilo de. *Os bestializados*: o Rio de Janeiro e a República que não foi. São Paulo: Companhia das Letras, 1987.

COSTA, Wilma Peres. "Notas preliminares sobre o jacobinismo brasileiro". *Caderno IFCH*, Unicamp, Campinas, jan. 1985.

GOMES, Amanda Muzzi. "Monarquistas restauradores e jacobinos: ativismo político". *Revista de Estudos Históricos*, Rio de Janeiro, vol. 21, nº 42, jul.-dez. 2008, p. 284-302.

LEVIN, Orna Messer. "Teatro de Papel – Certa dramaturgia de Artur Azevedo". *Remate de Males*, Campinas, vol. 28, fev. 2008, p. 43-52.

MAGALHÃES JÚNIOR, Raimundo. *Arthur Azevedo e sua época*. 3ª ed. Rio de Janeiro: Civilização Brasileira, 1966.

MARZANO, Andréa. *Cidade em cena*: o ator Vasques, o teatro e o Rio de Janeiro (1839-1892). Rio de Janeiro: Folha Seca/Faperj, 2008, p. 42-45.

MENCARELLI, Fernando. *A voz e a partitura. Teatro musical, indústria e diversidade cultural no Rio de Janeiro (1868-1908)*. Tese de doutorado: Universidade Estadual de Campinas, 2003.

PENNA, Lincoln de Abreu. *O progresso da ordem*: o florianismo e a construção da República. 2ª ed. Rio de Janeiro: E-papers, 2008.

QUEIROZ, Suely Robles. *Os radicais da República*: jacobinismo, ideologia e ação (1893-1897). São Paulo: Brasiliense, 1986.

RUIZ, Roberto. *Teatro de revista no Brasil*: do início à I Guerra Mundial. Rio de Janeiro: Instituto Nacional de Artes Cênicas, 1988, p. 9-14.

SÜSSEKIND, Flora. *As revistas de ano e a invenção do Rio de Janeiro*. Rio de Janeiro: Nova Fronteira/Fundação Casa de Rui Barbosa, 1986.

Paradoxos carnavalescos: a presença feminina em carnavais da Primeira República (1889-1910)

ERIC BRASIL[1]

Introdução

Em minha dissertação de mestrado analisei a participação da população negra nos últimos dez carnavais que antecederam a abolição da escravidão, em 1888. Busquei compreender as relações desses foliões com os debates políticos da época, entender os embates com as autoridades, esmiuçar as representações que jornalistas, viajantes e memorialistas faziam das suas performances nos dias de carnaval. Pretendia, acima de tudo, me aproximar dos próprios sujeitos sociais e dos significados construídos por eles por meio de sua atuação festiva. Após a conclusão da pesquisa e da redação, acredito ter conseguido dar conta de meus objetivos e contribuir para aprofundar o conhecimento histórico acerca das visões de liberdade da população negra na crise do escravismo.[2]

Apesar da minha constante preocupação com a questão racial e de sempre me empenhar em executar uma "história vista de baixo" e aproximar-me da experiência das "pessoas comuns", as questões que envolvem gênero não receberam o devido espaço naquela pesquisa.

Esse artigo busca, por conseguinte, discutir a presença das mulheres nos carnavais do Rio de Janeiro nas primeiras décadas da República. Esse período, marcado por importantes transformações sociais, políticas e culturais, também é propício para analisarmos as tensões geradas pela presença feminina, que muitas vezes contrariou as expectativas da sociedade patriarcal carioca.

---

1 Doutorando pelo Programa de Pós-Graduação em História Social da Universidade Federal Fluminense. Bolsista do Conselho Nacional de Desenvolvimento Científico e Tecnológico (CNPq).

2 NEPOMUCENO, 2011.

O carnaval de 1891: voto, repúblicas e gênero

Como tantos pesquisadores que me precederam, em minha pesquisa de mestrado diluí a presença feminina no corpo geral de fontes e considerei-as como parte da população negra que eu analisava. Entretanto, elas sempre apareceram nas fontes, seja nos jornais, seja nos arquivos policiais. Apesar de tê-los digitalizado e armazenado, não dediquei atenção suficiente a tais registros.

Contudo, após o contato com pesquisas sobre as questões de gênero, percebo a necessidade de dedicar à presença feminina, a seus diálogos e conflitos, um esforço analítico. Na esteira das renovações historiográficas, os estudos sobre feminismo e sobre as questões de gênero conquistaram nas últimas décadas seu espaço no campo historiográfico, com destaque para os franceses e estadunidenses. A produção brasileira não é menos pujante e cada vez mais as questões de gênero recebem a devida atenção da historiografia nacional.

Buscando contribuir com o alargamento do conhecimento histórico sobre a Primeira República e a presença feminina na sua festa mais popular, iremos analisar o caso do carnaval de 1891, ano dos debates e da aprovação da primeira constituição republicana do Brasil.

Segundo Rachel Soihet, durante o século XIX reivindicações por expansão de autonomia e por direitos civis e políticos femininos galgaram mais e mais força, desde as manifestações de Nísia Floresta ainda na década de 1830. A formação de uma imprensa feminina, que lutava pelo abolicionismo e pelo feminismo, é um ótimo exemplo desse momento.[3] Com a proclamação da República em novembro de 1889, os debates sobre o direito do voto e da elegibilidade das mulheres ganharam espaço e consequentemente despertaram reações.

Josefina Álvares de Azevedo afirmava em abril de 1890: "Não se poderá impunemente negar à mulher um dos mais sagrados direitos individuais". Diz Soihet:[4]

> As mulheres brasileiras, como aquelas da Europa e dos Estados Unidos, reclamavam direitos, reagindo contra a condição a que estavam submetidas. Algumas se rebelaram abertamente, enquanto a maioria se valia de maneiras mais sutis na ânsia de subverter sua situação. Lançavam mão de táticas que lhes permitiam reempregar os signos da dominação, marcando uma resistência.

---

3 SOIHET, 2000, p. 97.

4 *Ibidem*, p. 98.

Portanto, quando os trabalhos na Assembleia Constituinte começaram, a questão do voto feminino já representava bandeira de luta para diversas mulheres insatisfeitas com a situação feminina e desejosas de transformações para o novo regime político que se iniciava.

A definição da Assembleia de quem seriam os cidadãos brasileiros aptos a votar ficou assim, conforme o artigo 70:

> São eleitores os cidadãos maiores de 21 anos, que se alistarem na forma da lei.
>
> § 1º Não podem alistar-se eleitores para as eleições federais, ou para os estados:
>
> 1º) os mendigos;
>
> 2º) os analfabetos;
>
> 3º) as praças de pré, excetuados os alunos das escolas militares de ensino superior;
>
> 4º) os religiosos de ordens monásticas, companhias, congregações, ou comunidades de qualquer denominação, sujeitas a voto de obediência, regra, ou estatuto, que importa a renúncia da liberdade individual.
>
> § 2º A eleição para cargos federais reger-se-á por lei do Congresso.
>
> § 3º são inelegíveis os cidadãos não alistáveis.[5]

Entretanto, antes de esse artigo ser finalizado, segundo Karawejczyk,[6] "ao se fazer a primeira avaliação dos anais identificaram-se seis emendas propostas em prol do sufrágio feminino, além de 17 manifestações sobre o tema." Os deputados Lopes Trovão (Distrito Federal), Leopoldo de Bulhões (Goiás) e Casemiro Júnior (Maranhão) desejavam acrescentar a frase "As mulheres diplomadas com títulos científicos e de professora, que não estiverem sob poder marital, nem paterno, bem como as que estiverem na posse de seus bens" ao artigo 70.[7] A emenda foi reprovada, assim como as cinco propostas seguintes.

O deputado pela Bahia César Zama propôs a sexta emenda, dessa vez ao artigo 69, que propunha incluir como eleitoras

---

5   KARAWEJCZYK, 2000.

6   *Ibidem*, p. 7.

7   *Ibidem*, p. 8.

as mulheres casadas, as viúvas, que dirigissem estabelecimentos comerciais, agrícolas ou industriais, as que exercessem o magistério, ou outros quaisquer cargos públicos, e as que tivessem título literário ou científico por qualquer dos estabelecimentos de instrução pública da União ou dos estados.

Apesar de não alcançarem seus objetivos, as emendas propostas pelos deputados em prol do voto feminino despertaram debates entre os congressistas. Os contrários ao voto feminino alegavam a "desagregação da família e a degradação da figura da mulher"; diziam que em "nenhum lugar do mundo civilizado se concedia este privilégio"; outros tergiversavam ao afirmar que "o direito de voto para as mulheres já estava implícito na legislação eleitoral em vigor no país"; ou então apelavam para a "oposição entre o gênero masculino e feminino, tanto no quesito capacidade intelectual quanto sentimental e físico", e concluíam pela inferioridade feminina em ambos os casos.

Já os deputados favoráveis rebatiam tais argumentos e afirmavam que "se o sistema escolhido para gerir o Brasil foi o sistema republicano, este tem por definição conceder o sufrágio a todos os seus habitantes" e que "a presença feminina em ambientes públicos só traz ordem e paz, e não o contrário como sugeriram outros congressistas".[8]

Apesar de as emendas não terem sido aprovadas, o texto final da Constituição não excluía textualmente as mulheres do direito ao voto, mas também não o garantia. Como afirmou Soihet,[9]

> Pelo que é dado verificar, conclui-se que o espírito da Assembleia foi o de deixar uma abertura para o tema. Não ousou a referida Assembleia expressar claramente o direito eleitoral às mulheres, numa época de tantas restrições à sua participação; por outro lado, não permitiu também que esta concessão fosse assinalada "expressamente a cidadãos varões", como em alguns estados da União Norte-Americana. Infere-se, portanto, que optou por uma fórmula vaga, imprecisa, que impediria fosse contestada, radicalmente, a capacidade política das mulheres. Sabiam os legisladores que se fosse argumentada a fórmula masculina empregada no direito eleitoral, ter-se-ia, igualmente, que isentar as mulheres de obrigações civis ou de responsabilidade criminal, porque as leis penais sempre se referem aos delinquentes e criminosos e não às delinquentes e criminosas.

---

8   *Ibidem*, p. 9.

9   SOHEIT, 2000, p. 99.

Tais debates acerca do voto feminino ocorreram em meio aos dias de carnaval de 1891 e não passaram despercebidos por diferentes foliões e jornalistas. Na segunda--feira de carnaval, um jornalista da *Gazeta de Notícias*, ao relatar os máscaras mais destacados que passaram pela rua do Ouvidor, escreveu:

> Um espirituoso máscara, meio-homem, meio-mulher, de barbas e saias, andou distribuindo cartões com a seguinte quadra:
>
> Se em favor da mulher um voto peço,
> É que essa causa me entusiasma e inflama;
> E direitinho vou ao tal Congresso
> Para abraçar o meu colega Zama.[10]

O folião, que trajava saias e barbas, criou versinho satírico para o momento. O voto feminino inflamava o "meio-homem, meio-mulher", que desejava abraçar o "colega Zama". A ironia presente nos versos carnavalescos demonstra inicialmente o conflito entre o mundo da política e o mundo privado, um restrito ao homem, o outro à mulher, respectivamente. A proposta de incluir a mulher no mundo da política por meio do voto só poderia demonstrar que o "colega Zama" se identificava com alguém que usava saias e barbas ao mesmo tempo.

Na terça-feira gorda, o grupo que chamou atenção do jornalista foi o intitulado "Reinado das Mulheres":

> Dois estandartes mais eram empunhados por um homem e uma mulher, e diziam: – Saias acima! Calções abaixo! Os homens trajavam saias, e traziam toucas; armados de mamadeiras, embalavam crianças. As mulheres trajavam calças e trazendo à cabeça chapéus cartolas, faziam discursos e discutiam política.[11]

A indefinição parecia ser a regra quando se tratava do voto feminino. Esse grupo satirizava a possibilidade de os homens usarem saias e cuidarem das crianças, enquanto a cena inusitada de mulheres de cartola e calças debatendo política dava o tom cômico. Mais uma vez a presença feminina no mundo da política é motivo de risos e pilhéria, assim como só podia ser motivo de gargalhadas os homens que defendiam tal medida.

---

10 *Gazeta de Notícias*, 9/2/1891, p, 1.

11 *Gazeta de Notícias*, 11/2/1891, p. 1.

Um carro alegórico do préstito do Clube dos Democráticos também trouxe sua representação dos debates acerca do voto feminino:"Carro de crítica [dos Democráticos]. O voto feminino. Uma grande mulher metia uma criança em uma urna, saindo desta o Amor."[12]

A mulher enquanto mãe é uma imagem constante: os filhos, a família, a casa são seu espaço. Votar simbolizava a deturpação das funções femininas, naturalizadas nessa sociedade. Entretanto, como não temos mais informações sobre esse carro dos Democráticos, não temos como afirmar se é apenas uma crítica ou se é verossímil entendermos o nascimento do amor a partir do voto feminino como uma vantagem da participação feminina da vida pública. Um dos argumentos do deputado Zama para o voto feminino consistia justamente na constatação de que a presença feminina trazia ordem e paz ao meio público, e não o contrário.

Apesar de não termos elementos suficientes para confirmar a posição do Clube dos Democráticos, é importante notar que a sensação geral é da impossibilidade de a mulher participar do mundo da política, ligado ao universo masculino. Tal ideia aparece como ridícula e inviável e ameaçaria a ordem e a família.

Entretanto, o que é fundamental destacarmos é que o carnaval foi eleito por diversos grupos sociais como caminho de difusão de imagens, ideais e projetos. Igualmente, foi conquistado como espaço de participação popular e muitas vezes serviu como um *locus* para se testarem os limites sociais, principalmente na virada do século XIX para o XX. Podemos afirmar que a festa carnavalesca carioca constituiu um vetor de transmissão de práticas culturais e políticas na medida em que propiciava a elaboração de elementos identitários, rituais e símbolos de poder e proporcionava a oportunidade para a performance pública de certos grupos – que muitas vezes não encontravam espaços em outras esferas da vida carioca.

Logo, mesmo que o voto feminino não tenha sido consagrado expressamente na Constituição de 1891, a presença desses debates nas ruas do Rio de Janeiro por meio do carnaval abriu a possibilidade da maior difusão do tema entre as mulheres. Apesar do controle masculino na produção das fontes e na condução do processo político, as mulheres puderem vislumbrar, por meio da performance carnavalesca, que sua presença no mundo público poderia ser expandida e oficializada – mesmo que ainda levasse muitos carnavais...

★★★

---

12 *Ibidem.*

Se as reivindicações do voto feminino apareciam no carnaval de forma depreciativa e satírica, havia outras formas de representar as mulheres na folia. A presença feminina aparece nos anos iniciais da República de duas formas principais: 1) como alegoria que representa a República e/ou a Liberdade; 2) como objeto de desejo sexual, com a valorizaçãoda beleza das "musas" da folia.

Segundo José Murilo de Carvalho, a alegoria feminina que representa a Revolução, a Liberdade e a República tornou-se muito comum na França após 1789. Inspirada na alegoria romana, a mulher que veste o barrete frígio simbolizava o radicalismo revolucionário. Segundo o autor, no Brasil, entre a proclamação da República e a virada do século, o modelo francês da alegoria cívica feminina que representava a república foi bastante usado em jornais e revistas. Entretanto, os pintores, com exceção aos positivistas, "ignoram o simbolismo feminino."[13] Conclui que a tentativa de vender o novo regime por meio da imagem feminina foi um fracasso e que logo as caricaturas passaram a ridicularizar a República feminina e associá-la à prostituição.

A explicação do autor para que na França a aceitação da imagem feminina como símbolo da Republica tenha sido um sucesso e no Brasil tenha sido tal "fracasso" baseia-se na maior atividade das mulheres francesas no mundo da política, sobretudo sua participação da Revolução de 1789. Carvalho afirma que na França "o uso da alegoria feminina tinha uma base de sustentação, o significante não se isolava do significado".[14] Já no caso brasileiro, as mulheres estariam tão afastadas do mundo público que a associação do novo regime com a alegoria feminina seria inviável.

Parece-me que tal conclusão carece de aprofundamento empírico, na medida em que deduz que o "fracasso" da associação mulher/República recai na passividade, ou na ausência, de mulheres que interviessem no mundo público sem fazer uma pesquisa mais minuciosa sobre tal processo. Se os agentes históricos levados em conta (homens, em sua maioria) acreditavam na distinção total entre esfera pública e privada, e na consequente exclusão da mulher da primeira, o historiador não deve ter tanta certeza disso sem antes aprofundar suas pesquisas. O exemplo do carnaval pode contribuir para relativizarmos tais conclusões.

Nos primeiros anos da República e mesmo nos anos finais do Império, as grandes sociedades carnavalescas apresentavam carros de ideias (de crítica política) nos quais a figura da República ou da Liberdade era representada por uma mulher. Muitas vezes essa alegoria – mulher de carne e osso ou estátua – trazia na cabeça o barrete

---

13   CARVALHO, 1990.

14   *Ibidem*, p. 92.

frígio e no corpo a indumentária romana. Em 1891, em meio aos debates sobre a constituição, o préstito dos Democráticos trazia um carro intitulado "A República" e nele:"Um grande globo com suas estrelas giratórias, e uma larga fita com o dístico – Ordem e Progresso. Sobre o globo uma graciosa dama.[15]

No carnaval de 1890, poucos meses após a proclamação da República, Angelo Agostini publicou suas "impressões do carnaval". As mulheres aparecem em destaque na cena. Uma chama mais atenção: uma jovem sobre um leão. Empunha a bandeira brasileira e veste o barrete frígio (ver Figura 1). Segundo a *Gazeta de Notícias*, esse carro foi recebido pelo público com "Palmas, um turbilhão de palmas; bravos, uma tempestade de bravos!"[16]

Figura 1. Mulher que representa a República brasileira numa ilustração de Angelo Agostini do préstito dos Fenianos. *Revista Ilustrada*, 1890 (Biblioteca Nacional)

---

15 *Gazeta de Notícias*, 11/2/1891, p. 1.
16 *Gazeta de Notícias*, 19/2/1890, p. 2.

Se os grandes pintores brasileiros do período não se empenharam em associar a mulher à República, os membros das sociedades carnavalescas, assim como muitos jornalistas e artistas (como Angelo Agostini, ver Figura 2), parecem ter se esforçado para colocar nas ruas a alegoria cívica feminina como símbolo da República.

Figura 2. O presidente dos EUA, Grover Cleveland, concede coroa de louros à República brasileira após arbitrar em favor dessa no caso das Missões, que opôs Brasil e Argentina em 1895. *Revista Ilustrada* (Biblioteca Nacional)

As descrições dos jornais revelam que a presença de mulheres que representavam a Liberdade e a República era um dos principais atrativos dos carros alegóricos das sociedades carnavalescas nas décadas de 1880 e 1890.[17]Portanto, ainda é preciso aprofundar as pesquisas sobre o tema para podermos afirmar que a imagem da mulher como símbolo não conquistou espaço no imaginário na Primeira República. Mesmo que tal imagem tenha perdido força com o avançar dos anos, não temos condição de associar tal fato à ausência de participação feminina na vida pública. Como já nos demonstrou Soihet,[18] muitas mulheres buscaram espaço no mundo público desde as primeiras décadas do século XIX e os debates em torno do voto feminino na Assembleia Constituinte de 1891 reforçam a constante pressão exercida por mulheres para a expansão de seus direitos.

Se a imagem da República enquanto mulher foi logo satirizada por caricaturas, talvez devêssemos entender tal fato como exemplo dos problemas da jovem República brasileira, e não como comprovação da ausência de mulheres no mundo público.

A presença marcante de mulheres que representavam a Liberdade ou a República no alto de carros alegóricos andava lado a lado com a não menos impactante presença das mulheres como objeto sexual. As ninfas, musas, damas, raparigas, Evas (e tantos outros termos usados) designavam as jovens e belas mulheres que "abrilhantavam" os préstitos e os bailes carnavalescos do período. Serviam de chamariz e propaganda para os festejos. No anúncio, em letras garrafais, do Teatro Recreio Dramático, as mulheres são destaque:

> Teatro Recreio Dramático
> Carnaval – 4 pomposos bailes de máscaras.
> Hoje, sábado; amanhã, domingo; segunda e terça-feira.
> Hoje primeiro pomposo e sem rival baile de máscaras.
> O Juca, em abrir e fechar d'olhos, transformou o teatro num verdadeiro ceu aberto, músicas e danças em todos os cantos.
> Mulheres em pencas.
> Este primeiro baile será honrado com as seguintes sociedades e grupos carnavalescos: Grupo dos Zangões Carnavalescos, Grupo das Sereias, Clube dos Bonachões, Clube dos Bahianos e Congresso Carnavalesco Adeptos do Sossego.

---

17   CUNHA, 2001.

18   SOIHET, 2000, p. 96.

> Às 11 horas da noite fará sua entrada triunfal o entusiástico grupo
> MULHERES... NA PONTA!! Este grupo é composto de 400 das
> mais lindas raparigas da nossa heroica cidade, e por causa do calor virão
> quase igualmente vestidas a Adão e Eva no Paraíso.[19]

O salão do teatro, transformado num "céu aberto", receberá "mulheres em pencas". Além de banda de música e de diversas sociedades e grupos, os foliões poderão contemplar a "entrada triunfal" do "entusiástico grupo Mulheres na Ponta". As 400 raparigas lindas virão vestidas como Eva, devido ao calor, garante o anunciante.

A concorrência prometia ser intensa, por isso o Teatro Santana publicou:

> Formosas damas, com mais ou menos folhas de parra, vão hoje alegrar o
> Eden da rua do Espírito Santo, vulgo teatro Santana. O que vai hoje por ali
> é que ninguém pode dizer. São tantos os deslumbramentos que...
> Vão lá! Vão lá![20]

No desfile dos Fenianos em 1889 os foliões se depararam com o carro Folia. Nele uma mulher sobre um pandeiro encarnava "Troça", "deusa criada pelo moderno paganismo dos que vão à igreja menos vezes do que aos templos da alegria e do amor".[21]

A presença feminina parecia estar atrelada ao sucesso do baile ou à atração para os préstitos das grandes sociedades carnavalescas. A beleza e a sensualidade eram encaradas pelos promotores e criadores desses eventos como chamariz e mesmo símbolo do carnaval.

Os grupos menores que saíam no carnaval também buscavam apresentar mulheres em seus carros, visando a concorrer com as tradicionais sociedades e galgar espaço no coração e nas mentes dos foliões da cidade. Em 1906, a Sociedade Pingas Carnavalescos pedia licença ao chefe de Polícia para desfilar com seu préstito. Anexava ao pedido a lista de carros alegóricos e os respectivos croquis. O segundo carro representava o "grupo das Pérolas", ao centro dona Esther Teixeira em destaque. Ao fundo duas jovens, com grandes decotes, seguram o estandarte do grupo (ver Figura 3).[22]

---

19   *Gazeta de Notícias*, 7/2/1891.

20   *Gazeta de Notícias*, 8/2/1891.

21   *Ibidem*, 6/3/1889.

22   Arquivo Nacional, GIFI, Documentos de Polícia, 6c 171.

Figura 3. Croqui de carro alegórico do Grupo Pingas Carnavalescas

Em 1913, o Clube Democráticos de Madureira, sediado na rua Domingos Lopes 201, pedia "licença para sair à rua nos dias do próximo carnaval". Anexava os desenhos dos carros alegóricos. Após analisados, o chefe de Polícia concedeu a licença. O carro abre-alas trazia uma mulher de seios à mostra que empunhava o estandarte do grupo (Figura 4).[23]

---

23   Arquivo Nacional, GIFI, Documentos de Polícia, 6c 432.

Figura 4. Croqui do carro abre-alas do Clube Democráticos de Madureira.

Grêmio Dançante Carnavalesco Flores da Madrugada

A presença das mulheres nos carnavais é evidente, marcante e em muitos casos central.[24] Entretanto, até o momento este artigo possibilitou entrevermos nas brechas da história como a sociedade patriarcal carioca entendia e projetava o papel das mulheres no carnaval. Políticos, jornalistas, desenhistas e carnavalescos homens buscavam retratar as mulheres como uma alegoria para conceitos políticos ou como atrativo visual e sexual para seus jornais, bailes e préstitos e suas charges. Não questionavam ou relativizavam a restrição feminina à esfera privada e mantinham (ou desejavam manter) o controle masculino sobre as práticas da esfera pública, o voto e as demais experiências de cidadania.

Contudo, é preciso iniciar um esforço interpretativo da própria ação feminina em busca de autonomia e cidadania nos anos iniciais da Primeira República. Obviamente não devemos acreditar que houvesse homogeneidade entre as mulheres do Rio de Janeiro entre 1890 e 1910 (assim como não existe atualmente). A sociedade carioca apresentava desigualdades sociais, econômicas e raciais intensas na virada do século XIX para o XX. Elevado índice de imigrantes e migrantes, pessoas

---

24 Ver o caso da Rainha dos Cucumbis (NEPOMUCENO, 2011).

das composições raciais mais variadas e status sociais também múltiplos marcavam o Rio da *Belle-Époque.*

Entre as mulheres as tensões não seriam menores. Negras, brancas, mulatas, portuguesas, espanholas, gaúchas, baianas e mineiras pobres dividiam e disputavam empregos, maridos, espaços festivos, religiosos e recreativos. Se entre as classes populares os conflitos eram intensos, também formavam identidades e solidariedades. As mulheres ricas, ligadas às famílias tradicionais e aos poderes republicanos, teriam outras tensões a viver, mas não estavam menos sujeitas aos conflitos de gênero do que as mulheres das classes populares.

Apesar de tamanhas dificuldades, muitas mulheres buscaram ampliar seus espaços de autonomia e formaram identidades e associações capazes de expandir suas redes sociais e gerar práticas de cidadania.

Em 1908, o Grêmio Dançante Carnavalesco Flores da Madrugada[25] entrava na chefia de Polícia com um pedido de aprovação de seus estatutos e licença anual para funcionar. O pedido feito em 27 de dezembro de 1908 foi assinado por Manoel Antonio de Assumpção. Afirmava que a sede do Grêmio ficava na rua Marechal Floriano Peixoto 132. Inquirido pelo chefe de Polícia, o inspetor responsável pela rua emitiu a seguinte nota:

> Grêmio D. C. Flores da Madrugada
> A diretoria deste grêmio é constituída por senhoras de família, dela fazendo parte a esposa do sr. Manoel Antônio de Assumpção sob a responsabilidade e direção do qual correm os negócios dessa sociedade. O Sr. Assumpção é empregado da Companhia de Navegação Rembover e Cia. com sede a Rua Primeiro de Março, digo, a Rua Visconde de Inhaúma n. 84, onde é considerado pelo seu trabalho e conduta.
> As sócias do grêmio são pobres e modestas e vivem do produto do seu trabalho.
> O inspetor
> 9 de janeiro de 1909.[26]

Após ler tal depoimento, o chefe de Polícia se dá por satisfeito e concede a licença. É importante ressaltar quais elementos são destacados pelo inspetor para descrever o Grêmio e que acabam por contribuir para a concessão da licença anual. O primeiro

---

25 Arquivo Nacional, GIFI, Documentos de Polícia, 6C251.

26 *Ibidem.*

ponto é a confirmação de que são "senhoras de família", o que ficaria comprovado pela assinatura do marido de uma das sócias.

Outro elemento importante é a confirmação de que o "Sr. Assumpção" é empregado de uma companhia de navegação, na qual é bastante considerado. O esforço de demonstrar que todas as sócias, apesar de pobres e modestas, se sustentam de seu próprio trabalho é recorrente como estratégia para o reconhecimento de associações populares.[27]

A busca constante de apresentar as sócias como trabalhadoras e honestas é uma tônica ao longo dos estatutos. Em seu artigo 2º afirma que "o grêmio será composto de número ilimitado de sócias" e o 3º diz que "o grêmio tem por fim divertimentos carnavalescos e bailes". Para serem aceitas como sócias é preciso "não ser menor de 18 anos nem maior de 50" e é preciso comprovar "ter bons costumes e meios de vida, e não estar envolvida em processos criminais".

Esses artigos buscavam demonstrar para as autoridades que o Grêmio não aceitaria a participação de mulheres desempregadas ou sem meios de comprovar formas lícitas de sustento, nem de mulheres envolvidas em processos criminais, ou que não apresentassem "bons costumes".

Apesar do esforço da diretoria, totalmente composta por mulheres, de passar uma imagem de idoneidade e bons costumes, podemos supor que nem sempre era possível manter os salões de bailes e os desfiles carnavalescos com a ordem pretendida pelas autoridades. O capítulo 3º dos estatutos reforça essa argumentação. Esse capítulo trata dos "deveres das sócias" e afirma:

> Artigo 12º – Nos dias de carnaval serão obrigadas a representarem as fiscais e tomarem seus lugares conforme elas determinarem e serem dirigidas com maior respeito e seriedade.
>
> Artigo 13º – Todas as sócias que antes da passeata acharem-se alcoolizadas ou com qualquer arma proibida não acompanhará [*sic*] o préstito e será suspensa [*sic*] até a primeira sessão constando isto na ordem do dia.[28]

É importante dizer que o Grêmio Dançante Carnavalesco Flores da Madrugada foi fundado em 18 de fevereiro de 1907 e antes de pedir aprovação de seus estatutos já havia passado por muitos bailes e por pelo menos um carnaval. Os artigos 12 e 13

---

27   PEREIRA, 2002.

28   Arquivo Nacional, GIFI, Documentos de Polícia, 6C251.

GLADYS RIBEIRO * ISMÊNIA MARTINS * TÂNIA FERREIRA [ORGS.]

foram escritos com base na experiência da própria diretoria do Grêmio e por isso deixam bem claro qual será a atitude das fiscais em relação àquelas sócias que não atenderem às normas com respeito e seriedade. Para aquelas que se encontrarem alcoolizadas ou portando "armas proibidas", a pena será a suspensão e o caso será discutido na próxima assembleia.

Por um lado a diretoria buscava manter o controle sobre os possíveis distúrbios relativos ao uso de álcool e o porte de armas durante os bailes e o desfile carnavalescos; por outro desejava expressar publicamente que sua agremiação era composta por senhoras de família, que apesar de pobres eram trabalhadoras e portadoras de bons costumes.

O Grêmio Dançante Carnavalesco Flores da Madrugada constituiu-se como um espaço de sociabilidade para inúmeras mulheres trabalhadoras e possibilitou a formação de identidades e conquista de espaços públicos, por meio de suas performances festivas. Entretanto, outro elemento merece destaque quando analisamos uma agremiação como essa: a experiência de cidadania contida nesse tipo de sociabilização. Segundo seus estatutos,

> Artigo 15º todas as sócias tem [sic] o direito de votar e ser votada, excetuando-se:
> §1º as que tiverem ausente [sic].
> §2º as que tiverem [sic] presentes pronunciadas ou presas.
> §3º as que forem menores de 18 anos.
> §4º as que não souberem ler nem escrever poderão votar, mas não serem votadas.
> Artigo 16º todas as sócias tem [sic] direito de requerer uma assembleia geral quando julgar conveniente a bem de seus direito [sic] ou do grêmio devendo esta assembleia ser presidida pela presidenta por um requerimento assinado por 10 sócias quites no qual a relator [sic] declarará o motivo para que deseja a reunião, e não poderá ser negada e nem excedendo o prazo de 10 dias sobre pena de ser convocada legalmente pelas requerentes.[29]

Anualmente as sócias participavam de uma eleição na qual podiam praticar o ato de votar e também ser votadas para qualquer um dos cargos da diretoria e das comissões. Mesmo aquelas que não soubessem ler podiam votar (mas não podia ser votadas). Esse ponto é crucial para entendermos a importância dessas associações populares para

---

29   Arquivo Nacional, GIFI, Documentos de Polícia, 6C251.

a construção das experiências de cidadania no Rio de Janeiro na Primeira República. Como vimos, a Constituição republicana vedava o direito ao voto aos analfabetos e as mulheres, mesmo as letradas, não foram explicitamente cit_das.

Logo, a participação no Grêmio Dançante Carnavalesco Flores da Madrugada representava uma possibilidade de mulheres "pobres e modestas" experimentarem mecanismos eleitorais, assembleias, participação em diretorias e comissões, discutirem estratégias de ação financeira, festiva e social, entre outras. Ser sócia da agremiação, com uma diretoria totalmente feminina, poderia representar a oportunidade de viver a cidadania na esfera pública muito mais ampla do que permitia a Constituição republicana.

Apesar de tudo, Evarista Divina, presidente[30] do Grêmio, precisou de seu marido para entrar com o pedido de licença e aprovação dos estatutos na polícia...

Considerações finais: paradoxos carnavalescos

Ainda é preciso aprofundar os estudos específicos sobre as relações de gênero nos carnavais da Primeira República. Entretanto, os elementos mencionados até aqui contribuem para relativizarmos as distinções entre os espaços públicos e privados, assim como as relações de dominação e opressão. A atuação das mulheres no carnaval, seja como representação da República, seja como destaque de um carro alegórico, ou empunhando estandartes e fantasias variadas, pode contribuir para um maior entendimento das relações sociais e a atuação feminina ante a constituição do novo regime.

> Em lugar de ratificar o fato de que a vida política é um espaço de ausência feminina, ou de seguir as narrativas que minimizam sistematicamente, os momentos em que as mulheres intervêm, pode-se propor uma reavaliação de diferentes acontecimentos em que as mulheres participam da história. Reavaliar, isto é, pensar como uma intervenção política aquilo que em geral interpreta-se como um fato social, leva a perceber as mulheres num tempo histórico em que a singularidade do acontecimento é tão importante quanto a repetição dos fatos culturais. Pode-se, desse modo, reformular o papel das mulheres num motim no século XVIII, nas lutas sociais do século XIX ou nas práticas feministas da era contemporânea.[31]

---

30 Arquivo Nacional, GIFI, Documentos de Polícia, 6c 251.

31 DAUPHIN *et al.*, 2001, p. 22.

Podemos concluir, dessa maneira, que a presença feminina representada nos jornais e nas revistas e nos préstitos carnavalescos nos primeiros anos da República garantia um espaço de performance e atuação no espaço público carioca, num dos eventos mais importantes do calendário social. Entretanto, era um espaço limitado pelas relações de poder desiguais, na medida em que as sociedades carnavalescas (em sua maioria) e a imprensa eram controladas por homens. Se por um lado muitas mulheres participaram do carnaval buscando ampliar seus espaços de atuação no mundo público, conseguir vantagens materiais e simbólicas, relativizar as relações de dominação e se divertir, por outro lado as relações sociais continuavam muito desiguais e elas ainda precisavam agir dentro dos marcos de uma sociedade controlada por homens.

Mais uma vez as mulheres se encontram numa condição paradoxal. Ao mesmo tempo em que são desvalorizadas quando o assunto é o direito ao voto, são elevadas a alegoria da República ou da Liberdade. Em meio a isso, sua condição de objeto sexual é o principal caminho de destaque nos dias de folia.

Enquanto Joan Scott trata a situação das feministas francesas como cidadãs paradoxais – na medida em que o feminismo se constituiu de "práticas discursivas de política democrática que igualavam individualismo e masculinidade" e a criação da diferença sexual "foi uma forma de conseguir a exclusão das mulheres da categoria de indivíduos ou cidadãos"[32]– as foliãs brasileiras se encontravam num paradoxo de outra natureza nos anos iniciais da República: como conquistar espaços na festa e na vida política, cultural e econômica do Rio de Janeiro dialogando com as forças da sociedade patriarcal que insistiam em enquadrá-las entre o objeto sexual e o símbolo da República, mas sem direito ao voto.

Referências

Fontes

Biblioteca Nacional: *Gazeta de Notícias, Revista Ilustrada*.

Arquivo Nacional, GIFI, Documentos de Polícia, 6C 171, 6C 432, 6C 251.

Bibliografia

ABREU, Martha Campos. *O império do divino:* festas religiosas e cultura popular no Rio de Janeiro, 1830-1900. Rio de Janeiro: Nova Fronteira, 1999.

---

32 SCOTT, 2002.

BERSTEIN, Serge. "A cultura política" In: RIOX, Jean-Pierre; SIRINELLI, Jean-François (orgs.). *Para uma história cultural.* Lisboa: Estampa, 1998.

CARVALHO, José Murilo de. *A formação das almas:* o imaginário da República no Brasil. São Paulo: Companhia das Letras, 1990.

CUNHA, Maria Clementina Pereira. *Ecos da folia:* uma história social do carnaval carioca entre 1880 e 1920. São Paulo: Companhia das Letras, 2001.

DAUPHIN, Cécile *al.* "A história das mulheres. Cultura e poder das mulheres: ensaio de historiografia". Tradução Rachel Soihet, Rosana M. A. Soares e Suely Gomes Costa. *Gênero,* Niterói, vol. 2, nº 1, 2000, p. 7-30.

GINZBURG, Carlo. *A micro-história e outros ensaios.* Lisboa: Difel, 1991.

GOMES, Ângela de Castro. "História, historiografia e cultura política no Brasil: algumas reflexões". In: SOIHET, Rachel; BICALHO, Maria Fernanda Baptista; GOUVEA, Maria de Fátima Silva (orgs.). *Culturas políticas:* ensaios de história cultural, história política e ensino de história. Rio de Janeiro: Mauad, 2005.

KARAWEJCZYK, Mônica. "O voto feminino no Congresso Constituinte de 1891: primeiros trâmites legais". *Anais do XXVI Simpósio Nacional de História,* São Paulo, jul. 2011.

LEVI, Giovanni. "Sobre a micro-história". In: BURKE, Peter (org.). *A escrita da história:* novas perspectivas. São Paulo: Editora Unesp, 1992.

NEPOMUCENO, Eric Brasil. *Carnavais da abolição:* diabos e cucumbis no Rio de Janeiro (1879-1888). Dissertação (mestrado) – UFF, Niterói, 2011.

PEREIRA, Leonardo Affonso de Miranda. *O carnaval das letras:* literatura e folia no Rio de Janeiro do século XIX. Campinas: Editora da Unicamp, 2004.

_____. "E o Rio dançou: identidades e tensões nos clubes recreativos cariocas (1912-1922)". In: CUNHA, Maria Clementina Pereira (org.). *Carnavais e outras f[r]estas:* ensaios de história social da cultura. Campinas: Editora da Unicamp, 2002.

RÉMOND, René (org.). *Por uma história política.* Rio de Janeiro: Editora FGV, 2003.

SCOTT, Joan Walach. "Relendo a história do feminismo". In: *A cidadã paradoxal:* as feministas francesas e os direitos do homem. Florianópolis: Mulheres, 2002.

SOIHET, Rachel. "A pedagogia da conquista do espaço público pelas mulheres e a militância feminista de Bertha Lutz". *Revista Brasileira de Educação*, n° 15, set.-dez. 2000.

_____. *Condição feminina e formas de violência:* mulheres pobres e ordem urbana, 1890-1920. Rio de Janeiro: Forense Universitária, 1989.

_____. "Violência simbólica. Saberes masculinos e representações femininas". *Estudos Feministas*, vol. 5, n° 1, 1997.

THOMPSON, E. P. "Folclore, antropologia e história social". In: NEGRO, Antonio Luigi; SILVA, Sergio (org.). *As peculiaridades dosingleses e outros artigos*. Campinas: Editora da Unicamp, 2001.

Dos divertimentos apropriados aos perigosos: organização e controle das festas e sociabilidades no Recife (1822-1850)

LÍDIA RAFAELA

Os divertimentos são *locus* privilegiados para percepção dos acontecimentos sociais. "Recreação, distração, a coisa que diverte" são as palavras que definem o que seria divertimento no início do século XIX.[1] Parte fundamental da vida humana, o lazer está intimamente associado ao contexto histórico e social. Afinal, em uma análise histórica, "todo significado é um significado-dentro-de-um-contexto e enquanto as estruturas mudam, velhas formas podem expressar funções novas, e funções velhas podem achar sua expressão em novas formas".[2]

A primeira metade do século XIX foi de vital importância para a formação da identidade nacional brasileira. A "sociedade brasileira vivia impulsos de fundação das suas instituições, simultaneamente a um contexto de desagregação lenta e recuada da herança colonial".[3] Precisavam-se equacionar questões referentes à organização das esferas social e econômica, questões institucionais a respeito das estruturas constitucionais e organizacionais.

Nesse contexto, as elites buscaram implementar ações que, a seu ver, permitiriam que a civilização adentrasse a cidade, inspiradas principalmente em valores da Europa não ibérica. Uma dessas ações foi a nova forma de relação entre as pessoas e o espaço público. Durante a primeira metade do século, houve significativas tentativas de modificações na relação com os espaços públicos e nos padrões de comportamento. Os "momentos de confraternização entre os extremos sociais, a que nos referimos – a procissão, a festa de igreja, o entrudo – é que foram fazendo das ruas e praças mais

---

1   PINTO, 1832, s/p.

2   THOMPSON, 2001, p. 243.

3   MOURA, 2001, p. 131.

largas– da rua em geral– zonas de confraternização".[4] Para parte da população, as mudanças propostas para suas formas de comportamentos podiam não ser interessantes.[5]

As novas formas de sociabilidade[6] "tornaram-se indicadoras da emergência de novas identidades simultaneamente políticas, religiosas, sociais e étnicas, configurando parte importante do processo de construção e legitimação, tanto do regime imperial brasileiro, quanto da dinastia reinante".[7] As formas com que as pessoas aproveitavam seu lazer[8] são um forte indicativo das tensões sociais. É preciso prestar atenção a esses momentos para poder se ter uma compreensão do cotidiano de qualquer sociedade.

A divisão do tempo entre as atividades transforma-se em rotina e acabamos por esquecer que nos parecem toleráveis porque estamos habituados a ela desde a infância. É essencial desnaturalizar essa percepção. O cotidiano se organiza de uma forma diferente para os diferentes sujeitos. São inúmeras as atividades que compõem o cotidiano. Entre essas, o trabalho e o lazer são muitas vezes pensados como partes opostas da vida e entendidos como complementares para o equilíbrio social. No

---

4 FREYRE, 2006, p. 31.

5 Natalie Davis, ao analisar a reação dos oficiais gráficos na Europa do século XVI às modificações ocorridas no período, apresenta um interessante argumento para se pensar em uma explicação para essa resistência a mudanças nos costumes: banqueiro ou sapateiro, ninguém gostava de ser arrastado diante do consistório e ter a Santa Ceia negada por bebedeira, gula, bater na esposa, namoricos e coisas do tipo. Mas, pelo menos, muitos integrantes da Igreja sentiam-se culpados pelo que haviam feito: com os oficiais gráficos isso raramente acontecia. Ainda que eles pudessem ser disciplinados em torno da prensa ou na organização de uma greve, havia muitos impulsos sensuais aos quais, para eles, não era feio ceder (DAVIS, 1990, p. 18-19).

6 A sociabilidade pode envolver diversos tipos de práticas, desde as mais informais, como os encontros cotidianos, ao formalismo de algumas associações. Existem inúmeras formas de sociabilidade(s), nem todas elas envolvem a diversão. Neste trabalho usaremos esse termo como referência às relações tecidas entre as pessoas que propiciavam a conversa, o jogo, a dança, enfim, o entretenimento. Ver: ARRISCADO, 2005; BOSCHI, 2006; SOARES, 2004; LOUSADA, 1998.

7 JANCSÓ; KANTOR, 2001, p. 12.

8 No dicionário de Luiz Maria da Silva Pinto (1832), tal vocábulo aparece como: "Vagar. Tempo disponível para fazer alguma coisa". No Brasil do século XIX, segundo Andrea Marzano e Victor Andrade de Melo (2002), a ideia de lazer chegou como mais um símbolo dos novos tempos e "adentrou o desejo de reproduzir ou recriar a nova dinâmica da diversão das modernas aglomerações urbanas". O lazer é pensado neste trabalho de maneira semelhante ao conceito usado por Nelson Carvalho Marcelino (2007), que o define como a cultura vivenciada no tempo disponível, tendo como foco básico de intencionalidade a própria vivência. O lazer é um campo de tensão no âmbito da cultura. Oriundo do latim *licere*, lazer, segundo Mary Del Priore, era entendido no Brasil como "o estado no qual era permitido a qualquer um fazer qualquer coisa. O senso comum consagrava um período de tempo fora do trabalho" (2010, p. 17).

entanto, durante o período estudado, "trabalho e lazer misturavam-se, imprimindo uma especificidade ao viver, conviver e lidar com toda a sociedade".[9]

Os momentos de divertimento são a alegria da vida de muitas pessoas, que talvez acreditassem estar, naqueles momentos, livres das obrigações e cobranças tão perceptíveis em outras ocasiões da vida; despertam o encantamento e ocupam papel importante nas escolhas pessoais. Afinal, "os prazeres são indispensáveis à vida, e não uma coisa que vem depois de muitas outras".[10] Nesses momentos de lazer, teciam-se importantes sociabilidades, atualizava-se sobre o que se passava na sociedade, envolvia-se em confusão, entre tantas outras possibilidades.

No Recife, do período estudado, todos se divertiam, seja ao seguir os velhos costumes ou se adaptar aos novos, ainda que algumas dessas formas de diversão fossem combatidas. Participar dos festejos; fazer batuques, danças; ir a teatros, botequins, casa de jogos e pontes foram apenas algumas das formas usadas pela população.

O padre Lopes Gama defendeu em seu jornal o *Carapuceiro* a tese de que:

> Bem é que o Povo se divirta; pois é sinal de que o seu padecimento não tem chegado ao extremo. Devem-lhe-se permitir, e até promover todos os recreios, uma vez que estes não ofendam as leis, a religião, os bons costumes, e a saúde. Ao rico não faltam meios de regozijar-se: deixe-se também ao pobre o esquecer-se por algumas horas de sua pobreza.[11]

No trecho acima, o célebre crítico de costumes defendeu a prática dos divertimentos e enfatizou a sua função de válvula de escape. No entanto, fez uma ressalva: nem todo divertimento deveria ser estimulado, apenas aqueles apropriados às leis, aos costumes e à religião. Adequar as maneiras como as pessoas se divertiam era necessário, ainda que esse processo fosse lento e, por vezes, não aparentasse surtir efeito. Os divertimentos foram combatidos e estimulados e o equilíbrio nessa dosagem foi diretamente influenciado pela conjuntura do período.

Com a independência, o Brasil emergiu como uma entidade política no cenário internacional, mas sem ter a unidade territorial e política assegurada, com uma série de problemas para equacionar. O novo Estado tinha necessidade de estabelecer sua legitimidade. Para isso, muito além de definir os mecanismos jurídicos e

---

9   MOURA, 1998, p. 40.

10   HOGGART, 1973, p. 162.

11   *Carapuceiro*, nº 23, 5/7/1837, in: MELLO, E., 1996, s/p.

administrativos que regeriam o país, era necessário imprimir padrões de comportamento que definissem a identidade do brasileiro.

Na primeira metade do século XIX "interiorizavam-se novos vínculos de pertencimento coletivo"[12] e, portanto, era essencial que fosse estabelecido um padrão de comportamento condizente com a imagem que se almejava. Buscava-se "civilizar" a sociedade inspirando-se principalmente em valores da Europa não ibérica. As mudanças feitas, em alguns campos, em prol da civilidade fizeram parte de uma reconstrução necessária a uma antiga colônia que se transformava em país independente. As elites buscaram implementar ações que, a seu ver, permitiriam que a civilização adentrasse a cidade.

Novas formas para as pessoas divertirem-se podiam ser percebidas de inúmeras maneiras no Recife do segundo quartel do século XIX. Seja na inserção de novas formas de participação, como os espetáculos teatrais em comemoração ao carnaval, em substituição ao tradicional entrudo; ou na reestruturação de espaços para se adequar à nova imagem, como foi o caso da construção do Teatro de Santa Isabel; ou ainda nas modificações dos hábitos corriqueiros, tais como a regulamentação da permanência em certos estabelecimentos, como os botequins.

O anseio de civilizar a sociedade era somado a um ambiente de medo. Mudanças de hábitos, costumes e institucionais, além de uma série de agitações, rebeliões, insurreições e motins, marcaram esse período. Recife era uma cidade em brasas acesas. Vários foram os momentos de conturbação da ordem social e política vigente. Pode-se dizer que foi um dos momentos mais turbulentos de história pernambucana.

Houve "revoluções" de grandes proporções, assim como movimentos de menor impacto. Confederação do Equador, Praieira, Guerra dos Cabanos, Setembrizada, Novembrada, Abrilada foram apenas algumas das manifestações que alteraram a ordem pública na capital de Pernambuco no período abordado.[13] A participação dos "homens comuns" nesse quadro foi essencial, seja ao participar das lutas da elite, seja ao empreender as próprias lutas. Todas as parcelas da população contribuíram para que a cidade fosse tomada por um clima de insegurança.

O "contexto de instabilidade de abalos da ordem pública e da disciplina social levou as classes dominantes a decidir pelo endurecimento do grau de tolerância em relação às práticas culturais populares".[14] Surgiu uma série de instâncias repressivas, justapostas, paralelas e com atribuições que muitas vezes se cruzavam. Vários espaços

---

12 BARATA, 2009, p. 67.

13 ASSIS; ACIOLI, 2006; FERRAZ, 1996.

14 ARAÚJO, 1996, p. 165.

e várias práticas lúdicas e festivas tiveram a sua liberdade cerceada pela necessidade de maior controle das sociabilidades.

Entre os divertimentos que tinham mais destaque na sociedade estavam as festas. Na sua essência, cada festa é singular, mas é dotada de tantas possibilidades quanto permite a criatividade dos que dela participam. Tempo de alegria e diversão, as festas são mais do que simples divertimentos, apesar de serem espaços privilegiados para esses. Eram parte da tradição inventada de um poder ainda em construção. As festas religiosas eram um dos regentes do ritmo das datas comemorativas durante o ano, algo natural em um país onde a religião católica era vinculada ao Estado.

O engenheiro francês Luis Leger Vauthier, que trabalhava no Recife a convite do presidente da província, Francisco do Rego Barros, registrou em seu diário: "Dia feriado. Dia santo, como dizem os brasileiros. Não há razão para que em breve todas as datas do calendário estejam invadidas por esta forma".[15] Mesmo que tenha havido uma diminuição nos dias santos, por meio de uma pastoral em 21 de fevereiro de 1844,[16] em fins da década de 1840 havia em Pernambuco 24 dias santos, espalhados praticamente por todos os meses do ano.[17] "O calendário litúrgico ritmava o ano, e quase todo mês tinha um rito, um santo, uma data a celebrar, uma ocasião de viés lúdico e que evocava a fé de cada um".[18]

O calendário é uma ferramenta importante na regulamentação do cotidiano e consequentemente para o funcionamento da sociedade. A *Folhinha de Algibeira* destacava anualmente as festas religiosas programadas para ocorrer, muitas vezes determinando o local. Muitas dessas não eram como dias santos, mas a população fazia delas dias dedicados aos prazeres das festas.

Saber quando essas festas iriam acontecer era importante para que as pessoas conseguissem se organizar para desfrutá-las, até porque para isso precisava-se de tempo livre, dinheiro e muitas vezes autorização para se deslocar das atividades cotidianas. Havia uma coincidência do aumento de festas religiosas fora da região central do Recife, com os meses iniciais ou finais do ano, justamente quando havia uma grande movimentação da população das cidades para ocupar os seus arredores.

---

15   FREYRE, 1960, p. 57.

16   A pastoral dispensou alguns dias santos, sem liberar da obrigação de se assistir missas nesses dias. Arquivo Público Estadual Jordão Emerenciano (Apeje), *Folhinha de Algibeira*, ou *Diário eclesiástico e civil para as províncias de Pernambuco, Paraíba, Rio Grande do Norte, Ceará e Alagoas*, 1847, p. 16.

17   SANTOS, 2011, p. 68.

18   CARVALHO, 1999, p. 208.

Gráfico 1. Festas previstas para ocorrer no Recife em 1848, de acordo com a *Folhinha de Algibeira* de 1847[19]

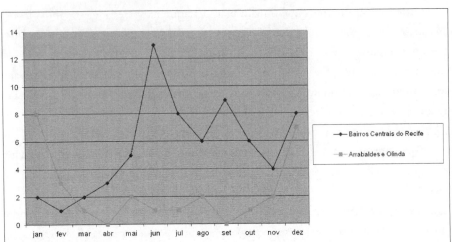

Em 1847, o *Diário eclesiástico e civil para as províncias de Pernambuco, Paraíba, Rio Grande do Norte, Ceará e Alagoas* anunciava que aconteceriam nos arrabaldes do Recife e em Olinda 28 festas em 1848. Entre essas, 20 estavam concentradas entre novembro e fevereiro, período marcado por um ciclo de festas que tinha grande repercussão no Recife.

> É este o tempo da mor [sic] parte da gente sair da capital para o campo, a fim de fugir à intensa calma e por outra parte espairecer pelos apraziveis sítios dos nossos arrabaldes. Os mais procurados são os que bordam as graciosas margens do Capibaribe desde o lugar de Benfica até os Apipucos. Mas alguns gostam do Beberibe, de Boa Viagem, e não falta quem saia da cidade do Recife para passar a festa na cidade de Olinda. São gostos e em gostos não deve haver disputar.[20]

Durante esse ciclo festivo, um dos mais fortes atrativos dos arrabaldes era o intenso calendário patusco-religioso posto em prática nos intervalos das celebrações religiosas. As festas eram também um pretexto para a reunião das pessoas que muitas vezes moravam distantes umas das outras. Algumas famílias mudavam-se para as regiões mais distantes do núcleo central do Recife durante esse ciclo festivo, "intensificava-se

---

19 SANTOS, 2011, p. 86.
20 GAMA, in: MELLO, J., 1996, p. 57.

O OITOCENTOS SOB NOVAS PERSPECTIVAS **347**

a convivência entre pessoas de diversas procedências, que se reuniam sob os mesmos interesses".[21] Ainda que fossem "amizades de passatempo: a água deu, a água levou".[22]

Os que se fixavam nessas regiões organizavam recepções, bailes, ceias largas, "jantares profusos", "almoços ajantarados", presépios, jogos de prendas e jogos de cartas, como voltarete, manilha ou "esfolador gagau", entre tantas outras opções.[23] Havia uma preocupação de receber bem nessas casas de temporadas, buscava-se surpreender e impressionar os convidados. No *Diário de Pernambuco* foi publicado que o ilustre rabequista Noronha havia sido apresentado ao público pernambucano no dia da festa do Poço da Panela, na casa de um "amador de belas artes".[24]

No início das apresentações públicas do rabequista pelo Recife, isso serviu como propaganda para ele. É razoável pensarmos que moradores de diversas localidades do Recife deveriam estar cientes dos seus dotes musicais. Caso não houvessem presenciado a apresentação do arrabalde, ao menos deveriam já ter ouvido comentários a seu respeito das pessoas que comumente frequentavam seu círculo de sociabilidade, afinal o Recife crescia, mas não era tão grande assim.[25]

Quem patrocinou a apresentação do ilustre rabequista, além de conseguir alguns momentos de deleite, possivelmente conseguiu algum reconhecimento público pelo seu empenho na apresentação, haja vista o título de "amante das belas artes", que deveria ser importante em uma sociedade que buscava afirmar-se como civilizada. A música, além de ser uma forma diferenciada de comunicação, era uma importante maneira de se conseguir visibilidade frente à sociedade. Cultivar o gosto pela música, especialmente pela música bem executada, era uma forma de promoção social.

---

21 CARVALHO, 2001, p. 19.

22 GAMA, in: MELLO, J., 1996, p. 62-64.

23 Para citar esses hábitos comuns nas festas dos arrabaldes, foi analisado o volume 1 da publicação fac-símile do *Carapuceiro* (in: MELLO, E., 1996). Havia outras possibilidades de divertimentos em festas diversas, mas as citadas, segundo o redator do jornal, eram comuns nos festejos do período. Ver especialmente os exemplares de 7/4/1832, 7/5/1832, 24/11/1832, 16/1/1833, 5/12/1833, 14/12/1833, 1/2/1834 e 8/2/1834.

24 RABELLO, 2004, p. 58.

25 Houve um significativo crescimento populacional; em 1828, a população dos bairros centrais de Recife era de 25.678 habitantes e saltou para 40.977 em 1856. Segundo Marcus Carvalho (2003, p. 44), "somada esta população aos moradores dos subúrbios haveria uns cem mil habitantes em torno do eixo Recife/Olinda por volta da metade do século". Apesar desse aumento no número de pessoas que moravam na cidade, segundo Bruno Câmara (2005, p. 128), "as pessoas se conheciam relativamente bem e se relacionavam de alguma forma, provavelmente devido à proximidade dos bairros centrais".

Quem organizou tal apresentação no dia da festa provavelmente teve de gastar uma quantia significativa para garantir o êxito de tal apresentação, como afirma Lousada:

> Se para as elites o problema era secundário– as despesas e as dívidas decorrentes da manutenção de um estilo de vida próprio do grupo faziam parte da sua lógica econômica usual–, se para as classes populares o problema não se punha– tocava-se a gaita de foles e bailava-se na taberna, na rua ou na pequena casa–, para as classes médias implicava o recurso a expedientes vários.[26]

Uma festa tinha uma função importante para o *status quo*. Tais gastos causavam problemas financeiros para várias famílias no Recife. "Os ricos aproveitavam a oportunidade para ostentar, já os pernambucanos menos abastados eram capazes de vender até o último negro para comprar roupa nova, adornos e doces para o evento".[27] Tal problema foi ressaltado no jornal *O Simplício Pernambucano*, com a publicação de um soneto no Recife do período:

> Os chefes de família, na verdade,
> Estão loucos, ou bestas, ou perdidos,
> Andam agora todos influídos
> Em ter a festa fora da cidade.
>
> Nas dispensas se gasta enormidade
> Inda mais em chapéus, mais em vestidos
> Dirão velhos, e moços divertidos
> No banho, e dança, e jogo, e liberdade!
>
> Passeios, e banquetes os melhores,
> Vem [*sic*] sedas, e touquina em peça, e tolos,
> E as filhas namorando os seus amores;
>
> Venha cerveja, o chá, licor, e bolos;
> Sabeis o que vos digo, meus leitores?
> As filhas têm juízo, os Pais são tolos.[28]

---

26   LOUSADA, 1998, p. 138.

27   CARVALHO, 2002, p. 78.

28   *O Simplício Pernambucano*, n° 2, 20/2/1832.

Vale ressaltar que em tempo de festas diversos preços modificavam-se: como os de moradia. Antônio Roiz Samico Sette pagou 7.000$000 pelos sete meses em que habitou a casa número 13 da irmandade de Boa Viagem, "antes de ser alugada para festa" a dona Teresa Maria de Jesus, que pagou 20.000$000 pela casa em que "passou a Festa", entre 1840 e 1841. Considerando que o ciclo de festas geralmente durava quatro meses, em tempos de festas o aluguel subiu 500%.

Entretanto, alguns, como Fernando de Paula Assis, podem ter conseguido economizar e ainda passar as festas nos arrabaldes. Ele pagou 9.000$000 para alugar a casa número 2 da mesma irmandade "desde 1º de maio de 1840 até o fim de janeiro de 1841 a razão de mil réis por mês, visto não haver alugador para o tempo de festa".[29] Talvez possa ser coincidência, mas ele deixou a casa em fins de janeiro e, segundo o *Carapuceiro*, em meados de janeiro já havia acabado "o grosso da festa".[30] Nesse ano as festas devem ter sido aproveitadas com mais intensidade por Fernando, sem precisar de suntuosos gastos extras.

O aluguel de casas para se passar o ciclo festivo era uma prática corriqueira. "Lá por volta de setembro, os jornais começavam a anunciar casas para se alugar durante o verão, próprias para os banhos de rio".[31] Esse era um período no qual a região do centro da cidade parecia "insuportavelmente quente, abafada e malcheirosa". Além das festas, tais casas também eram procuradas por preocupações higienistas, que passaram a ver os banhos de rio e o ar campestre como atitudes benéficas para a manutenção da boa saúde. Mas dificilmente essas migrações ocorreriam com tamanha amplitude não fossem as "sociabilidades que ali se promoviam. Em outras palavras, reuniões privadas, passeios e festas".[32]

As festas religiosas eram muito presentes também nas regiões centrais. Nos dias de festas as ruas da cidade modificavam-se. Em tais dias interrompia-se o funcionamento de várias instituições, a rotina de trabalho, a movimentação das ruas, entre outras coisas. Os tradicionais pontos de encontros da cidade recebiam uma movimentação extra, afinal o fluxo de pessoas aumentava e as pessoas tinham mais tempo para tecer suas redes de sociabilidades durante esses dias diferenciados. "Ajuntamentos públicos

---

29 CÚRIA METROPOLITANA DO RECIFE, *Livro de receita e despesas da Irmandade de Boa Viagem*, 1840, f. 3v.

30 GAMA, in: MELLO, J., 1996, p. 129.

31 CARVALHO, 2001, p. 31.

32 GONÇALVES FILHO, 2009, p. 60.

populares aconteciam todos os dias, já que compunham a tessitura da sobrevivência, mas eram muito mais consistentes e demorados nos dias santos".[33]

A venda de Manoel Pequenino, possivelmente, devia estar repleta de gente no dia de Santo Antônio, afinal ladeava a igreja do Terço, importante templo religioso do Recife. No fim da missa em homenagem a esse santo ocorreu uma confusão entre Manoel do Nascimento Pinheiro, que havia saído da celebração religiosa e entrara na venda, e José Malaquias da Fonseca, com quem teve uma discussão que chamou a atenção de várias pessoas. O sapateiro Manoel da Conceição estava "avisando gente para a guarda"[34] quando parou para conversar com um soldado da sua companhia que estava na calçada da dita venda e ouviu Manoel Pinheiro de dentro da venda chamar José de ladrão e daí começou a briga entre os dois.

Para que tais festas não fossem um problema para o bom funcionamento da sociedade, era preciso cuidar para que esses momentos não servissem para agravar o ambiente de instabilidade já existente. Locais adequados para uma festa por certo facilitariam o seu bom andamento. É importante pensarmos que "o espaço urbano ganhava um novo significado com as alterações promovidas pelos festejos públicos".[35] Havia melhorias, mesmo que momentâneas. Um tal major Faria mandou que seus escravos limpassem a localidade em que morava antes da festa, posto que tal região "já estava pior que a praia".[36] As ruas tornavam-se mais iluminadas, cheirosas e também contavam com um barulho diferenciado.

Um editor de um dos muitos jornais publicados da primeira metade do século XIX destacou as alterações em um dia de festa. "Alvíssaras! Alvíssaras! Tocam os sinos, soam tambores, ecoam as cornetas, estouram os foguetes! Corre muita gente, apinham-se, admiram, riem uns, escarneiam outros".[37] O editor afirmou ser tal situação provocada por um novo número de seu jornal, mas comparou tal situação com um dia de festa religiosa: "O que é? O que é? É Aleluia? Não, quem dá fé disso... É algum Judas? Pouco mais".[38]

---

33 MOURA, 2005, p. 206.

34 Instituto Arqueológico, Histórico e Geográfico Pernambucano, Queixa Recife 1844, Segundo Cartório do Crime Comarca do Recife, Autor Manoel do Nascimento Pinheiro, Réu José Malaquias da Fonseca, fls. 12v/13.

35 LOPES, 2004, p. 67.

36 *Diário de Pernambuco*, 11/2/1834.

37 *O Mesquita Junior*, 7/3/1836.

38 *Ibidem.*

Os dias da Quaresma e da Semana Santa são solenes e de recolhimento e reflexão para os católicos. Se a proposição era para se recolher e refletir, a população parecia ter uma forma bastante ruidosa de fazê-lo. Em 1834, o juiz de paz de Olinda reclamava do hábito de alguns que "em lugar de respeitarem os dias da Santa Quaresma, os têm profanado licenciosamente".[39] Alguns homens da cidade pretendiam "na quarta feira próxima 9 do corrente mês fazer da noite a mais insultante ação chamada serração da velha". Segundo o juiz de paz,

> pois com palavras injuriosas e em altas vozes, se ataca não somente as mulheres velhas, que em suas casas vivem descansadas, mas também as moças, que por algum motivo particular desagradam aos mesmos, vindo estas para a dita ação com armas ofensivas e defensivas, temerosos da grande afronta que fazem; e como se reúnem em número considerável sem temor, e sem respeito às leis, e às autoridades a fim de executarem e satisfazerem as suas paixões.[40]

Entre os hábitos dos populares que profanavam esses dias de recolhimento estava o do espancamento do Judas, que no Brasil do século XIX era tradicional na cidade no Sábado de Aleluia. Em maio de 1829, o juiz de paz de Afogados relatou ao presidente da Província o aparecimento de um "calunga", "que se dá o nome de Judas e que está em uso aparecerem no Sábado de Aleluia e depois de tocarem os sinos ser espancado pelos meninos até os desfazer de todo".[41]

As disputas para desfazer rapidamente o boneco eram um desafio à ordem e à moral pública, ao que tudo indica tolerado pelas autoridades. O motivo que fez esse Judas ser destacado foi o fato de ser interpretado como um insulto "em razão da semelhança com que as feições, e trajos do dito calunga" com alguém da região.

> A preocupação das autoridades da novíssima polícia da Corte não era apenas com as desordens que podiam advir das concentrações populares, mas com o momento em que o lúdico podia dar lugar ao político ou, em outras palavras, que a brincadeira degenerasse em crítica, mesmo velada, aos donos do poder.[42]

---

39 Juiz de paz 3, 7/3/1834, f. 34.

40 Juiz de paz 3, 7/3/1834, f. 34.

41 Juiz de paz 1, 4/5/1829, f. 168.

42 SOARES, 2002, p. 287.

Essas *ridicularizações* não estavam de acordo com a imagem da sociedade que se almejava. O Código de Posturas Municipais do Recife, legislação importante para o controle do cotidiano, de 1831 proibia "o tristíssimo brinquedo público de Judas nos Sábados de aleluia, assim como os Furnicosos, e Papangus; figuras de mortes, e de tiranos, nas procissões que a Igreja celebra no tempo da Quaresma".[43] O Código de Posturas de 1849 reiterava tais restrições e proibia "os Papangus, mortes, figuras semelhantes nas procissões e os Judas nos sábados de Aleluia".[44]

Nas Posturas de 1831 também se proibia a fabricação de fogos artificiais na cidade e nos seus arrabaldes, bem como o uso de "roqueiras, fogos soltos e de bombas, assim como os fogos do ar, proibidos desde o toque de recolher até a alvorada".[45] Entretanto, os fogos eram divertimentos tradicionais e constantes, um dos pontos de destaque das festividades.

Vauthier comenta em seu diário: "Cada Igreja de Pernambuco tem seu santo que é festejado com grande reforço de foguetes e fogos de artifício. Singular maneira de queimar sua pólvora".[46] Presentes em diversas festividades, não faltavam nas comemorações de junho. O barulho e a algazarra provocados por essa prática poderiam servir como disfarce para alguns atos criminosos. Em uma apelação-crime sobre um assassinato ocorrido no Capim de Cheiro, uma das testemunhas estava andando com a vítima e após ter se afastado por um bom tempo "ouviu adiante um tiro, e como era dia de Santo Antônio o tiro não lhe causou espanto".[47]

A situação político-social de Pernambuco podia agravar essas restrições. Entre 1832 e 1835 houve em Pernambuco um movimento que se somou às constantes perturbações das ordens dos populares e ocupou significativamente o aparato repressor da província: a Cabanada, de caráter absolutista e restaurador, que se desenrolava no interior.

Enquanto durou o conflito, "diversas posturas municipais e editais tentaram normatizar ainda mais o dia a dia da população – principalmente com o intuito de evitar que os recifenses pudessem de alguma forma, auxiliar os rebeldes".[48]

---

43 *Diário de Pernambuco*, 29/12/1831.

44 *Diário de Pernambuco*, 4/8/1849.

45 *Diário de Pernambuco*, 9/12/1831.

46 FREYRE, 1960, p. 557.

47 Memorial da Justiça de Pernambuco, Recife, 1861, Apelação-Crime, Apelante Ignácio Gomes Marinho (Caixa Recife 1848-1878 CR), f. 28v.

48 SILVA, 2003, p. 20-21.

Diversas normas que proibiam os fogos e a pólvora foram publicadas em 1834.[49]Em 27 de janeiro de 1834 foi publicado em edital que proibia a venda de salitre ou enxofre a fim de continuar o fabrico de pólvora, enquanto durasse a guerra de Panelas e Jacuípe, "visto que dele têm tirado proveito os malvados Cabanos".[50] O costume do uso de fogos já combatidos tornava-se mais perigoso frente aos desvios do uso da pólvora. Os fogos de artifícios nessa conjuntura se transformavam em um meio de ceder pólvora aos inimigos que resistiam havia um bom tempo à repressão.

No dia seguinte assinou-se outro edital no qual se proibia a venda de pólvora, seja a grosso e a miúdo, e soltarem-se busca-pés.[51]Em junho de 1834, o juiz de paz do distrito do Colégio, na freguesia de Santo Antônio, proibia, por outro edital, a venda de pólvora e de soltarem-se foguetes de ar e busca-pés e denunciava que "não obstante a dita proibição, tem continuado o uso de tais foguetes".[52]

Não se deviam igualar todos os tipos de fogos, segundo o padre Lopes Gama, "de todos os regozijos o único perigoso, e péssimo é o dos foguetes chamados busca-pés porque é um folgo solto, e violento que tem produzido inumeráveis desgraças".[53]O bispo queixou-se de que haviam atirado busca-pés nele.

O presidente da Província, Vicente Thomaz Pires de Figueiredo Camargo, expediu ordens para que se descobrisse e prendesse quem tivesse praticado esse ato e sugeriu que se deveria pregar ao povo para que ele se abstivesse desse divertimento, bem como recomendava uma maior cautela da polícia com esse costume. Até porque, "muitas vezes os que compõem as Rondas são os primeiros soltadores de busca-pés".[54]Apesar do montante de leis e regras que deveria cumprir, "a polícia também praticou repetida e inequivocamente atos para os quais não havia base legal".[55]

A população insistia em soltar os fogos.[56] O mestre de primeiras letras Tristão Cardins de Oliveira foi denunciado e recolhido à prisão e ao ser preso afirmou "já sei,

---

49 Ao menos seis editais que reiteravam a proibição dos fogos foram publicados entre maio e junho. *Diário de Pernambuco*, 12/6/1834, 14/6/1834, 9/5/1834.

50 *Diário de Pernambuco*, 29/1/1834.

51 *Diário de Pernambuco*, 29/1/1834.

52 SILVA, 2003, p. 21.

53 *Carapuceiro*, n° 23, 5/7/1837, in: MELLO, E., 1996, s/p.

54 *Ibidem.*

55 HOLLOWAY, 1997, p. 25.

56 Polícia Militar 1, f. 39, 29/10/1826.

é por causa dos fogos".[57] Ele sabia das consequências de seus atos, mas possivelmente a crítica jocosa compensaria as punições.

Para controlar os festejos eram comuns os pedidos das autoridades locais para o reforço no "policiamento" nos tempos festivos. Um dos que fizeram tal solicitação foi o subdelegado de Afogados, em 1848, quando informou que "tendo de se fazer a festa da Padroeira desta Matriz, domingo próximo vindouro, e a noite ouvir fandangos, ou congos, é bem presumível, que haja grande concorrência do povo, todo da Praça, como da Povoação e seus subúrbios".[58] Além de que eram os próprios diretores da festa também responsáveis por dar "exuberantes provas de perturbadores do sossego público".

A presença de distúrbios nos mais diferentes tipos de festas é um risco para quem se responsabiliza por elas. Era importante cuidar para que houvesse adequadas manifestações de público regozijo para bem se comemorar datas importantes do calendário e era relevante cuidar para que as comemorações não se transformassem em fontes potenciais de distúrbios e se mostrassem, assim, contrárias ao júbilo. Entretanto, o excesso é intrínseco às festas.

Especialmente quando pensamos que a festa "é cenário conveniente às afirmações de supremacia e destemor: é oportunidade para a realização de façanhas perante audiência numerosa e que tem alta conta o valor pessoal".[59] Por vezes essas manifestações eram aceitas como parte da festa e nem mesmo eram consideradas motivos para retaliações. Uma quadra publicada no *Diário de Pernambuco* dizia:

> Por ter dado três facadas
> Prezo certo façanhudo
> Cuidava (diz) não ser crime...
> Foi um brinquedo do Entrudo.[60]

Mesmo que não houvesse brigas e enfrentamentos físicos, as festas podiam facilitar diversos crimes, o furto de objetos ou mesmo as fugas. Além de vigiar as práticas de divertimentos populares para se controlarem certos comportamentos desviantes, objetivava-se modificá-los, e a algumas outras características da sociedade. Essas

---

57   *Ibidem.*

58   Polícia Civil 20, 21/3/1848, f. 60.

59   FRANCO, 1997, p. 40.

60   *Diário de Pernambuco*, 27/2/1827.

mudanças não se fizeram do dia para noite, ocorreram de forma lenta e gradual. Algumas das práticas combatidas nesse período podem ser observadas até os dias de hoje, ainda que com os seus significados modificados.

Foi-se modificando a rotina de diversas camadas da sociedade, as pessoas precisavam adaptar-se aos novos parâmetros estabelecidos, seja na definição das datas festivas ou no estabelecimento de normas para as rotinas. Ao regulamentar esses momentos as autoridades buscavam estabelecer um ritmo diferente para a vida das pessoas daquela sociedade, condizente com a realidade necessária para o bom andamento social, econômico e político do novo país, e dessa forma contribuíam para a consolidação de uma nova identidade da sociedade.

A organização e o controle dos divertimentos foram ferramentas essenciais no processo de construção, organização e consolidação do Estado nacional que se formava e também parte importante da vida das diferentes camadas da sociedade. No entanto, isso não impediu que fossem alvo de críticas, principalmente devido a sua associação com a devassidão, as desordens e a barbárie. Estabeleceram-se novas formas de divertimento, mas as formas tradicionais mantiveram-se fortes, isso durante nosso período de estudo.

Referências

Manuscritos

Arquivo Público Estadual Jordão Emerenciano: Juiz de paz 1, 4/5/1829, Juiz de paz 3, 7/3/1834, Polícia Militar 1, 29/10/1826, Polícia Civil 20, 21/3/1848.

Cúria metropolitana do Recife. *Livro de receita e despesas da Irmandade de Boa Viagem*, 1840.

Instituto Arqueológico, Histórico e Geográfico Pernambucano: Queixa Recife 1844, Segundo Cartório do Crime Comarca do Recife, Autor Manoel do Nascimento Pinheiro, Réu José Malaquias da Fonseca

Memorial da Justiça de Pernambuco, Recife, 1861, Apelação-Crime, Apelante Ignácio Gomes Marinho (Caixa Recife 1848-1878 CR)

Impressos

Arquivo Público Estadual Jordão Emerenciano: *Folhinha de Algibeira, ou Diário eclesiástico e civil para as províncias de Pernambuco, Paraíba, Rio Grande do Norte, Ceará e Alagoas*, 1847; *O Simplício Pernambucano*, n° 2, 20/2/1832; *O Mesquita Junior*, 7/3/1836.

ABREU, Marta. "Festas religiosas no Rio De Janeiro: perspectivas de controle e tolerância no século XIX". *Estudos Históricos*, Rio de Janeiro, vol. 7, n° 14, 1994.

_____. *O império do divino:*festas religiosas e cultura popular no Rio de Janeiro, 1830-1900. Rio de Janeiro: Nova Fronteira/São Paulo: Fapesp, 1999.

ALENCASTRO, Luiz Felipe de. "Vida privada e ordem privada no império". In: SOUZA, Laura de Mello e (org.). *História da vida privada no Brasil*. São Paulo: Companhia das Letras, 1997.

ARAÚJO, Rita de Cássia Barbosa de. *Festas:máscaras do tempo*: entrudo, mascarada e frevo no carnaval do Recife. Recife: Fundação de Cultura Cidade do Recife, 1996.

_____. "A redenção dos pardos; a festa de São Gonçalo no Recife, em 1745". In: JANCSÓ, Istvan; KANTOR, Iris (orgs.). *Festa:* cultura e sociabilidade na América Portuguesa. São Paulo: Hucitec, 2001.

ARRISCADO, José Augusto. "Sociabilidade burguesa em Viana do Castelo na segunda metade do século XIX: a assembleia vianense". *Revista da Faculdade de Letras. História*, Porto, série III, vol. 6, 2005.

ÁVILA, Afonso. "Festa barroca: ideologia e estrutura". In: PIZARRO, Ana (org.). *América Latina:* palavra, literatura e cultura. São Paulo: Memorial/Campinas: Unicamp, 1993.

ASSIS, Virgínia Maria Almoêdo de; ACIOLI, Vera Lúcia Costa. "Pernambuco entre confrontos e motins: o testemunho dos promotores públicos". In: *A face revelada dos promotores de justiça*: o Ministério Público de Pernambuco na visão dos historiadores. Recife: Ministério Público de Pernambuco, 2006.

BARATA, Alexandre Mansur. "Do secreto ao público: espaços de sociabilidade na Província de Minas Gerais (1822-1840)". In: CARVALHO, José Murilo de; NEVES, Lúcia Maria Bastos Pereira das. *Repensando o Brasil do Oitocentos:* cidadania, política e liberdade. Rio de Janeiro: Civilização Brasileira, 2009.

BITTENCOURT, Ezio. *Da rua ao teatro, os prazeres de uma cidade:* sociabilidades &cultura no Brasil Meridional. Rio Grande: Editora Furg, 1999 (Panorama da História de Rio Grande).

BOSCHI, Caio César. "Espaços de sociabilidade na América Portuguesa e historiografia brasileira contemporânea". *Varia História*, vol. 22, 2006, p. 291-313.

CÂMARA, Bruno Augusto Dornelas. *Trabalho livre no Brasil Imperial*: o caso dos caixeiros na época da Insurreição Praieira". Dissertação (mestrado) – UFPE, Recife, 2005.

CARVALHO, Iara Lis Franco Schiavinatto. *Pátria coroada:* o Brasil como corpo político autônomo (1780-1831). São Paulo: Editora Unesp, 1999.

CARVALHO, Leandro F. R. "... *E o estrepidoso zambuba põe tudo em alvoroço*": música e sociedade em Pernambuco na primeira metade do século XIX. Dissertação (mestrado) – UFPE, Recife, 2001.

CARVALHO, Marcus J. M. de. "De portas adentro e de portas afora: trabalho doméstico e escravidão no Recife, 1822-1850". *Afro-Ásia*, Salvador, vol. 1, n° 30, 2003, p. 41-78.

_____. *Liberdade:* rotinas e rupturas do escravismo no Recife (1822-1850). Recife: Editora Universitária da UFPE, 2002.

_____. "Os símbolos do 'progresso' e a 'populaça' do Recife, 1840-1860". In: *Cidades brasileiras:* políticas urbanas e dimensão cultural. São Paulo: Instituto de Estudos Brasileiros, 1998.

CASTAN, Nicole & Yves. *Vivre ensemble:* ordre et désordre en Languedoc au XVIIIe siècle. Paris: Gallimard, 2000 (Collection Archives).

CERTEAU, Michel de. *A invenção do cotidiano.* I – Artes de fazer. Petrópolis: Vozes, 1994.

COSTA, F. A. Pereira da. *Anais pernambucanos.* Recife: Arquivo Público Estadual, 1951-1966, vol. 8.

_____. *Arredores do Recife.* Recife: Prefeitura da Cidade do Recife, 1981.

CUNHA, Maria Clementina Pereira (org.). *Carnavais e outras f(r)estas:* ensaios de história social da cultura. Campinas: Editora da Unicamp, 2002.

DAVIS, Natalie Zemon. *Culturas do povo:* sociedade e cultura no início da França moderna. Rio de Janeiro: Paz e Terra, 1990.

DINIZ, Padre Jaime. "Breve notícia sobre música, teatro e dança no Recife durante o terceiro decênio de 1800". *Revista do Instituto Arqueológico, Histórico e Geográfico de Pernambuco*, vol. LII, 1979.

FERLENI, Vera Lúcia Amaral. *Folguedos, feiras e feriados:* aspectos socioeconômicos das festas no mundo dos engenhos. In: JANCSÓ, Istvan; KANTOR, Iris (orgs.). *Festa:* cultura e sociabilidade na América Portuguesa. São Paulo: Hucitec, 2001.

FERRAZ, Socorro. *Liberais & liberais:* guerras civis em Pernambuco no século XIX. Recife: Editora Universitária da UFPE, 1996.

FRANCO, Maria Sylvia de Carvalho. *Homens livres na ordem escravocrata.* 4ª ed. São Paulo: Editora Unesp, 1997.

FREYRE, Gilberto. *Casa Grande e senzala.* 49ª ed. São Paulo: Global, 2004.

_____. *Sobrados e mocambos:* decadência do patriarcado e desenvolvimento do urbano. 16ª ed. São Paulo: Global, 2006.

_____. *Um engenheiro francês no Brasil.* Rio de Janeiro: José Olympio, 1960.

GALVÃO, Sebastião de Vasconcellos. *Diccionario chorographico, histórico e estatístico de Pernambuco.* 2ª ed. Rio de Janeiro: Imprensa Nacional, 1921.

GARDNER, George. *Viagem ao interior do Brasil principalmente nas provín ias do Norte nos distritos do ouro e do diamante durante os anos de 1836-1841.* São Paulo/Belo Horizonte: Edusp/Itatiaia, 1975.

GONÇALVES FILHO, Carlos Antônio. *Honradas senhoras e bons cidadãos*: gênero, imprensa e sociabilidades no Recife oitocentista". Dissertação (mestrado) – UFPE, Recife, 2009.

GUARINELLO, Norberto Luiz. "Festa, trabalho e cotidiano". In: JANCSÓ, Istvan; KANTOR, Iris (orgs.). *Festa:* cultura e sociabilidade na América Portuguesa. São Paulo: Hucitec, 2001.

_____. "História científica, história contemporânea e história cotidiana. *Revista Brasileira de História*, São Paulo, vol. 24, n° 48, 2004, p. 13 a 38.

HELLER, Agnes. *O cotidiano e a história.* 6ª ed. São Paulo: Paz e Terra, 2000.

HOGGART, Richard. *As utilizações da cultura:* aspectos da vida da classe trabalhadora, com especiais referências a publicações e divertimentos. Lisboa: Presença, 1973.

HOLLOWAY, Thomas H. *Polícia no Rio de Janeiro*: repressão e resistência numa cidade do século XIX. Rio de Janeiro: Editora FGV, 1997.

JANCSÓ, Istvan; KANTOR, Iris. "Falando de festas". In: JANCSÓ, Istvan; KANTOR, Iris (orgs.). *Festa:* cultura e sociabilidade na América Portuguesa. São Paulo: Hucitec, 2001.

Laboratório de Pesquisa e Ensino em História: *Diário de Pernambuco*: 27/2/1827, 29/12/1831, 11/2/1834, 9/12/1831, 29/1/1834, 9/5/1834, 12/6/1834, 14/6/1834, 4/8/1849.

LE GOFF, Jacques. *Historia e memória*. 4ª ed. Campinas: Editora da Unicamp, 1996.

LOPES, Emílio Carlos Rodriguez. *Festas públicas, memória e representação:* um estudo sobre manifestações políticas na Corte do Rio de Janeiro, 1808-1822. São Paulo: Humanitas, 2004.

LOUSADA, Maria Alexandre. "Sociabilidades mundanas em Lisboa. Partidas e assembleias 1760-1834". *Penélope*, Lisboa, n° 19, 1998.

MAIA, Clarissa Nunes. *Sambas, batuques, vozerias e farsas públicas:* o controle social sobre os escravos em Pernambuco no século XIX (1850/1888). São Paulo: Annablume, 2008.

MAIA, Doralice Sátyro; SÁ, Nirvana Lígia Albino Rafael. "A festa na cidade no século XIX e início do século XX. Lembranças e memórias da cidade da Parahyba, Brasil". *Ateliê Geográfico*, Goiânia, vol. 2, n° 4, 2008.

MARCELINO, Nelson Carvalho. "Algumas aproximações entre lazer e sociedade". *Animador Sociocultural: Revista Iberoamericana*, vol. 1, n° 2, 2007.

_____. "Lúdico e lazer". In: MARCELLINO, Nelson Carvalho (org.). *Lúdico, educação e educação física*. 3ª ed. Ijuí: Editora Unijuí, 2009.

MARZANO, Andrea; MELO, Victor Andrade de (orgs.). *Vida divertida:* histórias do lazer no Rio de Janeiro do século XIX. 1ª ed. Rio de Janeiro: Apicuri, 2010.

MELLO, Evaldo Cabral de (org.). *O Carapuceiro:* crônicas de costumes. São Paulo: Companhia das Letras, 1996.

MELLO, Jeronymo Martiniano Figueira de. *Ensaio sobre a estatística civil e política da província de Pernambuco*. Recife: Conselho Estadual de Cultura, 1979.

MELLO, José Antônio Gonsalves de. *O Carapuceiro:* o padre Lopes Gama e o *Diário de Pernambuco, 1840-1845*. Recife: Fundação Joaquim Nabuco/Massangana, 1996.

MITCHEL, Reid. "Significando: carnaval *afro-creole* em New Orleans do século XIX e início do XX. In: CUNHA, Maria Clementina Pereira (org.). *Carnavais e outras f(r)estas*: ensaios de história social da cultura. Campinas: Editora da Unicamp, 2002.

MOREL, Marco. *As transformações dos espaços públicos:* imprensa, atores políticos e sociabilidades na cidade imperial (1820-1840). 1ª ed. São Paulo: Hucitec, 2005.

MOURA, Denise. *Sociedade movediça:*economia, cultura e relações sociais em São Paulo (1808-1850). São Paulo: Universidade Estadual Paulista, 2005.

_____."Controle social no uso do espaço público (São Paulo, 1808-1850)". *Revista Dimensões* (Revista de História da Ufes),Vitória, n°12, 2001.

_____. *Saindo das sombras:* homens livres no declínio do escravismo. Campinas: Editora da Unicamp, 1998.

OZOUF, Mona. "A festa. Sob a Revolução Francesa". In: LE GOFF, Jacques; NORA, Pierre. *Historia:* novos objetos. Rio de Janeiro: Francisco Alves, 1976.

PAIVA, José Pedro. "Etiqueta e cerimônias públicas na esfera da Igreja (séculos XVII--XVIII)". In: JANCSÓ, Istvan; KANTOR, Iris (orgs.). *Festa:* cultura e sociabilidade na América Portuguesa. São Paulo: Hucitec, 2001.

PINHO,Wanderley. *Salões e damas do Segundo Reinado.* 4ª ed. São Paulo: Martins, 1970.

PINTO, Luiz Maria da Silva. *Diccionario da lingua brasileira.* Ouro Preto, 1832. Disponível em: <http://www.brasiliana.usp.br/dicionario/3/divertimento>. Acesso em: 2 dez. 2013.

PRIORE, Mary Del. "A serração da velha: charivari, morte e festa no mundo luso-brasileiro". In: JANCSÓ, Istvan; KANTOR, Iris (orgs.). *Festa:* cultura e sociabilidade na América Portuguesa. São Paulo: Hucitec, 2001.

_____. "Em casa, fazendo graça: domesticidade, família e lazer entre a Colônia e o Império". In: MARZANO,Andrea; MELO,Victor Andrade de (orgs.). *Vida divertida:* histórias do lazer no Rio de Janeiro do século XIX. 1ª ed. Rio de Janeiro:Apicuri, 2010.

_____. *Festas e utopias no Brasil Colonial.* São Paulo: Brasiliense, 2000.

RABELLO, Evandro. *Memórias da folia:* o carnaval do Recife pelos olhos da imprensa. Recife: Fundo de Cultura do Estado do Espírito Santo, 2004.

RALLE, Michel. "A festa militante. O espaço festivo dos operários diante da identidade social (Espanha 1850-1920)". In: BATALHA, Cláudio M.; SILVA, Fernando T.; FORTES, Alexandre (orgs.). *Culturas de classe*. Campinas: Editora da Unicamp, 2004.

REIS, João José. *A morte é uma festa:* ritos fúnebres e revolta popular no Brasil do século XIX. São Paulo: Companhia das Letras, 1991.

_____. "Tambores e tremores: afesta negra na Bahia na primeira metade do século XIX." In: CUNHA, Maria Clementina Pereira (org.). *Carnavais e outras f(r)estas:* ensaios de história social da cultura. Campinas: Editora da Unicamp, 2002.

_____. "Batuques negros: repressão e permissão na Bahia oitocentista". In: JANCSÓ, Istvan; KANTOR, Iris (orgs.). *Festa:* cultura e sociabilidade na América Portuguesa. São Paulo: Hucitec, 2001.

SALA, Celine. "Lumières et espace public à Perpignan au XVIIIe siecle". *Le Franc-Maçonarie em Mediterranée (XVIII-XX siecle),* vol. 72, 2006.

SÁ, Nirvana Lígia Albino Rafael; MAIA, Doralice Sátyra. "A festa na cidade no século XIX e início do século XX: lembranças e memórias da cidade da Paraíba, Brasil". *Ateliê Geográfico,* Goiânia, vol. 2, n° 4, 2008.

SANTOS, Lídia Rafaela Nascimento. *Das festas aos botequins:* organização e controle dos divertimentos no Recife. Dissertação (mestrado) – UFPE, Recife, 2011.

SCHWARCZ, Lilia Moritz. "Viajantes em meio ao império das festas". In: JANCSÓ, Istvan; KANTOR, Iris (orgs.). *Festa:* cultura e sociabilidade na América Portuguesa. São Paulo: Hucitec, 2001.

SILVA, Luiz Geraldo. *A faina, a festa e o rito.* Campinas: Papirus, 2001.

SILVA, Maciel Henrique. "Na casa, na rua e no rio: a paisagem do Recife oitocentista pelas vendeiras, domésticas e lavadeiras". *Mneme* (Revista de Humanidades), vol. 7, n° 15, 2005.

SILVA, Wellington Barbosa da. *Entre a liturgia e o salário:* a formação dos aparatos policiais no Recife do século XIX. Tese (doutorado) – UFPE, Recife, 2003.

_____. "Cada taberna nesta cidade é um quilombo... Repressão policial e resistência negra no Recife oitocentista". In: ALMEIDA, Suely Creusa Cordeiro de.

História do mundo atlântico: Ibéria, América e África – entre margens do XVI ao XXI. Recife: Editora Universitária da UFPE, 2009.

_____."Um porto (in)seguro: criminalidade e cotidiano no Recife Imperial (1830-1850)". In: GUILLEN, Isabel Cristina Martins; GRILLO, Maria Ângela de Faria. *Cultura, cidadania e violência.* Recife: Editora Universitária da UFPE, 2009.

SOARES, Carlos Eugênio Líbano. "Festa e violência: os capoeiras e as festas populares na corte do Rio de Janeiro (1809-1890)". In: CUNHA, Maria Clementina Pereira (org.). *Carnavais e outras f(r)estas:* ensaios de história social da cultura. Campinas: Editora da Unicamp, 2002.

SOARES, Geraldo Antonio. "Cotidiano, sociabilidade e conflito em Vitória no final do século XIX". *Dimensões* (Revista de História da Ufes), n° 16, 2004.

SOIHET, Rachel. "O drama da conquista na festa: reflexões sobre resistência indígena e circularidade cultural". *Revista Estudos Históricos,* vol. 5, n° 9, 1992.

SOUZA, Antônio Clarindo Barbosa de. *Lazeres permitidos, prazeres proibidos*: sociedade, cultura e lazer em Campina Grande (1945-1965). Tese (doutorado) – UFPE, Recife, 2002.

SOUZA, Maria Ângela de Almeida. *Posturas do Recife imperial.* Tese (doutorado) – UFPE, Recife, 2002.

SOUZA, Marina de Mello e. "História, mito e identidade nas festas de reis negros no Brasil – Séculos XVIII e XIX". In: JANCSÓ, Istvan; KANTOR, Iris (orgs.). *Festa: cultura* e sociabilidade na América Portuguesa. São Paulo: Hucitec, 2001.

TINHORÃO, José Ramos. *As festas no Brasil Colonial.* São Paulo: Editora 34, 2000.

_____. *Os sons dos negros no Brasil:* cantos, danças, folguedos – origens. 2ª ed. São Paulo: Editora 34, 2008.

THOMPSON, Eduard Palmer. *As peculiaridades dos ingleses e outros artigos.* Campinas: Editora da Unicamp, 2001.

_____. *Costumes em comum:* estudos sobre a cultura popular tradicional. São Paulo: Companhia das Letras, 1998.

Esta obra foi impressa pela Impressul em
Porto Alegre no outono de 2016. No
texto, foi utilizada a fonte Bembo em
corpo 10,5 e entrelinha de 15 pontos.